FORSCHUNGSBERICHTE DES LANDES NORDRHEIN-WESTFALEN

Herausgegeben

im Auftrage des Ministerpräsidenten Dr. Franz Meyers

von Staatssekretär Professor Dr. h. c. Dr. E. h. Leo Brandt

Nr. 1024

cand. math. Heinz Ismar

Dipl.-Volkswirt Günther Lange

cand. rer. pol. Hildur v. Schweinitz

Institut für Gesellschafts- und Wirtschaftswissenschaften der Universität Bonn

Prof. Dr. Wilhelm Krelle

Die Konsum- und Investitionsfunktion. Untersuchung für die Bundesrepublik Deutschland

Als Manuskript gedruckt

WESTDEUTSCHER VERLAG / KÖLN UND OPLADEN

1962

ISBN 978-3-663-03455-1 ISBN 978-3-663-04644-8 (eBook)
DOI 10.1007/978-3-663-04644-8

V o r w o r t

Jeder Versuch, die Gesamtwirtschaft gedanklich zu durchdringen, führt zu der Notwendigkeit, das Konsum- und das Investitionsverhalten zu erklären oder in der heute üblichen Sprechweise: die Konsum- und die Investitionsfunktion zu bestimmen. Es ist daher kein Wunder, daß insbesondere seit den dreißiger Jahren, als man mit allgemeinen, qualitativen "Intuitionen" nicht mehr zufrieden war und eine quantitative Fassung und Überprüfung der Wirtschaftstheorie an der Wirklichkeit forderte, immer wieder Konsum- und Investitionsfunktionen der verschiedensten Art aufgestellt und mit ökonometrischen Methoden empirisch überprüft wurden. Hierbei kam man im Laufe der Zeit bei den Konsumfunktionen zu erfreulichen Ergebnissen, während die Lage bei den Investitionsfunktionen recht enttäuschend blieb. Hier wollte es nicht gelingen, genügend einfache und statistisch verfizierbare Funktionen zu finden, die die Investitionen im Konjunkturverlauf einigermaßen richtig wiedergeben. Investitionsfunktionen, die über eine gewisse Periode gut arbeiteten, versagten in anderen. Nun war allerdings bei manchen Untersuchungen das statistische Ausgangsmaterial selbst schon fragwürdig - oder besser ausgedrückt: dem Grad der Fragwürdigkeit des Materials war keine Beachtung geschenkt worden; und ebenso waren die statistischen Methoden nicht immer einwandfrei. Im übrigen ist es ohnehin erforderlich, in gewissen Zeitabständen die Konsum- und Investitionsfunktionen neu zu berechnen, da sich das Konsum- und Investitionsverhalten im Laufe der Zeit ändert.

Aus diesen allgemeinen Gründen sowie zur Überprüfung gewisser Vermutungen über die Investitionsfunktion habe ich mit Hilfe der Arbeitsgemeinschaft für Forschung des Landes Nordrhein-Westfalen eine Forschungsgruppe im Institut für Gesellschafts- und Wirtschaftswissenschaften der Universität Bonn eingerichtet, die die Konsum- und Investitionsfunktion für die Bundesrepublik Deutschland - bei Kontrolle dieser Funktionen durch Anwendung auf die Zwischenkriegszeit - feststellen sollte. Die Forschungsgruppe arbeitete vom Frühjahr 1959 bis Sommer 1961. Ihr gehörten an: Herr ISMAR als mathematischer Statistiker; er war für die angewandten Rechenmethoden im einzelnen verantwortlich; Herr Dipl. Volkswirt LANGE; er bearbeitete die Investitionsfunktion; Frau v.SCHWEINITZ; sie bearbeitete die Konsumfunktion. Vorübergehend waren auch die Herren Dipl. Volkswirt Günther HOPPE und Dipl. Volkswirt Joachim BRANDT an dem Projekt beteiligt. Das Ergebnis dieser Arbeiten wird hiermit vorgelegt. Für das Vorhaben und die angewandten Methoden im Ganzen sowie für die überprüften Funktionsformen übernehme ich die Verantwortung. Die Berechnungen im einzelnen und die Interpretation der Ergebnisse fallen unter die Verantwortung der Einzelbearbeiter.

Im folgenden will ich zunächst einige Überlegungen zur Anlage des ganzen Forschungsprojektes und zum Ergebnis im einzelnen vortragen. Am Anfang ist die Idee. Man bildet sich eine Vorstellung, wovon wohl der Konsum und die Investition einzel- und gesamtwirtschaftlich abhängen könnten. Dann verfolgt man diese Vorstellungen in ihren Verzweigungen und Implikationen und sucht sie in eine Form zu bringen, die sie einem Test zugänglich macht. Das einfachste hierbei ist, die Theorie als mathematische Funktion aufzustellen, ihre Parameter ökonometrisch zu bestimmen und zu sehen, ob diese Funktion den Konsum bzw. die Investition - vor allem in der Zukunft - genügend erklären kann. Verwendet man zur Bestimmung der Parameter, wie es naheliegt, die Zeitreihenanalyse, so unterliegt dies Verfahren aber gewissen Einschränkungen, die z.T. aus dem ökonomischen, z.T. aus dem mathematisch-statistischen Bereich stammen. Damit die Parameter hinreichend gesichert sind, muß die Zahl der zugrunde liegenden Beobachtungen groß genug, d.h. die Zeitreihe lang genug sein.

Nun kann man aber, wie früher bereits gesagt, a priori nicht erwarten, daß das Konsum- und Investitionsverhalten über längere Zeiträume unverändert bleiben. Nimmt man also zu lange Zeitreihen - angenommen einmal, sie stünden zur Verfügung -, so erhält man ökonomisch wenig brauchbare Parameterwerte, die eine Art Mittel aus verschiedenen früher und heute gültigen Werten darstellen und für Prognosezwecke wenig brauchbar sind. Nimmt man aber kürzere Zeitreihen, so verbreitern sich aus mathematisch-statistischen Gründen die Konfidenzbereiche der Parameter. Hier gilt es also, einen vernünftigen Mittelweg zu wählen. Wir haben ihn zu finden geglaubt, indem wir die Periode 1950 bis 1958 untersuchten und gelegentlich zu Vergleichszwecken die Periode 1926 bis 1936 heranzogen, in denen die Wirtschaftsordnung und damit voraussichtlich auch das Konsum- und Investitionsverhalten einigermaßen unverändert blieben. Damit ist aber dann schon präjudiziert, daß nur eine geringe Zahl von Bestimmungsgrößen simultan untersucht werden kann, damit die erhaltenen Parameter bei der geringen Zahl von Freiheitsgraden in tragbaren Konfidenzbereichen liegen. Außerdem darf keine Multikollinearität vorliegen, eine Forderung, die wegen der allgemeinen Interdependenz wirtschaftlicher Vorgänge bei dem

Untersuchungsgegenstand kaum jemals erfüllt ist. Daraus folgt, daß die hier gewählte Methode aus ökonomischen und mathematisch-statistischen Gründen nur anwendbar ist für den Fall, daß die zu bestimmende Größe (Konsum bzw. Investition) im wesentlichen entweder von einer Bestimmungsgröße oder von nur wenigen anderen Größen (etwa 2 oder 3) abhängt und daß in letzterem Fall diese Bestimmungsgrößen untereinander nicht wesentlich korreliert sind.

Es war von vornherein klar, daß diese Voraussetzungen höchstens für die Konsumfunktion zutreffen würden. Hier ist der Einfluß des Einkommens als bestimmender Variabler so überwältigend, daß auch Einfachkorrelationen schon Erfolg versprechen. Das Investitionsverhalten wird aber durch mehrere Faktoren in komplizierter Weise gesteuert (vgl. meinen Artikel "Die Investitionsfunktion", Jahrb. f.Nat.Ök.u.Stat.172 (1960), S.345-391), wobei ein Teil der Bestimmungsgrößen (z.B. Gewinne und Umsätze) sicher untereinander korreliert sind, und es ist ganz unmöglich, für eine solche Investitionsfunktion statistisch gesicherte Parameterwerte durch Zeitreihenanalyse zu gewinnen. Dagegen durfte man hoffen, dieses Ergebnis vielleicht durch Aufspaltung des Aggregats "Volkswirtschaftliche Gesamtinvestition" in die Investitionen der verschiedenen Wirtschaftsgruppen zu erreichen. Wenn nämlich - wofür Gründe anzuführen sind - in bestimmten Wirtschaftsgruppen gewisse Investitionsabhängigkeiten definitiv vorherrschen, während andere demgegenüber zurücktreten, so könnte es möglich sein, genügend einfache Investitionsfunktionen für jede Branche zu finden, sie statistisch zu verifizieren und durch Überlagerung dieser Funktionen dann zu einer gesicherten volkswirtschaftlichen Investitionsfunktion zu gelangen, obwohl letztere sich dem direkten Zugriff entzieht. Dieser Gedanke steht hinter den Berechnungen der Investitionsfunktion einzelner Branchen.

Die vorherrschende Verwendung der Methode der kleinsten Quadrate bei der Parameterschätzung bedarf noch einer Begründung. Herr ISMAR hat im 1.Teil des Buches im einzelnen die Voraussetzungen ihrer Anwendung aufgezeigt. Diese Voraussetzungen schienen uns mit hinreichender Genauigkeit gegeben zu sein. Trotzdem bleibt eine Mahnung zur Vorsicht. Konsum- und Investitionsfunktionen sind Bausteine gesamtwirtschaftlicher Modelle. Man kann die hier errechneten Parameterwerte der Funktionen nicht einfach in solche Modelle übernehmen, vielmehr müssen sie dann nochmals als Teil des Gesamtmodells geschätzt werden, da beide Schätzungen voneinander abweichen. Anders ausgedrückt: hat man ein aus mehreren Gleichungen bestehendes lineares Wirtschaftsmodell, wobei die Konsum- und die Investitionsfunktion eine Gleichung davon ist, so müssen alle Parameter, wenn sie erwartungstreu sein sollen, simultan mit der maximum-likelihood-Methode geschätzt werden und nicht Gleichung für Gleichung mit der Methode der kleinsten Quadrate. Beide Methoden kommen in der Regel zu abweichenden Ergebnissen. Da wir aber kein gesamtwirtschaftliches lineares Modell zugrunde gelegt haben, ist unsere Problemstellung hier eine andere. Wir fragen: Angenommen, die Bestimmungsgrößen hätten aus irgendwelchem Grund, der nicht weiter untersucht wird, einen bestimmten Wert angenommen, wie groß ist dann der Konsum bzw. die Investition? Hierauf geben die mit der Methode der kleinsten Quadrate errechneten Funktionen die bestmögliche Antwort. Wenn man dagegen fragt: Welche Größe haben Konsum und Investition sowie deren Bestimmungsgrößen (z.B. Volkseinkommen, Zinssatz), wenn die Beziehungen zwischen ihnen und gewissen anderen, exogenen Größen (z.B. Exporten, Staatsnachfrage usw.) durch ein bestimmtes Modell richtig wiedergegeben werden, so muß man die Parameter des Systems simultan schätzen. Konsum- und Investitionsfunktionen im Rahmen dieser Problemstellung unterscheiden sich von denen der vorher genannten. Immerhin geben unsere Berechnungen auch einen Hinweis dafür, welche Konsum-und Investitionsfunktionen man mit Vorteil in ein gesamtwirtschaftliches Modell einsetzen kann[1].

1) Es ist unbestritten, daß nur eine simultane Parameterschätzung bei gesamtwirtschaftlichen, interdependenten und nicht kausal zu ordnenden Modellen zu erwartungstreuen Ergebnissen führt. Nun kommt aber praktisch nur die limited-information-maximum-likelihood-Methode in Frage, nicht die full-information-Methode. Erstere führt aber ebenfalls zu nicht erwartungstreuen Schätzungen, jedenfalls bei endlicher Zahl von Beobachtungen, ganz ebenso wie die viel einfachere Methode der kleinsten Quadrate. Allerdings ist die Erwartungstreue größer - um wieviel, weiß man nicht -, dafür sind aber auch die Konfidenzbereiche weiter. Um ein Bild von CHRIST zu gebrauchen (Aggregate Econometric Models, The Am.Ec.Rev. 46 (1956) S.398): bei der limited-information-maximum-likelihood-Methode schießt man mit einer Schrotbüchse auf die Parameter, die zwar im Mittel etwas weniger daneben schießt, dafür aber mehr streut; mit der Methode der kleinsten Quadrate schießt man zwar im Mittel etwas mehr daneben, dafür ist die Streuung kleiner.
Bei allen einigermaßen gut arbeitenden Modellen lagen bisher beide Schätzungen ziemlich dicht beieinander; wo sie abwichen, haben aus ökonomischen Gründen oft die Parameter nach der Methode der kleinsten Quadrate die plausibleren Werte. Versuche, durch Modellrechnungen mit Hilfe der Monte-Carlo-Methode zu einem Entscheid über den relativen Vorzug der beiden Rechenmethoden zu kommen, führten bisher nicht zu einem definitiven Ergebnis (vgl. hierzu CHRIST, a.a.O., S.398 u.399).

Auch diese Überlegungen und Erfahrungen ließen es geraten erscheinen, für unsere speziellen Zwecke im wesentlichen bei der einfachen Methode der kleinsten Quadrate zu bleiben.

Das Ergebnis der Untersuchungen ist in den Teilen 2 und 3 ausführlich dargestellt und interpretiert. Trotzdem erscheint es angebracht, die Grundzüge davon schon hier zu besprechen. Bei der Konsumfunktion entsprach das Ergebnis den Erwartungen. Die Einfachkorrelation sowohl des Gesamtkonsums mit dem Bruttosozialprodukt als auch des privaten Konsums mit dem verfügbaren Einkommen der gleichen Periode führt bei Jahresdaten zu zufriedenstellenden Ergebnissen. Preis- und Bevölkerungsbereinigungen verbessern das Ergebnis nicht durchgehend. Bei Viertel- und Halbjahresperioden ist das Einkommen der Vorperiode mit Vorteil als Bestimmungsgrund des Einkommens zu verwenden. Eine multiple Korrelation des Konsums mit dem Einkommen der laufenden Periode und dem Einkommen oder dem Konsum der Vorperiode ist wegen der z.T. starken Multikollinearität beider Größen statistisch nicht immer gesichert, führt aber zu ökonomisch vernünftigen Ergebnissen.

Von den erwähnten Konsumfunktionen arbeiten die meisten in verschiedenen Perioden verschieden gut. Bei Verwendung für Prognosezwecke ist es daher wichtig, die im Augenblick jeweils günstigste herauszufinden, was übrigens nicht so schwierig ist, da der Grund für das bessere "Passen" der einen oder anderen Funktionsform in einer bestimmten wirtschaftlichen Situation meist leicht einzusehen ist.

Was die Investitionsfunktion angeht, so sind zwar einige interessante Ergebnisse zutage getreten, es haben sich auch einige Anhaltspunkte dafür ergeben, daß die Vermutung über verschiedene vorherrschende Investitionsbestimmungsgründe in verschiedenen Branchen nicht falsch ist; leider aber stehen diese Spezial-Bestimmungsgründe nicht so eindeutig im Vordergrund, daß es möglich wäre, die komplizierte Gesamt-Investitionsfunktion aus einfachen Branchen-Investitionsfunktionen aufzubauen. Vielmehr sind die Bestimmungsgründe schon bei den Branchen recht verschieden und kompliziert. Man muß also anders vorgehen, wenn man zu wirklichkeitsnahen Investitionsfunktionen kommen will. Die bequeme Methode der Zeitreihenanalyse allein hilft nicht weiter.

Sehen wir uns nun das Ergebnis der Investitionsuntersuchung etwas genauer an. Für die Industrie als Ganzes entspricht es bei Verwendung unbereinigter Jahresdaten den Erwartungen. Der Zins ist kein signifikanter Bestimmungsgrund für die Investition, die Akzelerationswirkung liegt gerade an der Signifikanzgrenze, dagegen arbeiten Umsätze sowie Gewinne und Abschreibungen (zusammengenommen) gut. Bei Trendbereinigung der Ausgangswerte bleibt der gute Erklärungscharakter der Funktion, die die Investition aus Gewinnen und Abschreibungen herleitet, bestehen. Eine Preisbereinigung führt zu fast durchweg schlechteren Ergebnissen, was darauf hinweist, daß finanzielle Überlegungen aus den Investitionsentscheidungen nicht auszuschließen sind. Nur die Akzeleratorhypothese gewinnt jetzt etwas an Bedeutung, was leicht erklärlich ist. Mehrfachkorrelationen scheiden wegen der hohen Multikollinearität der erklärenden Variablen leider fast vollkommen aus. Das Ergebnis ist also, daß vor allem die Umsatzentwicklung und die Gewinne und die Abschreibungen die Investitionen der Industrie bestimmen, daneben auch noch in geringerem Maße die Produktionssteigerungen (das Akzelerationsprinzip); eine zahlenmäßige Bestimmung des relativen Einflußgrades dieser Größen ist nicht möglich. Der Zins spielt bei den industriellen Investitionen als Ganzes keine ins Gewicht fallende Rolle.

Von den einzelnen Industriegruppen wurde das Investitionsverhalten des Bergbaus, der Investitionsgüterindustrie, der Grundstoff- und Produktionsgüterindustrie, der Nahrungs- und Genußmittelindustrie und der Verbrauchsgüterindustrie untersucht. Es zeigten sich die vermuteten charakteristischen Verschiedenheiten. Leider erreichen sie aber nicht einen solchen Grad, daß eine bestimmte, einfache Investitionshypothese jeweils für eine Industriegruppe zu verifizieren wäre. Die Bedeutung des Zinses für die Investition, zwar immer noch gering, ist bei den kapitalintensiven, konsumfernen Wirtschaftszweigen größer und liegt z.B. beim Bergbau deutlich, bei der Investitionsgüterindustrie nur schwach über der Signifikanzgrenze. Eben dort liefern auch Gewinne und Abschreibungen die beste Investitionserklärung, während deren Bedeutung mit größerer Konsumnähe immer mehr abnimmt und z.B. bei der Verbrauchsgüterindustrie gar nicht mehr nachweisbar ist. Dafür ist dort die Produktion bzw. die Produktionsänderung der entscheidende Faktor; seine Bedeutung ist bei den vorgelagerten Industrien geringer und nimmt mit der Konsumferne laufend ab. Das Bild ist also tatsächlich von Branche zu Branche verschieden. Allerdings handelt es sich mehr um gradweise Abstufungen als um Brüche.

Wegen weiterer Einzelheiten muß auf die entsprechenden Kapitel der Teile 2 und 3 verwiesen werden.

Der Bericht gliedert sich in 3 Teile; für jeden zeichnet einer der Autoren verantwortlich. In Teil 1 werden die mathematisch-statistischen Grundlagen für die Schätzverfahren der Teile 2 und 3 erörtert und die entsprechenden Formeln angegeben. Natürlich kann es sich hier nicht darum handeln, eine Einführung in die mathematische Statistik zu geben. Vielmehr werden nur die speziellen Verfahren, die im folgenden angewandt werden, erläutert. Wer nur am ökonomischen Gehalt der Arbeit interessiert ist, kann diesen Teil überschlagen. Die Teile 2 und 3 bringen die eigentlichen Untersuchungen zur Konsum- und Investitionsfunktion. Dabei wird jeweils mit der Dogmengeschichte des betreffenden Gebietes begonnen, und es werden die bedeutendsten ökonometrischen Untersuchungen nach Methode und Ergebnis angeführt. Dann wird die Erarbeitung des statistischen Ausgangsmaterials im Detail erklärt - denn von der Qualität dieses Materials hängt das Ergebnis wesentlich ab - und die eigene Berechnung vorgelegt. Zum Schluß folgt jeweils eine ausführliche Bibliographie. So ist der Bericht zugleich eine Monographie über dieses wichtige Gebiet nach dem neuesten Stand.

Es bleibt mir noch die angenehme Pflicht des Dankens. Der erste Dank gilt der Arbeitsgemeinschaft für Forschung des Landes Nordrhein-Westfalen, ohne deren Hilfe dieser Bericht nicht hätte entstehen können. Mein zweiter Dank gilt den Autoren, mit denen zusammenzuarbeiten eine Freude war. Nicht vergessen werden dürfen die unermüdlichen und sorgfältigen Rechner, Herr cand.rer.pol. Holger BONUS und Wolfgang SERVET sowie deren Nachfolger, Herr stud.rer.pol. Egbert POHL und Fräulein cand.rer.pol. Ingrid MEYER, sowie die Forschungsgruppen-Sekretärin Frau FISCHER-APPELT. Alle haben zum Gelingen des Werkes an ihrem Platz beigetragen. Und schließlich darf ich hier meiner lieben Frau gedenken, die durch diesen Bericht auch Opfer an gemeinsamer Zeit gebracht hat. Ihr gilt mein besonderer Dank.

Bonn, im Sommer 1961

Professor Dr. W. Krelle

G l i e d e r u n g

Die Regressionstheorie
von
cand. math. Heinz H. Ismar

Teil I

Die Investitionsfunktion

von

Dipl.-Volkswirt Günther Lange

Teil II

Die Konsumfunktion

von

Hildur v. Schweinitz

Teil III

Teil I

Die Regressionstheorie

von

cand. math. Heinz H. Ismar

Einleitung

Wer sich heutzutage mit Ökonometrie beschäftigen will, tut gut daran, sich mit den Grundbegriffen der Wahrscheinlichkeitsrechnung und Statistik auseinanderzusetzen. Es ist hier jedoch nicht der Ort, eine solche Einführung zu geben. Das ist Aufgabe von Monographien - und die sind reichlich vorhanden. Für eine Einführung in die Wahrscheinlichkeitstheorie und mathematische Statistik genüge uns der Hinweis auf das ausgezeichnete Buch von L. SCHMETTERER [1]. Für Grundlagenfragen sei auf das Buch von H. RICHTER [2] verwiesen. Wer sich über Zeitreihenanalyse informieren will, mag sich an das 1960 erschienene Handbuch der Ökonometrie von G. TINTNER [3] halten.

Im folgenden werden die für uns wesentlichen Sachverhalte aus der Regressionstheorie formuliert - dabei wird die Kenntnis des Inhaltes der oben angegebenen Werke vorausgesetzt.

1. Die Ausgangssituation

Die Regressionstheorie geht von folgenden Vorstellungen aus[1]: $(x_o, x_1, \dots, x_p)$ sei eine (p+1)-dimensionale zufällige Variable. Mit $x_o | x_1, \dots, x_p$ bezeichnen wir die zufällige Variable x_o, wenn wir sie unter der Hypothese $\{x_1 = x_1\}, \dots, \{x_p = x_p\}$ betrachten. Es sei der Erwartungswert $E(x_o | x_1, \dots, x_p)$ vorhanden und gleich $\alpha_o + \alpha_1 x_1 + \dots + \alpha_p x_p$, wobei die α_i irgendwelche Parameter sind. Anders ausgedrückt: die Regressionsfläche von x_o bezüglich $x_1, \dots, x_p$ ist linear.

Überdies sei

$$E\left[(x_o | x_1, \dots, x_p - \alpha_o - \alpha_1 x_1 - \dots - \alpha_p x_p)^2\right] = \sigma^2$$

unabhängig von den Hypothesen $x_1, \dots, x_p$.

Wir stellen uns die Aufgabe, Schätzfunktionen für $\alpha_o, \alpha_1, \dots, \alpha_p$ zu konstruieren, und zwar auf Grund einer Stichprobe der folgenden Art:

$$\begin{array}{ll} x_{o1} | x_{11}, \dots, x_{p1} & \\ x_{o2} | x_{12}, \dots, x_{p2} & \\ \dots\dots & \qquad p < N \\ x_{oN} | x_{1N}, \dots, x_{pN} & \end{array}$$

Hierunter soll verstanden werden, daß $x_{o1} | x_{11}, \dots, x_{p1}$ eine Realisation der zufälligen Variablen $x_o | x_{11}, \dots, x_{p1}$ ist, daß $x_{o2} | x_{12}, \dots, x_{p2}$ eine Realisation der zufälligen Variablen $x_o | x_{12}, \dots, x_{p2}$ ist, usw. Für die Stichprobenvariablen schreiben wir auch kurz $x_{o1}, x_{o2}, \dots, x_{oN}$. Es sei besonders hervorgehoben, daß zwar die x_{oj} Realisationen einer zufälligen Variablen sind, die x_{lj} jedoch für $l = 1, \dots, p$; $j = 1, \dots, N$ fest vorgegebene reelle Zahlen darstellen und in diesem Zusammenhang nicht als Realisation zufälliger Variablen aufgefaßt werden können.

2. Ein Beispiel aus der Wirtschaftstheorie

Betrachten wir als Beispiel die Wirtschaft der Bundesrepublik Deutschland in einem bestimmten Jahr, etwa 1954.

Die fundamentale Auffassung ist: Der Konsum C_{1954}, die Investition I_{1954}, das Bruttosozialprodukt Y_{1954}, die Bevölkerung B_{1954} usw. sind Zufallsvariable. So gibt es z.B. eine Wahrscheinlichkeit dafür, daß C_{1954} einen

1. Wir folgen im wesentlichen SCHMETTERER [1, S.285].

Wert zwischen C und C+ΔC annimmt. Welchen Wert $\mathbf{C}_{1954}$ tatsächlich annimmt, hängt von vielen Umständen ab, z.B. von den Verbraucherwünschen. Die 1954 tatsächlich eingetretenen Werte C_{1954} = 114,7 Mrd.DM, I_{1954} = 33,9 Mrd.DM, Y_{1954} = 153,9 Mrd.DM, B_{1954} = 48,7 Mio.Personen usw. werden als Realisationen der oben genannten Zufallsvariablen aufgefaßt. Sehr schön und ausführlich ist diese Auffassung für die Naturwissenschaften begründet bei H. RICHTER [2, z.B. S.58]. Für die Wirtschaftswissenschaften finden sich Hinweise bei T.C. KOOPMANS und W.C. HOOD [4, S.114] und T. HAAVELMO [5, S.11].

Man kann auch mehrdimensionale Zufallsvariable bilden. So kann man z.B. die zweidimensionale zufällige Variable $(\mathbf{C}_{1954}, \mathbf{Y}_{1954})$ betrachten, sobald eine Wahrscheinlichkeit existiert, daß $\mathbf{C}_{1954}$ einen Wert zwischen C und C + ΔC und zugleich $\mathbf{Y}_{1954}$ einen Wert zwischen Y und Y + ΔY annimmt.

Unsere Regressionstheorie bezieht sich auf eine zufällige Variable $\mathbf{x}_o$, wenn wir sie unter der Hypothese $\{\mathbf{x}_1=x_1\},\ldots,\{\mathbf{x}_p=x_p\}$ betrachten. Für jedes Wertetupel $x_1,\ldots,x_p$ gibt es eine Zufallsvariable $\mathbf{x}_o|x_1,\ldots,x_p$. Betrachten wir z.B. das Jahr 1954, so können wir für Werte Y die Variable $\mathbf{C}|Y$ bilden. Besonders interessiert uns der Fall $\mathbf{C}_{1954}|Y_{1954}$, d.h. die zufällige Variable $\mathbf{C}_{1954}$, wenn wir sie unter der Hypothese $\{\mathbf{Y}_{1954} = Y_{1954}\}$ betrachten. Diese Variable folgt einer bedingten Verteilung, und über diese bedingte Verteilung werden Hypothesen gemacht im Sinne der zuvor erwähnten Regressionstheorie. Wir verfügen aber für das Jahr 1954 für jede Zufallsvariable nur über eine einzige Beobachtung, und es ist uns im allgemeinen nicht möglich, weitere Realisationen einer solchen Zufallsvariablen zu erlangen. Um statistische Schätzungen durchführen zu können, brauchen wir mehr Beobachtungen. Wir haben nun nicht nur für das Jahr 1954 für jede Stichprobenvariable eine Beobachtung, sondern ebenso für das Jahr 1955, 1956 usw. Wir wählen die Jahre 1951 bis 1958 aus und formulieren die Regressionstheorie speziell für unser Beispiel und diesen Zeitraum.

Wie wir für das Jahr 1954 Zufallsvariable haben, so haben wir auch für das Jahr 1955 Zufallsvariable. So können wir z.B. von $\mathbf{C}_{1955}$, $\mathbf{I}_{1955}$, $\mathbf{Y}_{1955}$, $\mathbf{B}_{1955}$ usw. sprechen. Entsprechend verhält es sich mit den mehrdimensionalen Zufallsvariablen - z.B. $(\mathbf{C}_{1955}, \mathbf{Y}_{1955})$ - und den bedingten Zufallsvariablen - z.B. $(\mathbf{C}_{1955}|Y_{1955})$. Allgemein können wir von zufälligen Variablen $\mathbf{x}_{ij}$ sprechen, wobei der Index j das Jahr j bedeutet. Bei N Jahren läuft j von 1 bis N. In dieser Bezeichnung lauten die mehrdimendionalen

Variablen $(x_{oj}, x_{1j}, \ldots, x_{pj})$, und die Variablen x_{oj} unter den Hypothesen $\{x_{1j} = x_{1j}\}, \ldots, \{x_{pj} = x_{pj}\}$ lauten $x_{oj} | x_{1j}, \ldots, x_{pj}$. Es seien die Werte $x_{1j}, \ldots, x_{pj}$ $(j = 1, \ldots, N)$ die tatsächlich eingetretenen Werte der Zufallsvariablen $x_{1j}, \ldots, x_{pj}$.

3. Voraussetzungen für die Regressionstheorie

Die Voraussetzungen für unsere Regressionstheorie sind:

(1) Es sei der Erwartungswert $E(x_{oj} | x_{1j}, \ldots, x_{pj})$ vorhanden und gleich $\alpha_o + \alpha_1 x_{1j} + \ldots + \alpha_p x_{pj}$, wobei die α_i irgendwelche Parameter sind.

(2) Überdies sei

$$E\left[(x_{oj} | x_{1j}, \ldots, x_{pj} - \alpha_o - \alpha_1 x_{1j} - \ldots - \alpha_p x_{pj})^2\right] = \sigma^2$$

unabhängig von den Hypothesen $x_{1j}, \ldots, x_{pj}$.

(3) Wir haben eine Stichprobe der folgenden Art vorliegen:

$$\begin{array}{ll} x_{o1} | x_{11}, \ldots, x_{p1} & \\ x_{o2} | x_{12}, \ldots, x_{p2} & \\ \cdot\ \cdot\ \cdot\ \cdot\ \cdot\ \cdot\ \cdot\ \cdot & \qquad p < N \\ x_{oN} | x_{1N}, \ldots, x_{pN} & \end{array}$$

Dabei ist $x_{oj} | x_{1j}, \ldots, x_{pj}$ die Realisation der zufälligen Variablen $x_{oj} | x_{1j}, \ldots, x_{pj}$ (also der im Jahre j tatsächlich eingetretene Wert). Es sei $x_{o1} | x_{11}, \ldots, x_{p1}$ also eine Realisation der zufälligen Variablen $x_{o1} | x_{11}, \ldots, x_{p1}$, $x_{o2} | x_{12}, \ldots, x_{p2}$ eine Realisation der zufälligen Variablen $x_{o2} | x_{12}, \ldots, x_{p2}$ usw. Für die Stichprobenvariablen schreiben wir auch kurz wieder $x_{o1}, x_{o2}, \ldots, x_{oN}$.

Wir stellen uns die Aufgabe, auf Grund dieser Stichprobe Schätzfunktionen für $\alpha_o, \alpha_1, \ldots, \alpha_p$ zu konstruieren.

(4) Wir setzen voraus, daß die Beobachtungen x_{lj} $(l=1, \ldots, p;\ j=1, \ldots, N)$ fehlerlos gemacht wurden und daß die Determinante

$$\begin{vmatrix} \sum_{j=1}^{N} (x_{1j} - \bar{x}_1)(x_{1j} - \bar{x}_1) & \ldots & \sum_{j=1}^{N} (x_{1j} - \bar{x}_1)(x_{pj} - \bar{x}_p) \\ \cdot\ \cdot\ \cdot & \cdot\ \cdot\ \cdot & \cdot\ \cdot\ \cdot \\ \sum_{j=1}^{N} (x_{pj} - \bar{x}_p)(x_{1j} - \bar{x}_1) & \ldots & \sum_{j=1}^{N} (x_{pj} - \bar{x}_p)(x_{pj} - \bar{x}_p) \end{vmatrix}$$

ungleich 0 ist.

Sind die Punkte (1) bis (4) erfüllt, so können wir die im folgenden aufgeführte Regressionstheorie anwenden. Die Beweise sind bis auf einige Änderungen in den Bezeichnungen wie bei SCHMETTERER [1, 6.Kap.].

4. Beispiele zu den Voraussetzungen

Wir beschäftigen uns nun mit Beispielen, die diese Voraussetzungen möglichst weitgehend erfüllen. Ob das der Fall ist, muß vom Wirtschaftstheoretiker vorher geprüft werden. Betrachten wir zunächst einmal die Voraussetzung (1). Ist die Voraussetzung (1) erfüllt, so sprechen wir von Linearität der Regressionsgleichung. Diese Linearität der Regressionsgleichung bezieht sich auf die Parameter, nicht auf die Variablen.

Ein Beispiel für eine Regressionsgleichung, die nichtlinear in den Parametern ist, ist die Gleichung

$$E(x_{oj}) = \frac{1}{\alpha_o+\alpha_1 x_{1j}}$$

Im Gegensatz zu der Nichtlinearität in den Parametern kann die Nichtlinearität in den Variablen leicht behoben werden. Ein einfaches Beispiel dazu ist die Gleichung

$$E(x_{oj}) = \alpha_o + \alpha_1 x_{1j}^2 + \alpha_2 x_{2j} +\ldots+ \alpha_p x_{pj}$$

Mit $x_{1j}^2 = y_j$ kommen wir zu der Regressionsgleichung

$$E(x_{oj}) = \alpha_o + \alpha_1 y_j + \alpha_2 x_{2j} +\ldots+ \alpha_p x_{pj} \qquad ,$$

die linear ist in den Variablen. Voraussetzung (1) ist nun erfüllt.

Schwieriger liegt der Fall bei folgendem Beispiel, dem Ohmschen Gesetz

$$U = RI.$$

Dabei bedeutet U eine elektrische Spannung, die an einen elektrischen Leiter (z.B. einen Kupferdraht) angelegt ist und I den elektrischen Strom, der auf Grund der Spannung den Leiter durchfließt. R ist für den elektrischen Leiter erfahrungsgemäß eine Konstante, und das Gesetz bedeutet, daß die Stromstärke proportional ist der angelegten Spannung. Dieses Gesetz gilt aber nicht unter allen Umständen. Ändert sich die Temperatur des elektrischen Leiters, so nimmt R einen anderen Wert an. Wir können uns nun den Versuch folgendermassen durchgeführt denken: Wir halten den Draht auf der Temperatur $T_o = 0^o$ Celsius, legen eine Spannung U_o an und messen die Stromstärke I_o. Dann halten wir den Draht auf der Temperatur

$T_1 = 40^\circ$ Celsius, legen eine Spannung U_1 an und messen den dadurch hervorgerufenen Strom I_1. In diesem Sinne fahren wir fort, d.h. wir ändern ein drittes Mal die Temperatur des Drahtes, wählen z.B. $T_2 = 100^\circ$ Celsius, legen eine Spannung U_2 an und messen die Stromstärke I_2 usw. Da bei jeder Messung die Temperatur sich geändert hat, hat die Konstante R jedesmal einen anderen Wert. Voraussetzung (1) ist damit nicht erfüllt. In unserem Fall lautet das Gesetz:

$$U = R_o (1 + \beta T) I.$$

Dabei ist R_o der Widerstand des Drahtes bei $T_o = 0^\circ$ Celsius und β ist eine Konstante, die "Temperaturkoeffizient des Widerstandes" genannt wird. An dieser Gleichung sehen wir, daß im Falle konstanter Temperatur Voraussetzung (1) erfüllt ist.

Man kann das Gesetz

$$U = R_o (1 + \beta T) I$$

auch so formulieren, daß Voraussetzung (1) erfüllt ist. Zu dem Zweck führen wir die neuen Parameter $\gamma_1 = R_o$ und $\gamma_2 = \beta R_o$ und die neuen Variablen $x_1 = I$ und $x_2 = TI$ ein. Die Gleichung lautet dann

$$U = \gamma_1 x_1 + \gamma_2 x_2 \quad .$$

Diese Gleichung ist linear in den Parametern und Variablen.

In einem ähnlichen Fall befinden wir uns in der Volkswirtschaft. Betrachten wir z.B. die Gleichung

$$E(C) = \alpha_o + \alpha_1 Y \quad .$$

Es ist für uns die Frage, ob diese Gleichung die Voraussetzung (1) erfüllt. Es ist durchaus möglich, daß von einem Jahr zum andern eine Änderung in der Wirtschaftsstruktur eintritt, die den Koeffizienten α_1 (den Grenzhang zum Konsum) verändert. Dann ist Voraussetzung (1) nicht erfüllt und die Regressionstheorie nicht anwendbar. Zur Veranschaulichung können wir uns etwa vorstellen, daß infolge politischer Schwierigkeiten und Kriegsgefahr eine Kaufpsychose eingetreten ist.

Es ist ein ganz wesentliches Bemühen in der Wirtschaftstheorie, Regressionsgleichungen aufzustellen, die die Voraussetzung (1) erfüllen. Hier tappt man weitreichend im Dunkeln, und der Statistiker sollte erst mit seiner

Arbeit beginnen, wenn er vom Wirtschaftstheoretiker eine Regressionsgleichung erhält, von der stark vermutet wird, daß die Voraussetzung (1) erfüllt ist.

Die Beispiele, die zuvor angeführt wurden um zu illustrieren, wann die Voraussetzung (1) nicht erfüllt ist, sollten aber nicht dazu verführen anzunehmen, daß von vornherein nur der Fall einseitiger Kausalität mit der Regressionstheorie erfaßt wird. Unter einseitiger Kausalität verstehen wir dabei den Fall, daß in der Regressionsgleichung

$$E(x_{oj}) = \alpha_o + \alpha_1 x_{1j} + \dots + \alpha_p x_{pj}$$

die durch x_{lj} $(l = 1,\dots,p;\ j = 1,\dots,N)$ ausgedrückten Größen die Zufallsvariable x_{oj} beeinflussen, jedoch nicht von x_{oj} beeinflußt werden. Man kann den Nachweis führen, daß einseitige Kausalität für die Gültigkeit der Regressionstheorie nicht notwendig ist.

Wir zeigen, daß die Voraussetzungen, die wir für die Regressionstheorie benötigen, für die bedingte Verteilung, die man aus einer mehrdimensionalen Normalverteilung erhält, realisiert sind. Die zufällige Variable $(x_o, x_1, \dots, x_p)$ sei nach einer (p+1)-dimensionalen Verteilung mit der Dichte

$$\frac{\sqrt{|D|}}{(\sqrt{2\pi})^{p+1}} \exp\left\{-\frac{1}{2}\sum_{i,k=0}^{p} d_{ik}\,(x_i-m_i)(x_k-m_k)\right\}$$

verteilt. Die Matrix D der Größen d_{ik} ist dabei positiv definit. Mit $|D|$ bezeichnen wir die zugehörige Determinante. Ferner gilt $m_i = E(x_i)$. Die Dichte $f(x_o|x_1,\dots,x_p)$ von x_o unter der Hypothese $x_1,\dots,x_p$ ist durch

$$\frac{\exp\left\{-\frac{1}{2}\sum_{i,k=0}^{p} d_{ik}\,(x_i-m_i)(x_k-m_k)\right\}}{\int_{-\infty}^{+\infty}\exp\left\{-\frac{1}{2}\sum_{i,k=0}^{p} d_{ik}\,(x_i-m_i)(x_k-m_k)\right\} dx_o}$$

gegeben. Nach leichten Umformungen erhält man für das im Nenner stehende Integral

$$\exp\left\{\frac{1}{2}\, d_{oo}^{-1}\,\left(\sum_{i=1}^{p} d_{io}\,(x_i-m_i)\right)^2\right\} \exp\left\{-\frac{1}{2}\sum_{i,k=1}^{p} d_{ik}(x_i-m_k)\right\}\frac{\sqrt{2\pi}}{\sqrt{d_{oo}}} .$$

Somit erhalten wir für die Dichte $f(x_o | x_1,\dots,x_p)$ von $\mathbf{x}_o$ unter der Hypothese $\{\mathbf{x}_1 = x_1\},\dots,\{\mathbf{x}_p = x_p\}$

$$\frac{\sqrt{d_{oo}}}{\sqrt{2\pi}} \exp\left\{-\frac{1}{2} d_{oo}\left[(x_o-m_o) + \frac{d_{1o}}{d_{oo}}(x_1-m_1) +\dots+ \frac{d_{po}}{d_{oo}}(x_p-m_p)\right]^2\right\}$$

Die bedingte Verteilung der zufälligen Variablen $\mathbf{x}_o$ erfüllt somit tatsächlich die verlangten Voraussetzungen mit

$$\sigma^2 = \frac{1}{d_{oo}}\ , \quad \alpha_o = m_o + \sum_{i=1}^{p} \frac{d_{io}}{d_{oo}} m_i\ , \quad \alpha_l = -\frac{d_{ol}}{d_{oo}} \qquad (l = 1,\dots,p)$$

Aus Symmetriegründen gilt für $k = 0,1,\dots,p$

$$f_k\,(x_k | x_o,x_1,\dots,x_{k-1},x_{k+1},\dots,x_p) =$$

$$\frac{\sqrt{d_{kk}}}{\sqrt{2\pi}} \exp\left\{-\frac{1}{2} d_{kk}\left[(x_k-m_k)+\frac{d_{ok}}{d_{kk}}(x_o-m_o) +\dots+ \frac{d_{k-1,k}}{d_{kk}}(x_{k-1}-m_{k-1}) + \right.\right.$$

$$\left.\left. \frac{d_{k+1,k}}{d_{kk}}(x_{k+1}-m_{k+1}) +\dots+ \frac{d_{p,k}}{d_{kk}}(x_p-m_p)\right]^2\right\}$$

Jede dieser (p+1) bedingten Verteilungen erfüllt also die Voraussetzungen für unsere Regressionstheorie. Damit können wir auf jede der Variablen $\mathbf{x}_k | x_o,x_1,\dots,x_{k-1},x_{k+1},\dots,x_p$ die Regressionstheorie anwenden.

Es gilt $E(\mathbf{x}_k | x_o,x_1,\dots,x_{k-1},x_{k+1},\dots,x_p) =$

$$m_k + \sum_{\substack{i=o\\ i\neq k}}^{p} \frac{d_{ik}}{d_{kk}} m_i - \sum_{\substack{l=o\\ l\neq k}}^{p} \frac{d_{lk}}{d_{kk}} x_l \qquad (k = 0,1,\dots,p)\ .$$

Die Koeffizienten dieser (p+1) Gleichungen können nach der Methode der kleinsten Quadrate erwartungstreu geschätzt werden. Es ist aber offensichtlich, daß nicht jede dieser (p+1) Gleichungen für ein und dieselbe (p+1)-dimensional normalverteilte Zufallsvariable $(\mathbf{x}_o,\mathbf{x}_1,\dots,\mathbf{x}_p)$ einen einseitigen Kausalverhalt wiedergeben kann. Die Schätzkraft der Methode der kleinsten Quadrate ist unabhängig von dem speziell vorliegenden Kausalverhalt für jede der (p+1) Gleichungen dieselbe.

Wir kommen zu dem Schluß, daß die einseitige Kausalität nicht notwendige Voraussetzung für die Regressionstheorie ist.

Wir wenden uns nunmehr der Voraussetzung (2) zu. Auch diese muß erfüllt sein, damit die Regressionstheorie anwendbar ist. Und auch hier - wie bei Voraussetzung (1) - hat der Wirtschaftstheoretiker die schwierige Aufgabe, Hypothesen zu liefern, für die die Voraussetzung (2) richtig ist.

Als Beispiel betrachten wir die Regressionsgleichung

$$E\,(\mathbf{x}_{oj}) = \alpha_1\, x_{1j}.$$

Damit gilt auch die Gleichung

$$E\,\left(\frac{\mathbf{x}_{oj}}{x_{2j}}\right) = \alpha_1\, \frac{x_{1j}}{x_{2j}} \quad .$$

Dabei seien $\mathbf{x}_{oj}, \mathbf{x}_{1j}, \mathbf{x}_{2j}$ Zufallsvariable, x_{oj}, x_{1j}, x_{2j} ihre Realisationen und α_1 ein Parameter. Ferner sei $x_{2j} \neq 0$. Voraussetzung (1) ist erfüllt.

Aber es ist sicherlich nicht für beide Gleichungen zugleich die Voraussetzung (2) erfüllt. Es gilt nämlich die Relation

$$E\left[(\mathbf{x}_{oj}-\alpha_1 x_{1j})^2\right] = x_{2j}^2 E\left[\left(\frac{\mathbf{x}_{oj}}{x_{2j}} - \alpha_1\,\frac{x_{1j}}{x_{2j}}\right)^2\right] \quad .$$

Die Anwendung auf unsere ökonomischen Sachverhalte liegt auf der Hand. Wir können uns etwa unter der Zufallsvariablen $\mathbf{x}_{oj}$ den Konsum $\mathbf{C}_j$ eines Jahres j vorstellen, unter $\mathbf{x}_{1j}$ das Volkseinkommen $\mathbf{Y}_j$ desselben Jahres und unter $\mathbf{x}_{2j}$ die Bevölkerung $\mathbf{B}_j$ oder das Preisniveau $\mathbf{P}_j$ desselben Jahres. Wir übernehmen die volkswirtschaftlichen Hypothesen

$$E\,(\mathbf{C}_j) = \alpha_o + \alpha_1\, Y_j \qquad \text{und} \qquad E\,\left(\frac{\mathbf{C}_j}{P_j}\right) = \gamma_o + \gamma_1\, \frac{Y_j}{P_j}$$

$$E\,\left(\frac{\mathbf{C}_j}{B_j}\right) = \beta_o + \beta_1 \frac{Y_j}{B_j} \qquad\qquad E\,\left(\frac{\mathbf{C}_j}{B_j \cdot P_j}\right) = \delta_o + \delta_1\, \frac{Y_j}{B_j \cdot P_j}$$

Wichtig ist für uns diejenige dieser Hypothesen, die die Voraussetzungen für unsere Regressionstheorie erfüllt.

Zu der Voraussetzung (3) wurde bereits in Abschnitt 2 Einiges gesagt. Für die hier vorliegende Arbeit ist für jede Zufallsvariable höchstens eine einzige Beobachtung gemacht worden. Es handelt sich um Jahresdaten der Bundesrepublik Deutschland ohne Saarland und Westberlin. Die Beobachtungsjahre sind 1951, 1952,..., 1958.

Für diesen Sachverhalt wurden die Voraussetzungen für die Regressionstheorie in Abschnitt 3 neu formuliert. Diese Formulierungen stimmen nicht völlig mit den Formulierungen bei SCHMETTERER überein. Die Beweise bleiben jedoch bis auf einige Änderungen in den Bezeichnungen dieselben wie dort [1, 6.Kap.].

Zur Voraussetzung (4) wird im Abschnitt 10 ausführlich Stellung genommen. Es ist sicher, daß bei den Zahlenreihen der Volkswirtschaft die Voraussetzung (4) verletzt ist. Zum Beispiel existieren Fehler in den Variablen. Die statistische Theorie, die hier geschildert wird, berücksichtigt diese jedoch nicht. In Abschnitt 10 wird ein Verfahren erläutert, mit dem man prüfen kann, ob die Voraussetzung (4) nicht so stark verletzt ist, daß sie die Richtigkeit der Regressionstheorie infrage stellt. Bei diesem Prüfverfahren sind jedoch Voraussetzungen über die Natur der Fehler in den Variablen gemacht [5, S.16].

5. Schätzungen der Parameter $\alpha_o,\alpha_1,\ldots,\alpha_p$

Zur Gewinnung der Schätzfunktionen a_o, $a_1,\ldots,a_p$ für die Parameter α_o, $\alpha_1,\ldots,\alpha_p$ bedienen wir uns der GAUSS'schen Methode der kleinsten Quadrate.

Gegeben sind die Zahlenwerte x_{ij} $(i=0,1,\ldots,p;\ j=1,\ldots,N)$.

Die Methode der kleinsten Quadrate besteht darin, daß wir $a_o,a_1,\ldots,a_p$ so bestimmen, daß

$$(1) \qquad \sum_{j=1}^{N} (x_{oj} - a_o - a_1x_{1j} -\ldots- a_px_{pj})^2 = \text{Min!}$$

wird.

Zunächst führen wir einige Definitionen ein:

Def. 1: $$\bar{x}_i = \frac{1}{N} \sum_{j=1}^{N} x_{ij} \qquad (i=0,1,\ldots,p)$$

Def. 2: $$m_{ik} = \sum_{j=1}^{N} (x_{ij}-\bar{x}_i)(x_{kj}-\bar{x}_k) \qquad (i=0,1,\ldots,p;\ k=0,1,\ldots,p)$$

Def. 3: m ist die Determinante mit den Elementen m_{ik}:

$$m = \begin{vmatrix} m_{oo} \cdots m_{op} \\ \cdot \; \cdot \; \cdot \; \cdot \; \cdot \\ m_{po} \cdots m_{pp} \end{vmatrix}$$

Def. 4: m^{ik} ist das algebraische Komplement zu m_{ik} in m, d.h. es ist

$$m^{ik} = (-1)^{i+k} \begin{vmatrix} m_{oo} & \cdots & m_{o,k-1} & m_{o,k+1} & \cdots & m_{op} \\ \cdot & \cdot & \cdot & \cdot & \cdot & \cdot \\ m_{i-1,o} & \cdots & m_{i-1,k-1} & m_{i-1,k+1} & \cdots & m_{i-1,p} \\ m_{i+1,o} & \cdots & m_{i+1,k-1} & m_{i+1,k+1} & \cdots & m_{1+1,p} \\ \cdot & \cdot & \cdot & \cdot & \cdot & \cdot \\ m_{po} & \cdots & m_{p,k-1} & m_{p,k+1} & \cdots & m_{pp} \end{vmatrix}$$

Falls $m^{oo} \neq 0$, folgt aus (1) bekanntlich

$$a_1 = -\frac{m^{o1}}{m^{oo}}, \ldots, a_p = -\frac{m^{op}}{m^{oo}} ; \; a_o = \bar{x}_o - a_1\bar{x}_1 - \ldots - a_p\bar{x}_p .$$

6. Erwartungstreue der Schätzfunktionen

Für die Erwartungswerte $E(\mathbf{a}_i)$ der Schätzfunktionen $\mathbf{a}_i$ $(i=0,1,\ldots,p)$ gilt bekanntlich

$$E(\mathbf{a}_i) = \alpha_i \quad .$$

Wegen der Relation

$$E(\mathbf{x}_{oj}) = \alpha_o + \alpha_1 x_{1j} + \ldots + \alpha_p x_{pj} \qquad (j=1,\ldots,N)$$

folgt daraus

$$E(\mathbf{x}_{oj}) = E(\mathbf{a}_o + \mathbf{a}_1 x_{1j} + \ldots + \mathbf{a}_p x_{pj}) \qquad (j=1,\ldots,N) \quad .$$

7. Eine weitere Voraussetzung für die Regressionstheorie

Wir nehmen nunmehr zu den vier im Abschnitt 3 aufgeführten Voraussetzungen eine weitere Voraussetzung hinzu. Sie wird benötigt für später folgende Tests. Diese neue Voraussetzung bezeichnen wir als Voraussetzung 5.
Sie lautet:
Die Zufallsvariablen

$$u_j = x_{oj} - \alpha_o - \alpha_1 x_{1j} - \ldots - \alpha_p x_{pj} \qquad (j = 1,\ldots,N)$$

sind voneinander unabhängig und normalverteilt.

Diese Voraussetzung ist in der Regressionstheorie häufig erfüllt. Die Erfahrung lehrt, daß viele vom Zufall gesteuerte Vorgänge empirisch normalverteilt sind. Empirische Vorgänge werden häufig durch eine große Anzahl mehr oder weniger unabhängiger, vom Zufall beherrschter Komponenten beeinflußt. Dieser Sachverhalt findet eine Formulierung im zentralen Grenzwertsatz der Wahrscheinlichkeitstheorie (vgl. SCHMETTERER [1,S.77 ff.]).

Wir betrachten die Zufallsvariablen u_j als Größen, die auf Grund sehr vieler kleiner Einflüsse zustande gekommen sind, die von den Größen $x_{1j},\ldots,x_{pj}$ nicht mit erfaßt sind.
Nehmen wir z.B. an, x_o repräsentiere den Konsum und x_1 das Bruttosozialprodukt; und nehmen wir ferner an, der Konsum hänge außer vom Einkommen nur noch von wechselnden Verbraucherwünschen ab. Dann hat es Sinn, eine Regressionsgleichung

$$x_{oj} = \alpha_o + \alpha_1 x_{1j} + u_j$$

zu untersuchen, da die Verbraucherwünsche auf Grund ihrer statistischen Eigenschaften als Zufallsvariable aufgefaßt werden können. Handelt es sich doch um viele Millionen Menschen, von denen jeder eine Vielzahl von Wünschen verschiedener Art hegt. Infolge dieser Vielzahl von verschiedenen Wünschen werden wir sogar erwarten, daß die Zufallsvariablen u_1, u_2, ..., u_N (jede für sich) normalverteilt sind.

Wir möchten noch erwähnen, daß die in Abschnitt 4 angeführte (p+1)-dimensionale Normalverteilung mit der Wahrscheinlichkeitsdichte

$$f(x_o,x_1,\ldots,x_p) = \frac{\sqrt{|D|}}{(\sqrt{2\pi})^{p+1}} \exp\left\{-\frac{1}{2}\sum_{i,k=0}^{p} d_{ik}(x_i-m_i)(x_k-m_k)\right\}$$

auf eine Regressionsgleichung

$$E(x_o) = m_o - \sum_{i=1}^{p} \frac{d_{io}}{d_{oo}} (x_i - m_i)$$

führt derart, daß die Zufallsvariable

$$u = x_o | x_1,\ldots,x_p - E(x_o | x_1,\ldots,x_p)$$

wiederum normalverteilt ist. Der Beweis ergibt sich unmittelbar aus den Betrachtungen in Abschnitt 4. Dort erhielten wir für die Dichte von x_o unter der Hypothese $\{x_1 = x_1\},\ldots,\{x_p = x_p\}$

$$f(x_o | x_1,\ldots,x_p) = \frac{\sqrt{d_{oo}}}{\sqrt{2\pi}} \exp\left\{-\frac{1}{2} d_{oo} \left[(x_o - m_o) + \frac{d_{1o}}{d_{oo}}(x_1 - m_1) + \ldots + \frac{d_{po}}{d_{oo}}(x_p - m_p)\right]^2\right\}$$

Die letzte Gleichung bedeutet aber nichts anderes als

$$f(x_o | x_1,\ldots,x_p) = \frac{\sqrt{d_{oo}}}{\sqrt{2\pi}} \exp\left\{\frac{1}{2} d_{oo} u^2\right\} = \varphi(u) .$$

u ist also normalverteilt.

Die Unabhängigkeit der Zufallsvariablen u_j ist zu gewährleisten durch eine zufällige Stichprobe. So folgen z.B. die Größen u der Männer eines gemeinsamen Jahrganges einer eindimensionalen Normalverteilung. Treffen wir N Auswahlen aus der Gesamtheit der Männer dieses Jahrgangs, so haben wir N Zufallsvariable $u_1,\ldots,u_N$. Ihre Realisationen sind die tatsächlich bei diesen N Männern gemessenen Größen. Damit $u_1,\ldots,u_N$ voneinander abhängig sind, sind diese N Männer zufällig auszuwählen, also etwa indem man eine Kartei von allen Männern dieses Jahrganges alphabetisch anlegt und jede 10. Karte herausgreift und die Größe dieses Mannes misst. (Vgl. zu diesen Betrachtungen auch Abschn. 11.)

Wir können prüfen, ob die Voraussetzung (5) abgelehnt werden muß oder ob sie nicht abgelehnt zu werden braucht; und zwar fällen wir diese Entscheidung aufgrund der Stichprobe

$$x_{o1} | x_{11}, \ldots, x_{p1}$$
$$x_{o2} | x_{12}, \ldots, x_{p2}$$
$$\ldots\ldots \qquad p < N$$
$$x_{oN} | x_{1N}, \ldots, x_{pN}$$

Zu diesem Zweck berechnen wir die Größen

$$u_j = x_{oj} - a_o - a_1 x_{1j} - \ldots - a_p x_{pj} \qquad (j=1,\ldots,N)$$

und bilden den Stichprobenkorrelationskoeffizienten r_1 für die Folgen

$$u_1, u_2, \ldots, u_{N-2}, u_{N-1} \qquad \text{und}$$
$$u_2, u_3, \ldots, u_{N-1}, u_N$$

r_1 ist definiert durch

$$r_1 = \frac{\sum_{j=1}^{N-1} u_j u_{j+1} - \frac{1}{N-1}\left(\sum_{j=1}^{N-1} u_j\right)\left(\sum_{j=2}^{N} u_j\right)}{\sqrt{\left[\sum_{j=1}^{N-1} u_j^2 - \frac{1}{N-1}\left(\sum_{j=1}^{N-1} u_j\right)^2\right]\left[\sum_{j=2}^{N} u_j^2 - \frac{1}{N-1}\left(\sum_{j=2}^{N} u_j\right)^2\right]}}$$

Wir entnehmen der Tabelle 1 eine Vergleichsgröße r_1^*. Diese Größe hat folgende Bedeutung: Entnimmt man eine Stichprobe vom Umfang N, so ist die Wahrscheinlichkeit, daß r_1 weiter als r_1^* von Null abweicht, kleiner als 0,05. Weicht r_1 also weiter als r_1^* von Null ab, so kann man die Voraussetzung (5) ablehnen. Die Wahrscheinlichkeit, daß man dabei einen Fehler begeht, ist kleiner als 0,05. Man sagt auch, die "Irrtumswahrscheinlichkeit" sei kleiner als 0,05.

8. Eine Untersuchung, ob die zufällige Variable x_{oj} abhängig ist von den Werten $x_{1j}, \ldots, x_{pj}$.

Sind die Voraussetzungen (1) bis (5) erfüllt, dann gibt uns der mehrfache Stichprobenkorrelationskoeffizient R die Möglichkeit zu einem Test auf die Signifikanz der Regressionsparameter. Wir formulieren zunächst die sogenannte

Nullhypothese: In der Gleichung

$$E(x_{oj} | x_{1j}, \ldots, x_{pj}) = \alpha_o + \alpha_1 x_{1j} + \ldots + \alpha_p x_{pj}$$

sind die Koeffizienten $\alpha_1,\ldots,\alpha_p$ gleich Null. Unsere Hypothese behauptet also, daß $x_{oj}|x_{1j},\ldots x_{pj}$ in Wirklichkeit unabhängig von den $x_{1j},\ldots,x_{pj}$ ist.

Der Test besteht nun darin, festzustellen, ob wir diese Nullhypothese ablehnen müssen oder ob diese Hypothese nicht abgelehnt zu werden braucht.

Zu diesem Zweck definieren wir den mehrfachen Korrelationskoeffizienten der Stichprobe

$$R = \sqrt{1 - \frac{\sum_{j=1}^{N} u_j^2}{m_{oo}}}$$

und testen auf folgende Weise.

Zunächst berechnen wir eine Größe R*. Der Tabelle 2 entnehmen wir einen Wert F(N-p-1; p). R* erhalten wir aus der Gleichung

$$F = \frac{R^{*2}}{1-R^{*2}} \cdot \frac{N - p - 1}{p} .$$

Die Größe R* hat folgende Bedeutung: Entnimmt man eine Stichprobe vom Umfang N, so ist die Wahrscheinlichkeit, daß $R > R^*$ ist, kleiner als 0,05.

Ist R größer als R*, so kann man also die Nullhypothese ablehnen. Die Wahrscheinlichkeit, daß wir diese Hypothese zu Unrecht ablehnen, ist $<0{,}05$. Anders ausgedrückt: Es besteht eine "Irrtumswahrscheinlichkeit" von 0,05.

Im Falle $p = 1$ geht der mehrfache Stichprobenkorrelationskoeffizient R in den einfachen Stichprobenkorrelationskoeffizienten

$$r = \sqrt{1 - \frac{\sum_{j=1}^{N} u_j^2}{m_{oo}}} = \frac{m_{10}}{\sqrt{m_{oo} m_{11}}}$$

über.

Der Test lautet hier:

Wir nehmen eine Vergleichsgröße r*. Die Größe hat folgende Bedeutung: Entnimmt man eine Stichprobe vom Umfang N, so ist die Wahrscheinlichkeit, daß $r > r^*$ ist, kleiner als 0,05. Ist r also größer als r*, so kann man die Voraussetzung ablehnen, daß die Zufallsvariable x_o von den Zahlen x_{1j} unabhängig ist. Die Größe r* berechnet man mit Hilfe von Tabelle 3 nach der Gleichung

$$t = \frac{r^*}{\sqrt{1-r^{*2}}} \sqrt{N-2} \ .$$

9. Berechnung von Konfidenzintervallen für die Regressionskoeffizienten $\alpha_1, \ldots, \alpha_p$.

Sind die Voraussetzungen (1) bis (5) erfüllt, so lassen sich Konfidenzintervalle für die Regressionskoeffizienten berechnen. Die Konfidenzintervalle sind gegeben durch die Gleichungen

$$g_{l,12} = a_l \pm t \sqrt{\frac{\sum_{j=1}^{N} u_j^2}{N-p-1} \; \frac{m^{oo \cdot ll}}{m^{oo}}} \qquad (l=1,\ldots,p)$$

Dabei sind die Werte a_l erwartungstreue Schätzungen für die Parameter α_l.

Die Größe $m^{oo \cdot ll}$ ist gegeben durch

$$m^{oo \cdot ll} = \begin{vmatrix} m_{11} & \ldots m_{1,l-1} & m_{1,l+1} & \ldots m_{1p} \\ \cdot & \cdot & \cdot & \cdot \\ m_{l-1,1} & \ldots m_{l-1,l-1} & m_{l-1,l+1} & \ldots m_{l-1,p} \\ m_{l+1,1} & \ldots m_{l+1,l-1} & m_{l+1,l+1} & \ldots m_{l+1,p} \\ \cdot & \cdot & \cdot & \cdot \\ m_{p1} & \ldots m_{p,l-1} & m_{p,l+1} & \ldots m_{pp} \end{vmatrix}$$

Die Größe t wird der Tabelle 3 entnommen gemäß der Anzahl der Freiheitsgrade $n=N-p-1$ und gemäß der vorgewählten Sicherheitswahrscheinlichkeit 0,05. Mit der vorgewählten Wahrscheinlichkeit 0,95 überdeckt dann das Intervall (g_{l1}, g_{l2}) den Regressionskoeffizienten α_l $(l=1,\ldots,p)$.

Ferner läßt sich ein Konfidenzintervall konstruieren für das arithmetische Mittel

$$g_o = \frac{1}{N} \sum_{j=1}^{N} E(x_{oj}) \ .$$

Dieses Konfidenzintervall ist gegeben durch die Gleichung

$$\bar{g}_{1,2} = \bar{x}_o \pm t \sqrt{\frac{1}{N(N-p-1)} \sum_{j=1}^{N} u_j^2} \ .$$

Wollen wir auch ein Konfidenzintervall berechnen für den Parameter α_o, so gehen wir am besten anders vor. Wir bezeichnen die Regressionsgleichung jetzt anders, nämlich folgendermassen

$$x_{p+1,j} = \alpha_o x_{oj} + \alpha_1 x_{1j} + \dots + \alpha_p x_{pj} + u_j \quad , \qquad (j = 1,\dots,N)$$

wobei $x_{oj} \equiv 1$ ist.

Die Größen a_o, $a_1,\dots,a_p$ haben wir in Abschnitt 5 berechnet.

Zur Berechnung der Konfidenzintervalle für die Regressionskoeffizienten α_o, $\alpha_1,\dots,\alpha_p$ führen wir einige Definitionen ein.

Definition 1:

$$\mathfrak{M} = \begin{pmatrix} \Sigma x_o x_o & \dots & \Sigma x_o x_{p+1} \\ \dots & \dots & \dots \\ \Sigma x_{p+1} x_o & \dots & \Sigma x_{p+1} x_{p+1} \end{pmatrix}$$

Definition 2:

$$M = \begin{vmatrix} \Sigma x_o x_o & \dots & \Sigma x_o x_{p+1} \\ \dots & \dots & \dots \\ \Sigma x_{p+1} x_o & \dots & \Sigma x_{p+1} x_{p+1} \end{vmatrix}$$

Definition 3:

$$M^{p+1,p+1} = \begin{vmatrix} \Sigma x_o x_o & \dots & \Sigma x_o x_p \\ \dots & \dots & \dots \\ \Sigma x_p x_o & \dots & \Sigma x_p x_p \end{vmatrix}$$

Definition 4:

$$M^{p+1,p+1 \cdot ii} = \begin{vmatrix} \Sigma x_o x_o & \dots & \Sigma x_o x_{i-1} & \Sigma x_o x_{i+1} & \dots & \Sigma x_o x_p \\ \dots & \dots & \dots & \dots & \dots & \dots \\ \Sigma x_{i-1} x_o & \dots & \Sigma x_{i-1} x_{i-1} & \Sigma x_{i-1} x_{i+1} & \dots & \Sigma x_{i-1} x_p \\ \Sigma x_{i+1} x_o & \dots & \Sigma x_{i+1} x_{i-1} & \Sigma x_{i+1} x_{i+1} & \dots & \Sigma x_{i+1} x_p \\ \dots & \dots & \dots & \dots & \dots & \dots \\ \Sigma x_p x_o & \dots & \Sigma x_p x_{i-1} & \Sigma x_p x_{i+1} & \dots & \Sigma x_p x_p \end{vmatrix}$$

Dabei gilt $i = 0,1,\dots,p$.

Die Summationen erstrecken sich über j = 1,...,N, so daß es für

$\Sigma x_o x_o$ ausführlicher heißt $\sum_{j=1}^{N} x_{oj} x_{oj}$, für

$\Sigma x_o x_1$ ausführlicher heißt $\sum_{j=1}^{N} x_{oj} x_{1j}$, usw., für

$\Sigma x_{p+1} x_{p+1}$ ausführlicher heißt $\sum_{j=1}^{N} x_{p+1,j} x_{p+1,j}$.

Die Konfidenzintervalle lauten in dieser Schreibweise

$$g_{i,12} = a_i \pm t \sqrt{\frac{\sum_{j=1}^{N} u_j^2}{N-p-1} \quad \frac{M^{p+1,p+1 \cdot ii}}{M^{p+1,p+1}}} , \qquad i = 0,1,\dots,p .$$

Für i = 1,...,p sind dies die bereits bekannten Konfidenzintervalle für $\alpha_1,\dots,\alpha_p$. Für i = 0 haben wir ein Konfidenzintervall für α_o gewonnen.

10. Ein Prüfverfahren, ob die Voraussetzung (4) nicht zu sehr verletzt ist: Die Büschelkartenanalyse

Ist die Voraussetzung (4) für die Regressionstheorie nicht erfüllt, so besteht die Gefahr, daß die Schätzungen $a_o, a_1, \dots, a_p$ für die Regressionskoeffizienten $\alpha_o, \alpha_1, \dots, \alpha_p$ unsinnig werden. Ebenso können die Formeln für die Schätzungen der Streuung der Regressionskoeffizienten falsch werden usw. Diese Gefahr besteht immer dann, wenn m^{oo} nahe bei Null liegt und hinreichend große Fehler in den Variablen vorhanden sind. Die Fehler in den Variablen bewirken dann eine Verfälschung der Resultate der statistischen Regressionsanalyse. Die Determinante m^{oo} liegt immer dann nahe bei Null, wenn man in ein und dieselbe Regressionsgleichung eine Anzahl von Variablen einschließt, die zwei oder mehr Untermengen enthalten, die für sich genommen selbst hoch interkorreliert sind. Eine besondere Schwierigkeit besteht darin, daß auch die Korrelationen zwischen den Variablen aufgrund der Fehler in den Variablen nicht mit Sicherheit ermittelt werden können, z.B. könnte sich m^{oo} bei fehlerfreien Messungen als Null herausstellen, die Beobachtungsfehler bewirken aber, daß der Wert von m^{oo} von Null verschieden ist. Es ist das große Verdienst von R.FRISCH [6], als erster eine Methode gegeben zu haben die anzeigt, wann aufgrund der oben geschilderten Situation unsinnige Resultate eintreten. Wir beziehen uns auf dieses Werk [6] von R. FRISCH sowie auf eine weitere Arbeit von T. HAAVELMO und H. STAEHLE [5] und beschränken uns auf eine knappe Darstellung der für uns wichtigen Sachverhalte.

Zunächst ist als wichtig anzumerken, daß FRISCH von anderen Voraussetzungen ausgeht als die Regressionstheorie. In gewissem Sinne sind diese Voraussetzungen sogar realistischer als die Voraussetzungen unserer Regressionstheorie, da sie Fehler in den Variablen mitberücksichtigen.

Betrachten wir der Einfachheit halber drei Variable x_o, x_1, x_2. FRISCHs Annahme ist, daß jede Variable aus zwei Teilen besteht:

$$x_o = x'_o + x''_o \,, \quad x_1 = x'_1 + x''_1 \,, \quad x_2 = x'_2 + x''_2 \,,$$

wobei die Größen x'' Störungen genannt werden und die Größen x' systematische Teile. FRISCH macht drei Annahmen über den Charakter der Störungen x'':

1. Es besteht keine Korrelation zwischen den Störungen von zwei verschiedenen Variablen, d.h. zwischen x''_i und x''_k.
2. Es besteht keine Korrelation zwischen der Störung x''_i einer Variablen x_i und dem systematischen Teil x'_k einer anderen Variablen x_k.
3. Es besteht keine Korrelation zwischen dem systematischen Teil und der Störung ein- und derselben Variablen.

Oben hatten wir nur drei Variable, aber die Annahmen 1., 2. und 3. gelten allgemein für jede Anzahl von Variablen.

Wir wenden uns nun dem Begriff der Multikollinearität zu. Angenommen, es existiere eine Gleichung

$$\alpha_o x'_o + \alpha_1 x'_1 + \ldots + \alpha_p x'_p + \alpha_{p+1} = 0,$$

wobei nicht alle $\alpha_o, \alpha_1, \ldots, \alpha_{p+1}$ null sind. Damit gelten auch die Gleichungen

$$c\alpha_o x'_o + c\alpha_1 x'_1 + \ldots + c\alpha_p x'_p + c\alpha_{p+1} = 0$$

für jede beliebige Konstante c.

Wenn eine weitere Gleichung

$$\beta_o x'_o + \beta_1 x'_1 + \ldots + \beta_p x'_p + \beta_{p+1} = 0$$

existiert, so daß es keine Konstante c gibt derart, daß die Relationen $\beta_0 = c\alpha_0$, $\beta_1 = c\alpha_1, \ldots, \beta_p = c\alpha_p$ zugleich erfüllt sind, dann sagt man, es bestehe Multikollinearität zwischen den Variablen $x_0', x_1', \ldots, x_p'$.

Für irgendwelche Meßwerte x_{ij}' der Variablen x_i' ($i = 0,1,\ldots,p$; $j = 1,\ldots,N$) hat dann die Determinante

$$\begin{vmatrix} \sum_{j=1}^{N} (x_{1j}'-\bar{x}_1')(x_{1j}'-\bar{x}_1') & \ldots & \sum_{j=1}^{N} (x_{1j}'-\bar{x}_1')(x_{pj}'-\bar{x}_p') \\ \cdots & \cdots & \cdots \\ \sum_{j=1}^{N} (x_{pj}'-\bar{x}_p')(\bar{x}_{1j}'-\bar{x}_1') & \ldots & \sum_{j=1}^{N} (x_{pj}'-\bar{x}_p')(x_{pj}'-\bar{x}_p') \end{vmatrix} = m'^{00}$$

den Wert null.

Die Voraussetzung (4) ist dann weitgehend verletzt, und die Störungen in den Variablen geben den Ausschlag, wenn man nach der Methode der kleinsten Quadrate eine lineare Relation zwischen den Variablen x_0, $x_1, \ldots, x_p$ berechnet. Die Ergebnisse der Regressionstheorie werden dann unsinnig.

Diese Multikollinearität läßt sich nicht ohne weiteres feststellen, da ja nicht Meßwerte x_{ij}' der Variablen x_i' bekannt sind, sondern Meßwerte x_{ij} der Variablen $x_i = x_i' + x_i''$. FRISCHs Büschelkartenanalyse stellt ein Verfahren dar, Multikollinearität festzustellen unter der Voraussetzung, daß x_i', x_i'', x_k', x_k'' die oben unter 1., 2., 3. genannten Eigenschaften haben.

Wir verweisen zur Begründung dieses Verfahrens auf die Darstellungen von R. FRISCH [6] und T. HAAVELMO und H. STAEHLE [5] und beschränken uns auf eine knappe Beschreibung der Technik der Büschelkartenanalyse. Eine tiefere Begründung der Büschelkartenanalyse übersteigt den Umfang dieses Werkes.

Wir geben zunächst die Methode für die <u>Berechnung der Büschelkarten</u> an. Gegeben seien die Zahlen x_{ij} $(i = 0,1,\ldots,p;\ j = 1,\ldots,N)$. Wir berechnen die Größen

$$m_{ik} = \sum_{j=1}^{N} (x_{ij} - \bar{x}_i)(x_{kj} - \bar{x}_k) \qquad (i=0,1,\ldots,p;\ k=0,1,\ldots,p)$$

und aus diesen Größen m_{ik} die Stichprobenkorrelationskoeffizienten

$$r_{ik} = \frac{m_{ik}}{\sqrt{m_{ii} \cdot m_{kk}}} \qquad (i=0,1,\dots,p;\ k=0,1,\dots,p)$$

Wir formen die Matrix

$$(r_{ik}) = \begin{pmatrix} r_{oo} & r_{o1} & \dots & r_{op} \\ r_{10} & r_{11} & \dots & r_{1p} \\ \cdot & \cdot & \cdot & \cdot \\ r_{po} & r_{p1} & \dots & r_{pp} \end{pmatrix}$$

Dieser Matrix (r_{ik}) entnehmen wir Teilmatrizen der Ordnungen 2,3,...,p+1 und zwar in folgendem Sinne:

$$\begin{pmatrix} r_{00} & r_{01} \\ r_{10} & r_{11} \end{pmatrix}, \begin{pmatrix} r_{00} & r_{02} \\ r_{20} & r_{22} \end{pmatrix}, \begin{pmatrix} r_{11} & r_{12} \\ r_{21} & r_{22} \end{pmatrix}, \begin{pmatrix} r_{00} & r_{03} \\ r_{30} & r_{33} \end{pmatrix}, \begin{pmatrix} r_{11} & r_{13} \\ r_{31} & r_{33} \end{pmatrix}, \begin{pmatrix} r_{22} & r_{23} \\ r_{32} & r_{33} \end{pmatrix}, \begin{pmatrix} r_{00} & r_{04} \\ r_{40} & r_{44} \end{pmatrix}, \dots \begin{pmatrix} r_{p-1,p-1} & r_{p-1,p} \\ r_{p,p-1} & r_{p,p} \end{pmatrix}$$

$$\begin{pmatrix} r_{00} & r_{01} & r_{02} \\ r_{10} & r_{11} & r_{12} \\ r_{20} & r_{21} & r_{22} \end{pmatrix}, \begin{pmatrix} r_{00} & r_{01} & r_{03} \\ r_{10} & r_{11} & r_{13} \\ r_{30} & r_{31} & r_{33} \end{pmatrix}, \begin{pmatrix} r_{00} & r_{02} & r_{03} \\ r_{20} & r_{22} & r_{23} \\ r_{30} & r_{32} & r_{33} \end{pmatrix}, \begin{pmatrix} r_{11} & r_{12} & r_{13} \\ r_{21} & r_{22} & r_{23} \\ r_{31} & r_{32} & r_{33} \end{pmatrix}, \begin{pmatrix} r_{00} & r_{01} & r_{04} \\ r_{10} & r_{11} & r_{14} \\ r_{40} & r_{41} & r_{44} \end{pmatrix}, \dots \begin{pmatrix} r_{p-2,p-2} & r_{p-2,p-1} & r_{p-2,p} \\ r_{p-1,p-2} & r_{p-1,p-1} & r_{p-1,p} \\ r_{p,p-2} & r_{p,p-1} & r_{p,p} \end{pmatrix}$$

. . . .

$$\begin{pmatrix} r_{00} & r_{01} & r_{02} & \cdots & r_{0p} \\ r_{10} & r_{11} & r_{12} & \cdots & r_{1p} \\ r_{20} & r_{21} & r_{22} & \cdots & r_{2p} \\ \cdot & \cdot & \cdot & \cdot & \cdot \\ r_{p0} & r_{p1} & r_{p2} & \cdots & r_{pp} \end{pmatrix}$$

Zu allen diesen Teilmatrizen formen wir algebraische Komplemente r^{ik}, und zwar in folgendem Sinne

	0	1
0	r^{00}	r^{01}
1	r^{10}	r^{11}

	0	2
0	r^{00}	r^{02}
2	r^{20}	r^{22}

	1	2
1	r^{11}	r^{12}
2	r^{21}	r^{22}

	0	3
0	r^{00}	r^{03}
3	r^{30}	r^{33}

	1	3
1	r^{11}	r^{13}
3	r^{31}	r^{33}

	2	3
2	r^{22}	r^{23}
3	r^{32}	r^{33}

	0	4
0	r^{00}	r^{04}
4	r^{40}	r^{44}

. . .

	p-1	p
p-1	$r^{p-1,p-1}$	$r^{p-1,p}$
p	$r^{p,p-1}$	$r^{p,p}$

	0	1	2
0	r^{00}	r^{01}	r^{02}
1	r^{10}	r^{11}	r^{12}
2	r^{20}	r^{21}	r^{22}

	0	1	3
0	r^{00}	r^{01}	r^{03}
1	r^{10}	r^{11}	r^{12}
3	r^{30}	r^{31}	r^{33}

	0	2	3
0	r^{00}	r^{02}	r^{03}
2	r^{20}	r^{22}	r^{23}
3	r^{30}	r^{32}	r^{33}

	1	2	3
1	r^{11}	r^{12}	r^{13}
2	r^{21}	r^{22}	r^{23}
3	r^{31}	r^{32}	r^{33}

	0	1	4
0	r^{00}	r^{01}	r^{04}
1	r^{10}	r^{11}	r^{14}
4	r^{40}	r^{41}	r^{44}

. . .

	p-2	p-1	p
p-2	$r^{p-2,p-2}$	$r^{p-2,p-1}$	$r^{p-2,p}$
p-1	$r^{p-1,p-2}$	$r^{p-1,p-1}$	$r^{p-1,p}$
p	$r^{p,p-2}$	$r^{p,p-1}$	$r^{p,p}$

. . . .

	0	1	2	. . . .	p
0	r^{00}	r^{01}	r^{02}	. . . .	r^{0p}
1	r^{10}	r^{11}	r^{12}	. . . .	r^{1p}
2	r^{20}	r^{21}	r^{22}	. . . .	r^{2p}
.	. .	. .	. .	. .	. .
p	r^{p0}	r^{p1}	r^{p2}	. . . .	r^{pp}

Dabei ist zu beachten, daß z.B. die Größe $\mathbf{r}^{00}$ in dem Kästchen

	0	1
0	r^{00}	r^{01}
1	r^{10}	r^{11}

einen anderen Wert hat als in dem Kästchen

	0	2
0	r^{00}	r^{02}
2	r^{20}	r^{22}

und wiederum einen anderen Wert als in dem Kästchen

	0	1	2
0	r^{00}	r^{01}	r^{02}
1	r^{10}	r^{11}	r^{12}
2	r^{20}	r^{21}	r^{22}

usw.

In dem Kästchen

	0	1
0	r^{00}	r^{01}
1	r^{10}	r^{11}

ist r^{00} eine Größe, die aus der Matrix

$$\begin{pmatrix} r_{oo} & r_{o1} \\ r_{1o} & r_{11} \end{pmatrix}$$

durch Streichen der ersten Zeile und ersten Spalte gewonnen worden ist. Sie hat demnach den Wert

$$r^{oo} = r_{11} \quad .$$

Dagegen ist in dem Kästchen

	0	2
0	r^{oo}	r^{o2}
2	r^{2o}	r^{22}

r^{oo} eine Größe, die aus der Matrix

$$\begin{pmatrix} r_{oo} & r_{o2} \\ r_{2o} & r_{22} \end{pmatrix}$$

durch Streichen der ersten Zeile und der ersten Spalte gewonnen worden ist und daher den Wert

$$r^{oo} = r_{22}$$

hat.

In dem Kästchen

	0	1	2
0	r^{oo}	r^{o1}	r^{o2}
1	r^{1o}	r^{11}	r^{12}
2	r^{2o}	r^{21}	r^{22}

ist r^{oo} eine Größe, die aus der Matrix

$$\begin{pmatrix} r_{oo} & r_{o1} & r_{o2} \\ r_{1o} & r_{11} & r_{12} \\ r_{2o} & r_{21} & r_{22} \end{pmatrix}$$

durch Streichen der ersten Spalte und ersten Zeile gewonnen worden ist. Sie hat den Wert

$$r^{oo} = \begin{vmatrix} r_{11} & r_{12} \\ r_{21} & r_{22} \end{vmatrix} = r_{11}r_{22} - r_{12}^2 \quad .$$

Entsprechendes gilt für die anderen Größen r^{ik}.

Es ist nützlich zu bedenken, daß definitionsgemäß

$$m_{ik} = m_{ki}$$

ist. Daraus folgt, daß auch

$$r_{ik} = r_{ki}$$

ist. Dieses hinwiederum hat zur Folge, daß

$$r^{ik} = r^{ki}$$

ist. Ferner ist trivialerweise

$$r_{ii} = 1.$$

Wir können nun zur Zeichnung von Büschelkarten übergehen. Zunächst greifen wir ein Kästchen mit Größen r^{ik} heraus und aus diesem wiederum zwei Spalten l,m (m>l). Aus diesen zwei Spalten konstruieren wir eine Büschelkarte. Die Werte der einen Spalte l werden auf der Abszisse, die der anderen Spalte m auf der Ordinate aufgetragen. Werte, die zusammen in einer Zeile stehen, bilden einen Punkt. Die Punkte werden mit dem Koordienatenanfangspunkt verbunden, so daß ein Strahlenbüschel entsteht. Wir illustrieren diesen Sachverhalt durch folgende Zeichnung (s.Seite 45).

Der Strahl, der aus dem Wertepaar der Zeile l entsteht, wird Leitstrahl genannt. Ebenso heißt der Strahl, der aufgrund des Wertepaares der Zeile m entsteht, Leitstrahl.

Besitzt das Kästchen mit den Größen r^{ik}, das wir zur Zeichnung der Büschelkarten herausgegriffen haben, genau q Zeilen, so enthält die gezeichnete Büschelkarte q Strahlen. Unter diesen q Strahlen befinden sich zwei Leitstrahlen. Insgesamt lassen sich aufgrund des Kästchens mit den Größen r^{ik}, das q Reihen besitzt, $\binom{q}{2}$ Büschelkarten zeichnen.

Man kann bei der Untersuchung, ob Konfluenz zwischen den Variablen $x'_0, x'_1, \dots, x'_p$ besteht, folgendermaßen vorgehen: Man zeichnet Büschelkarten erst für die kleinsten Kästchen:

	0	1
0	r^{oo}	r^{o1}
1	r^{1o}	r^{11}

. . . .

	p-1	p
p-1	$r^{p-1,p-1}$	$r^{p-1,p}$
p	$r^{p,p-1}$	$r^{p,p}$

Absolutwert der algebraischen Komplemente der Spalte $m > 1$, wenn für Spalte m und 1 verschiedene Vorzeichen bestehen.

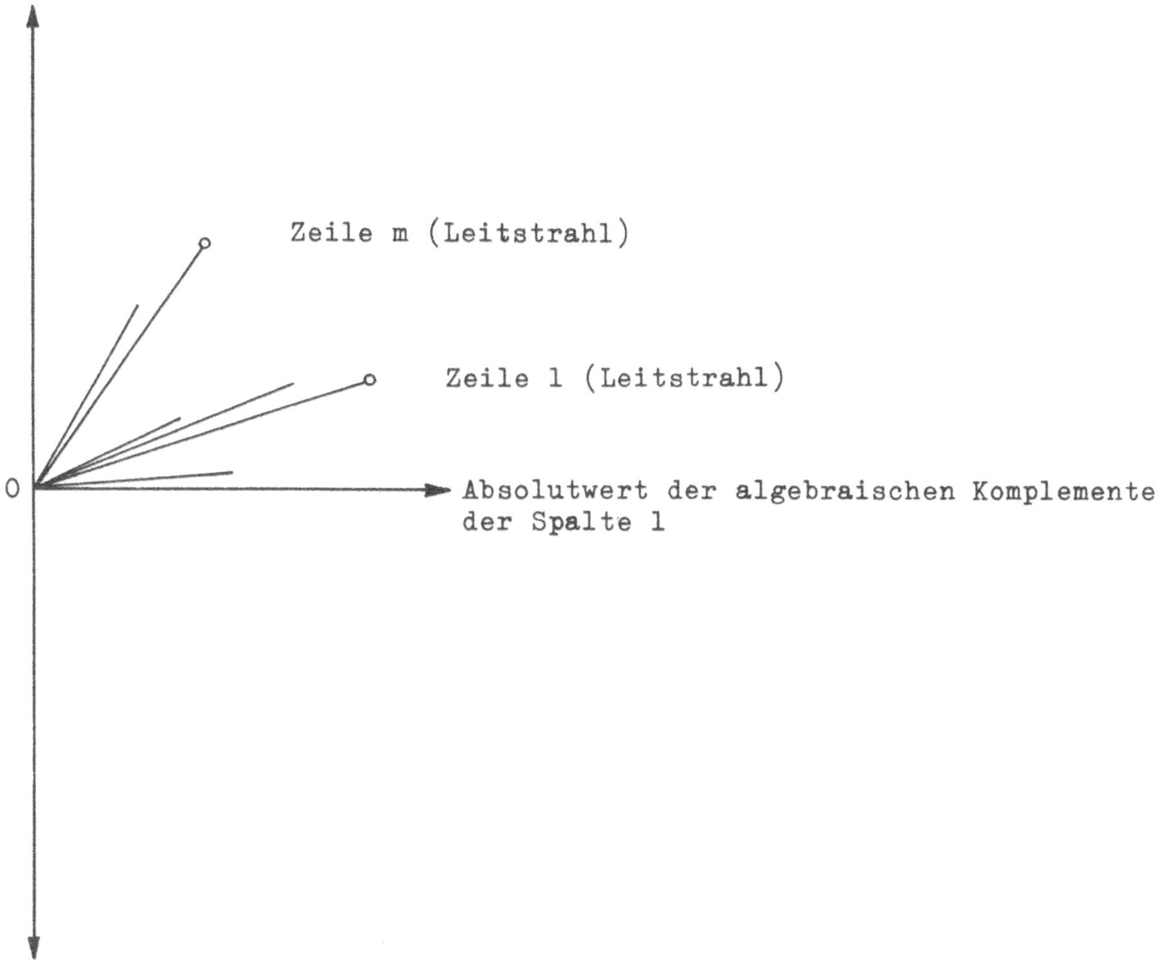

Absolutwert der algebraischen Komplemente der Spalte $m > 1$, wenn für die Spalten m und 1 gleiche Vorzeichen bestehen.

Dann zeichne man die Büschelkarten für die nächstgrößeren Kästchen:

	0	1	2
0	r^{oo}	r^{o1}	r^{o2}
1	r^{1o}	r^{11}	r^{12}
2	r^{2o}	r^{21}	r^{22}

....

	p-2	p-1	p
p-2	$r^{p-2,p-2}$	$r^{p-2,p-1}$	$r^{p-2,p}$
p-1	$r^{p-1,p-2}$	$r^{p-1,p-1}$	$r^{p-1,p}$
p	$r^{p,p-2}$	$r^{p,p-1}$	$r^{p,p}$

usw.

Sobald Büschelkarten auftauchen, die die nachfolgend erklärten "Kriterien für eine schädliche Variable" erfüllen, besteht sicherlich Konfluenz zwischen den Variablen $x'_o, x'_1, \ldots, x'_p$. Dann ist Voraussetzung (4) nicht nur aufgrund von Fehlern in den Variablen verletzt, sondern auch aufgrund von Konfluenz. Die Berechnungen der Regressionskoeffizienten und der Konfidenzintervalle sind dann für eine Regressionsgleichung zwischen den Größen $x'_o, x'_1, \ldots, x'_p$ zu unzuverlässig.

Wir wenden uns nun den bei R. FRISCH [6, Abschn.14 u.17] auftauchenden Begriffen "schädliche Variable", "nützliche Variable" und "überflüssige Variable" zu. Angenommen wir haben Büschelkarten gezeichnet für q Variable $y_o, y_1, \ldots, y_{q-1}$. Es sei durch die Büschelkarten festgestellt, daß zwischen diesen Variablen keine Konfluenz besteht. Wir nehmen nun eine neue Variable y_q hinzu und zeichnen nun Büschelkarten für die Variablen $y_o, y_1, \ldots, y_q$. Die Frage ist, ob nun Konfluenz auftaucht. Wenn nun Konfluenz auftaucht, dann ist die neu hinzugekommene Variable y_q schädlich, und die Berechnungen nach der Methode der kleinsten Quadrate sind unzuverlässig. Wenn keine Konfluenz auftaucht, heißt die Variable "nützlich". Der von R. FRISCH ebenfalls eingeführte Begriff "überflüssige Variable" ist wohl etwas unklar. Wir beschränken uns darauf, "schädliche" variable festzustellen und von der Regressionsanalyse auszuschließen.

Nunmehr beschäftigen wir uns mit der Frage, wie man aufgrund der Büschelkarten entscheiden kann, ob der Einschluß einer Variablen in die zu untersuchende Regressionsgleichung nützlich, überflüssig oder schädlich ist. Wir zitieren R. FRISCH [6, S.100 ff].

Eine Variable ist nützlich, wenn die Büschelkarte sich aufgrund des Einschlusses dieser neuen Variablen zusammenschließt und wenn der Strahl, der die neue Variable repräsentiert, zwischen die anderen Strahlen fällt, und weiter, wenn die allgemeine Richtung des Büschels geändert wird. Die Variable ist auch noch als nützlich zu betrachten, wenn sich die allgemeine Richtung nicht ändert, aber wenn der Zusammenschluß des Büschels sehr stark ist und der Strahl für die neue Variable innerhalb dieses Büschels zu liegen kommt. Die neue Variable kann ebenfalls nützlich sein, auch wenn das Büschel sich etwas öffnet, nämlich dann, wenn die allgemeine Richtung dieses Büschels sich so gründlich ändert, daß man sie als deutlich verschieden von der früheren Richtung erkennt.

Die Kriterien einer überflüssigen Variablen sind: (1) das Büschel wird nicht enger aufgrund des Einschlusses der neuen Variablen, (2) die allgemeine Richtung des Büschels ändert sich nicht deutlich (oder speziell, jeder der Strahlen bleibt in seiner alten Lage), (3) der Strahl für die neue Variable fällt außerhalb des Sektors für die anderen Strahlen, (4) der Strahl für die neue Variable ist wesentlich kürzer als die anderen Strahlen in dem neuen Büschel, (5) die Strahlen der anderen Variablen werden nicht wesentlich kürzer durch den Einschluß der neuen Variablen. Wenn alle diese Kriterien zusammen erfüllt sind, ist die fragliche Variable sicherlich überflüssig. Die Variable muß aber ebenfalls als überflüssig angesehen werden, wenn nur einige der obigen Kriterien erfüllt sind. Besondere Bedeutung ist dann den Kriterien (1) bis (3) zuzumessen.

Eine Variable ist schädlich, wenn das Büschel durch ihren Einschluß explodiert, d.h. wenn es wesentlich weniger dicht ist als vorher. Die neue Variable muß auch dann als schädlich betrachtet werden, wenn keine Explosion vorliegt, sondern nur solch ein deutliches Abnehmen der Geschlossenheit und ein so geringer Wechsel in der allgemeinen Richtung des Büschels, daß wir nicht mit Sicherheit sagen können, ob die neue Richtung verschieden ist von der alten oder nicht.

Wir ergänzen diese Ausführungen durch einige Bemerkungen aus dem Memorandum von T. HAAVELMO und H. STAEHLE [5, S.29] über die Länge der Strahlen. Ist r^{ii} sehr klein gegenüber 1, so heißt das, daß in der Menge der Variablen $x_o, x_1, \ldots, x_{i-1}, x_{i+1}, \ldots, x_p$ praktisch eine lineare Relation besteht. Sind alle r^{ik} sehr klein gegenüber 1, dann haben wir einen vollständigen Fall von Multikollinearität vorliegen. Sind einige Strahlen sehr kurz im Vergleich zu den Leitstrahlen des Büschels, so heißt das grob gesagt, daß die zugehörigen Variablen "nicht signifikant" sind.

Es sei noch angefügt, daß die Büschelkartenanalyse keine sehr genaue Methode darstellt. Sicherlich werden nicht alle Fälle, in denen die Voraussetzung (4) für die Regressionstheorie folgenschwer verletzt ist, aufgedeckt. Es liegen z.B. ungünstige Verhältnisse für die Voraussetzung (4) vor, wenn m'^{oo} ungefähr null ist und wenn außerdem relativ große Störungen x''_{ij} bestehen.

11. Autoregressive Transformation

Es kann sein, daß die Voraussetzungen (1) bis (5) nicht alle erfüllt sind. Dann ist unsere Regressionstheorie nicht exakt anwendbar.

Wir können etwa annehmen, daß wir mit Hilfe des oben definierten Stichprobenkorrelationskoeffizienten r_1 festgestellt haben, daß die Voraussetzung (5) nicht erfüllt ist. Wir suchen nun nach einer anderen Hypothese, für die alle Voraussetzungen (1) bis (5) erfüllt sind. Man kann sich das etwa so vorstellen: Nehmen wir an, der Konsum hänge außer vom Einkommen nur noch von gewissen Verbraucherwünschen ab, die aufgrund ihrer statistischen Eigenschaften als Zufallsvariable $u_1, u_2, \ldots, u_N$ aufgefaßt werden können. Dabei ist u_1 die Zufallsvariable für das erste Jahr, u_2 die Zufallsvariable für das zweite Jahr,...,u_N die Zufallsvariable für das N-te Jahr. Es ist gar nicht von vornherein selbstverständlich, daß die Verbraucherwünsche im zweiten Jahr unabhängig davon sind, was im Jahr zuvor gewünscht und als Folge davon gekauft worden ist. Es ist bei diesen quantitativ schwer zu erfassenden psychologischen Ursachen kaum möglich, die richtige Hypothese etwa durch Einschluß einer weiteren Variablen x_{p+1}, deren Realisationen $x_{p+1,j}$ man kennt, zu finden. Aber man kann sich hier anders helfen, nämlich indem man den Zusammenhang zwischen den $u_1, u_2, \ldots, u_N$ mit in die Hypothese aufnimmt. Wir beschäftigen uns mit dem Fall, daß die Zufallsvariablen $u_1, u_2, \ldots, u_N$ zusammenhängen gemäß der Gleichung

$$u_j = r_1 \, u_{j-1} + v_j \, .$$

r_1 ist der oben definierte Stichprobenkorrelationskoeffizient für die Folgen

$$u_1, u_2, \ldots, u_{N-2}, \, u_{N-1} \quad \text{und}$$

$$u_2, u_3, \ldots, u_{N-1}, \, u_N$$

Die Zufallsvariablen $v_2, \ldots, v_N$ haben eine Verteilung mit dem Mittelwert Null, konstanter Streuung und sind nicht autokorreliert: v_j und v_l sind in wahrscheinlichkeitstheoretischem Sinne unabhängig, wenn $j \neq l$ ist. Außerdem nehmen wir Normalverteilung für jede der Zufallsvariablen $v_2, \ldots, v_N$ an.

Lautet die ursprüngliche Gleichung:

$$x_{oj} = \alpha_o + \alpha_1 \, x_{1j} + \ldots + \alpha_p x_{pj} + u_j \, , \qquad j=1,\ldots,N,$$

wobei die u_j zusammenhängen gemäß Gleichung

$$u_j = r_1 \, u_{j-1} + v_j \, , \qquad j=2,\ldots,N,$$

dann gilt

$$r_1 x_{o,j-1} = r_1 \alpha_o + r_1 \alpha_1 x_{1,j-1} + \ldots + r_1 \alpha_p x_{p,j-1} + r_1 u_{j-1}$$

und damit

$$x_{oj} - r_1 x_{o,j-1} = (1-r_1) \, \alpha_o + (x_{1j} - r_1 x_{1,j-1}) \alpha_1 + \ldots + (x_{pj} - r_1 x_{p,j-1}) \alpha_p + u_j - r_1 u_{j-1} \, .$$

Sind die Voraussetzungen (1) bis (5) für diese Gleichung erfüllt, so können wir die Koeffizienten $(1-r_1)\alpha_o$, $\alpha_1, \ldots, \alpha_p$ nach der Methode der kleinsten Quadrate schätzen aufgrund der Reihen $y_{oj} = x_{oj} - r_1 x_{o,j-1}$, $y_{1j} = x_{1j} - r_1 x_{1,j-1}, \ldots, y_{pj} = x_{pj} - r_1 x_{p,j-1}$. Sodann ist $u_j - r_1 u_{j-1} = v_j$. Die zuvor beschriebenen Tests sind jetzt anwendbar.

12. Vernachlässigung von Variablen in der Regressionsgleichung

Gegeben sei die Regressionsgleichung

$$x_{oj} = \alpha_o + \alpha_1 x_{1j} + \ldots + \alpha_p x_{pj} + u_j \qquad (j=1,\ldots,N)$$

Es seien die Voraussetzungen (1) bis (5) erfüllt. Dann kann man die Regressionstheorie auf diese Gleichung anwenden. Was passiert, wenn der Ökonom vergißt, eine der Variablen einzuschliessen (etwa x_p)?

Für den Fall der (p+1)-dimensionalen Normalverteilung mit der Dichte

$$\frac{\sqrt{|D|}}{(\sqrt{2\pi})^{p+1}} \exp\left\{-\frac{1}{2}\sum_{i,k=0}^{p} d_{ik}(x_i-m_i)(x_k-m_k)\right\}$$

(vgl. Abschn. 4) ergibt sich wieder eine Regressionsgleichung, für die die Voraussetzungen (1) bis (5) erfüllt sind:

Zum Beweise bilden wir erst die Rsndverteilung bezüglich x_p :

$$f(x_o,x_1,\ldots,x_{p-1}) = \frac{\sqrt{|D|}}{(\sqrt{2\pi})^{p+1}} \int_{-\infty}^{+\infty} \exp\left\{-\frac{1}{2}\sum_{i,k=0}^{p} d_{ik}(x_i-m_i)(x_k-m_k)\right\} dx_p$$

$$= \frac{\sqrt{\dfrac{|D|}{d_{pp}}}}{\sqrt{2\pi^p}} \exp\left\{-\frac{1}{2}\sum_{i,k=0}^{p-1} A_{ik}(x_i-m_i)(x_k-m_k)\right\}; \quad A_{ik} = \frac{\begin{vmatrix} d_{ik} & d_{ip} \\ d_{pk} & d_{pp}\end{vmatrix}}{d_{pp}}$$

Da dies die Dichte einer Normalverteilung ist, ergibt sich gemäß Abschnitt 4 eine Regressionsgleichung, für die die Voraussetzungen der Regressionstheorie erfüllt sind. Die Koeffizienten dieser Regressionsgleichung unterscheiden sich im allgemeinen von den Koeffizienten α_i der ursprünglichen (oben angeführten) Regressionsgleichung.

Läßt der Ökonom also im Falle einer Normalverteilung eine Variable in der Regressionsgleichung weg, so ändern sich zwar die Koeffizienten der Regressionsgleichung, aber diese neuen Koeffizienten lassen sich nach der Regressionstheorie schätzen.

Ohne die Berücksichtigung der Beobachtungswerte x_{pj} kann man die Regressionskoeffizienten $\alpha_o,\alpha_1,\ldots,\alpha_{p-1},\alpha_p$ im allgemeinen nicht erwartungstreu schätzen.

Wir definieren die Determinante m*:

$$m^* = \begin{vmatrix} m_{oo} & \cdots & m_{o,p-1} \\ \cdot & \cdots & \cdot \\ m_{p-1,o} & \cdots & m_{p-1,p-1} \end{vmatrix} .$$

Ferner definieren wir die Größe m^{*ik} als das algebraische Komplement zu m_{ik} in der Determinante m^*. Dann bilden wir die Größen

$$b_1 = -\frac{m^{*o1}}{m^{*oo}}, \ldots, b_{p-1} = -\frac{m^{*o,p-1}}{m^{*oo}}$$

b_1 ist im allgemeinen keine erwartungstreue Schätzung für α_1; insbesondere ist im allgemeinen $b_1 \neq a_1$ (wobei $a_1 = -\frac{m^{o1}}{m^{oo}}$ ist).

Entsprechend ist b_2 im allgemeinen keine erwartungstreue Schätzung für α_2 usw.

Insbesondere gilt im allgemeinen nicht die Gleichung

$$E(x_{oj}) = \alpha_o + \alpha_1 x_{1j} + \ldots + \alpha_{p-1} x_{p-1,j} \qquad (\text{für } \alpha_p \neq 0) .$$

Falls keine Normalverteilung vorliegt, ist nicht einmal gesichert, daß nach Übergang zur Randverteilung bezüglich x_p wieder eine Regressionsgleichung gilt, für die die Voraussetzungen (1) bis (5) erfüllt sind. In diesem Falle wirkt sich das Weglassen der Variablen x_p als Fehler aus.

Deshalb ist es wichtig, daß der Ökonom keine Variable einzuschliessen vergißt, die in die Regressionsgleichung gehört.

13. Ersatz von Variablen in der Regressionsgleichung

Es kann sein, daß gar nicht die bedeutsame Variable x_{pj} in die Regressionsgleichung

$$x_{oj} = \alpha_o + \alpha_1 x_{1j} + \ldots + \alpha_{p-1} x_{p-1,j} + \alpha_p x_{pj} + u_j \qquad (j=1,\ldots,N)$$

für die die Voraussetzungen (1) bis (5) erfüllt sind, eingeschlossen worden ist, sondern eine andere Variable y_j, die mit x_{pj} zusammenhängt. Wir betrachten hier den Fall, daß der Zusammenhang gegeben ist durch die Gleichung

$$x_{pj} = \beta_o + \beta_1 y_j + v_j \qquad (j=1,\ldots,N)$$

Die Voraussetzungen (1) bis (5) seien sinngemäß erfüllt. Die Streuung der zufälligen Variablen v_j werde mit σ_v^2 bezeichnet. Die Streuung der Zufallsvariablen u_j sei σ_u^2.

Ist $\alpha_p^2\,\sigma_v^2$ sehr viel kleiner als σ_u^2, so können wir x_{pj} ohne großen Fehler durch x_{pj} ersetzen:

$$x_{oj} = \alpha_o + \alpha_1 x_{1j} + \ldots + \alpha_{p-1} x_{p-1,j} + \alpha_p(\beta_o + \beta_1 y_j + v_j) + u_j$$

$$x_{oj} = \alpha_o + \alpha_p\beta_o + \alpha_1 x_{1j} + \ldots + \alpha_{p-1} x_{p-1,j} + \alpha_p\beta_1 y_j + \alpha_p v_j + u_j$$

Mit den Bezeichnungen $\gamma_o = \alpha_o + \alpha_p\beta_o$, $\gamma_l = \alpha_l$ $(l = 1,\ldots,p-1)$, $\gamma_p = \alpha_p\beta_1$ und $w_j = \alpha_p v_j + u_j$, wird daraus

$$x_{oj} = \gamma_o + \gamma_1 x_{1j} + \ldots + \gamma_{p-1} x_{p-1,j} + \gamma_p y_j + w_j \qquad (j=1,\ldots,N).$$

Für die letzte Gleichung sind die Voraussetzungen (1) bis (5) ohne große Fehler erfüllt, und wir können erwartungstreue Schätzungen für die Parameter $\gamma_o, \gamma_1, \ldots, \gamma_p$ errechnen, die Korrelation testen und Konfidenzintervalle konstruieren.

14. Betrachtungen zur Trendausschaltung

Für unsere Untersuchungen ist dieser zuletzt erwähnte Sachverhalt besonders wichtig, da viele unserer ökonomischen Reihen miteinander stark korreliert sind. Insbesondere liegt vielfach eine starke Korrelation mit der Zeit vor; in diesem Fall ist $y_j = j$ anzunehmen. Es existiert dann - wie man auch sagt - ein starker Trend.

In der Literatur über Ökonometrie ist häufig die Rede von Trendausschaltungen. Wir verweisen besonders auf die Darstellungen durch G.TINTNER [14, Chapter II.I.I], [3,7.2]. Es hat jedoch den Anschein, als ob diese Theorie noch nicht völlig durchgestaltet sei.

Bei der Ausschaltung von Trends wird in der Literatur empirisch vorgegangen. Aus den Beobachtungen x_{ij} $(i = 0,1,\ldots,p;\; j = 1,\ldots,N)$ werden Schätzfunktionen bestimmt. Zunächst werden Größen $a_o, a_1, \ldots, a_p$ so bestimmt, daß

$$\sum_{j=1}^{N} (x_{oj} - a_o - a_1 x_{1j} - \ldots - a_p x_{pj})^2 = \min!$$

ist, d.h. gemäß Abschnitt 5

$$a_1 = -\frac{m^{o1}}{m^{oo}}, \ldots, a_p = -\frac{m^{op}}{m^{oo}}; \; a_o = \bar{x}_o - a_1\bar{x}_1 - \ldots - a_p\bar{x}_p \; .$$

Als zweites werden Größen a_{io}, a_{ip} $(i = 0,1,\ldots,p-1)$ bestimmt, so daß

$$\sum_{j=1}^{N} (x_{ij} - a_{io} - a_{ip}x_{pj})^2 = \min!$$

Es handelt sich hierbei um eine empirische Ausschaltung eines linearen Trends.

Es gilt

$$a_{ip} = \frac{m_{ip}}{m_{pp}}, \; a_{io} = \bar{x}_i - a_{ip}\bar{x}_p \; .$$

Wir definieren nunmehr Größen x^*_{ij} durch die Gleichungen

$$x^*_{ij} = x_{ij} - a_{io} - a_{ip}x_{pj} \; .$$

Dann gilt

$$\sum_{j=1}^{N} x^*_{ij} \; x^*_{kj} = \frac{\begin{vmatrix} m_{ik} & m_{ip} \\ m_{pk} & m_{pp} \end{vmatrix}}{m_{pp}} .$$

Wir bezeichnen den letzten Ausdruck mit s_{ik}:

$$s_{ik} = \sum_{j=1}^{N} x^*_{ij} \; x^*_{kj} = \frac{\begin{vmatrix} m_{ik} & m_{ip} \\ m_{pk} & m_{pp} \end{vmatrix}}{m_{pp}}$$

Drittens werden Größen $c_o, c_1, \ldots, c_{p-1}$ so bestimmt, daß

$$\sum_{j=1}^{N} (x^*_{oj} - c_o - c_1x^*_{1j} - \ldots - c_{p-1}x^*_{p-1,j})^2 = \min!$$

Ein sehr bedeutsames Theorem besagt nun, daß $a_1 = c_1, \ldots, a_{p-1} = c_{p-1}$. Außerdem ist $c_o = 0$. Dieses Theorem wurde von R.FRISCH und F.V.WAUGH bewiesen [17].

Zum Beweise des Theorems von R.FRISCH und F.V.WAUGH schreiben wir die Schätzwerte a_o, $a_1, \ldots,$ a_p mit Hilfe von Abschnitt 5 folgendermaßen:

$$a_1 = -\frac{m^{o1}}{m^{oo}}, \ldots, a_{p-1} = -\frac{m^{o,p-1}}{m^{oo}}, \; a_p = -\frac{m^{op}}{m^{oo}}; \; a_o = \bar{x}_o - a_1\bar{x}_1 - \ldots - a_p\bar{x}_p.$$

Diese Schätzfunktionen $a_o, a_1, \ldots, a_{p-1}$ können wir noch auf eine andere Weise bekommen. Zu diesem Zwecke betrachten wir die Determinante:

$$m = \begin{vmatrix} m_{oo} & m_{o1} & \ldots & m_{o,p-1} & m_{op} \\ m_{1o} & m_{11} & \ldots & m_{1,p-1} & m_{1p} \\ \cdot & \cdot & \cdot & \cdot & \cdot \\ m_{p-1,o} & m_{p-1,1} & \ldots & m_{p-1,p-1} & m_{p-1,p} \\ m_{p,o} & m_{p,1} & \ldots & m_{p,p-1} & m_{p,p} \end{vmatrix}$$

Diese Determinante formen wir um, indem wir das $\frac{m_{ip}}{m_{pp}}$ -fache der letzten Zeile von der i-ten Zeile abziehen (das geschehe für $i = 0,1,\ldots,p-1$). Das ändert bekanntlich den Wert der Determinante nicht:

$$m = \begin{vmatrix} m_{oo} - m_{po}\frac{m_{op}}{m_{pp}} & m_{o1} - m_{p1}\frac{m_{op}}{m_{pp}} & \ldots & m_{o,p-1} - m_{p,p-1}\frac{m_{op}}{m_{pp}} & m_{op} - m_{pp}\frac{m_{op}}{m_{pp}} \\ m_{1o} - m_{po}\frac{m_{1p}}{m_{pp}} & m_{11} - m_{p1}\frac{m_{1p}}{m_{pp}} & \ldots & m_{1,p-1} - m_{p,p-1}\frac{m_{1p}}{m_{pp}} & m_{1p} - m_{pp}\frac{m_{1p}}{m_{pp}} \\ \cdot & \cdot & \cdot & \cdot & \cdot \\ m_{p-1,o} - m_{po}\frac{m_{p-1,p}}{m_{pp}} & m_{p-1,1} - m_{p1}\frac{m_{p-1,p}}{m_{pp}} & \ldots & m_{p-1,p-1} - m_{p,p-1}\frac{m_{p-1,p}}{m_{pp}} & m_{p-1,p} - m_{pp}\frac{m_{p-1,p}}{m_{pp}} \\ m_{po} & m_{p1} & \ldots & m_{p,p-1} & m_{pp} \end{vmatrix}$$

Wir bezeichnen den Ausdruck

$$m_{ik} - m_{pk}\frac{m_{ip}}{m_{pp}} \quad \text{mit} \quad s_{ik} \qquad (i=0,1,\ldots,p-1;\; k=0,1,\ldots,p-1)$$

und erhalten

$$m = \begin{vmatrix} s_{oo} & s_{o1} & \ldots & s_{o,p-1} & 0 \\ s_{10} & s_{11} & \ldots & s_{1,p-1} & 0 \\ \cdot & \cdot & \cdot & \cdot & \cdot \\ s_{p-1,o} & s_{p-1,1} & \ldots & s_{p-1,p-1} & 0 \\ m_{po} & m_{p1} & \ldots & m_{p,p-1} & m_{pp} \end{vmatrix}$$

Aus der letzten Gleichung folgt:

$$m = \begin{vmatrix} s_{oo} & s_{o1} & \cdots & s_{o,p-1} & 0 \\ s_{1o} & s_{11} & \cdots & s_{1,p-1} & 0 \\ \cdot & \cdot & \cdot & \cdot & \cdot \\ s_{p-1,o} & s_{p-1,1} & \cdots & s_{p-1,p-1} & 0 \\ 0 & 0 & \cdots & 0 & m_{pp} \end{vmatrix}$$

Bezeichnen wir mit s^{ok} $(k = 0,1,\ldots,p-1)$ das algebraische Komplement zu s_{ok} in der Matrix

$$\begin{pmatrix} s_{oo} & s_{o1} & \cdots & s_{o,p-1} & 0 \\ s_{1o} & s_{11} & \cdots & s_{1,p-1} & 0 \\ \cdot & \cdot & \cdot & \cdot & \cdot \\ s_{p-1,o} & s_{p-1,1} & \cdots & s_{p-1,p-1} & 0 \\ 0 & 0 & \cdots & 0 & m_{pp} \end{pmatrix}$$

und mit $s^{ok\cdot pp}$ die Determinante

$$(-1)^k \begin{vmatrix} s_{1o} & s_{11} & \cdots & s_{1,k-1} & s_{1,k+1} & \cdots & s_{1,p-1} \\ s_{2o} & s_{21} & \cdots & s_{2,k-1} & s_{2,k+1} & \cdots & s_{2,p-1} \\ \cdot & \cdot & \cdot & \cdot & \cdot & \cdot & \cdot \\ s_{p-1,o} & s_{p-1,1} & \cdots & s_{p-1,k-1} & s_{p-1,k+1} & \cdots & s_{p-1,p-1} \end{vmatrix}$$

so folgt $s^{ok} = m_{pp}\, s^{ok\cdot pp}$ $\qquad (k = 0,1,\ldots,p-1)$.

Weiter folgt in dieser Bezeichnungsweise

$$a_k = -\frac{m^{ok}}{m^{oo}} = -\frac{s^{ok}}{s^{oo}} = -\frac{m_{pp}\, s^{ok\cdot pp}}{m_{pp}\, s^{oo\cdot pp}} = -\frac{s^{ok\cdot pp}}{s^{oo\cdot pp}} .$$

Es ergibt sich also

$$a_1 = -\frac{s^{o1\cdot pp}}{s^{oo\cdot pp}}, \ldots, a_{p-1} = -\frac{s^{o,p-1\cdot pp}}{s^{oo\cdot pp}} .$$

Nach der Methode der kleinsten Quadrate ergeben sich gemäß Kapitel 5 für die Schätzwerte $c_o, c_1, \ldots, c_{p-1}$ die Ausdrücke

$$c_1 = -\frac{s^{o1\cdot pp}}{s^{oo\cdot pp}}, \ldots, c_{p-1} = -\frac{s^{o,p-1\cdot pp}}{s^{oo\cdot pp}} ; \qquad c_o = 0 .$$

Also ist in der Tat $a_1 = c_1, \ldots, a_{p-1} = c_{p-1}$; $c_o = 0$, wie das Theorem von FRISCH und WAUGH behauptet.

Das Theorem von FRISCH und WAUGH fordert nicht die Existenz von Regressionsgleichungen, für die die Voraussetzungen (1) bis (5) sinngemäß erfüllt sind. Es ist jedoch nicht schwer, den folgenden Satz aufzustellen.

Voraussetzung: Gegeben seien die Regressionsgleichungen

$$E(x_{oj}) = \alpha_o + \alpha_1 x_{1j} + \ldots + \alpha_p x_{pj}$$

$$E(x_{ij}) = \alpha_{io} + \alpha_{ip} x_{pj}$$

$$E(x^*_{oj}) = \gamma_o + \gamma_1 x^*_{1j} + \ldots + \gamma_{p-1} x^*_{p-1,j}$$

Dabei gelte

$$j = 1, \ldots, N$$

$$i = 0, 1, \ldots, p-1$$

$$x^*_{ij} = x_{ij} - \alpha_{io} - \alpha_{ip} x_{pj}$$

Es seien die Voraussetzungen (1) bis (5) für jede dieser Regressionsgleichungen erfüllt.

Behauptung: Dann ist

$$\gamma_o = 0;$$

$$\gamma_1 = \alpha_1, \ldots, \gamma_{p-1} = \alpha_{p-1} \quad .$$

Wir zeigen zunächst, daß es wirklich Regressionsgleichungen gibt, für die alle diese Voraussetzungen erfüllt sind. Solche Regressionsgleichungen liefert die (p+1)-dimensionale Normalverteilung mit der Dichte

$$f(x_o, x_1, \ldots, x_p) = \frac{\sqrt{|D|}}{\sqrt{2\pi}^{p+1}} \exp\left\{-\frac{1}{2}\sum_{i,k=0}^{p} d_{ik}(x_i - m_i)(x_k - m_k)\right\} .$$

(Vgl. hierzu auch die Abschn. 4 u. 12.)

Man sieht also mit Hilfe dieser Normalverteilung, daß die Voraussetzung des Satzes voll und ganz erfüllt sein kann. Man kann sich aber fragen, ob nicht noch weitere Zusammenhänge gelten. So ist z.B. die Frage, ob aus der Existenz der Regressionsgleichungen

$$E(x_{oj}) = \alpha_o + \alpha_1 x_{1j} + \ldots + \alpha_p x_{pj}$$

$$E(x_{ij}) = \alpha_{io} + \alpha_{ip} x_{pj} \qquad i = 0, 1, \ldots, p-1$$

für die die Voraussetzungen (1) bis (5) erfüllt seien, nicht von selbst die Existenz der Regressionsgleichung

$$E(x^*_{oj}) = \gamma_o + \gamma_1 x^*_{1j} + \dots + \gamma_{p-1}\, x^*_{p-1,j}$$

mit den Voraussetzungen (1) bis (5) folgt.

Zum Beweis des Satzes:

Es ist $E(a_i) = \alpha_i$ und zudem nach dem Theorem von FRISCH und WAUGH $E(a_1) = \gamma_i$ für $i = 1,\dots,p-1$. Also ist $\alpha_i = \gamma_i$ für $i = 1,\dots,p-1$. Ferner gilt laut Definition der zufälligen Größen x^*_{ij}:

$$\overline{x^*_i} = 0 \quad \text{und damit} \quad c_o = 0 ,$$

woraus folgt, daß auch $E(c_o) = 0$ ist.

Da überdies $E(c_o) = \gamma_o$ ist, so folgt also $\gamma_o = 0$.

Damit ist der Satz bewiesen.

Die Trendausschaltung ist für uns deswegen besonders interessant, weil viele Zeitreihen einen starken Trend aufweisen. Nehmen wir an, daß eine Regressionsgleichung

$$E(x_{oj}) = \alpha_o + \alpha_1 x_{1j} + \dots + \alpha_{p-1} x_{p-1,j} + \alpha_p x_{pj} \qquad (j=1,\dots,N),$$

gilt, für die die Voraussetzungen (1) bis (5) erfüllt sind. Diese Regressionsgleichung formuliere eine gewisse volkswirtschaftliche Hypothese. Schliessen wir nun die Zeit mit in die Regressionsgleichung ein, so ist nicht gesichert, daß wieder die Voraussetzungen (1) bis (5) erfüllt sind. So etwas müßte erst als neue volkswirtschaftliche Hypothese begründet werden. Schaltet man bei jeder Variablen x_{oj}, $x_{1j},\dots,x_{pj}$ einen linearen Trend aus, so kann man die Frage stellen, ob zwischen diesen trendbereinigten Größen wiederum eine Regressionsgleichung besteht, für die die Voraussetzungen (1) bis (5) erfüllt sind.

Vom rechnerischen Standpunkt aus läßt sich noch folgende Bemerkung anfügen, die für unsere ökonometrischen Untersuchungen bedeutsam ist und auch einiges Interesse für die Büschelkartenanalyse haben dürfte. Angenommen es bestehe eine Regressionsgleichung

$$E(x^*_{oj}) = \gamma_1 x^*_{1j}$$

$$E(x_{ij}) = \alpha_{io} + \alpha_{ip} x_{pj} \qquad i = 0,1$$

$$x^*_{ij} = x_{ij} - \alpha_{io} - \alpha_{ip} x_{pj}$$

Es ist durchaus möglich, daß die Schätzung c_1 für den Regressionskoeffizienten γ_1 unzuverlässig ist, obwohl die Büschelkarte dafür keinen Hinweis liefert. Den Nachweis für die Unzuverlässigkeit des Schätzwertes c_1 kann man dagegen mit Hilfe der Büschelkartenanalyse führen, falls eine Regressionsgleichung

$$E(x_{oj}) = \alpha_o + \alpha_1 x_{1j} + \alpha_p x_{pj}$$

existiert. Denn man kann ja diese letzte Gleichung nach der Methode der kleinsten Quadrate schätzen und diese Schätzwerte a_1, a_2 mittels der Büschelkartenanalyse prüfen. Ist a_1 unzuverlässig, so ist es wegen der Relation $a_1 = c_1$ der Koeffizient c_1 ebenfalls. Es ist nicht schwer, diese Betrachtungen zu verallgemeinern.

15. Ein einfaches Modell

Gegeben seien die Gleichungen

$$x_{oj} = \beta_o + \beta_1 x_{1j} + v_j ,$$

$$x_{1j} = x_{oj} + x_{2j} .$$

Es ist unsere Aufgabe, Schätzfunktionen b_o, b_1 für die Parameter β_o, β_1 zu konstruieren.

Aus den beiden obigen Gleichungen folgt

$$x_{oj} = \beta_o + \beta_1 (x_{oj} + x_{2j}) + v_j ,$$

daraus

$$x_{oj} = \beta_o + \beta_1 x_{oj} + \beta_1 x_{2j} + v_j ,$$

damit

$$(1-\beta_1) x_{oj} = \beta_o + \beta_1 x_{2j} + v_j$$

und somit

$$x_{oj} = \frac{\beta_o}{1-\beta_1} + \frac{\beta_1}{1-\beta_1} x_{2j} + \frac{v_j}{1-\beta_1} . \qquad \text{Vor: } \beta_1 \neq 1.$$

Genügt die letzte Gleichung den Voraussetzungen (1) bis (5) der Regressionstheorie, so können wir erwartungstreue Schätzungen für die Koeffizienten

$$\frac{\beta_0}{1-\beta_1}, \quad \frac{\beta_1}{1-\beta_1}$$

mit Hilfe der Methode der kleinsten Quadrate gewinnen, die Korrelation testen und Konfidenzintervalle konstruieren. Mit Hilfe dieser Schätzungen kommen wir leicht zu Schätzungen für die Koeffizienten β_0 und β_1.

Schätzungen der Koeffizienten β_0 und β_1 nach der Methode der kleinsten Quadrate direkt aus der Gleichung

$$x_{oj} = \beta_0 + \beta_1 x_{1j} + v_j$$

sind im allgemeinen nicht erwartungstreu. Zum Beweis verweisen wir auf einen Artikel von T. HAAVELMO [4, Chapter IV].

Bei den zuletzt angestellten Betrachtungen haben wir es mit Zufallsvariablen x_o, x_1, x_2 zu tun. Dabei betrachten wir die bedingten Zufallsvariablen $x_{oj}|x_{2j}$ und $x_{1j}|x_{2j}$. Man kann Berechnungen etwa durchführen anhand der Regressionsgleichung

$$x_{oj} = \frac{\beta_0}{1-\beta_1} + \frac{\beta_1}{1-\beta_1} x_{2j} + \frac{v_j}{1-\beta_1}$$

und der Definitionsgleichung

$$x_{1j} = x_{oj} + x_{2j} \quad .$$

Aus den beiden letzten Gleichungen folgt die Regressionsgleichung für x_{1j}:

$$x_{1j} = \frac{\beta_0}{1-\beta_1} + \frac{1}{1-\beta_1} x_{2j} + \frac{v_j}{1-\beta_1} \, .$$

Es handelt sich also um Regressionen von x_{oj} auf x_{2j} und x_{1j} auf x_{2j}.

Im Gegensatz dazu können wir auch Regressionen von x_{oj} auf x_{1j} und x_{2j} auf x_{1j} betrachten. Zu diesem Zwecke betrachten wir das einfache Modell

$$x_{oj} = \alpha_0 + \alpha_1 x_{1j} + u_j \quad ,$$

$$x_{1j} = x_{oj} + x_{2j} \quad ,$$

das sich in die Formen

$$x_{oj} = \alpha_0 + \alpha_1 x_{1j} + u_j \, ,$$

$$x_{2j} = -\alpha_0 - (\alpha_1 - 1) x_{1j} - u_j$$

überführen läßt. Es handelt sich also in der Tat hier um Regressionen von

x_{oj} auf x_{1j} und von x_{2j} auf x_{1j}.

Im allgemeinen ist $\beta_o \neq \alpha_o$, $\beta_1 \neq \alpha_1$ (vgl. dazu auch Abschn. 16).

Die erwartungstreuen Schätzungen a_i für α_i sind damit im allgemeinen nicht erwartungstreue Schätzungen für die Koeffizienten β_i $(i = 0,1)$.

16. Ein einfaches Gleichungssystem und seine Beziehungen zu Regressionsgleichungen

Wir beschäftigen uns nunmehr mit dem Modell

$$E(x_o) = \gamma_o + \gamma_1 E(x_1)$$

$$E(x_1) = E(x_o) + x_2 \quad .$$

Wir wollen die Parameter γ_o, γ_1 dieses Modells berechnen für den Fall, daß die zufälligen Variablen x_o, x_1, x_2 einer gemeinsamen Normalverteilung mit der Dichte

$$f(x_o,x_1,x_2) = \frac{\sqrt{|D|}}{\sqrt{2\pi}^3} \exp\left\{-\frac{1}{2}\sum_{i,k=o}^{2} d_{ik}\,(x_i-m_i)(x_k-m_k)\right\}$$

folgen. Die Matrix D der Größen d_{ik} ist positiv definit und es ist $E(x_i) = m_i$. Es ergibt sich leicht (vgl. Abschn. 4 u. 12)

$$E(x_o) = \gamma_{oo} + \gamma_{o2}\, x_2$$

$$E(x_1) = \gamma_{1o} + \gamma_{12}\, x_2$$

wobei

$$\gamma_{oo} = \frac{m_o \begin{vmatrix} d_{oo} & d_{o1} \\ d_{1o} & d_{11} \end{vmatrix} + m_2 \begin{vmatrix} d_{o2} & d_{o1} \\ d_{12} & d_{11} \end{vmatrix}}{\begin{vmatrix} d_{oo} & d_{o1} \\ d_{1o} & d_{11} \end{vmatrix}}; \quad \gamma_{o2} = -\frac{\begin{vmatrix} d_{o2} & d_{o1} \\ d_{12} & d_{11} \end{vmatrix}}{\begin{vmatrix} d_{oo} & d_{o1} \\ d_{1o} & d_{11} \end{vmatrix}}$$

$$\gamma_{1o} = \frac{m_1 \begin{vmatrix} d_{11} & d_{1o} \\ d_{o1} & d_{oo} \end{vmatrix} + m_2 \begin{vmatrix} d_{12} & d_{1o} \\ d_{o2} & d_{oo} \end{vmatrix}}{\begin{vmatrix} d_{oo} & d_{o1} \\ d_{1o} & d_{11} \end{vmatrix}}; \quad \gamma_{12} = -\frac{\begin{vmatrix} d_{12} & d_{1o} \\ d_{o2} & d_{oo} \end{vmatrix}}{\begin{vmatrix} d_{oo} & d_{o1} \\ d_{1o} & d_{11} \end{vmatrix}}$$

Zwischen den Parametern γ_o, γ_1 einerseits und den Parametern $\gamma_{oo}, \gamma_{o2}, \gamma_{1o}, \gamma_{12}$ andererseits bestehen die Relationen

$$\gamma_o = \frac{\begin{vmatrix} \gamma_{oo} & \gamma_{o2} \\ \gamma_{1o} & \gamma_{12} \end{vmatrix}}{\gamma_{12}} \qquad \gamma_1 = \frac{\gamma_{o2}}{\gamma_{12}} \qquad \text{für } \gamma_{12} \neq 0$$

$$0 = \gamma_{1o} - \gamma_{oo} \qquad 1 = \gamma_{12} - \gamma_{o2}$$

Die beiden letzten Bedingungen

$$0 = \gamma_{1o} - \gamma_{oo} \qquad 1 = \gamma_{12} - \gamma_{o2}$$

kann man umformen in das ihnen äquivalente System

$$m_o + m_2 = m_1 \; ; \qquad \begin{vmatrix} d_{oo} & d_{o1} \\ d_{1o} & d_{11} \end{vmatrix} + \begin{vmatrix} d_{12} & d_{1o} \\ d_{o2} & d_{oo} \end{vmatrix} = \begin{vmatrix} d_{o2} & d_{o1} \\ d_{12} & d_{11} \end{vmatrix}$$

Es ist klar, daß diese beide Bedingungen zusätzlich zu den Bedingungen der positiven Definitheit leicht zu erfüllen sind. Es gibt sicherlich Größen d_{ik} und m_1, m_2, m_3, so daß die Matrix (d_{ik}) positiv definit ist und außerdem die beiden oben zuletzt genannten Gleichungen erfüllt sind. Verlangen wir ferner noch, daß $\gamma_{12} \neq 0$ ist, d.h. daß

$$\begin{vmatrix} d_{12} & d_{1o} \\ d_{o2} & d_{oo} \end{vmatrix} \neq 0$$

ist, so läßt sich sicherlich aus der dreidimensionalen Normalverteilung das System

$$E(x_o) = \gamma_o + \gamma_1 \, E(x_1)$$

$$E(x_1) = E(x_o) + x_2$$

herleiten.

Zusätzlich erfüllt diese Normalverteilung natürlich auch die Regressionsgleichung

$$E(x_o) = \beta_o + \beta_1 x_1 + \beta_2 x_2 \quad .$$

Für diese Regressionsgleichung sind die Voraussetzungen (1), (2) und (5) erfüllt. Dabei sind Stichproben der Art

$$\begin{array}{l} x_{o1} | x_{11},\ x_{21} \\ x_{o2} | x_{12},\ x_{22} \\ \cdot\ \cdot\ \cdot\ \cdot\ \cdot\ \cdot\ \cdot \\ x_{oN} | x_{1N},\ x_{2N} \end{array} \qquad N > 2$$

notwendig zur Durchführung der Schätzung.

Es gelten zu dieser dreidimensionalen Normalverteilung noch viele andere Regressionsgleichungen.

Bilden wir z.B. aus dieser dreidimensionalen Normalverteilung die Randverteilung bezüglich x_2, so ist diese Randverteilung wieder eine Normalverteilung (und zwar zweidimensional), und es gilt eine Regressionsgleichung der Form

$$E(x_o) = \alpha_o + \alpha_1 x_1 \quad .$$

Auch für diese Regressionsgleichung sind laut Abschnitt 4 die Voraussetzungen (1), (2) und (5) erfüllt. Hier sind Stichproben der Art

$$\begin{array}{l} x_{o1} | x_{11} \\ x_{o2} | x_{12} \\ \cdot\ \cdot\ \cdot\ \cdot \\ x_{oN} | x_{1N} \end{array}$$

notwendig zur Schätzung der Parameter.

Das System

$$E(x_o) = \gamma_o + \gamma_1 E(x_1)$$

$$E(x_1) = E(x_o) + x_2$$

sowie Regressionsgleichungen können also nebeneinander existieren.

Für die Stichproben können wir folgende Betrachtung anstellen: Gegeben sei ein großes Bohnenfeld, dessen Bohnen wir nach einer Übereinkunft nach Länge, Breite und Dicke ausmessen. Diese Bohnen mögen bezüglich Länge, Breite und Dicke angenähert einer gemeinsamen dreidimensionalen Normalverteilung folgen. Messen wir andererseits nur Länge und Breite, so erhalten wir (angenähert) eine zweidimensionale Normalverteilung, die die Randverteilung der dreidimensionalen Normalverteilung ist. Entnehmen wir eine Stichprobe zufälliger Art aus den Bohnen dieses Feldes und messen diese herausgegriffenen Bohnen nach Länge, Breite und Dicke aus, so können wir Parameter für Regressionsgleichungen mit den drei Variablen Länge, Breite und Dicke schätzen. Gehen wir zur Randverteilung bezüglich der Dicke über, so läßt sich eine Regressionsgleichung zwischen Länge und Breite aufstellen. Die Parameter dieser Regressionsgleichung werden geschätzt auf Grund derselben Stichprobe; dem Übergang zur Randverteilung bezüglich der Dicke entspricht hierbei die Tatsache, daß wir die Dickenmasse der Stichprobe nicht mitverwenden. Dieselbe Stichprobe dient also für beide Regressionsgleichungen.

Diese Stichprobe gilt aus entsprechenden Gründen wie oben auch für die Regressionsgleichungen

$$E(x_0) = \gamma_{00} + \gamma_{02}\, x_2 \,,$$

$$E(x_1) = \gamma_{10} + \gamma_{12}\, x_2$$

und damit auch für das System

$$E(x_0) = \gamma_0 + \gamma_1\, E(x_1)$$

$$E(x_1) = E(x_0) + x_2 \quad .$$

Nach der Feststellung, daß ein- und dieselbe Grundgesamtheit für alle erwähnten Regressionsgleichungen und das System gilt und nach der weiteren Einsicht, daß alle Parameter dieses Systems und der Regressionsgleichungen aufgrund ein-und derselben Stichprobe dieser Grundgesamtheit geschätzt werden können, wollen wir uns nochmals mit dem System

$$E(x_0) = \gamma_0 + \gamma_1\, E(x_1)$$

$$E(x_1) = E(x_0) + x_2$$

und mit der Regressionsgleichung

$$E(x_0) = \alpha_0 + \alpha_1\, x_1$$

beschäftigen.

Zunächst drücken wir die Koeffizienten γ_1 und α_1 in den Parametern der übergeordneten Normalverteilung aus. Es ist nach dem Vorhergehenden

$$\gamma_1 = \frac{\gamma_{o2}}{\gamma_{12}} = \frac{\begin{vmatrix} d_{o2} & d_{o1} \\ d_{12} & d_{11} \end{vmatrix}}{\begin{vmatrix} d_{12} & d_{1o} \\ d_{o2} & d_{oo} \end{vmatrix}} = \frac{d_{o2}d_{11} - d_{o1}d_{12}}{d_{12}d_{oo} - d_{o1}d_{o2}} .$$

Für α_1 ergibt sich

$$\alpha_1 = -\frac{D_{1o}}{D_{oo}},$$

wobei

$$D_{ik} = \frac{\begin{vmatrix} d_{ik} & d_{i2} \\ d_{2k} & d_{22} \end{vmatrix}}{d_{22}} ,$$

d.h. es ist

$$\alpha_1 = - \frac{\begin{vmatrix} d_{1o} & d_{12} \\ d_{2o} & d_{22} \end{vmatrix}}{\begin{vmatrix} d_{oo} & d_{o2} \\ d_{2o} & d_{22} \end{vmatrix}} = - \frac{d_{1o} \; d_{22} - d_{12} \; d_{o2}}{d_{oo} \; d_{22} - d_{o2}^2} .$$

Im allgemeinen ist also $\gamma_1 \neq \alpha_1$.

γ_1 und α_1 können wir aus ein- und derselben Stichprobe der dreidimensional normalverteilten Grundgesamtheit schätzen. Die Schätzung von γ_1 wird, wie aus früheren Betrachtungen hervorgeht, mit Hilfe von Stichprobenwerten x_{2j} vorgenommen. Die Schätzung des Koeffizienten α_1 ist erwartungstreu ohne jede Berücksichtigung der Stichprobenwerte x_{2j}. γ_1 läßt sich nicht erwartungstreu schätzen allein aufgrund der Gleichung

$$E(x_o) = \gamma_o + \gamma_1 E(x_1)$$

nach der Methode der kleinsten Quadrate.

Der Ausdruck

$$\frac{\sum_{j=1}^{N} x_{oj}x_{1j}}{\sum_{j=1}^{N} x_{1j}^2} = \alpha_1$$

schätzt α_1 erwartungsgetreu. In allen Fällen, in denen $\gamma_1 \neq \alpha_1$ ist, ist a_1 also keine erwartungstreue Schätzung für γ_1.

Wie man zur Schätzung von γ_1 vorzugehen hat, ist aus Abschnitt 15 ersichtlich.

17. Ein Exkurs über weitere Gleichungssysteme

Es ist nicht schwer, weitere Gleichungssysteme zu finden, die durch mehrdimensionale Normalverteilungen erfüllt werden. So gibt es z.B. vierdimensionale Normalverteilungen, die Gleichungssysteme der Art

$$E(x_o) + \alpha_{o1} E(x_1) + \alpha_{o2} x_2 + \alpha_o = 0$$

$$\alpha_{1o} E(x_o) + E(x_1) + \alpha_{13} x_3 + \alpha_1 = 0$$

erfüllen. Diese Betrachtungen liegen jedoch bereits außerhalb des Rahmens unserer ökonometrischen Arbeit. Wir wollen hier nur noch einige Schlüsse ziehen, die für die theoretischen Voraussetzungen zu diesem Buche von Interesse sind. Seit den Arbeiten von HAAVELMO [18] und der Cowles Commission [4, Chapter VI] haben Systeme von Gleichungen immer mehr an Bedeutung gewonnen, und es ist die Frage, ob neben einem großen Gleichungssystem noch kleinere Gleichungssysteme oder Regressionsgleichungen existieren können. Wir zitieren auszugsweise G. TINTNER's Darstellung des Cowles-Commission-Modells [3, S.237]: "Wir betrachten das Cowles Commission Modell und vernachlässigen die Fehler in den Variablen, nicht aber die Fehler in den Gleichungen:

$$b_{1o} + b_{11}Y_1 + b_{12}Y_2 + \ldots + b_{1G}Y_G + c_{11}Z_1 + c_{12}Z_2 + \ldots + c_{1K}Z_K = \eta_1,$$

$$b_{2o} + b_{21}Y_1 + b_{22}Y_2 + \ldots + b_{2G}Y_G + c_{12}Z_1 + c_{22}Z_2 + \ldots + c_{2K}Z_K = \eta_2,$$

$$\cdots\cdots\cdots\cdots\cdots\cdots\cdots\cdots\cdots\cdots$$

$$b_{Go} + b_{G1}Y_1 + b_{G2}Y_2 + \ldots + b_{GG}Y_G + c_{G1}Z_1 + c_{G2}Z_2 + \ldots + c_{GK}Z_K = \eta_G.$$

Die zufälligen Variablen η_1, η_2 ... η_G sind die Fehler in den G Gleichungen. Die b_{ij} und c_{ij} sind Konstante. Der Beobachtung zugänglich sind nur die Variablen Y_1, $Y_2 \ldots Y_G$, Z_1, $Z_2 \ldots Z_K$, aber nicht die Konstanten und die Zufallsvariablen.

In diesem System haben wir G lineare Gleichungen, welche (unter gewissen Umständen) die G endogenen oder wirtschaftlichen Variablen Y_1, $Y_2 \ldots Y_G$ bestimmen; die Gleichungen enthalten auch K prädeterminierte Variablen

Z_1, $Z_2 \ldots Z_K$. Diese Variablen sind entweder exogen, d.h. nichtwirtschaftliche Variablen, oder aber sie sind endogen, d.h. wirtschaftliche Variablen aus einer früheren Zeitperiode. Die prädeterminierten Variablen beeinflussen die strukturellen Gleichungen, werden aber nicht von ihnen beeinflußt.

Endogene Variablen sind die eigentlichen wirtschaftlichen Variablen: Preise, Güterquantitäten, Zinsfuß usw. Die prädeterminierten Variablen sind exogen, z.B. das Wetter, die Bevölkerungszahl usw., oder aber sie sind frühere Werte der endogenen Variablen". Soweit das Zitat von G. TINTNER.

Wir sind der Meinung, daß zu den außerordentlich fruchtbaren Arbeiten HAAVELMOs und der Cowles Commission von dem hier gewonnenen Standpunkt aus einige Betrachtungen hinzugefügt werden können. Leiten wir lineare Gleichungssysteme aus einer (p+1)-dimensionalen Normalverteilung her (durch Übergang zu Randverteilungen, bedingten Verteilungen und Erwartungswerten), so sehen wir, daß wir nicht auf einseitige Kausalität angewiesen sind. Im Falle der (p+1)-dimensionalen Normalverteilung führt man die Unterscheidung in exogene und endogene Variable offensichtlich besser garnicht erst ein. Die Cowles Commission stellt ein Modell auf und beschäftigt sich mit dem Problem, die Parameter dieses Modells zu schätzen. Sie hat dabei Schätzmethoden entwickelt, z.B. die Maximum-Likelihood-Methode und die Limited Information Maximum-Likelihood-Methode. In einigen Fällen, nämlich in den Fällen der gerade identifizierten Gleichungen, kann man das Problem der Schätzung der Koeffizienten des Systems auf die Schätzung von einzelnen Regressionsgleichungen mit Hilfe der Methode der kleinsten Quadrate zurückführen. In den zuletzt genannten Fällen weiß man, daß neben dem gerade identifizierten System von Gleichungen auch einzelne schätzbare Regressionsgleichungen bestehen. Wir können diese Frage nach dem "Nebeneinanderexistieren" von Regressionsgleichungen und Gleichungssystemen etwas allgemeiner stellen. Bereits im letzten Abschnitt ergab sich bei der Betrachtung einer dreidimensionalen Normalverteilung, daß ein für unsere hier vorliegende Arbeit wichtiges Gleichungssystem als aus einer dreidimensionalen Normalverteilung hergeleitet angesehen werden kann. Außerdem ergab sich in jenem Abschnitt 16, daß aus eben dieser Normalverteilung viele Regressionsgleichungen hergeleitet werden können, die sämtlich die Voraussetzungen (1) bis (5) erfüllen und somit erwartungstreu nach der Methode der kleinsten Quadrate geschätzt werden können. Wir können den Sachverhalt formulieren, indem wir davon sprechen, daß das Gleichungssystem und die Regressionsgleichungen nebeneinander existieren. Unter "Nebeneinanderexistieren" verstehen wir dabei, daß alle ihre Parameter aus ein- und derselben Stichprobe der gemeinsamen Grundgesamtheit geschätzt werden können.

An diesem einfachen Beispiel ist ersichtlich, daß viel mehr Systeme und Regressionsgleichungen nebeneinander existieren können (für ein- und dieselbe Grundgesamtheit und ein- und dieselbe dieser Grundgesamtheit entnommene Stichprobe), als man nach den früheren Arbeiten, etwa der Cowles Commission [4], erwartet. Das Ziel jener früheren Arbeiten war ja auch ein anderes, wie man aus der obigen Darstellung über die Cowles Commission-Untersuchungen entnehmen kann.

Nehmen wir nun z.B. an, daß eine Grundgesamtheit von 25 Zuffalsvariablen besteht, die alle gemeinsam der gleichen 25-dimensionalen Normalverteilung folgen, so kann man sich ausmalen, welche Mannigfaltigkeit von Gleichungssystemen und einzelnen Regressionsgleichungen nebeneinander existieren und aus ein- und derselben Stichprobe geschätzt werden können.

Insbesondere in unseren volkswirtschaftlichen Untersuchungsbereichen, wo die Kleinheit des Stichprobenumfanges nur die Untersuchung von Regressionsgleichungen und -Gleichungssystemen mit wenigen Variablen gestattet, ist es wichtig, zu wissen, daß nicht nur große Modelle existieren, sondern auch kleine Modelle und einzelne Regressionsgleichungen.

Auch die Tatsache, daß Regressionsgleichungen nicht an einseitigen Kausalzusammenhang gebunden sind, hat für die hier veröffentlichte ökonometrische Arbeit große Bedeutung. Geben unsere ökonomischen Regressionsgleichungen doch keinen einseitigen Kausalverhalt wieder. Es war ferner gut, sich zu vergewissern, daß auch Modelle nicht an einseitigen Kausalzusammenhang gebunden sind. Gleichungssysteme, die sich aus mehrdimensionalen Normalverteilungen herleiten lassen, geben im allgemeinen keinen einseitigen Kausalzusammenhang wieder. Wichtig ist dieser Sachverhalt für uns deswegen, weil unser einziges in dieser Arbeit verwendetes Modell

$$x_{oj} = \gamma_o + \gamma_1 x_{1j} + u_j$$

$$x_{1j} = x_{oj} + x_{2j}$$

ebenfalls keine einseitige Kausalität wiedergibt, wenn man unter x_{oj} den

Konsum, unter x_{1j} das Bruttosozialprodukt und unter x_{2j} die in einem gewissen Sinn definierte Investition versteht. Das Modell

$$E(x_o) = \gamma_o + \gamma_1 E(x_1)$$

$$E(x_1) = E(x_o) + x_2$$

gilt jedenfalls nicht nur für Fälle einseitiger Kausalität, da es aus einer mehrdimensionalen Normalverteilung hergeleitet werden kann.

Ein weiterer Vorteil des in den vorigen Abschnitten gewonnenen Standpunktes ist ferner, daß das Augenmerk auf die Existenz übergeordneter gemeinsamer Wahrscheinlichkeitsverteilungen gelenkt worden ist. Wenn man bei dem Aufstellen von Gleichungssystemen nicht unmittelbar die Linearität in den Parametern und die Konstanz der Streuungen der Residuen mit Sicherheit sieht, so kann man einen anderen Weg versuchen. Man kann sich die Frage stellen, ob die Stichprobe aus einer Grundgesamtheit stammt, die so verteilt ist, daß Gleichungssysteme hergeleitet werden können. Das mag in manchen Fällen sicherer zum Ziele führen.

18. Bewertung von Regressionsgleichungen

Gegeben sei eine Regressionsgleichung

$$x_{oj} = \alpha_o + \alpha_1 x_{1j} + \ldots + \alpha_p x_{pj} + u_j \qquad (j = 1,\ldots,N).$$

Es seien die Voraussetzungen (1) bis (5) erfüllt. Die Streuung der Zufallsvariablen u_j sei σ_u^2.

Ferner sei eine zweite Regressionsgleichung

$$x_{ok} = \beta_o + \beta_1 y_1 k + \ldots + \beta_q y_{qk} + v_k \qquad (k = 1,\ldots,M)$$

gegeben. Es seien die Voraussetzungen (1) bis (5) erfüllt. Die Streuung der Zufallsvariablen v_k sei σ_v^2.

Die erste Regressionsgleichung heißt "besser" als die zweite, wenn $\sigma_u^2 < \sigma_v^2$. Die erste Regressionsgleichung heißt "schlechter" als die zweite, wenn $\sigma_u^2 > \sigma_v^2$. Schließlich heißt die erste Regressionsgleichung "ebenso gut" wie die zweite, wenn $\sigma_u^2 = \sigma_v^2$ ist. Diese Vergleiche seien hier nur für Stellen $E(x_{oj}) = E(x_{ok})$ erklärt.

Zur Erläuterung bringen wir ein Beispiel. Es sei q = p-1. Ferner sei $y_1 = x_1, \ldots, y_{p-1} = x_{p-1}$. Die beiden Regressionsgleichungen seien aus einer (p+1)-dimensionalen Normalverteilung hergeleitet. Die Indices j und k lassen wir weg. Die Wahrscheinlichkeitsdichte der Normalverteilung sei

$$f(x_o,x_1,\ldots,x_p) = \frac{\sqrt{|D|}}{\sqrt{2\pi}^{\,p+1}} \exp\left\{-\frac{1}{2}\sum_{i,k=0}^{p} d_{ik}\,(x_i-m_i)(x_k-m_k)\right\}.$$

Gemäß Abschnitt 4 gilt eine Regressionsgleichung

$$E(x_o|x_1,\ldots,x_p) = (m_o+\frac{d_{1o}}{d_{oo}}m_1+\ldots+\frac{d_{p-1,o}}{d_{oo}}m_{p-1}+\frac{d_{po}}{d_{oo}}m_p)$$

$$-\frac{d_{1o}}{d_{oo}}x_1 - \ldots - \frac{d_{p-1,o}}{d_{oo}}x_{p-1} - \frac{d_{po}}{d_{oo}}x_p$$

mit der Streuung

$$\sigma^2_{o.1,2,\ldots,p} = \frac{1}{d_{oo}}.$$

Bilden wir die Randverteilung der oben angeführten Normalverteilung bezüglich x_p, so können wir eine Regressionsgleichung

$$E(x_o|x_1,\ldots,x_{p-1}) = (m_o+\frac{D_{1o}}{D_{oo}}m_1+\ldots+\frac{D_{p-1,o}}{D_{oo}}m_{p-1})$$

$$-\frac{D_{1o}}{D_{oo}}x_1-\ldots-\frac{D_{p-1,o}}{D_{oo}}x_{p-1},$$

$$D_{ik} = \frac{\begin{vmatrix} d_{ik} & d_{ip} \\ d_{pk} & d_{pp} \end{vmatrix}}{d_{pp}}$$

bilden mit der Streuung

$$\sigma^2_{o.1,2,\ldots,p-1} = \frac{1}{D_{oo}} = \frac{d_{pp}}{d_{oo}d_{pp}-d_{op}^2}.$$

Man sieht leicht, daß

$$\sigma^2_{o.1,2,\ldots,p} \leq \sigma^2_{o.1,2,\ldots,p-1} \qquad .$$

Im Falle $d_{op} = 0$ - und nur dann - sind die beiden Streuungen gleich.

Wir ziehen daraus den Schluß, daß das Weglassen einer Variablen die Streuung nicht verkleinert. Entsprechend vergrößert die Hinzunahme einer Variablen die Streuung der Regressionsgleichung nicht. Die erste Regressionsgleichung ist im Falle $d_{op} \neq 0$ "besser" als die zweite Regressionsgleichung. Es ist noch zu erwähnen, daß die beiden Regressionsgleichungen die Voraussetzungen für unsere Regressionstheorie erfüllen.

Von der Bewertung der Regressionsgleichung ist zu unterscheiden die Bewertung der Schätzung der Regressionsgleichung. Bei der Bewertung der Schätzung geht es darum, möglichst enge Konfidenzintervalle und eine möglichst gute Schätzung der Streuung σ^2 zu erhalten.

Es ist wichtig, daran zu denken, daß stets die Voraussetzungen (1) bis (5) erfüllt sein müssen. Nur Regressionsgleichungen, für die die Voraussetzungen (1) bis (5) erfüllt sind, werden verglichen. Das gleiche gilt für ihre Schätzungen.

Es ist natürlich möglich, Schätzungen von Regressionsgleichungen zu vergleichen, obwohl die Voraussetzungen (1) bis (5) nicht alle erfüllt sind. Damit verlassen wir aber den Boden der exakten Theorie.

19. Schlußbetrachtungen

In den nun folgenden Teilen II und III dieses Berichtes werden volkswirtschaftliche Hypothesen untersucht. Einige Tests und Rechenverfahren sind zu diesem Zwecke hier zusammengestellt worden. Damit ist die Möglichkeit gegeben, die gewünschte Berechnung von Regressionskoeffizienten durchzuführen. Wo die Büschelkartenanalyse deutlich anzeigt, daß die Berechnungen zu unzuverlässig sind, wird die Untersuchung der Hypothesen unterlassen. Dort, wo uns der Test aus Abschnitt 7 zur Ablehnung der Voraussetzung (5) führt, sind die Schätzungen der Regressionskoeffizienten noch erwartungstreu; die Berechnung der Konfidenzintervalle und der Test auf Korrelation verlieren aber ihre Gültigkeit. Wir versuchen dann, weitere Informationen zu erhalten (z.B. mit Hilfe von Abschnitt 11).

Ist die Büschelkartenanalyse für eine Hypothese günstig, und braucht die Voraussetzung (5) nicht abgelehnt zu werden, so hat es Sinn, Konfidenzintervalle und den Korrelationskoeffizienten zu berechnen. Besonderen Wert legen wir auf die Hypothesen, für die der (multiple) Korrelationskoeffizient gesichert ist. Es stellt sich in den nun folgenden Untersuchungen heraus, daß viele Hypothesen diese günstigen Eigenschaften besitzen. Man mag daran denken, daß viele Regressionsgleichungen nebeneinander existieren können (vgl. Abschnitt 16 und 17). Man sollte aber auch kritisch prüfen, ob die Voraussetzungen (1) und (2) richtig sind. Vom statistischen Standpunkte aus ist dazu im Abschnitt 4 Hilfestellung gegeben.

Im wesentlichen wurden die in diesem Teil I dargestellten Gedanken aus der zitierten Literatur für unsere Zwecke zusammengestellt. Es wurde zusätzlich eine Reihe von eigenen Ergänzungen hinzugefügt, um die den Teilen II und III zugrundeliegenden Vorstellungen deutlicher zu machen.

Für die ausführliche Durchrechnung von Beispielen zur Regressionstheorie sei verwiesen auf das Buch von G. TINTNER [3]. In dem Buch von R. FRISCH [6, Abschn.23] ist ein Beispiel zur Büschelkartenanalyse in fünf Variablen durchgerechnet, und in dem Memorandum von T. HAAVELMO und H. STAEHLE [5, Abschn.8] findet sich eine Anwendung für drei Variable.

Eine interessante Aufgabe wäre es gewesen, die angeschnittenen Probleme [vgl. z.B. §§ 10, 14, 17] hier ausführlich zu behandeln. Man gewinnt in der Tat schöne neue Einsichten, wenn man sich einen Überblick über die Systeme verschafft, die aus Normalverteilungen gewonnen werden können, wenn man sich mit den Schätzmethoden für Gleichungssysteme beschäftigt oder wenn man die Hintergründe aufhellt, auf die der Satz von FRISCH und WAUGH hinweist. Jedoch ist dieses Gebiet so umfangreich, daß es besser ist, die Ergebnisse hierüber gesondert zu erörtern.

N-1	Positiv r_1^*	Negativ r_1^*
5	0,253	- 0,753
6	0,245	- 0,708
7	0,370	- 0,674
8	0,371	- 0,625
9	0,366	- 0,593
10	0,360	- 0,564
11	0,353	- 0,539
12	0,348	- 0,516
13	0,341	- 0,497
14	0,335	- 0,479
15	0,328	- 0,462
20	0,299	- 0,399
25	0,276	- 0,356
30	0,257	- 0,325
(35)	0,242	- 0,300
(40)	0,229	- 0,279
45	0,218	- 0,262
(50)	0,208	- 0,248
(55)	0,199	- 0,236
(60)	0,191	- 0,225
(65)	0,184	- 0,216
(70)	0,178	- 0,207
(75)	0,173	- 0,199

N-1	Positiv r_1^*	Negativ r_1^*
5	0,297	- 0,798
6	0,447	- 0,863
7	0,510	- 0,799
8	0,531	- 0,764
9	0,533	- 0,737
10	0,525	- 0,705
11	0,515	- 0,679
12	0,505	- 0,655
13	0,495	- 0,634
14	0,485	- 0,615
15	0,475	- 0,597
20	0,432	- 0,524
25	0,398	- 0,473
30	0,370	- 0,433
(35)	0,347	- 0,401
(40)	0,329	- 0,376
45	0,314	- 0,356
(50)	0,301	- 0,339
(55)	0,289	- 0,324
(60)	0,278	- 0,310
(65)	0,268	- 0,298
(70)	0,259	- 0,287
(75)	0,250	- 0,276

Tabelle 1

Die Werte für r_1^* bei der Irrtumswahrscheinlichkeit 0,05

Tabelle 1 aus: Gerhard TINTNER, "Handbuch der Ökonometrie", [3]

T a b e l l e   2

Die Werte für F (N-p-1; p) bei der Irrtumswahrscheinlichkeit 0,05

N-p-1	p														
	1	2	3	4	5	6	7	8	9	10	11	12	13	14	15
1	161	200	216	225	230	234	237	239	241	242	243	244	245	245	246
2	18,5	19,0	19,2	19,2	19,3	19,3	19,4	19,4	19,4	19,4	19,4	19,4	19,4	19,4	19,4
3	10,1	9,55	9,28	9,12	9,01	8,94	8,89	8,85	8,81	8,79	8,76	8,74	8,73	8,71	8,70
4	7,71	6,94	6,59	6,39	6,26	6,16	6,09	6,04	6,00	5,96	5,94	5,91	5,89	5,87	5,86
5	6,61	5,79	5,41	5,19	5,05	4,95	4,88	4,82	4,77	4,74	4,70	4,68	4,66	4,64	4,62
6	5,99	5,14	4,76	4,53	4,39	4,28	4,21	4,15	4,10	4,06	4,03	4,00	3,98	3,96	3,94
7	5,59	4,74	4,35	4,12	3,97	3,87	3,79	3,73	3,68	3,64	3,60	3,57	3,55	3,53	3,51
8	5,32	4,46	4,07	3,84	3,69	3,58	3,50	3,44	3,39	3,35	3,31	3,28	3,26	3,24	3,22
9	5,12	4,26	3,86	3,63	3,48	3,37	3,29	3,23	3,18	3,14	3,10	3,07	3,05	3,03	3,01
10	4,96	4,10	3,71	3,48	3,33	3,22	3,14	3,07	3,02	2,98	2,94	2,91	2,89	2,86	2,85
11	4,84	3,98	3,59	3,36	3,20	3,09	3,01	2,95	2,90	2,85	2,82	2,79	2,76	2,74	2,72
12	4,75	3,89	3,49	3,26	3,11	3,00	2,91	2,85	2,80	2,75	2,72	2,69	2,66	2,64	2,62
13	4,67	3,81	3,41	3,18	3,03	2,92	2,83	2,77	2,71	2,67	2,63	2,60	2,58	2,55	2,53
14	4,60	3,74	3,34	3,11	2,96	2,85	2,76	2,70	2,65	2,60	2,57	2,53	2,51	2,48	2,46
15	4,54	3,68	3,29	3,06	2,90	2,79	2,71	2,64	2,59	2,54	2,51	2,48	2,45	2,42	2,40
16	4,49	3,63	3,24	3,01	2,85	2,74	2,66	2,59	2,54	2,49	2,46	2,42	2,40	2,37	2,35
17	4,45	3,59	3,20	2,96	2,81	2,70	2,61	2,55	2,49	2,45	2,41	2,38	2,35	2,33	2,31
18	4,41	3,55	3,16	2,93	2,77	2,66	2,58	2,51	2,46	2,41	2,37	2,34	2,31	2,29	2,27
19	4,38	3,52	3,13	2,90	2,74	2,63	2,54	2,48	2,42	2,38	2,34	2,31	2,28	2,26	2,23
20	4,35	3,49	3,10	2,87	2,71	2,60	2,51	2,45	2,39	2,35	2,31	2,28	2,25	2,22	2,20
21	4,32	3,47	3,07	2,84	2,68	2,57	2,49	2,42	2,37	2,32	2,28	2,25	2,22	2,20	2,18
22	4,30	3,44	3,05	2,82	2,66	2,55	2,46	2,40	2,34	2,30	2,26	2,23	2,20	2,17	2,15
23	4,28	3,42	3,03	2,80	2,64	2,53	2,44	2,37	2,32	2,27	2,23	2,20	2,18	2,15	2,13
24	4,26	3,40	3,01	2,78	2,62	2,51	2,42	2,36	2,30	2,25	2,21	2,18	2,15	2,13	2,11
25	4,24	3,39	2,99	2,76	2,60	2,49	2,40	2,34	2,28	2,24	2,20	2,16	2,14	2,11	2,09
26	4,23	3,37	2,98	2,74	2,59	2,47	2,39	2,32	2,27	2,22	2,18	2,15	2,12	2,09	2,07
27	4,21	3,35	2,96	2,73	2,57	2,46	2,37	2,31	2,25	2,20	2,17	2,13	2,10	2,08	2,06
28	4,20	3,34	2,95	2,71	2,56	2,45	2,36	2,29	2,24	2,19	2,15	2,12	2,09	2,06	2,04
29	4,18	3,33	2,93	2,70	2,55	2,43	2,35	2,28	2,22	2,18	2,14	2,10	2,08	2,05	2,03
30	4,17	3,32	2,92	2,69	2,53	2,42	2,33	2,27	2,21	2,16	2,13	2,09	2,06	2,04	2,01
32	4,15	3,29	2,90	2,67	2,51	2,40	2,31	2,24	2,19	2,14	2,10	2,07	2,04	2,01	1,99
34	4,13	3,28	2,88	2,65	2,49	2,38	2,29	2,23	2,17	2,12	2,08	2,05	2,02	1,99	1,97
36	4,11	3,26	2,87	2,63	2,48	2,36	2,28	2,21	2,15	2,11	2,07	2,03	2,00	1,98	1,95
38	4,10	3,24	2,85	2,62	2,46	2,35	2,26	2,19	2,14	2,09	2,05	2,02	1,99	1,96	1,94
40	4,08	3,23	2,84	2,61	2,45	2,34	2,25	2,18	2,12	2,08	2,04	2,00	1,97	1,95	1,92
42	4,07	3,22	2,83	2,59	2,44	2,32	2,24	2,17	2,11	2,06	2,03	1,99	1,96	1,93	1,91
44	4,06	3,21	2,82	2,58	2,43	2,31	2,23	2,16	2,10	2,05	2,01	1,98	1,95	1,92	1,90
46	4,05	3,20	2,81	2,57	2,42	2,30	2,22	2,15	2,09	2,04	2,00	1,97	1,94	1,91	1,89
48	4,04	3,19	2,80	2,57	2,41	2,29	2,21	2,14	2,08	2,03	1,99	1,96	1,93	1,90	1,88
50	4,03	3,18	2,79	2,56	2,40	2,29	2,20	2,13	2,07	2,03	1,99	1,95	1,92	1,89	1,87
60	4,00	3,15	2,76	2,53	2,37	2,25	2,17	2,10	2,04	1,99	1,95	1,92	1,89	1,86	1,84
70	3,98	3,13	2,74	2,50	2,35	2,23	2,14	2,07	2,02	1,97	1,93	1,89	1,86	1,84	1,81
80	3,96	3,11	2,72	2,49	2,33	2,21	2,13	2,06	2,00	1,95	1,91	1,88	1,84	1,82	1,79
90	3,95	3,10	2,71	2,47	2,32	2,20	2,11	2,04	1,99	1,94	1,90	1,86	1,83	1,80	1,78
100	3,94	3,09	2,70	2,46	2,31	2,19	2,10	2,03	1,97	1,93	1,89	1,85	1,82	1,79	1,77
125	3,92	3,07	2,68	2,44	2,29	2,17	2,08	2,01	1,96	1,91	1,87	1,83	1,80	1,77	1,75
150	3,90	3,06	2,66	2,43	2,27	2,16	2,07	2,00	1,94	1,89	1,85	1,82	1,79	1,76	1,73
200	3,89	3,04	2,65	2,42	2,26	2,14	2,06	1,98	1,93	1,88	1,84	1,80	1,77	1,74	1,72
300	3,87	3,03	2,63	2,40	2,24	2,13	2,04	1,97	1,91	1,86	1,82	1,78	1,75	1,72	1,70
500	3,86	3,01	2,62	2,39	2,23	2,12	2,03	1,96	1,90	1,85	1,81	1,77	1,74	1,71	1,69
1000	3,85	3,00	2,61	2,38	2,22	2,11	2,02	1,95	1,89	1,84	1,80	1,76	1,73	1,70	1,68

Ist N-p-1 größer als 1000, so verwende man die Schranke für N-p-1 = 1000.

Tabelle 2 aus: B.L. van der WAERDEN, "Mathematische Statistik", [15].

T a b e l l e   2

Fortsetzung

Die Werte für F (N-p-1; p) bei der Irrtumswahrscheinlichkeit 0,05

N-p-1	p														
	16	17	18	19	20	22	24	26	28	30	40	50	60	80	100
1	246	247	247	248	248	249	249	249	250	250	251	252	252	252	253
2	19,4	19,4	19,4	19,4	19,4	19,5	19,5	19,5	19,5	19,5	19,5	19,5	19,5	19,5	19,5
3	8,69	8,68	8,67	8,67	8,66	8,65	8,64	8,63	8,62	8,62	8,59	8,58	8,57	8,56	8,55
4	5,84	5,83	5,82	5,81	5,80	5,79	5,77	5,76	5,75	5,75	5,72	5,70	5,69	5,67	5,66
5	4,60	4,59	4,58	4,57	4,56	4,54	4,53	4,52	4,50	4,50	4,46	4,44	4,43	4,41	4,41
6	3,92	3,91	3,90	3,88	3,87	3,86	3,84	3,83	3,82	3,81	3,77	3,75	3,74	3,72	3,71
7	3,49	3,48	3,47	3,46	3,44	3,43	3,41	3,40	3,39	3,38	3,34	3,32	3,30	3,29	3,27
8	3,20	3,19	3,17	3,16	3,15	3,13	3,12	3,10	3,09	3,08	3,04	3,02	3,01	2,99	2,97
9	2,99	2,97	2,96	2,95	2,94	2,92	2,90	2,89	2,87	2,86	2,83	2,80	2,79	2,77	2,76
10	2,83	2,81	2,80	2,78	2,77	2,75	2,74	2,72	2,71	2,70	2,66	2,64	2,62	2,60	2,59
11	2,70	2,69	2,67	2,66	2,65	2,63	2,61	2,59	2,58	2,57	2,53	2,51	2,49	2,47	2,46
12	2,60	2,58	2,57	2,56	2,54	2,52	2,51	2,49	2,48	2,47	2.43	2,40	2,38	2,36	2,35
13	2,51	2,50	2,48	2,47	2,46	2,44	2,42	2,41	2,39	2,38	2,34	2,31	2,30	2,27	2,26
14	2,44	2,43	2,41	2,40	2,39	2,37	2,35	2,33	2,32	2,31	2,27	2,24	2,22	2,20	2,19
15	2,38	2,37	2,35	2,34	2,33	2,31	2,29	2,27	2,26	2,25	2,20	2,18	2,16	2,14	2,12
16	2,33	2,32	2,30	2,29	2,28	2,25	2,24	2,22	2,21	2,19	2,15	2,12	2,11	2,08	2,07
17	2,29	2,27	2,26	2,24	2,23	2,21	2,19	2,17	2,16	2,15	2,10	2,08	2,06	2,03	2,02
18	2,25	2,23	2,22	2,20	2,19	2,17	2,15	2,13	2,12	2,11	2,06	2,04	2,02	1,99	1,98
19	2,21	2,20	2,18	2,17	2,16	2,13	2,11	2,10	2,08	2,07	2,03	2,00	1,98	1,96	1,94
20	2,18	2,17	2,15	2,14	2,12	2,10	2,08	2,07	2,05	2,04	1,99	1,97	1,95	1,92	1,91
21	2,16	2,14	2,12	2,11	2,10	2,07	2,05	2,04	2,02	2,01	1,96	1,94	1,92	1,89	1,88
22	2,13	2,11	2,10	2,08	2,07	2,05	2,03	2,01	2,00	1,98	1,94	1,91	1,89	1,86	1,85
23	2,11	2,09	2,07	2,06	2,05	2,02	2,00	1,99	1,97	1,96	1,91	1,88	1,86	1,84	1,82
24	2,09	2,07	2,05	2,04	2,03	2,00	1,98	1,97	1,95	1,94	1,89	1,86	1,84	1,82	1,80
25	2,07	2,05	2,04	2,02	2,01	1,98	1,96	1,95	1,93	1,92	1,87	1,84	1,82	1,80	1,78
26	2,05	2,03	2,02	2,00	1,99	1,97	1,95	1,93	1,91	1,90	1,85	1,82	1,80	1,78	1,76
27	2,04	2,02	2,00	1,99	1,97	1,95	1,93	1,91	1,90	1,88	1,84	1,81	1,79	1,76	1,74
28	2,02	2,00	1,99	1,97	1,96	1,93	1,91	1,90	1,88	1,87	1,82	1,79	1,77	1,74	1,73
29	2,01	1,99	1,97	1,96	1,94	1,92	1,90	1,88	1,87	1,85	1,81	1,77	1,75	1,73	1,71
30	1,99	1,98	1,96	1,95	1,93	1,91	1,89	1,87	1,85	1,84	1,79	1,76	1,74	1,71	1,70
32	1,97	1,95	1,94	1,92	1,91	1,88	1,86	1,85	1,83	1,82	1,77	1,74	1,71	1,69	1,67
34	1,95	1,93	1,92	1,90	1,89	1,86	1,84	1,82	1,80	1,80	1,75	1,71	1,69	1,66	1,65
36	1,93	1,92	1,90	1,88	1,87	1,85	1,82	1,81	1,79	1,78	1,73	1,69	1,67	1,64	1,62
38	1,92	1,90	1,88	1,87	1,85	1,83	1,81	1,79	1,77	1,76	1,71	1,68	1,65	1,62	1,61
40	1,90	1,89	1,87	1,85	1,84	1,81	1,79	1,77	1,76	1,74	1,69	1,66	1,64	1,61	1,59
42	1,89	1,87	1,86	1,84	1,83	1,80	1,78	1,76	1,74	1,73	1,68	1,65	1,62	1,59	1,57
44	1,88	1,86	1,84	1,83	1,81	1,79	1,77	1,75	1.73	1,72	1,67	1,63	1,61	1,58	1,56
46	1,87	1,85	1,83	1,82	1,80	1,78	1,76	1,74	1,72	1,71	1,65	1,62	1,60	1,57	1,55
48	1,86	1,84	1,82	1,81	1,79	1,77	1,75	1,73	1,71	1,70	1,64	1,61	1,59	1,56	1,54
50	1,85	1,83	1,81	1,80	1,78	1,76	1,74	1,72	1,70	1,69	1,63	1,60	1,58	1,54	1,52
60	1,82	1,80	1,78	1,76	1,75	1,72	1,70	1,68	1,66	1,65	1,59	1,56	1,53	1,50	1,48
70	1,79	1,77	1,75	1,74	1,72	1,70	1,67	1,65	1,64	1,62	1,57	1,53	1,50	1,47	1,45
80	1,77	1,75	1,73	1,72	1.70	1,68	1,65	1,63	1,62	1,60	1,54	1,51	1,48	1,45	1,43
90	1,76	1,74	1,72	1,70	1,69	1,66	1,64	1,62	1,60	1,59	1,53	1,49	1,46	1,43	1,41
100	1,75	1,73	1,71	1,69	1,68	1,65	1,63	1,61	1,59	1,57	1,52	1,48	1,45	1,41	1,39
125	1,72	1,70	1,69	1,67	1,65	1,63	1,60	1,58	1,57	1,55	1,49	1,45	1,42	1,39	1,36
150	1,71	1,69	1,67	1,66	1,64	1,61	1,59	1,57	1,55	1,53	1,48	1,44	1,41	1,37	1,34
200	1,69	1,67	1,66	1,64	1,62	1,60	1,57	1,55	1,53	1,52	1,46	1,41	1,39	1,35	1,32
300	1,68	1,66	1,64	1,62	1,61	1,58	1,55	1,53	1,51	1,50	1,43	1,39	1,36	1,32	1,30
500	1,66	1,64	1,62	1,61	1,59	1,56	1,54	1,52	1,50	1,48	1,42	1,38	1,34	1,30	1,28
1000	1,65	1,63	1,61	1,60	1,58	1,55	1,53	1,51	1,49	1,47	1,41	1,36	1,33	1,29	1,26

Ist N-p-1 größer als 1000, so verwende man die Schranke für N-p-1 = 1000.

Tabelle 2 aus: B.L. van der WAERDEN, "Mathematische Statistik", [15].

T a b e l l e 3

Die Werte für t bei der Irrtumswahrscheinlichkeit 0,05

N-p-1	t
1	12,71
2	4,303
3	3,182
4	2,776
5	2,571
6	2,447
7	2,365
8	2,306
9	2,262
10	2,228
11	2,201
12	2,179
13	2,160
14	2,145
15	2,131
16	2,120
17	2,110
18	2,101
19	2,093
20	2,086
21	2,080
22	2,074
23	2,069
24	2,064
25	2,060
26	2,056
27	2,052
28	2,048
29	2,045
30	2,042
40	2,021
50	2,009
60	2,000
80	1,990
100	1,984
200	1,972
500	1,965
∞	1,960

Tabelle 3 aus: B.L. van der WAERDEN, "Mathematische Statistik", [15].

Literaturverzeichnis

Verzeichnis der dieser Arbeit zugrundegelegten Literatur:

[1] SCHMETTERER, Leopold — "Mathematische Statistik", Wien, Springer-Verlag, 1956

[2] RICHTER, Hans — "Wahrscheinlichkeitstheorie", Berlin-Göttingen-Heidelberg, Springer-Verlag, 1956

[3] TINTNER, Gerhard — "Handbuch der Ökonometrie" Berlin-Göttingen-Heidelberg, Springer-Verlag, 1960

[4] KOOPMANS, T.C. und Wm.C. HOOD — "Studies in Econometric Method", New York, Wiley, 1953

[5] HAAVELMO, T. und H. STAEHLE — "The Elements of Frisch's Confluence Analysis", Memorandum fra Universitets socialøkonomiske Institutt, Oslos, 1951

[6] FRISCH, Ragnar — "Statistical Confluence Analysis by Means of Complete Regression Systems", Oslo, 1934

Verzeichnis einiger weiterer Werke, die für das behandelte Thema wichtig sind:

[7] CRAMÉR, Harald — "Mathematical Methods of Statistics", Princeton, Princeton University Press, 1951

[8] DAVID, F.N. und J. NEYMAN — "Extension of the Markoff Theorem on Least Squares" Statistical Research Memoirs, Band II, London, Department of Statistics, University College, 1938, S.105-116

[9] FISZ, Marek — "Wahrscheinlichkeitsrechnung und Statistik", Berlin, VEB Deutscher Verlag der Wissenschaften, 1958

[10] GRAF, Ulrich und H.J. HENNING — Formeln und Tabellen der mathematischen Statistik, Berlin-Göttingen-Heidelberg, Springer-Verlag, 1958

[11] KENDALL, M.G. und A. STUART — "The Advanced Theory of Statistics", London, Charles Griffin Company Limited, 1958, Band 1-3

[12] KLEIN, L.R. — "Textbook in Econometrics", Evanston und New York, Row, Peterson and Company, 1956

[13] LINDER, Arthur "Statistische Methoden", Basel und Stuttgart, Birkhäuser-Verlag, 1957

[14] TINTNER, Gerhard "Econometrics", New York, Wiley, 1952

[15] van der WAERDEN, B.L. "Mathematische Statistik",Berlin-Göttingen-Heidelberg, Springer-Verlag, 1957

[16] WALD, Abraham "Berechnung und Ausschaltung von Saisonschwankungen", Wien, 1936

[17] FRISCH, R. und F.V. WAUGH "Partial Time Regression as Compared with Individual Trends", Econometrica 1; 387 (1933)

[18] HAAVELMO, Trygve "The Prohability Approach in Econometrics", Econometrica 12, Suppl. (1944)

Teil II

Die Investitionsfunktion

von

Dipl.-Volkswirt Günther Lange

Neben dem Konsum, dessen Bestimmungsgründe im Teil III der Untersuchung behandelt werden, bilden die Investitionen eine weitere wesentliche Bestimmungsgröße für das Volkseinkommen. Sie spielen für die wirtschaftliche Entwicklung eine bedeutendere Rolle als der Konsum. Von ihnen gehen sowohl kurzfristige als auch langfristige Wirkungen aus. Die kurzfristigen Wirkungen beeinflussen die Konjunkturentwicklung, die langfristigen den Wachstumsprozeß der gesamten Volkswirtschaft.
Aus diesem Grunde wird das Investitionsproblem in der ökonomischen Theorie vor allem im Rahmen von Konjunktur- und Wachstumsmodellen behandelt.

Vor diesem Hintergrund steht die Frage nach den Bestimmungsgrößen der Investition, d.h. nach der Investitionsfunktion, die eine Beziehung zwischen den Größen, die die Investition beeinflussen, und den Investitionsausgaben herstellt. Obwohl die Investitionstheorie seit jeher im Mittelpunkt des nationalökonomischen Interesses stand, blieben ihre Ergebnisse vor allem wegen ihres geringen realen Erklärungswertes unbefriedigend. Der Grund hierfür liegt wohl hauptsächlich darin, daß der Investitionsprozeß in der Realität komplexer ist als in den oft stark simplifizierenden Ansätzen der Theorie angenommen wird. Es ist also notwendig, die Theorie immer wieder der Realität gegenüberzustellen und ihre Ergebnisse zu überprüfen und zu korrigieren, d.h., die Hypothesen der Theorie zu verifizieren oder durch rein empirische Methoden neue Beziehungen zu ermitteln.

Kapitel I:

Methoden zur Ermittlung empirischer Investitionsfunktionen

Zur Bestimmung empirischer Investitionsfunktionen werden zwei Methoden verwendet: Einmal versucht man, durch unmittelbare Untersuchungen in den Unternehmungen selbst (Enqueten) die Gründe zu finden, die für die Investitionsentscheidungen maßgeblich sind, zum anderen werden aus den vorhandenen statistischen Daten mit Hilfe der Korrelations- und Regressionsanalyse Beziehungen zwischen den Investitionen und den diese beeinflussenden Größen ermittelt. Die erste Art wird also zumeist eine Querschnittsanalyse, die zweite dagegen eine Zeitreihenbetrachtung sein.

A) Die Enqueten

Die Umfragen bei den Unternehmern werden meist mündlich mit Hilfe eines Frageschemas durchgeführt, an das sich der Interviewer entsprechend seinen Anweisungen mehr oder weniger streng halten muß. Schriftliche Befragungen haben sich als wenig zweckmäßig erwiesen, da die Kompliziertheit der Materie zu Mißverständnissen Anlaß gibt und zu unterschiedlichen Auslegungen und häufigen Rückfragen führt.[1)]

In den Vereinigten Staaten sind mehrfach Enqueten zur Ermittlung von Investitionsgründen durchgeführt worden. KATONA[2)] hat 1950 200 Unternehmen über die Gründe befragt, die für die Investitionsentscheidungen wesentlich sind. EISNER[3)] führte ähnliche Untersuchungen vor allem bei größeren Unternehmen (z.T. mit Umsätzen von über einer Mrd. Dollar) durch. TERBORGH[4)] versuchte, die Gründe für die Ersatzinvestitionen und die Grundsätze der Abschreibungspolitik bei Unternehmen zu ermitteln, die dem "Machinery and Allied Products Institute" angeschlossen sind. Auch

1. GUTENBERG mußte bei seinen "Untersuchungen über die Investitionsentscheidungen industrieller Unternehmen", (Köln und Opladen 1959), auf die Zusendung von Fragebogen verzichten, da die Fragebogenmethode keine Aussicht auf Erfolg hatte. (Vgl. GUTENBERG, a.a.O., S.25/26).
2. G.KATONA, "Psychological Analysis of Economic Behaviour". New York, London, Toronto, 1951. Vgl. auch Kap.III (S.109 ff.) Zusammenstellung der empirischen Ergebnisse, die MEYER und KUH, "Investment Decision", a.a.O., S.23 entnommen wurde.
3. EISNER, R., "Determinants of Capital Expenditures - An Interview Study", Studies in Business Expectations and Planning Nr.2, Urbana 1956. Vgl. auch: Kap.III: Zusammenstellung der empirischen Ergebnisse, (S.109 ff.).
4. TERBORGH, A., "Equipment, Replacement and Depreciation - Policies and Practises", Washington 1956. Vgl. auch: Kap.III: Zusammenstellung der empirischen Ergebnisse, (S.109 ff.).

für Großbritannien hat bereits 1940 ANDREWS[5] mit Hilfe von Fragebogen bei 309 Unternehmen die Gründe für das Investitionsverhalten untersucht.

Im deutschen Bereich haben sich ALLEMANN[6], SCHINDLER[7] und in letzter Zeit GUTENBERG[8] mit Befragungen über das Investitionsverhalten befaßt.

Der Nachteil der Untersuchungen in Form der schriftlichen oder mündlichen Befragung liegt vor allem darin, daß wegen der Kostspieligkeit und der Kürze der zur Verfügung stehenden Zeit immer nur eine Auswahl von Unternehmen befragt werden kann, von denen ein gewisser Prozentsatz aber erfahrungsgemäß die Mitwirkung an der Untersuchung verweigert.[9] Wegen der Vielfalt der Unternehmungen hinsichtlich der verschiedenen Industriebereiche, Betriebsgrößen und Kapitalstrukturen ist die Aufstellung eines Auswahlverfahrens, das einen guten Repräsentationsgrad gewährleistet, recht schwierig. Die Beschränkung der Ergebnisse auf die untersuchten Betriebe allein beeinträchtigt aber deren Aussagewert erheblich.[10]

Hinzu kommt, daß die Unternehmen eine begreifliche Scheu vor derartigen Fragen haben. Aber selbst dann, wenn man guten Willen voraussetzt, ist bei der wenig exakten Sprache der Praxis auch bei der mündlichen Befragung die Möglichkeit des Mißverständnisses groß. Begriffe wie Ersatzinvestition und Erweiterungsinvestition lassen eine Vielzahl von Ausdeutungen zu. Es ist schwierig, festzustellen, welche Vorstellungen bei den einzelnen Befragten vorliegen. Außerdem beziehen sich die Ergebnisse meist nur auf eine relativ kurze Periode.[11]. Es ist fraglich, ob die Unternehmen in einer anderen wirtschaftlichen Situation sich nicht anders entschieden hätten.

5. ANDREWS, P.W.S., zit. nach MEYER und KUH, "Investment Decision" Harvard University Press, Cambridge, Mass. 1957. Vgl. auch: Kap.III: Zusammenstellung der empirischen Ergebnisse, S.109 ff.
6. ALLEMANN, H., "Die konjunkturpolitische Bedeutung des Akzelerationsprinzips", Bern 1949.
7. SCHINDLER, Z., "Investitionsrechnungen in Theorie und Praxis", Freiburg 1955.
8. GUTENBERG, E., "Untersuchungen über die Investitionsentscheidungen in industriellen Unternehmen", Köln-Opladen 1959.
9. SCHINDLER erhielt bei seiner Untersuchung nur 151 Antworten, die ausgewertet werden konnten, das sind 13 % der angesprochenen Unternehmen; ähnlich erging es ALLEMANN. GUTENBERG macht darüber keine Angaben, sagt allerdings, es sei "versucht worden, innerhalb eines jeden Produktionszweiges eine bestimmte Auswahl unter den Unternehmen nach ihrer Art und Größe vorzunehmen. Dieses Ziel konnte jedoch nur innerhalb enger Grenzen erreicht werden". GUTENBERG, a.a.O., S.27.
10. GUTENBERG bezieht seine Ergebnisse ausdrücklich nur auf die untersuchten 76 Unternehmungen. GUTENBERG, a.a.O., S.27.
11. GUTENBERG fragt ausdrücklich nur nach dem Investitionsverhalten in den Jahren 1954-1956. GUTENBERG, a.a.O., S.27.

Die Enqueten haben aber auch Vorteile gegenüber der Zeitreihenanalyse mit Hilfe ökonometrischer Methoden. Die mathematisch-statistischen Analysen sind auf das vorhandene Zahlenmaterial angewiesen, bei Befragungen dagegen kann auch versucht werden, über die Bedeutung von Größen Aufschluß zu erhalten, für die noch kein primär-statistisches Material vorliegt. Außerdem können die Befragungen stärker als die ökonometrischen Methoden auf Erwartungsgrößen eingehen, wenn auch die Erwartungen zumeist von Vergangenheitswerten bestimmt sein werden. EISNER[12] hat den Versuch unternommen, die Aussagekraft von Erwartungs- und Vergangenheitswerten gegeneinander abzuschätzen. Er kommt zu dem Ergebnis, daß Erwartungswerte im allgemeinen einen größeren Erklärungswert als ex-post-Größen haben. Bei Großunternehmen brachten Erwartungsgrößen allein gute Ergebnisse, bei mittleren und kleinen Unternehmen stieg der Erklärungswert, wenn noch Vergangenheits- und Gegenwartswerte einbezogen wurden.

B) Die Korrelations- und Regressionsanalyse

Die Korrelations- und Regressionsanalyse[13] ist zur Erklärung des Investitionsverhaltens weitaus häufiger angewendet worden als die Enqueten. Grundlegend waren hierfür die Arbeiten TINBERGENs[14], vor allem seine 1939 veröffentlichte Völkerbundstudie. Inzwischen sind durch eine Reihe von anderen Autoren, in erster Linie in den Vereinigten Staaten, entweder für die gesamte Volkswirtschaft oder für bestimmte Wirtschaftsbereiche empirische Investitionsfunktionen ermittelt worden.[15] Mit der Erarbeitung von Funktionen für die Bunderepublik für die Zeit nach der Währungsreform 1948 haben sich unseres Wissens bisher nur WAFFENSCHMIDT[16]

12. EISENER, R., "Expectations, Plans and Capital Expenditures, A Synthesis of Ex Post and Ex Ante Data", In: M.J.Bowman, (Hrsg.), "Expectations, Uncertainty and Business Behaviour", Social Science Research Council, New York 1958. Zitiert nach GUTENBERG, a.a.O.,S.22.
13. Eine Darstellung der Korrelations- und Regressionsanalyse ist bereits im Teil I dieser Untersuchung vorgenommen worden, so daß an dieser Stelle hierauf verzichtet werden kann.
14. TINBERGEN, J., "An Econometric Approach to Business Cycle Problems", Paris 1937. "A Method and its Application to Investment Activity", Genf 1939. "Statistical Evidence of the Acceleration Principle", Economica, N.S. Bd.5 (1938), S.164 ff., "An Acceleration Principle for Commodity Stockholding and a Short Cycle Resulting from it." Studies in Mathematical Economics and Econometrics (In Memory of Henry Schultz), Chicago 1942, S.255 ff.
15. Siehe Kap.III: Zusammenstellung der empirischen Ergebnisse, S.109 ff.
16. WAFFENSCHMIDT, W.G., "Deutsche Volkswirtschaftliche Gesamtrechnung und ihre Lenkungsmodelle 1949-1955", Stuttgart 1959.

im Rahmen seiner "Volkswirtschaftlichen Gesamtrechnung 1949 bis 1955" und MENGES[17] im Rahmen eines gesamtwirtschaftlichen Modells befaßt.

Die vorliegende Untersuchung wurde allein mit Hilfe der Korrelations- und Regressionsanalyse auf Grund des schon vorhandenen oder aus Primärstatistiken errechneten Zahlenmaterials für die Bundesrepublik von 1950 bis 1958 durchgeführt. Besser wäre jedoch eine Kombination beider Methoden gewesen. Durch eine Befragung der Unternehmungen (oder auch der Unternehmensverbände, falls diese über das gewünschte Material verfügten) hätten die bereits vorhandenen statistischen Unterlagen erweitert werden sollen. Dieses vervollständigte Zahlenmaterial hätte eine bessere Grundlage für die ökonometrischen Berechnungen dargestellt. Aus zeitlichen und finanziellen Gründen war es uns jedoch nicht möglich, die vorliegende Studie in einem derart umfassenden Rahmen anzulegen.

Kapitel II:

Die Investitionsfunktion in der Dogmengeschichte

A) Die autonomen Investitionen

In der ökonomischen Theorie sind einige Autoren der Ansicht, daß die Investitionen nicht durch ökonomische Größen induziert werden, sondern von diesen unabhängig, autonom sind. SCHUMPETER[18] meint, daß zumindest ein Teil der Investitionen dem originären Entschluß dynamischer Unternehmerpersönlichkeiten entstammt, die Neuerungen durchsetzen wollen. SAMUELSON[19] hält die Investitionen für "completely independent of current statistical factors". Allerdings wird die Annahme autonomer Relationen von diesen Theoretikern wohl nur im Modell für bestimmte Untersuchungszwecke aufrecht erhalten werden, die Vorstellung von völlig autonomen Investitionen geht sicher zu weit.

Es gibt nun eine Reihe außerökonomischer Faktoren, die die Investitionstätigkeit beeinflussen. Politische Ereignisse können die Erwartungen verändern, neue Erfindungen werden zum Anlaß für Investitionen, auch psycho-

---

17. MENGES, "Ein ökonometrisches Modell der Bundesrepublik Deutschland". (Vier Strukturgleichungen). In: IFO-Studien, Zeitschrift des IFO-Instituts für Wirtschaftsforschung, 5. Jhrg. 1959, Heft 12, S.1 ff.
18. SCHUMPETER, J., "Theorie der wirtschaftlichen Entwicklung", Berlin 1952.
19. SAMUELSON, P.A., "Methods of Measuring the Marginal Propensity to Consume", Studies in Econometric Methods, Cowles Commission, Monograph Nr.14, New York, London 1953.

logische Faktoren sind von erheblichem Einfluß auf die Investitionsentscheidungen der Unternehmer. Ein bestimmter Teil der Investitionen wird also immer autonom sein, vor allem die öffentlichen Investitionen werden zu einem großen Teil von anderen als wirtschaftlichen Faktoren bestimmt.[20] Das gilt aber nicht für alle Wirtschaftsbereiche im gleichen Maß.

TINBERGEN[21] betrachtet in seiner Völkerbundsstudie die autonomen Einflüsse als nicht-systematische Störungen, die in normalen Zeiten größtenteils zufällig auftreten, wenn viele schwache, voneinander unabhängige Kräfte wirksam sind. Diese nicht induzierten Einflüsse sind nach TINBERGENs Ansicht in den Residuen der Bestimmungsgleichungen der Investitionen enthalten. Die wirtschaftlichen Auswirkungen außergewöhnlicher Ereignisse, wie z.B. langandauernder Streiks, sollten jedoch, soweit das möglich ist, durch geeignete Methoden eliminiert werden.

B) Die Zinsreagibilität der Investitionen

Die älteste in der Theorie vertretene Ansicht ist die, daß die Investitionen vom Zins abhängen. Dieser Gedanke wurde schon in der Klassik, z.B. von RICARDO und MARX angesprochen und beherrschte seit BÖHM-BAWERK[22] die reine Theorie. Aber nicht nur die Autorität der Klassiker und der Grenznutzenschule steht hinter dieser Ansicht, sondern auch KEYNES hat zur Festigung dieses Gedankens wesentlich beigetragen. In letzter Zeit waren es vor allem die Werke von SCHNEIDER[23] und LUTZ[24], in denen verschiedene Kapitalisierungsverfahren dargestellt worden sind, auf denen die theoretischen Überlegungen über die Zinselastizität der Investitionen hauptsächlich beruhen.

Da die These der Zinsreagibilität der Investitionen lange Zeit fester Bestandteil der ökonomischen Theorie war, soll hier ausführlich auf sie eingegangen werden.

PREISER[25] betont den Einfluß des Zinses sowohl auf den Investitions-

---

20. WAFFENSCHMIDT, a.a.O., S.47 ff., arbeitet mit einer besonderen Funktion für die öffentlichen Investitionen. Er läßt diese nur von den Einnahmen des Staates abhängig sein.
21. TINBERGEN, J., "A Method and its Application to Investment Activity", Genf 1939, S.40/41.
22. BÖHM-BAWERK, E., "Positive Theorie des Kapitals", Jena 1921.
23. SCHNEIDER, E., "Wirtschaftlichkeitsrechnung", Tübingen-Bern 1957.
24. LUTZ, Friedrich A. und Vera, "The Theory of Investment of the Firm", Princeton 1951.
25. PREISER, E., "Investition und Zins", in: Jahrbücher für Nationalökonomie und Statistik, 1958, S.100.
    Derselbe, "Nochmals: Investition und Zins. Eine Revision", in: Jahrbücher für Nationalökonomie und Statistik, 1959, S.241.

willen als auch auf die finanzielle Investitionsmöglichkeit. Wir wollen im folgenden dieser Unterscheidung folgen und uns zunächst mit den Wirkungen des Zinses auf die Investitionsentscheidung befassen.

1. Der Einfluß des Zinses auf den Investitionswillen

Für die Investitionsbereitschaft der Unternehmer ist der Einfluß des Zinses nicht nur in den seltenen Fällen bedeutend, in denen er einen wesentlichen Teil der Kosten ausmacht.[26)]

Der Gegensatz zwischen kapitalintensiven und arbeitsintensiven Produktionsweisen spielt hierbei eine Rolle. Bei der Erzeugung von Strom aus Wasserkraft bestehen z.B. die Betriebskosten fast ausschließlich aus den Zinsen für das investierte Kapital. Wenn sich die Relation der Arbeits- zu den Kapitalkosten verschiebt, ändern sich die Produktionsweisen. Bei einer Verteuerung der Arbeitskraft und bei gleichbleibenden Kapitalkosten werden also kapitalintensivere Produktionsmethoden bevorzugt. Das bedeutet aber nichts anderes, als daß zunächst einmal Investitionen vorgenommen werden müssen. Diese Investitionen werden meist Verbesserungsinvestitionen sein, die aber gleichzeitig auch zu einer Erweiterung der Kapazität führen können.

a) Der Zinseinfluß auf die Lagerinvestitionen

Einen bedeutenderen Einfluß als auf die Anlageinvestitionen hat der Zins nach der Ansicht einiger Autoren auf die Lagerinvestitionen. HAWTREY[27)] betont, daß für den Handel, in erster Linie für den Großhandel, der Zins ein wichtiger Kostenfaktor ist. Er bildet einen erheblichen Teil der Lagerkosten. Eine Zinserhöhung ist also gleichbedeutend mit einer Steigerung der Kosten, die erwarteten Gewinne werden durch das Steigen der Zinssätze reduziert oder zunichte gemacht. Hinzu kommt, daß bei steigendem Zins wohl auch die Erwartungen hinsichtlich der Preisentwicklung gedämpft werden. Eine Änderung des Zinssatzes um auch nur 1 % kann also vom Handel kaum vernachlässigt werden, die kostspieliger gewordenen Lager werden eingeschränkt.

Die Lagerhaltung in der Industrie dagegen ist neben dem Zins von einer Reihe anderer Faktoren bestimmt. Die Höhe der Lager an Roh- und Betriebs-

---

26. Vgl. auch MERCK, G., "Zur Frage der Zinselastizität der Investitionen", in: Zeitschr.f.d.ges.Staatsw., 1958, S.454 ff.
27. HAWTREY, R.G., "Currency and Credit", London 1930, S.25.

stoffen und Halbfabrikaten wird weitgehend durch die Produktionsweise fixiert. Die Lagerhaltung muß sich möglichst reibungslos an den Betriebsprozeß anpassen. Dieser Teil der Lagerhaltung ist von den Zinseinflüssen sicher unabhängig. Allerdings wird neben dem betriebsnotwendigen oft noch ein spekulatives Lager gehalten werden, vor allem an Rohstoffen und Fertigwaren. Wenn die Lagerkosten einen nicht zu vernachlässigenden Teil der Gesamtkosten ausmachen, spielt also der Zins in bezug auf die spekulativen Lager eine Rolle.

Eine ganze Reihe von Gründen spricht aber gegen eine Zinsreagibilität der Lager.

LUTZ[28] weist darauf hin, daß Erhöhungen des Zinssatzes meist in Zeiten der guten Konjunktur vorgenommen werden, in der die Lagerhalter steigende Preise und Umsätze erwarten. Diese spekulativen Erwartungen können nun dazu führen, daß die Verringerungen der Lager unterbleiben, oder sogar trotz steigender Zinskosten die Lager vergrößert werden.

Außerdem muß jeder Händler ein Lager von einer bestimmten Größe halten, das die reibungslose Versorgung seiner Kunden sicherstellt, da er andernfalls Kunden verliert. Dieser mögliche Verlust an Kunden kann den Verlust durch die Zinserhöhung überwiegen.

Zudem übt neben den Wirkungen der binnenländischen Konjunktur auch die Entwicklung am Weltmarkt, vor allem an den Rohstoffmärkten, einen erheblichen Einfluß auf die Lagerhaltung aus. Die Stärke dieses Einflusses entscheidet darüber, ob die spekulativen Erwartungen oder die Veränderungen des Zinssatzes überwiegen.

Eine Gegenüberstellung der Gründe, die für oder gegen eine Zinsreagibilität der Lagerinvestitionen sprechen, läßt die auf den ersten Blick vermuteten starken Einflüsse des Zinses auf die Lagerhaltung erheblich schwächer werden. Trotzdem sind die Lagerinvestitionen nicht zinsunempfindlich. Vor allem im Umschwung der Konjunktur und in der Abschwungphase wird der Zins eine bestimmte Wirkung auf die Lagerhaltung haben.

b) Der Zins als Kapitalisierungsfaktor

Ein Unternehmer wird eine Investition dann vornehmen, wenn die durch die Investition veranlaßten Einnahmen - diskontiert auf die Gegenwart - zumindest ebenso groß sind wie die durch die Investition bedingten, eben-

---

28. LUTZ, F.A., "Zinstheorie", Zürich - Tübingen 1956, S.177.

falls auf die Gegenwart diskontierten Ausgaben einschließlich einer als hinreichend angesehenen Verzinsung seines Kapitals.[29] Diesen als hinreichend angesehenen Zinsfuß bezeichnet SCHNEIDER als "Kalkulationszinsfuß". Er ist mit dem langfristigen Zinsfuß des Kapitalmarktes nicht identisch, sondern abhängig von dem Risiko, mit dem die Durchführung der Investitionen verbunden ist und der Größe des erstrebten Gewinns. Bei einer Finanzierung mit Fremdkapital muß er also größer sein als der langfristige Zinssatz, bei einer Finanzierung mit Eigenkapital wird er der Verzinsung entsprechen, die die Verwendung des Kapitals für eine andere Investition mit gleichem Risiko erbringen würde. Eine geplante Investition ist also vorteilhaft, "wenn der zum Kalkulationszinsfuß auf den Kalkulationszeitpunkt Null bezogene Wert der Einnahme nicht kleiner ist als die Ausgabe im Zeitpunkt Null."[30]

Dieses Prinzip läßt sich auch in einer anderen Form darstellen, die den Einfluß des Zinses auf die Investitionen noch augenfälliger macht.

Welche Verzinsung das bei einer Investition eingesetzte Kapital erbringt, läßt sich mit Hilfe einer Gleichung errechnen, in der die mit dem zu errechnenden Zinsfuß (r) diskontierten Einnahmen (Q) den Ausgaben, die in der Periode 0 konzentriert vorgestellt werden, also dem Kapitaleinsatz (K), gleichgesetzt sind.

$$K = \frac{Q_1}{(1+r)} + \frac{Q_2}{(1+r)^2} + \frac{Q_3}{(1+r)^3} \quad \ldots\ldots \quad \frac{Q_n}{(1+r)^n}$$

Dieser Zinsfuß nennt SCHNEIDER "internen Zinsfuß".[31] Er entspricht der "marginal efficiency of capital" KEYNES, FISHERs "rate of return over costs" und BOULDINGs "internal rate of return". Eine Investition ist dann vorteilhaft, wenn der interne Zinsfuß nicht kleiner als der Kalkulationszinsfuß ist. Einen Vergleich mit dem langfristigen Zinsfuß am Kapitalmarkt, wie MERCK[32] schreibt, wird der Unternehmer wohl nicht vornehmen, da er bei seinen Wirtschaftlichkeitsrechnungen selbst dann, wenn er neben der Verzinsung des Kapitals auf einen Gewinn verzichtet, im Kalkulationszinsfuß das Risiko berücksichtigen muß, das bei einer festverzinslichen Anlage am Kapitalmarkt nicht vorhanden ist.

---

29. Vgl. SCHNEIDER, E., "Einführung in die Wirtschaftstheorie", Bd.II, Tübingen 1958, S.233.
30. SCHNEIDER, E., a.a.O., S.234.
31. SCHNEIDER, E., a.a.O., S.238.
32. MERCK, a.a.O., S.460.

Mit abnehmendem Zinsfuß wird der Gegenwartswert des jährlichen Zuwachses der Nettoeinnahmen größer oder, wie SCHNEIDER[33] es ausdrückt, der Kapitalwert der Investition größer. Nun beeinflußt aber eine Abnahme des Zinsfußes nicht alle geplanten Investitionen in der gleichen Weise. Die Wirkung des Zinsfußes auf die Investitionen hängt wesentlich auch von der erwarteten Zeitdauer der Investitionen ab. Je länger die Zeitdauer der Investitionen ist, um so stärker steigt der Kapitalwert der Investitionen. Veränderungen des Zinssatzes werden sich daher vor allem auf die langfristigen Investitionen auswirken.

Wendet ein Unternehmer bei seiner Entscheidung über eine geplante Investition die beschriebene Art der Wirtschaftlichkeitsrechnung an, scheint eine Veränderung des Zinssatzes nicht ohne Einfluß auf die Investitionsentscheidung bleiben zu können. Das gilt vor allem dann, wenn man annimmt, daß der Unternehmer seinen internen Zinsfuß nur mit dem langfristigen Zinsfuß des Kapitalmarktes vergleicht und nicht mit seinem subjektiven Kalkulationszinsfuß.

Gegen diese rein theoretisch abgeleitete Zinsreagibilität der Investitionen lassen sich aber eine Reihe Einwendungen erheben, die die Anwendung dieser theoretischen Kapitalisierungsverfahren in der Realität in Zweifel stellen.

Zunächst muß beachtet werden, daß der Kalkulationszinsfuß immer über dem langfristigen Zinsfuß des Kapitalmarktes liegen muß. Der Unterschied zwischen beiden ist um so größer, je größer das Risiko der geplanten Investition ist. Rechnet der Unternehmer bei einem Marktzinssatz von 5 % mit einem Kalkulationszinsfuß von 20 % (bei einer risikoreichen Investition), so sind 15 % des Kalkulationszinsfusses Ausdruck für das Risiko der Investition. Bei einer Senkung des Marktzinssatzes auf 4 % sinkt der Kalkulationszinsfuß aber nur auf 19 %. Eine derartige Änderung hat aber, wie leicht nachgerechnet werden kann, auf den Kapitalwert der Investition keinen nennenswerten Einfluß. Bedenkt man, daß der Kapitalwert abhängig ist von den Einnahmen abzüglich der laufenden Ausgaben und dem Kapitaleinsatz, also bis auf den Kapitaleinsatz von Größen, die in der Zukunft liegen und geschätzt werden müssen, so ist es verständlich, daß der Unternehmer den Kalkulationszinsfuß eher zu hoch als zu niedrig ansetzt. Vor allem bei pessimistischer Stimmung der Unternehmer und in Zeiten der Unsicherheit wird also durch eine Senkung des langfristigen Zinssatzes kaum eine Steigerung der Investitionstätigkeit erwartet werden können.

---

33. SCHNEIDER, E., a.a.O., S.234.

Die Unternehmer wenden in der Regel auch nicht die durch die Theorie erarbeiteten Methoden der Wirtschaftlichkeitsrechnung an. Die zu große Unsicherheit der Einnahmen- und Ausgabenreihen, die in die Rechnung eingehen, spielt hierbei eine Rolle. Zum Teil mag die Negierung der theoretischen Kapitalisierungsverfahren auch in mangelnder Vertrautheit mit diesen ihre Begründung finden.[34)] Die Unternehmer versuchen in der Praxis der Unsicherheit dadurch Rechnung zu tragen, daß sie mit einer viel kürzeren Abschreibungsdauer rechnen, als sie vom technischen Gesichtspunkt aus notwendig wäre. LUTZ[35)] führt eine Untersuchung in den Vereinigten Staaten an, nach der 97 % der befragten Unternehmer der Ansicht waren, daß die eingesetzte Kapitalsumme in fünf Jahren zurückerstattet sein müsse, 61 % gaben sogar nur drei Jahre an. Je kürzer aber die Lebensdauer der Anlagen ist, um so geringer ist der Einfluß des Zinses auf die Investitionsentscheidung. Steigende Preis- und Umsatzerwartungen können dann den Zinseinfluß mehr als wettmachen.

Auch die Annahme des Prinzips der Gewinnmaximierung, unter der die Wirtschaftlichkeitsrechnungen durchgeführt werden, ist in der Praxis nicht unbedingt richtig. Der Wunsch, in Zeiten der Unsicherheit durch eine gesunde Bilanzstruktur anpassungsfähig zu sein, macht es möglich, daß erfolgversprechende Investitionen unterbleiben, die nur mit Fremdmitteln durchgeführt werden können. Die zunehmende Trennung des Kapitaleigentums von der Verfügungsmacht über das Kapital führt zu einer mehr vom Streben nach Sicherheit diktierten Verhaltensweise der Leiter der Unternehmen. Fehlgeschlagene, riskante Investitionen können den Verlust der Stellung bedeuten, eine Tatsache, die für den selbständigen Unternehmer nicht zutrifft, solange die Unternehmung im Markt bleibt. Im Falle großer Gewinne aus gewagten Investitionen ist der Anteil der Unternehmensleitung aber auf die Provisionen am Gewinn beschränkt, dem selbständigen Unternehmer dagegen fließt der Gewinn in voller Höhe zu.

Hinzu kommt bei einem Verhalten nach dem Prinzip der Gewinnmaximierung und bei guter Gewinnsituation die Furcht vor neuen Steuern, Lohnerhöhungen oder gar der Verstaatlichung.[35a)]

---

34. Siehe auch Heinz SCHINDLER, "Investitionsrechnungen in Theorie und Praxis", Freiburg 1955.
35. LUTZ, F.A., a.a.O., S.179.
35a. Vgl. auch KÖNIG, H., "Zur Theorie der Investition der Unternehmung" (unveröffentlichte Habilitationsschrift), S.22 ff.

Das moderne Management führt zu einer Unternehmensleitung, die stärker vom Wunsch nach Sicherheit als vom Prinzip der Gewinnmaximierung geleitet wird. Dieses Sicherheitsstreben kann sogar dazu führen, daß statt der Gewinnmaximierung eine Politik der Minimierung des möglichen Verlusts angestrebt wird.

Auch die zunehmende oligopolistische Struktur der Märkte hat eine ähnliche Wirkung. Stärker als der Gewinn ist das Verhalten der wenigen Konkurrenten Orientierungspunkt für das eigene Verhalten. Von größerer Bedeutung als die Profitmaximierung ist das Halten des Marktanteils, ein Prinzip, das durchaus für die Investitionen bestimmend sein kann.

2. Die Wirkungen des Zinses auf die finanzielle Investitionsmöglichkeit

Wenn die Investitionen aus eigenen Mitteln finanziert werden können, ist der Zinseinfluß hinsichtlich der finanziellen Investitionsmöglichkeit sicher unbedeutend. Das gilt vor allem für die finanzstarken Unternehmen, die die Möglichkeiten der Selbstfinanzierung nutzen können. In der wirtschaftlichen Entwicklung der Bundesrepublik nach der Währungsreform 1948 war aber für den Großteil der Industrie die Selbstfinanzierung über den Preis durchaus möglich. Diese Art der Investitionsfinanzierung herrschte sogar vor.

Sind aber die Unternehmungen auf die Finanzierung mit Fremdkapital angewiesen, ist nicht immer die Voraussetzung der Wirtschaftlichkeitsrechnungen erfüllt, daß der Unternehmer zum herrschenden Zinssatz auch die nötigen Finanzierungsmittel erhalten kann. Dem einzelnen Unternehmen stehen Kredite nicht unbegrenzt zur Verfügung. Jeder Schuldner kann nur bis zu einem bestimmten Grad Sicherheiten bieten. Der wichtigste Faktor für die Kreditfähigkeit eines Unternehmens ist dessen Eigenkapital. Die Banken pflegen nicht über einen bestimmten Prozentsatz des Eigenkapitals hinaus Kredite zu geben. Es ist also möglich, daß durch die Wirtschaftlichkeitsrechnung zwar ein interner Zinsfuß bestimmt wird, der über dem Kalkulationszinsfuß liegt, die Investition aber trotzdem nicht durchgeführt werden kann, weil die zur Finanzierung notwendigen Mittel nicht beschafft werden können. Vor allem im Konjunkturumschwung nach der Prosperität werden die Banken bei der Kreditvergabe sehr vorsichtig sein, um zu verhindern, daß der Schuldner sich für die erwartete Phase der Depression zu sehr belastet.

Wenn wir am Ende der Betrachtung über die Zinsreagibilität der Investitionen noch einmal alle Gründe und Gegengründe gegenüberstellen, so müssen wir feststellen, daß die Zinsabhängigkeit der Investitionen in der Realität nicht die Rolle spielen kann, die ihr vor allem von der älteren Theorie zugesprochen wird. Der Zins ist als Investitionsdeterminante volkswirtschaftlich gesehen nur von sekundärer Bedeutung, solange er in "normalen" Grenzen bleibt. Für sehr langfristige und wenig risikoreiche Investitionen kann er noch von Einfluß sein. Solche Investitionen werden vor allem in der Energiewirtschaft und im Wohnungsbau zu finden sein. Auch für die Lagerinvestitionen, vor allem die des Großhandels, hat der Zins noch eine Bedeutung. Die nicht ausgesprochen langfristigen Investitionen aber, also der größte Teil der industriellen Investitionen, scheinen zinsunempfindlich zu sein. Bei der Zusammenstellung des Zahlenmaterials für die vorliegende Untersuchung entstand der Eindruck, daß dann, wenn überhaupt eine Zinsreagibilität besteht, der Kausalzusammenhang zwischen Investitionen und Zinssätzen in der Nachkriegszeit in der Bundesrepublik eher umgekehrt ist. Heute scheint sich der Zinssatz als Folge einer aktiven Währungspolitik mehr an der Höhe der Investitionen auszurichten, als daß die Investitionen von der Höhe des Zinssatzes bestimmt werden.

3. Die Ergebnisse empirischer Untersuchungen über die Zinselastizität der Investitionen

Die Ergebnisse der uns bekannten ökonometrischen Untersuchungen haben die geringe Bedeutung des Zinses als Investitionsdeterminante bestätigt.

TINBERGEN lehnt in seiner Völkerbundsstudie den Zins als Bestimmungsgrund für die Investitionen für alle untersuchten Länder ab.[36] Auch in seinem Modell für die holländische Wirtschaft von 1923 bis 1933 nimmt er den Zinssatz nicht als Variable in die Investitionsfunktion auf[37]. Er hat nach den Ergebnissen seiner ökonometrischen Berechnungen keinen Einfluß auf die Investitionsentscheidungen.

Auch KLEIN und GOLDBERGER schließen in ihrem ökonometrischen Modell für die USA von 1929 bis 1933 zwar den Zinssatz zunächst in die Investitionsfunktion ein, ihre späteren Berechnungen zeigen aber, daß ihm keine Bedeutung zukommt.[38] Sie machen allerdings die Einschränkung, daß eine stärkere Aufgliederung der Gesamtinvestition in Investitionen des Woh-

36. Vgl. Kap. III: Zusammenstellung der empirischen Ergebnisse, S.109 ff.
37. TINBERGEN, J., "An Econometric Approach", Paris 1937, S.25.
38. Siehe Seite 92.

nungsbaus, Bauinvestitionen der Industrie, Anlage- und Lagerinvestitionen einen besseren Einblick in die wirkliche Rolle des Zinses geben würde.[39]

In den in der Zusammenstellung der empirischen Ergebnisse[40] genannten Untersuchungen kommen nur KLEIN (für einige Investitionsfunktionen für die amerikanischen Eisenbahnen und die amerikanische Elektroindustrie) und TINBERGEN (für dauerhafte Gebrauchsgüter einschließlich Bauten) in den USA zu positiven Ergebnissen für den Zins. Für die Gesamtinvestition wird der Zins als Investitionsdeterminante immer abgelehnt.

Diese Ergebnisse zeigen, daß die Gesamtinvestition als zu erklärende Variable in den Investitionsfunktionen keinen Aufschluß über die wirkliche Bedeutung des Zinssatzes geben kann. Andere, stärker wirkende Investitionsmotive überdecken dabei den Zins. Erst eine Aufgliederung nach Investitionsarten und Industriebereichen, vielleicht aber auch nach Unternehmensgrößen, kann Einblick in die wirklichen Verhältnisse geben.

C) Das Akzelerationsprinzip

1. Die Theorie des Akzelerators

Eine andere Erklärung für die Abhängigkeit der Investitionen gibt das Akzelerationsprinzip. Es wurde bereits 1912 von CLARK[41] entwickelt, allerdings finden sich schon Hinweise bei CARVER[42] und AFTALION[43]. Die Akzeleratortheorie macht in ihrer einfachsten Version die Höhe der Nettoinvestitionen vom Wachstum der Konsumgüternachfrage abhängig. Das Wachstum der Konsumgüternachfrage ist die Änderung des Konsums im Zeitpunkt t. Es wird durch die erste Ableitung von C nach t gegeben: $\frac{dC}{dt}$. Bei einem positiven Wert von $\frac{dC}{dt}$ ist die Nettoinvestition also eine wachsende Funk-

---

38. KLEIN-GOLDBERGER, "An Econometric Model of the United States", Amsterdam 1955, "Potentially we look with favour towards a significant role of interest rates in the investment equation, but, as will become evident in the later empirical sections, we have not been able to make a reasonable judgement about its effect and cannot assign it a reliable nonzero value in this relation". (S.12).
39. KLEIN-GOLDBERGER, a.a.O., S.12.
40. Siehe auch Zusammenstellung der empirischen Ergebnisse, Kap.III, S.109 ff.
41. CLARK, H.M., "Business Acceleration and the Law of Demand, a Technical Taxtor in Economic Cycles". In: The Journal of Political Economics, Jhrg. 1917, S.217-236.
42. CARVER, "A Suggestion for the Theory of Industrial Depressions". In: Quarterly Journal of Economics, Bd.17, 1903, S.497 ff.
43. AFTALION, A., "La Réalité des suproductions géneralés". Revue d'Economie politique, Bd.23, 1909, S.201 ff.

tion von $\frac{dC}{dt}$. Dabei wird die einfache Beziehung einer direkten Proportionalität zwischen der Änderung des Konsums und der durch diese induzierten Nettoinvestition angenommen:

$$I_{ind.} = \beta \cdot \frac{dC}{dt} ,$$

wobei β eine strukturell gegebene Konstante ist, eben der Akzelerator.

Da I_{ind} aber auch das Wachstum des Kapitalstockes K angibt:

$$I_{ind} = \frac{dK}{dt} \text{, so gilt auch } \beta = \frac{dK}{dt} : \frac{dC}{dt} = \frac{dK}{dC} .$$

Der Akzelerator zeigt also an, in welchem Ausmaß der Kapitalstock verändert werden muß, wenn der Konsum sich in einer bestimmten Weise ändert. Er stellt dabei in der einfachsten Interpretation eine rein technische Beziehung dar. Durch ihn wird (unter der Annahme der vollen Ausnutzung der Produktionsanlagen) die Veränderung der technischen Kapazität bestimmt, wenn die Produktion um einen bestimmten Betrag, nämlich die Erhöhung der Konsumgüternachfrage, steigen soll.

Das Akzelerationsprinzip wurde 1950 von HICKS[44] erweitert. Nicht nur die Produktion von Konsumgütern, sondern auch die von Investitionsgütern erfordert Investitionen. Veränderungen in der Investitionsgüternachfrage werden auch zur Investitionsnachfrage in den vorgelagerten Stufen führen. Die Nettoinvestition steht dann in Beziehung zu den Veränderungen des gesamten Sozialprodukts. Der Akzelerator wird zu $\beta = \frac{dK}{dY}$.

Das Beschleunigungsprinzip basiert nun allerdings auf einigen Voraussetzungen, die seiner Gültigkeit bestimmte Grenzen setzen.

Der Akzelarator kann nur dann wirksam werden, wenn alle vorhandenen Kapazitäten voll ausgenutzt sind. Bei unausgenutzten Kapazitäten kommt das Akzelerationsprinzip zunächst nicht zur Wirkung, da bei einer Nachfragesteigerung natürlich erst die bestehenden Kapazitäten besser ausgenutzt werden, bevor man sie erweitert. Das trifft vor allem in der Depression zu. Dem Akzelerator als Investitionsfunktion kommt also nur in der Phase des Aufschwungs Bedeutung zu. Oft werden die Unternehmer aber an einem Kapazitätsspielraum interessiert sein, um sich an Veränderungen der Nachfrage ohne ständige Kapazitätsänderungen anpassen zu können. Sie nehmen lieber wenig große anstelle vieler kleiner Investitionen vor.[44a]

---

44. HICKS, J.R., "A Contribution to the Theory of Trade Cycle", Oxford 1950.
44a. Vgl. auch KÖNIG, H., a.a.O., S.82 ff.

Bei einem Rückgang der Nachfrage muß das Beschleunigungsprinzip zu einer negativen Nettoinvestition führen. Das ist aber nur dann möglich, wenn die negative induzierte Nettoinvestition kleiner ist als die Ersatzinvestition, also die Abschreibungen. Wenn die Desinvestition größer ist als die Abschreibungen, setzen die Abschreibungen der negativen Investition eine Grenze.

Aber auch bei voller Ausnutzung der vorhandenen technischen Kapazitäten ist es möglich, daß die Unternehmungen zu anderen Mitteln greifen können als zu einer Erweiterung der bestehenden Kapazitäten, vor allem, wenn die Nachfragesteigerung nur als vorübergehend angesehen wird. Um ihr dann zu begegnen, kann z.B. die bestehende Anlage intensiver ausgenutzt, die Lagerpolitik geändert oder der Arbeitsprozeß rationalisiert werden. Die Unternehmen können auf eine Nachfragesteigerung weit elastischer reagieren, als es das Akzelerationsprinzip annimmt. Bereits Veränderungen in der Technik des Produktionsprozesses, die bei konstantem Akzelerator auch ausgeschlossen sind, können ausreichen, um die Produktion der gestiegenen Nachfrage anzupassen.

Schließlich ist es auch möglich, daß die Unternehmen statt mit Kapazitätsveränderungen mit absatzpolitischen, vor allem preispolitischen Maßnahmen reagieren. In dieser Hinsicht spielt die Marktform, in der sich die Unternehmen befinden, eine wichtige Rolle. Je wettbewerbsfremder diese ist, um so eher werden die Unternehmen zur Anwendung absatz- und preispolitischer Maßnahmen bereit sein.

Zudem wird man nur dann mit einer proportionalen Anpassung des Kapitalstockes an das veränderte Nachfragevolumen rechnen können, wenn die Unternehmen die Nachfrageveränderung als für einen längeren Zeitraum gültig betrachten. Diese Tatsache beeinträchtigt die Bedeutung des Akzelerationsprinzips für die Erklärung empirischen Investitionsverhaltens, da nun nicht mehr die Nachfrageänderung selbst entscheidend ist, sondern eine Meinung der Unternehmer über die Art dieser Änderung.

Auch die bei der Abhängigkeit der Investitionen vom Zinssatz bereits behandelte Frage der Finanzierungsmöglichkeit der Investitionen wird vom Akzelerationsprinzip vernachlässigt. Das dort Gesagte gilt in gleichem Maße für das Akzelerationsprinzip.

Der wesentlichste Vorbehalt gegenüber dem Akzelerationsprinzip als Investitionsfunktion ist seine Einseitigkeit. Diese Investitionsfunktion enthält zu wenig Variable. Die Investitionsentscheidung richtet sich nicht nur an einer Voraussetzung aus, es sind Überlegungen technischer, ökonomischer und psychologischer Art, die zu den Investitionsentscheidungen führen. Das Akzelerationsprinzip stellt nur eine mögliche Verhaltensweise der Unternehmer hinsichtlich der Investitionsentscheidung dar.

2. Die Ergebnisse empirischer Untersuchungen über das Akzelerationsprinzip als Investitionsfunktion

Das Akzelerationsprinzip wurde auf seine Bedeutung als Investitionsfunktion sowohl mit Hilfe von Zeitreihen als auch durch Querschnittsanalysen untersucht. Besonders TINBERGEN hat sich damit befaßt. In seiner Völkerbundsstudie führt er die Untersuchungen an der Gesamtinvestition und den Investitionen im Bauwesen und im Eisenbahnbau durch. Nur für die Investitionen der Eisenbahnen hat nach TINBERGENs Ergebnissen das Akzelerationsprinzip einen größeren Einfluß ausgeübt.[45] Auch bei einer anderen Untersuchung in verschiedenen Wirtschaftsbereichen[46] kommt er zu dem gleichen Ergebnis. Die Korrelation zwischen der Wachstumsrate des Verkehrs und dem rollenden Material war bei einer Verzögerung von 18 Monaten teilweise recht gut. In den anderen untersuchten Bereichen (Textilindustrie und Schiffbau) schlugen dagegen alle Versuche fehl.[47] "Summarising it may be said that the acceleration principle cannot help very much in the explanation of details in real investment fluctuations, with the possible exception in railway rolling stock".[48]

MANNE[49] versuchte, die TINBERGENschen Untersuchungen fortzuführen. Er schaltete bei den Eisenbahninvestitionen die freien Kapazitäten durch die Verminderung des Wagenbestandes um die nicht in Fahrbereitschaft gehaltenen Wagen aus und benutzte für seine Untersuchungen, um die Erwartungen zu berücksichtigen, nicht die jährlichen Änderungen des Verkehrs, sondern nur einen Durchschnitt über mehrere Jahre. Die Ergebnisse zeigten wesentlich höhere Korrelations- und Regressionskoeffizienten.[50]

---

45. TINBERGEN, J., "A Method and its Application to Investment Activity", a.a.O., S.115 ff.
46. TINBERGEN, J., "Statistical Evidence of the Acceleration Principle", In: Economica, N.S. Bd.5, 1938, S.66 ff.
47. Vgl. auch Kap.III: Zusammenstellung der empirischen Ergebnisse, S.109 ff.
48. TINBERGEN, J., "Statistical Evidence of the Acceleration Principle", a.a.O., S.176.
49. MANNE, A.S., "Some Notes on the Acceleration Principle", In "The Review of Economic Statistics", Bd.27, 1945, S.94 ff.
50. Vgl. auch Kap.III: Zusammenstellung der empirischen Ergebnisse, S.109 ff.

Eine neuere Untersuchung[51], die auf einem reichhaltigen Material aufbaut (750 Firmen aus zehn verschiedenen Industriebereichen für den Zeitraum von 1946 bis 1950 in den USA), kommt zu dem Ergebnis, daß dann, wenn die Voraussetzungen für das Wirksamwerden des Akzelerators gegeben sind, das Akzelerationsprinzip eine gute Erklärung für das Investitionsverhalten abgibt. Eine solche Situation bestand in den USA 1946/47 bei ausgelasteten Kapazitäten, guter Rentabilität und Liquidität der Unternehmen. "The Accelerator ... provides a good explanation of investment in the early years (1946/47, d.Verf.), when ... the underlying assumptions are nearly satisfied. Apparently, in the postwar years a capacity concept provided a good explanation of investment as long as all the usual accelerator assumptions or enabling conditions were met".[52] In den folgenden Jahren waren andere Variable, vor allem die Liquidität, von größerer Bedeutung.[53] Bei Verschlechterung der finanziellen Lage der Unternehmen wurden also die Investitionen eingeschränkt, bei großer Flüssigkeit dagegen bestimmte der Akzelerator die Entscheidungen über die Investitionen.

Allerdings ändern MEYER und KUH die konventionelle Formulierung des Akzelerators ab und verwenden neben der Nachfrage (ausgedrückt in Absatzgrößen) auch die Kapazitätsausnutzung, da die Korrelation zwischen den Investitionen und den Absatzänderungen schlecht war. "The change in sales variables is clearly at its worst in 1947, when the acceleration principle were well met and its best in 1950 when the assumptions were poorly met".[54]

STÖWE[55] führt eine Untersuchung an, die die Bedeutung der Marktgrößenvariablen (darunter die Veränderungsrate des Verkaufsvolumens) im Aufschwung hervorhebt, die als Bestimmungsgrößen für die Investitionsausgaben der untersuchten Firmengruppen (nichtlandwirtschaftliche Firmen) dominieren.

KOYCK[56] kommt in seiner Untersuchung, in der er Daten aus der Grundstoffindustrie[57] verwendet, zu einem negativen Ergebnis für das Akzelerationsprinzip. Das beste Resultat zeigt noch die Relation zwischen dem Fracht-

51. MEYER-KUH, "The Investment Decision", Cambridge/Mass. 1957.
52. MEYER-KUH, a.a.O., S.124.
53. Vgl. MEYER-KUH, S.125.
54. MEYER-KUH, a.a.O., S.123.
55. STÖWE, a.a.O., S.113.
56. KOYCK, L.M., "Distributed Lags and Investment Analysis", Amsterdam 1954.
57. Stahl- und Zementindustrie, elektrische Energie, Petroleum-Raffinerien und Frachtverkehr der Eisenbahnen.

verkehr der Eisenbahnen vor dem 1.Weltkrieg und den Eisenbahninvestitionen. "The most favorable case for the acceleration principle (though not very favorable after all) is that of railways traffic before the first world war".[58]

Eine neuere Untersuchung von Marcel-Paul RUDLOFF[59], deren Ergebnis uns durch eine Verlagsanzeige bekannt geworden ist, kommt gleichfalls zu dem Ergebnis, daß das Akzelerationstheorem zur Erklärung des Investitionsverhaltens nur bedingt anwendbar ist.

STÖWE vertritt zwar bei seinen Untersuchungen die Ansicht, daß "auf Grund unseres Beobachtungsbefundes die von HICKS vertretene Auffassung über den Akzelerator ($\beta > 1$) nicht zurückgewiesen werden kann".[60] HICKS nimmt an, daß die Investitionen durch die Veränderungen des Sozialprodukts bestimmt werden und daß der Akzelerator größer als 1 ist. STÖWE gibt aber später zu, daß wegen der Tatsache, "daß in praktisch allen vertretbaren Fällen der Schätzwert für den Akzelerator $\beta < 1$ ist ... möglicherweise die HICKSsche Hypothese doch abzulehnen ist".[61]

Auch KÖNIG, der seiner Querschnittsuntersuchung in der Brauerei-, Textil-, Metall- und Maschinenbauindustrie mit Hilfe statistischen Materials der deutschen Bilanzstatistik von 1891 bis 1911 folgende Investitionsfunktionen zugrunde legt:

$$I_t = b_o+b_1Q_t+b_2Q_{t-1}+b_3L_{t-1}+b_4A_{t-1}+b_5\Delta S_t+b_6C_t+u_t$$ [61a]

58. KOYCK, a.a.O., S.109.
59. RUDLOFF, Marcel-Paul, "L'Investissement et la Demand Induit". Paris 1960.
60. STÖWE, a.a.O., S.78.
61. STÖWE, a.a.O., S.84.
61a. KÖNIG, a.a.O., S.116.

I_t = Bruttoanlageinvestition (=Endbestand des Anlagekapitals + Beteiligungswertpapiere + Abschreibungen im Jahr (t) abzüglich Endbestand des Anlagekapitals + Beteiligungswertpapiere im Jahr (t-1)

Q_t = Gewinne im Jahre (t)

Q_{t-1} = Gewinne im Jahre (t-1)

L_{t-1} = Nettoliquiditätsbestand im Jahr (t-1) (= Kasse + Wechselbestand + Debitoren abzüglich Kreditoren im Jahr (t-1))

A_{t-1} = Abschreibungen vom Anlagekapital im Jahr (t-1)

ΔS_t = Veränderungen der Verkäufe der Unternehmer im Jahr (t) (=Umsatz im Jahr (t) abzüglich Umsatz im Jahr (t-1))

C_t = Kapazitätsausnutzung im Jahr (t) (=Minimalwert des Quotienten Umsatz/Anlagekapital in einem Jahr der Untersuchungsperiode multipliziert mit Umsatz des Jahres (t))

u_t = Zufallsabweichung

KÖNIG drückt alle Größen in % des Anlagekapitals aus, um die bei den einzelnen Unternehmen sehr stark voneinander abweichenden absoluten Größen zu berichtigen.

kommt zu dem Ergebnis, daß der Akzelerator in seiner rigorosen Formulierung (mit Verwendung der Verkaufsänderung ΔS_t als Variabler) in keinem der untersuchten Industriezweige eine ausreichende Erklärung für das Investitionsverhalten abgibt. KÖNIG führt das darauf zurück, daß in der Realität nur selten die strengen Bedingungen erfüllt sind, die für das Wirksamwerden des Akzelerators erforderlich sind.[61b)]

Allerdings zeigt die Verwendung der Kapazitätsausnutzung als Variabler weitaus bessere Resultate. KÖNIG kommt also in dieser Hinsicht zu dem gleichen Ergebnis wie MEYER und KUH. Die beste Erklärung gibt die Kapazitätsvariable in der Metall- und Maschinenbauindustrie, wo außer ihr nur die Gewinne (aber auch nur gegen Ende der Beobachtungsperiode) befriedigende Ergebnisse zeigen. In der Brauereiindustrie genügen die Gewinne und die Abschreibungen allein zur Erklärung der Investitionen, in der Textilindustrie zeigen sowohl die Gewinne als auch die Kapazitätsausnutzung gute Ergebnisse. Dabei steigt die Bedeutung der Gewinne mit der Zeit, die der Kapazitätsausnutzung dagegen fällt. Technische Relationen sind also, wie KÖNIGs Untersuchung in Übereinstimmung mit den Ergebnissen von MEYER und KUH zeigt, für die Investitionsentscheidung von Bedeutung, besonders dann, wenn "in Perioden der Hochkonjunktur .... Nachfrageerhöhungen auf vollausgenutzte Kapazitäten treffen"[61c)], die Akzeleratorvoraussetzungen also erfüllt sind. KÖNIG weist allerdings darauf hin, daß die Unternehmungen dann außer der Mengenanpassung durch Vergrößerung der Kapazität (bei gleichbleibenden Preisen) immer auch die Möglichkeit der Preisanpassung haben, also eine Preiserhöhung bei gleichbleibender (oder nur geringer Erhöhung) der Produktion und unveränderter Kapazität vornehmen können. Die Wirksamkeit technischer Relationen für die Investitionsentscheidungen ist daher nach KÖNIGs Ansicht "vornehmlich von der Marktstruktur, also von den Konkurrenzverhältnissen abhängig".[61d)]

Die empirischen Untersuchungen kommen also zu keinem einheitlichen Ergebnis, das Akzelerationsprinzip wird aber vom größten Teil der Autoren abgelehnt, zumindest aber nur unter bestimmten Voraussetzungen anerkannt. Dabei zeigt es sich, daß die von HICKS eingeführte, in der Theorie gewöhnlich angenommene Akzeleratorgröße $\beta \geqq 1$ nicht mit den empirischen Ergebnissen übereinstimmt. In Wirklichkeit ist der Akzelerator wohl kleiner.[62)] Ein weiteres wesentliches Ergebnis ist die wechselnde Bedeu-

61b. KÖNIG, a.a.O., S.167.
61c. KÖNIG, a.a.O., S.175.
61d. KÖNIG, a.a.O., S.178.
62. Vgl. auch TINBERGEN, J., "Statistical Evidence on the Acceleration Principle", a.a.O., S.168 ff. und STÖWE, a.a.O., S.81 ff. u.S.135.

tung des Akzelerators im Konjunkturverlauf. Offenkundig kommt dem Akzelerator im Aufschwung größere Bedeutung zu, da seine Voraussetzungen dann besser erfüllt sind.[63)]

D) Die Gewinnabhängigkeit der Investitionen

Die These der Gewinnabhängigkeit der Investitionen ist schon seit langem Bestandteil der Theorie. Die Klassiker wiesen bereits darauf hin, daß die Akkumulation des Kapitals von dem Gewinnniveau bzw. der Gewinnrate abhängig sei. Auch KEYNES bezeichnete die Gewinne als "the mainspring of the change in the existing economic system".[64)] FÖHL[65)] hat in seinem Modell die Gewinne als Bestimmungsgrößen für die Investitionen angesehen, und KALECKI geht bei der Aufstellung seiner Investitionsfunktion gleichfalls von einer Theorie aus[66)], die die Gewinne in den Mittelpunkt stellt. Trotzdem sind die stärksten Impulse für die Verbreitung dieser These von der Ökonometrie, vor allem von TINBERGEN ausgegangen. In seiner groß angelegten Völkerbundsstudie[67)], aber auch in seinen anderen Untersuchungen[68)] kommt er immer wieder auf die Gewinne als die bestimmende Größe für die Investitionen zurück. "There is a fairly good evidence that the fluctuations in investment activity are in the main determined by the fluctuations in profits earned in industry as a whole some months earlier".[69)] Steigende Nettogewinne sind Anlaß zu einer optimistischen Betrachtungsweise der zukünftigen wirtschaftlichen Entwicklung. Darüber hinaus verbessern sie die Liquidität und ermöglichen so die Selbstfinanzierung der Unternehmen. Außerdem hat ein Unternehmen durch die Verbesserung der Gewinnsituation günstigere Kreditmöglichkeiten.

Auch KLEIN-GOLDBERGER finden in ihrem Modell für die amerikanische Wirtschaft für die Zeit von 1929 bis 1952 als entscheidende Variable die Gewinne. Ihre empirische Investitionsfunktion lautet:

---

63. Vgl. auch MEYER-KUH, a.a.O., S.116 ff. und STÖWE, a.a.O., S.113.
64. KEYNES, J.M., "A Treatise on Money", Bd.1, London 1935, S.140.
65. FÖHL, C., "Geldschöpfung und Wirtschaftskreislauf", München und Leipzig 1927.
66. KALECKI, M., "Theory of Economic Dynamics", London 1954, S.53 ff.
67. TINBERGEN, J., "Investment Activity", a.a.O., S.49 ff.
68. TINBERGEN, J., "An Econometric Approach", a.a.O., S.24 ff.
TINBERGEN, J., "Einführung in die Ökonometrie", Wien 1952, S.180 ff.
69. TINBERGEN, J., "Investment Activity", a.a.O., S.49.

$$I_t^{brutto} = -16.8+0,76(P+A-T_P-T_A+D)_{t-1}+0,14K_{t-1}-0,14L_{t-1} \qquad 70)$$

In Abbildung 1[71] sind die Ergebnisse der KLEIN-GOLDBERGERschen Investitionsfunktion graphisch dargestellt. In der Darstellung I sind die errech-

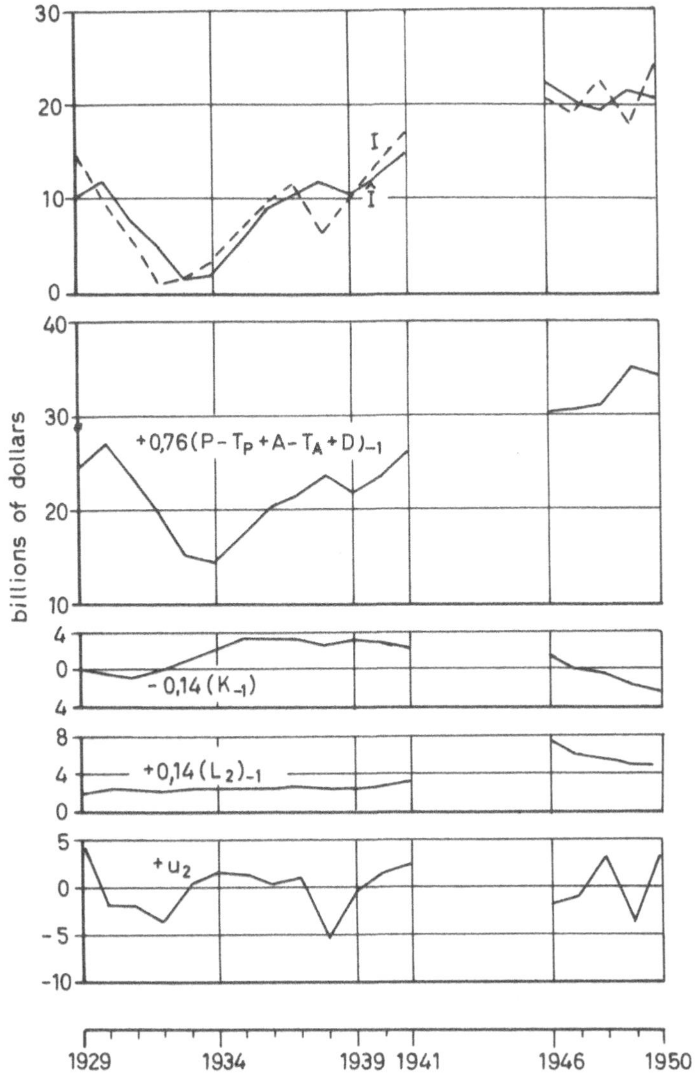

A b b i l d u n g 1

70. P = Gewinne nicht-landwirtschaftlicher Unternehmen
A = Gewinne landwirtschaftlicher Unternehmen
T_P = Gewinnsteuern nicht-landwirtschaftlicher Unternehmen
T_A = Gewinnsteuern landwirtschaftlicher Unternehmen
K = Kapitalstock
L = Liquidität
D = Abschreibungen

71. Entnommen aus KLEIN-GOLDBERGER, a.a.O., S.55.

neten Investitionswerte ($\hat{I}$) den beobachteten Investitionswerten (I) gegenübergestellt worden. Die folgenden Darstellungen (II-IV) zeigen die statistisch gemessenen Werte für die einzelnen Variablen, multipliziert mit den entsprechenden geschätzten Koeffizienten. In der Darstellung V sind die Residuen aufgetragen, die aber auch in der Darstellung I als Differenz zwischen den gemessenen (I) und den errechneten ($\hat{I}$) Investitionswerten abgelesen werden können. Neben den relativ unbedeutenden Variablen K_{t-1} und L_{t-1} zeigt die Abbildung deutlich, daß die Gewinnvariable $(P+A-T_P-T_A+D)$ mit einer zeitlichen Verzögerung von einem Jahr von allen erklärenden Variablen die beste Anpassung an die Investitionsreihen abgibt.

Auch in einem anderen Modell kommt KLEIN zu dem Ergebnis, daß die Gewinne die vorherrschende Bestimmungsgröße der Investitionen sind[72]. In diesem einfacheren Modell erhält er folgende Investitionsfunktionen:

$$I_t^{netto} = 17.79 + 0.23\ G_t + 0.55\ G_{t-1} - 0.15\ K_{t-1}$$

$$I_t^{netto} = 22.59 + 0.08\ G_t + 0.68\ G_{t-1} - 0.17\ K_{t-1} \quad {}^{73)}$$

Die erste Funktion ist nach der "full information maximum likelihood" die zweite nach der "limited information" Methode bestimmt worden. Dabei zeigt es sich, daß in diesen Funktionen die Gewinne des Vorjahres (G_{t-1}) einen wesentlich stärkeren Einfluß ausüben als die Gewinne des laufenden Jahres (G_t). Auch in ihrem großen Modell[74] arbeiten KLEIN und GOLDBERGER zunächst mit Gewinnen der Vorperiode und denjenigen der gegenwärtigen Periode, in der Darstellung der empirischen Ergebnisse verwenden sie aber eine Funktion, die nur noch die Gewinne der Vorperiode enthält.

Die Untersuchungen DARLINGs[75], die den Einfluß der Liquiditätslage der Unternehmen auf deren Investitionsentscheidungen ermitteln sollen, zeigen gleichfalls den wesentlichen Einfluß der Gewinne. Auch alle in der Zusammenstellung der empirischen Ergebnisse (Gewinne und Liquidität) aufgeführten Untersuchungen kommen zu diesem Resultat.

---

72. Vgl. KLEIN, "Economic Fluctuations of the United States, 1921-1941", Cowles Commission Monograph Nr.11, 1950, vor allem S.58-80.
73. G = Gewinne, K = Kapitalstock.
74. KLEIN-GOLDBERGER, a.a.O., S.13 und S.51.
75. DARLING, P.G., "Surrogative Measurements of Expectations. An Example in Estimating the Liquidity Influence on Investment". The Review of Economics and Statistics, Bd.XXXVIII, 1956, S.413-426.

MEYER und KUH finden in ihrer Studie ebenfalls die Gewinne als eine der bestimmenden Größen für das Investitionsverhalten. Das gilt in gleichem Maße für die Abschreibungen.[76] Bei ihren Untersuchungen, denen ein großes Beobachtungsmaterial zugrunde liegt, das auch Berechnungen für einzelne Jahre oder für bestimmte Perioden der wirtschaftlichen Entwicklung erlaubt, kommen die beiden Autoren allerdings zu dem Ergebnis, daß die Gewinne und die Abschreibungen nicht in allen Phasen der wirtschaftlichen Entwicklung die beste Erklärung für das Investitionsverhalten abgeben, sondern daß das vor allem für Zeiten rückläufiger Wirtschaftsentwicklung gilt. In einer stark expandierenden Wirtschaft, wie es die amerikanische in den Jahren unmittelbar nach Kriegsende 1946 und 1947 war, in der ein Verkäufermarkt mit meist auch guter Liquidität vorherrschte, gibt der Akzelerator (allerdings mit der Kapazitätsausnutzung als Variabler), die beste Erklärung für das Investitionsverhalten ab.[77] Offenbar ist der Einfluß der Gewinne dann besonders groß, wenn in Zeiten der Rezession Finanzierungsprobleme in den Vordergrund treten, die in einer stark expandierenden Wirtschaft nicht von großer Bedeutung sind. Diese Tatsache unterstreicht die Bedeutung der Gewinnvariablen als Maßstab für die Liquidität.

Auch nach KÖNIGs Ergebnissen sind die Gewinne (und die Abschreibungen, da KÖNIG Bruttoinvestitionen verwendet), wie schon bei der Darstellung der empirischen Untersuchungen über die Wirksamkeit des Akzeleratorprinzips erwähnt wurde, eine bedeutsame Einflußgröße für die Investitionsentscheidungen. In der Brauereiindustrie genügen sie allein zur Erklärung des Investitionsverhaltens, in den übrigen untersuchten Industriezweigen waren sie neben der Kapazitätsausnützung die entscheidende Variable, in der Maschinenbau- und Metallindustrie allerdings nur in den letzten Perioden des Beobachtungszeitraumes.

Der Einfluß der Abschreibungen zeigt dabei einen antizyklischen Verlauf. In Stagnations- oder Rezessionsjahren war er am größten, mit ansteigender Konjunktur nahm seine Bedeutung ab. Die Gewinne zeigten eine entgegengesetzte Bewegung, ihr Koeffizient war bei Konjunkturanstieg größer. Bei geringen Gewinnen in der Rezession waren die Investitionen also im wesentlichen auf Reinvestitionen beschränkt, da "die Unternehmer im allgemeinen auch in konjunkturell ungünstigen Jahren interessiert sind, die Kapitalsubstanz der Unternehmung zu erhalten".[77a] In konjunkturell un-

76. Vgl. MEYER-KUH, a.a.O., Kap.VIII, S.116 ff.
77. MEYER-KUH, a.a.O., S.134-135.
77a.KÖNIG, a.a.O., S.168.

günstigen Jahren dagegen spielt die Gewinnvariable, deren Koeffizienten einen parallelen Verlauf mit der Konjunkturentwicklung zeigen, eine größere Rolle. In den Gewinnen spiegeln sich die Erwartungen der Unternehmer wider, die bei guter Konjunkturlage auch zu Erweiterungsinvestitionen anregen. Die Bedeutung der beiden Liquiditätsgrößen Gewinne und Abschreibungen ist nach KÖNIGs Ergebnissen also unterschiedlich; bei schlechter Konjunkturlage bestimmen die Abschreibungen vorwiegend die Bruttoinvestitionen, bei guter dagegen die Gewinne. Neben dem Einfluß der Gewinne auf die Erwartungen der Unternehmer führen diese auch zu einer besseren Liquiditätslage der Unternehmungen, verbessern also durch die Vergrößerung der internen, investierbaren Fonds die Finanzierungsmöglichkeiten der Investitionen. Nach KÖNIGs Ansicht ist diese Rolle der Gewinne von großer Bedeutung. "Die Investitionen sind also mehr oder weniger als ein Residuum aufzufassen, definiert als die Differenz zwischen Gewinnen eines Jahres und Dividendenzahlungen".[77b] Nicht die durch eine Zunahme der Gewinne bzw. der Gewinnrate erhöhte Grenzleistungsfähigkeit des Kapitals, sondern die Veränderung der internen Finanzierungsmittel (da die Gewinne stärker fluktuieren als die Dividendenzahlungen) beeinflussen die Investitionsentscheidungen. Dabei bleibt die Möglichkeit der Fremdfinanzierung natürlich bestehen, sie ist aber nach KÖNIGs Ansicht nicht von so zentraler Bedeutung wie die internen investierbaren Fonds, durch die auch über das Eigen-Fremdkapitalverhältnis das Ausmaß der externen Finanzierungsmöglichkeit beeinflußt wird.[77c] KÖNIG kommt mit diesen Folgerungen zu dem gleichen Ergebnis wie MEYER und KUH, für die die Investitionen gleichfalls durch "residual funds" bestimmt sind.[77d]

Allerdings wird sowohl von KÖNIG als auch von MEYER und KUH diese Wirkung vor allem auf Zeiten wenig günstiger Konjunkturentwicklung beschränkt. In günstigen Jahren haben die Kapazitätsbetrachtungen einen stärkeren Einfluß auf die Investitionsentscheidung als die Liquiditätsgrößen.[77e]

Für die Bundesrepublik in der Zeit nach der Währungsreform stehen die Ergebnisse GUTENBERGs[78], WAFFENSCHMIDTs[79] und MENGES[80] zur Verfügung.

77b. KÖNIG, a.a.O., S.177.
77c. KÖNIG, a.a.O., S.174.
77d. MEYER-KUH, a.a.O., S.190 ff.
77e. KÖNIG, a.a.O., S.176/177; MEYER-KUH, a.a.O., S.124.
78. GUTENBERG, E., "Untersuchungen über die Investitionsentscheidungen industrieller Unternehmen", a.a.O.
79. WAFFENSCHMIDT, W.G., "Deutsche Volkswirtschaftliche Gesamtrechnung und ihre Lenkungsmodelle", a.a.O.
80. MENGES, "Ein ökonometrisches Modell der Bundesrepublik Deutschland", In: Ifo-Studien 1959, Heft 12.

GUTENBERG findet in seiner Studie als wichtigsten Faktor bei den Entscheidungen über die Vornahme von Erweiterungsinvestitionen die Absatzerwartungen, wobei "mit dem Begriff Absatzerwartungen in der Regel die Vorstellung verbunden ist, daß ein höherer Absatz zugleich auch einen höheren Gewinn bedeute"[81]. Die Begriffe Absatz- und Gewinnerwartung können also in der Praxis "weitgehend miteinander identifiziert werden".[82]

WAFFENSCHMIDT, der in seine Investitionsfunktion für die private Wirtschaft neben dem Sozialprodukt und den vom Kapitalmarkt gewährten langfristigen Krediten <u>auch</u> die Gewinne einsetzt, bestimmt für diese einen Regressionskoeffizienten von 0.51.[83] In der Abbildung 2, die die Werte WAFFENSCHMIDTs wiedergibt, zeigt sich der entscheidende Einfluß, den die Gewinne auf die Investitionsentscheidungen haben, gleichzeitig wird aber auch die relativ geringe Bedeutung der beiden anderen Variablen sichtbar.

Diese wenigen Beispiele aus der Vielzahl der durchgeführten empirischen Untersuchungen[84] sollen genügen, um den wesentlichen Einfluß aufzuzeigen, den die Gewinne auf die Investitionsentscheidungen ausüben. Im Gegensatz zum Akzelerationsprinzip wird die Abhängigkeit der Investitionen von den Gewinnen von keinem der Autoren verneint, die sich bisher mit empirischen Untersuchungen befaßt haben. Von den meisten von ihnen, vor allem von TINBERGEN und KLEIN, werden die Gewinne als die entscheidende Größe angesehen. Meinungsverschiedenheiten bestehen nur hinsichtlich der Periode, deren Gewinne die Investitionen beeinflussen. Die Mehrzahl der Autoren entscheidet sich für die Gewinne der Vorperiode, wobei die Länge der Periode, bedingt durch das zugrunde gelegte Material, meist ein Jahr beträgt. Bessere Ergebnisse in bezug auf die Länge der Zeitverzögerung könnten zweifellos erreicht werden, wenn es möglich wäre, die Untersuchungen mit Halb- oder gar Vierteljahreswerten durchzuführen.

---

81. GUTENBERG, E., a.a.O., S.117.
82. GUTENBERG, E., a.a.O., S.117.
83. WAFFENSCHMIDT, a.a.O., S.50.
84. Vgl.auch Kap.III: Zusammenstellung der empirischen Ergebnisse, Gewinne und Liquidität, S.109 ff.

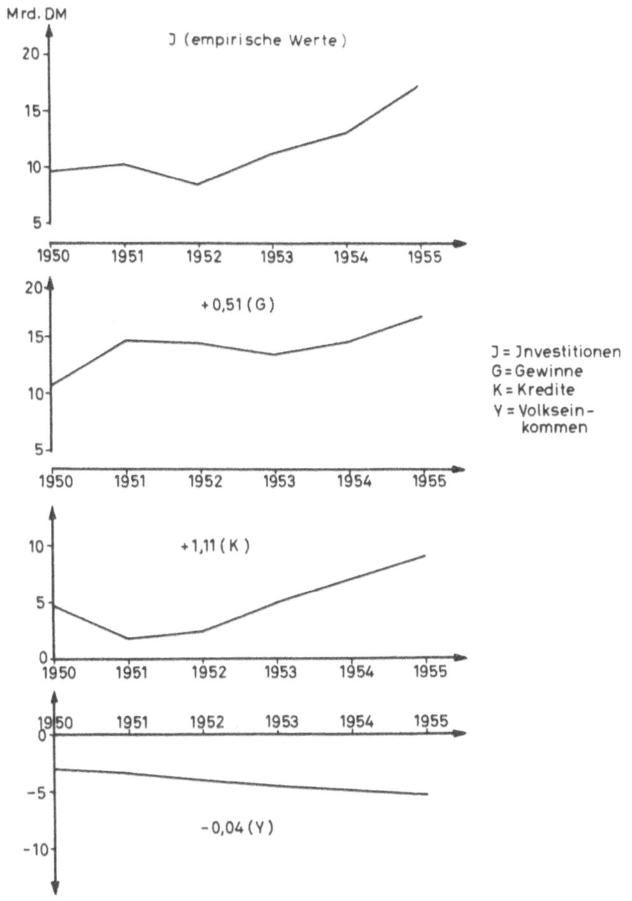

A b b i l d u n g 2

E) Andere Variable zur Erklärung des Investitionsverhaltens

1. Die Liquidität

Die Liquidität als Bestimmungsgröße für die Investitionen wird z.T. bereits durch die Gewinne erfaßt. Durch nicht ausgeschüttete Gewinne wird immer die Liquidität eines Unternehmens verbessert. Die nicht ausgeschütteten Gewinne sind aber nicht die einzige Quelle für die Finanzierung der Investitionen. Einige Autoren haben daher neben den Gewinnen noch die liquiden Mittel als besondere Variable eingeführt, die den bei der Zinsabhängigkeit der Investitionen und beim Akzelerationsprinzip vernachlässigten Einfluß der Finanzierungsmöglichkeit der Investitionen stärker betont. Bei guter Liquiditätslage entfallen viele Beschränkungen, die den geplanten Investitionen durch die allgemeine Finanzlage und die Kreditmöglichkeiten eines Unternehmens auferlegt sind.

KLEIN und GOLDBERGER führen in ihrem erweiterten Modell[85] die liquiden Mittel mit einer zeitlichen Verzögerung von einem Jahr als besondere Variable ein. Ihre Ergebnisse zeigen aber die geringe Bedeutung dieser Größe.[86] Der Regressionskoeffizient liegt mit einem relativ großen Konfidenzintervall zwischen 0.04 und 0.24, also in der Nähe von Null. Trotzdem können sich die Verfasser nicht zu einer Ablehnung dieser Hypothese entschließen.[87]

Einen anderen Versuch, die liquiden Mittel als Variable in einer Investitionsfunktion zu verwenden, unternimmt DARLING.[88] Allerdings ist es in erster Linie sein Ziel, meßbare Größen für die Erwartungen der Unternehmer zu finden. Er behandelt die Liquidität als Erwartungsgröße, und zwar als Differenz zwischen "normalen" und"tatsächlich beobachteten" Dividenden.

Auf die Schwierigkeiten, die sich aus dieser Definition ergeben, wollen wir hier nicht näher eingehen. DARLING bestimmt einen Regressionskoeffizienten von 0.380 für die Liquiditätsvariable, die aber nicht nur die liquiden Mittel einer Periode enthält, und braucht trotz eines relativ großen Konfidenzintervalls (0.100) seine Hypothese, auch nachdem er sie an anderem Material überprüft hat, nicht abzulehnen.[89]

MEYER und KUH verwenden in ihrer Untersuchung als Maß für die Liquidität drei Variable: Die Gewinne, die Abschreibungen und die liquiden Mittel. Auf die Bedeutung der Gewinne bei MEYER und KUH wurde bereits eingegangen.[90] Ihre Untersuchung zeigte, daß das Verhältnis der Abschreibungen zu den Investitionen im gleichen Sinne antizyklisch ist wie das der Gewinne. In Phasen der Rezession, aber auch schon in solchen relativer Stabilität, ist also der Einfluß der Abschreibungen von großer, unter entgegengesetzten Bedingungen von geringer Wirkung. Die Abschreibungen scheinen dabei in erster Linie hinsichtlich ihres Einflusses auf die Liquidität und nicht hinsichtlich der Lebensdauer der Anlagen von Bedeutung zu sein.[91] Gegenüber dem großen Einfluß, den die Gewinne und die Abschreibungen auf die Investitionen haben, verblaßt die Bedeutung der liquiden

---

85. KLEIN-GOLDBERGER, a.a.O., S.13.
86. KLEIN-GOLDBERGER, a.a.O., S.51 und 55, vgl. auch S.100 dieser Arbeit.
87. KLEIN-GOLDBERGER, a.a.O., S.68.
88. DARLING, "Surrogative Measurement of Expectations. An Example in Estimating the Liquidity Influence on Investment", a.a.O.
89. DARLING, a.a.O., S.419 ff.
90. Vgl. S.102.
91. MEYER-KUH, a.a.O., Kap.VII, S.101 ff.

Mittel nach den Ergebnissen der Studie MEYERs und KUHs. Die liquiden Mittel haben, so meinen MEYER und KUH, "little consistent influence upon investment and that which is descernible does not correspond with the observed behaviour of the two liquidity flow variables, profit and depreciation expense".[92)]

Auch KÖNIG lehnt in seiner Untersuchung die liquiden Mittel als erklärende Variable ab. Sie geben "eine wenig hinreichende Erklärungsbasis ab".[92a)] Nur in speziellen konjunkturellen Situationen, nämlich dann, wenn der Konjunkturrückgang einer Industriegruppe einen längeren Zeitraum umfaßt als die Entwicklung der gesamten Wirtschaft, scheint nach seiner Ansicht der Nettoliquiditätsbestand eine Bedeutung zu haben. Die Unternehmen investieren bei schlechter konjunktureller Lage nur dann, wenn genug eigene Mittel zur Verfügung stehen. Daneben ist auch von Bedeutung, daß bei schlechter Konjunktur Kapital nur dann zur Verfügung gestellt wird, wenn die eigenen Mittel der Unternehmung groß genug sind, um das zusätzliche Risiko der Investition wegen der schlechten konjunkturellen Lage des betreffenden Industriezweigs zu kompensieren. Da die Investitionen jedoch meist bei guter konjunktureller Lage durchgeführt werden, spielen Finanzierungsschwierigkeiten wegen ungünstiger Liquiditätsverhältnisse wohl keine große Rolle.

Die aufgeführten Untersuchungen zeigen (allerdings mit Ausnahme der Ergebnisse DARLINGs, die nur bedingt für die liquiden Mittel zutreffen), daß die liquiden Mittel wahrscheinlich nur einen geringen Einfluß auf die Investitionsentscheidungen ausüben. Trotzdem sollte diese Variable beachtet werden, da durch sie dem in den meisten Investitionsfunktionen wenig beachteten Einfluß der Finanzierungsmöglichkeiten der Investitionen stärker Rechnung getragen werden kann.

2. Der Kapitalstock

Der Kapitalstock wird von einigen Autoren als Variable in die Investitionsfunktion aufgenommen, da sie der Ansicht sind, daß eine Vergrößerung des Kapitalstockes zu einer Verringerung der Gewinnrate führt.[93)] KALECKI[94]

92. MEYER-KUH, a.a.O., S.120.
92a. KÖNIG, a.a.O., S.166.
93. "An increase in the volume of capital equipment if profits are constant, means a reduction in the rate of profits". KALECKI, a.a.O., S.98.
Vgl. auch KALECKI, "A Macrodynamic Theory of Business Cycles", Econometrica 3, 1935, S.327 ff.
94. KALECKI, a.a.O., S.98.

führt ein Beispiel an, in dem dieser Effekt seiner Ansicht nach besonders deutlich wird. Werden in einem bestimmten Industriezweig neue Unternehmen errichtet (der Kapitalstock wird in diesem Industriezweig also vergrößert), so werden die Investitionspläne der bereits bestehenden Firmen weniger attraktiv. Die Investitionen sind dann eine abnehmende Funktion des Kapitalstockes, d.h. also, daß der Koeffizient des Kapitalstockes in einer linearen Gleichung ein negatives Vorzeichen bekommt.[95)]

Auf die Ergebnisse KLEINs wurde bereits eingegangen. Die Bedeutung des Kapitalstockes als Variable in seinen Investitionsfunktionen ist gering.[96)] In der Investitionsfunktion, die KALECKI schließlich testet, ist der Kapitalstock als Variable nicht mehr enthalten. Sicherlich ist aber der von den Theoretikern angenommene Zusammenhang zwischen den Investitionen und dem Kapitalstock auch in der Realität vorhanden. Durch weitere Untersuchungen sollte geprüft werden, ob dieser Relation eine Bedeutung zukommt, die ihre Aufnahme in eine Investitionsfunktion rechtfertigt.

F) Zusammenfassung

Bei der Betrachtung der dogmengeschichtlichen Entwicklung der Investitionsfunktionen haben wir drei Thesen gefunden, von denen jede bei der Bestimmung der Investitionshöhe jeweils einen Faktor in den Vordergrund rückt: Die Zinselastizität der Investitionen, das Akzelerationsprinzip und die Gewinnabhängigkeit der Investitionen. Daneben ist von verschiedenen Autoren auf andere Variable hingewiesen worden, z.B. auf die liquiden Mittel und den Kapitalstock.[97)] In der vorliegenden Untersuchung wollen wir uns auf die drei erstgenannten beschränken, da die übrigen keine große Bedeutung zu haben scheinen, zudem die Erarbeitung des entsprechenden statistischen Zahlenmaterials große Schwierigkeiten bereiten, wenn nicht gar unmöglich sein würde. Wir sind uns aber bewußt, daß diese Beschränkung eine Vereinfachung darstellt, die zu Ergebnissen führt, die die tatsächlichen Investitionsentscheidungen nur unvollkommen zu erklären vermögen.

---

95. KLEIN-GOLDBERGER, a.a.O., S.12.
96. Vgl. S.100/101. Siehe auch KLEIN, L.R., "Studies in Investment Behaviour". In: Conference in Business Behaviour, New York 1951 und Kap.III: Zusammenstellung der empirischen Ergebnisse (Kapitalstock), S.122.
97. MEYER-KUH haben z.B. noch auf das Halten des Marktanteils aufmerksam gemacht.

Als Variable, die die Bemessungsgrundlage für den Einfluß des Akzelerators auf die Investitionen abgeben können, kommen verschiedene Größen in Frage: Die Veränderungen des Konsums (ΔC, Akzelerator nach CLARK), die Veränderungen des Volkseinkommens (ΔY, Akzelerator nach HICKS) und die Veränderungen der Produktion (ΔX, wie z.B. in dem Modell von HARROD). In unseren Untersuchungen wollen wir alle drei Größen testen, wobei nach den bisherigen Erörterungen zu erwarten ist, daß die klassische Formulierung des Akzelerators (ΔC) das schlechteste Ergebnis zeigen wird.

Auf die Rolle, die die Erwartungsgrößen bei den Investitionsentscheidungen spielen, können wir nicht eingehen. Wir nehmen an, daß durch die Werte der Vergangenheit, die unseren Untersuchungen zugrunde liegen, auch die Erwartungen bestimmt sein werden und verwenden keine besondere Variable als Ausdruck für diese.[98] Wir sind uns aber darüber im klaren, daß durch diese Annahme die Erwartungen nur unvollständig erfaßt werden.

Auch hinsichtlich der Verzögerungen legt uns das vorhandene Zahlenmaterial Beschränkungen auf. Da wir nur Jahreszahlen zur Verfügung haben, müssen wir notgedrungen die Länge der Periode mit einem Jahr (oder mit mehreren Jahren) festlegen. Die Verwendung von Halb- oder gar Vierteljahreszahlen würde durch die genauere Bestimmung der Länge der Verzögerungsdauer sicher zu zuverlässigeren Ergebnissen führen.

Kapitel III:

Zusammenstellung der Ergebnisse bisher durchgeführter Studien[98a]

Erläuterungen zu den folgenden Tabellen

Die Interpretation der in den folgenden Tabellen dargestellten Ergebnisse wurde in der folgenden Weise vorgenommen:

1. Wenn Regressionsparameter oder Korrelationskoeffizienten verwendet worden sind, bedeutet ein "Ja" ("Nein") in der Spalte "Signifikanz", daß die berechneten Werte bei einem 5 0/0 Niveau signifikant (nicht signifikant) sind. Zahlreiche Regressionen, die keine Standardabweichungen angegeben haben, wurden nicht aufgenommen.

98. TINBERGEN hat z.B. als Größe, die seines Erachtens die Gewinnerwartungen der Unternehmen beeinflußt, die Differenz aus dem Preisindex für Fertigfabrikate und dem gewichteten Lohnsatz (1/2 1) als Variable in eine seiner Investitionsfunktionen aufgenommen. Vgl. TINBERGEN,J., "Investment Activity", a.a.O., S.36/37 und S.46.

98a. Diese Zusammenstellung wurde MEYER-KUH, a.a.O., Anhang zum Kapitel II, S.23 ff., entnommen.

2. Bei Verwendung von Fragebogen, Interviews oder anderen Formen der Analyse, die nicht mit der Verwendung statistischer Methoden verknüpft worden sind, die eine quantitative Erfassung der Ergebnisse ermöglichen, wurden verbale Bezeichnungen ("Wichtig", "Unwichtig" etc.) verwendet. Die Studien, deren Ergebnisse rein qualitativen Charakter haben, sind auf diese Weise leicht zu erkennen.

Es muß beachtet werden, daß die folgenden Tabellen nicht genügend Angaben enthalten, um die Ergebnisse der verschiedenen Studien, die sich in der angewendeten Methode und der Qualität sowohl hinsichtlich der Bearbeitung als auch des zugrunde gelegten Materials wesentlich voneinander unterscheiden, entsprechend beurteilen zu können. Diese Zusammenstellung ist nur vorgenommen worden, um dem Leser einen allgemeinen Überblick über die Ergebnisse der bisher durchgeführten Studien zu geben, nicht aber, um sich mit den einzelnen Ergebnissen kritisch auseinanderzusetzen.

Die in der Spalte "Quelle" aufgeführten Jahreszahlen geben das Erscheinungsjahr des Werkes an, in dem die aufgeführten Ergebnisse enthalten sind. Die Autoren und ihre Werke sind im folgenden aufgeführt.

ANDREWS, Philip Walter Sawford und Elizabeth BRUNNER,
"Capital Development in Steel, a Study of the United Steel Companies,
Oxford 1951.

BUTTERS, J. Keith und John LINTNER,
"Effect of Federal Taxes on Growing Enterprises", Boston 1945.

CHENERY, Hollis,
"Overcapacity and the Acceleration Principle", Econometrica, 20,1-28 (Januar 1952).

EBERSOLE, J. Franklin,
"The Influence of Interest Rates upon Entrepreneurial Decisions in Business - A Case Study", Harvard Business Review, 17,35-39 (1938).

EISNER, Robert,
"Expectations, Plans and Capital Expenditures: A Synthesis of Ex-Post and Ex-Ante Data". Paper presented at joint meeting of the American Economic Association, Econometric Society and American Statistical Association, Dez. 1953.

FIRESTONE, O.J.,
"Investment Forecasting in Canada", in: Short-Term Economic Forecasting: Studies in Income and Wealth, Vol.XVII, Hrsg. Lawrence R.Klein, Princeton 1955.

FRIEND, Irwin und Jean BRONFENBRENNER,
"Business Investment Programs and their Realization", Survey of Current Business, 30,11-22 (Dez. 1950).

GORT, Michael,
"The Planning of Investment: A Study of Capital Budgeting in the Electric Power Industry", The Journal of Business of the University of Chicago, 24,79-95, 181-202 (April 1951, Juli 1951).

HELLER, Walter,
"The Anatomy of Investment Decisions", Harvard Business Review, 29,95-103 (März 1951).

KATONA, George und James N. MORGAN,
"The Quantitative Study of Factors Determining Business Decisions", Quarterly Journal of Economics, 66,67-90 (Febr. 1952).

KISSELGOFF, Avram,
"Investment in Plant and Equipment in Private Electrical Utilities in the U.S." (Summary), Econometrica, 19,58-59 (Jan. 1951).

KLEIN, Lawrence, R.
"Econometric Fluctuations in the United States, 1921-1941", New York 1950.

ders.,
"Studies in Investment Behaviour", in: Conference on Business Cycles. National Bureau of Economic Research, New York 1951.

KUZNETS, Simon,
"Relation Between Capital Goods and Finished Products in the Business Cycle", in: Economic Essays in Honour of Wesley Clair Mitchell. New York 1935.

LEONTIEF, Wassily,
"A Comment on Klein's Studies in Investment Behaviour", in: Conference on Business Cycles. National Bureau of Economic Research, New York 1951.

LIU, Ta-Chung und Ching-Gwan CHANG,
"U.S. Consumption and Investment Propensities: Prewar and Postwar", American Economic Review, 40,565-582 (Sept. 1950).

MACK, Ruth,
"The Flow of Business Funds and Consumer Purchasing Power", New York 1941.

MANNE, Alan S.,
"Some Notes on the Acceleration Principle", Review of Economics and Statistics, 27,93-99 (Mai 1945).

MEADE, James E. und Philip Walter Sawford ANDREWS,
"Summary of Replies to Questions on Effects of Interest Rates", Oxford Economic Papers, No. 1,14-31 (Okt. 1938).

TERBORGH, George,
"A Dynamic Equipment Policy", New York 1949.

TINBERGEN, Jan,
"Statistical Testing of Business Cycle Theories", Genf 1938.

Erklärung der Abkürzungen

I^{br}	Brutto-Investition
I^{netto}	Netto-Investition
I	Investition
A	Angaben in Prozent der Lastwagen, die weniger als zwanzig Jahre alt sind
C	Verhältnis der LKW außer Betrieb zur Gesamtzahl der LKW
K_1	Kapitalstock
K_2	Verhältnis Kapitalstock zu zurückgelegten km
K_3	Kapitalstock der Eisenbahnen
K_4	Erzeugungskapazität
O	Laufende Betriebskosten
P_1	Preisindex der Kapitalgüter
P_2	Baukostenindex
P_3	Preisindex für Roheisen
P_4	Preisindex für Eisenbahn-Kapitalgüter
P_1/W	Verhältnis des Kapitalkostenindex zum Lohnkostenindex
R_1	Zinssatz
R_2	Dividende
t	Trend
W	Lohnkostenindex
x	Produktion
Y_1	Nichtarbeitseinkommen
Y_2	Gewinne
Y_3	Betriebsfremde Gewinne
Y_4	Unverteilte Gewinne

Zusammenstellung der empirischen Ergebnisse: Erklärende Variable: Zins

Quelle	Abhängige Variable	Andere erklärende Variable	Anzahl der Beobachtg.	Signifikanz	Land	Zeitraum	Schätzmethode
TINBERGEN (1938) S.78-9	Dauerhafte Verbrauchsgüter (ausschließlich Bauten)	Y_2, P_1, r_2	14	ja	USA	1919-1933	kleinste Quadrate
S.78-9	Roheisen-Verbrauch	Y_1, P_1	24	nein	GB	1871-1895	"
S.78-9	"	Y_1, P_1	39	nein	GB	1871-1910	"
S.78-9	"	Y_2, P_1	13	nein	GB	1920-1933	"
A.78-9	"	Y_2, Y_2, P_1	41	nein	Deutschland	1871-1912	"
KLEIN (1951) S.250	I^{br} der Eisenbahn (preisbereinigt)	K_3, Y_2	19	ja	USA	1922-1941	"
S.253	I^{br} der Eisenbahn (preisbereinigt)	K_3, P_4, Y_2	19	ja	USA	1922-1941	"
S.255	I^{br} der Eisenbahn (preisbereinigt)	Y_3, K_1, Y_4	19	nein	USA	1922-1941	"
S.256	I^{br} der Eisenbahn (preisbereinigt)	$P_1/W, K_1, Y_2$	19	ja	USA	1922-1941	"
S.256	I^{br} der Eisenbahn (preisbereinigt)	$P_1/W, K_2, Y_2$	19	ja	USA	1922-1941	"
S.270[a)]	I^{br} der Eisenbahn (preisbereinigt)	W,O	43	nein	USA	1936	"
S.272	I^{br} der Eisenbahn (preisbereinigt)	Y_2, K_1, A	37	nein	USA	1936	"

a) Alle Daten sind Logarithmen der Ursprungswerte

Zusammenstellung der empirischen Ergebnisse: Erklärende Variable: Zins

Quelle:	Abhängige Variable	Andere erklärende Variable	Anzahl der Beobachtg.	Signifikanz	Land	Zeitraum	Schätzmethode
KLEIN (1951) S.273	I^{br} der Eisenbahn (preisbereinigt	Y_2, Y_3, A, K_1	36	nein	USA	1936	kleinste Quadrate
S.278	I^{br} der Elektroindustrie	Y_2, K_1	20	ja	USA	1921-1941	"
S.280	I^{br} der Elektroindustrie	r_2, K_4	19	ja	USA	1922-1941	"
J.E.MEADE und P.W.S.ANDREWS (1940)	I^{br}	keine	37	sehr gering	GB	1938	Interview
P.W.S.ANDREWS (1940)	I^{br}	"	309	"	GB	1940	Fragebogen
J.FRANKLIN EBERSOLE (1938)	I^{br}	"	93	"	USA	Verschiedene Zeiten 1920-1937	Interview d.Harvard Business School Fallmethode
Ruth P.MACK (1941)	I^{br} der verarbeit. Industrie	"	58	keine	USA	Ende der 30er Jahre	Interview
Michael GORT (1951)	I^{br} der Elektroindustrie	"	25	sehr gering	USA	1950	Interview

Zusammenstellung der empirischen Ergebnisse: Erklärende Variable: Nachfrageänderung

Quelle:	Abhängige Variable	Andere erklärende Variable	Anzahl der Beobachtg.	Signifikanz	Land	Zeitraum	Schätzmethode
TINBERGEN (1938) S.51	TINBERGEN gebraucht für die Vereinigten Staaten, Großbritannien und Deutschland Regressionsgleichungen, die auch die Veränderungen in der Konsumgüterproduktion einschließen, um die Investition (oder stattdessen den Eisen- und Stahlverbrauch) zu erklären. Standardabweichungen sind nicht angegeben, aber durch das Ansteigen der Koeffizienten in der multiplen Korrelationsrechnung ist bewiesen, daß im allgemeinen die Akzelerationsvariable unwichtig ist.						
TINBERGEN[a)] (1938) S.124	$\frac{\Delta K_1}{K_1}$ der Eisenbahn	keine	17	ja	USA	1896-1913	kleinste Quadrate
a) S.124	"	keine	38	ja	USA	1873-1911	"
a) S.124	"	keine	34	ja	Deutschland	1874-1908	"
a) S.124	"	keine	32	ja	Frankreich	1876-1908	"
CHENERY (1952) b) S. 20	$\frac{\Delta K_1}{K_1}$ d.elektr.Energie	keine	20	ja	USA	1921-1941	"
b) S. 20	$\frac{\Delta K_1}{K_1}$ Stahl	keine	18	nein	USA	1921-1939	"
b) S. 20	$\frac{\Delta K_1}{K_1}$ Portland Zement	keine	19	ja	USA	1920-1939	"
b) S. 20	$\frac{\Delta K_1}{K_1}$ Zink	keine	15	nein	USA	1925-1940	"
b) S. 20	$\frac{\Delta K_1}{K_1}$ Petroleum Raff.	keine	20	ja	USA	1921-1941	"
b) S. 20	$\frac{\Delta K_1}{K_1}$ Papier und Pappe	keine	10	ja	USA	1927-1937	"

Anmerkungen: a) TINBERGEN stellte fest, daß die Regressionskoeffizienten niedriger sind als diejenigen, die beim eigentlichen Akzelerationsprinzip verwendet werden sollten.
b) Beide Variablen wurden in Kapazitätseinheiten gemessen.

Zusammenstellung der empirischen Ergebnisse: Erklärende Variable: Nachfrageänderung

Quelle	Abhängige Variable	Andere erklärende Variable	Anzahl der Beobachtg.	Signifikanz	Land	Zeitraum	Schätzmethode
EISNER(1953b) (a) S.9-10	$I^{br} \div K_1$	keine	254	ja	USA	1950	kleinste Quadrate
(a) S.13	$I^{br} \div K_1$ Maschinen Inv.	keine	68	ja	USA	1950	"
(a) S.13	$I^{br} \div K_1$ andere dauerhafte Güter	keine	55	ja	USA	1950	"
(a) S.13	$I^{br} \div K_1$ Textilien und Bekleidung	keine	22	nein	USA	1950	"
(a) S.13	$I^{br} \div K_1$ Lebensmittel, alkohol.Getränke und Tabak	keine	23	nein	USA	1950	"
(a) S.13	$I^{br} \div K_1$ alle anderen dauerh.Güter	keine	49	ja	USA	1950	"
(a) S.13	$I^{br} \div K_1$ Öffentl.Versorgungsbetriebe, Transport	keine	36	nein	USA	1950	"
(b) S.15	$I^{br} \div K_1$	keine	254	ja	USA	1950	"
(b) S.19	$I^{br} \div K_1$	keine	244	ja	USA	1949	"
(b) S.19	$I^{br} \div K_1$ kleine Unternehmen	keine	56	nein	USA	1949	"
(b) S.19	$I^{br} \div K_1$ mittl.Unternehmen	keine	118	nein	USA	1949	"
(b) S.19	$I^{br} \div K_1$ große Unternehmen	keine	70	ja	USA	1949	"

Anmerkungen: (a) Untersuchungsergebnisse des McCraw-Hill Sample. Unabhängige Variable = $\frac{\Delta X}{X_{(t-1)}}$

(b) Unabhängige Variable: Jährliche Veränderung des Handelsvolumens.

Zusammenstellung der empirischen Ergebnisse: Erklärende Variable: Nachfrageänderung

Quelle	Abhängige Variable	Andere erklärende Variable	Anzahl der Beobachtg.	Signifikanz	Land	Zeitraum	Schätzmethode
EISNER(1953b) (a) S.39	$I^{br} \div K_1$	keine	251	ja	USA	1949	kleinste Quadrate
(b) S.39	$I^{br} \div K_1$	keine	258	ja	USA	1950	"
(a) S.39	$I^{br} \div K_1$	$Y_2 \div K_1$	251	nein	USA	1949	"
(b) S.39	$I^{br} \div K_1$	$Y_2 \div K_1$	258	ja	USA	1950	"
MANNE (1945)	$\frac{\Delta K_1}{K_1}$ Eisenbahn	C	20	nein	USA	1919-1939	"
KISSELGOFF (c)(d)(1951)	I^{br} Elektr.Geräte (preisbereinigt)	keine	15	ja-ohne lag ja-mit lag	USA	1926-1941	"
(c)	I^{br} Elektr. Geräte (preisbereinigt)	$Y_2, t, \frac{X}{K_1}$	15	ja	USA	1926-1941	"
(e)	$I^{br} \div X$	keine	28	nein-ohne lag nein mit lag	USA	1940	"
KUZNETS (1935) (f)	Neue Aufträge für Eisenbahnwaggons	keine	39	nicht bedeutend	USA	1891-1930	Zeitreihen Untersuchg.

<u>Anmerkungen:</u> (a) Unabhängige Variable = $\frac{\Delta X}{X}(t)$

(b) Unabhängige Variable = $\frac{\Delta X}{X}(t-1)$

(c) Unabhängige Variable = $\frac{\Delta X}{K_1}$

(d) Andere ähnliche Regressionen zeigten ähnliche Ergebnisse

(e) Unabhängige Variable: Veränderung der Kapazitätsausnutzung

(f) Erklärende Variable: Wagenkilometer.

Zusammenstellung der empirischen Ergebnisse: Erklärende Variable: Produktion

Quelle	Abhängige Variable	Andere erklärende Variable	Anzahl der Beobachtg.	Signifikanz	Land	Zeitraum	Schätzmethode
KLEIN (1950) (a) S.112	I^{netto}	K_1	20	ja-ohne lag ja-mit lag	USA	1921-1941	kleinste Quadrate
LIU und CHANG (1951)	I^{br}	Y_2	10	ja	USA	1930-1940	"
KATONA und MORGAN (1952) S.84	I^{netto} von großen Unternehmen der verarbeitenden Industrie	keine	109	ziemlich wichtig	USA (Mich.)	1950	Interview
GORT (1951)	I^{br} elektr. Geräte	keine	22	ziemlich wichtig	USA	1920-1945	"
FRIEND und BRONFENBRENNER (1950)	I^{br}	keine	mehrere Tausend Unternehmen	ziemlich wichtig	USA	1948-1949	Analyse d. Übersicht d.SEC-Handels Dept.
ANDREWS und BRUNNER (1951)	I^{br}	keine	1 Unternehmen: 30 Jahre	wichtig	England	1918-1948	Analyse großer Stahlfirmen
O.J.FIRESTONE (1951) S.35	$\dot{I}^{br}$	keine	17,000	nur in einigen Situationen wichtig	Kanada	1950-1951	Fragebogen
LEONTIEF (1951) S.312	I^{br} der Eisenbahn (preisbereinigt)	K_1, r_1	19	ja	USA	1922-1941	kleinste Quadrate
KUZNETS (b) (1935)	Neue Aufträge für Eisenbahnwaggons	keine	39	ziemlich wichtig	USA	1891-1930	Zeitreihen Untersuchg.

Anmerkungen: (a) Unabhängige Variable: Wert des Volkseinkommens minus Verbrauchssteuern dividiert durch Preisindex

(b) Erklärende Variable: Wagenkilometer

Zusammenstellung der empirischen Ergebnisse: Erklärende Variable: Gewinne, Liquidität+)

Quelle	Abhängige Variable	Andere erklärende Variable	Anzahl der Beobachtg.	Signifikanz	Land	Zeitraum	Schätzmethode
TINBERGEN S.78-9	Dauerhafte Verbrauchsgüter (ausschließlich Bauten)	r_1, P_1, r_2	14	ja	USA	1919-1933	kleinste Quadrate
S.78-9a)	Roheisenverbrauch	r_1, P_1	24	ja	GB	1871-1895	"
S.78-9a)	"	r_1, P_1	39	ja	GB	1871-1910	"
S.78-9	"	r_1, P_1	13	ja	GB	1920-1933	"
S.78-9	"	$\Delta Y_2, r_1, P_1$	41	ja	Deutschland	1871-1912	"
KLEIN (1951) S.250	I^{br} der Eisenbahn (preisbereinigt)	K_3, r_1	19	ja	USA	1922-1941	"
S.253	I^{br} der Eisenbahn (preisbereinigt)	$K_3 P_4, Y_2$	19	ja	USA	1922-1941	"
S.255	"	Y_3, K_1, Y_4, r_1	19	ja	USA	1922-1941	"
S.256	"	$P_1/W, K_1, r_1$	19	ja	USA	1922-1941	"
S.256	"	$P_1/W, K_2, r_1$	19	ja	USA	1922-1941	"
S.272	"	K_1, A, r_1	19	ja	USA	1922-1941	"

Anmerkungen: a) Erklärende Variable: Nichtarbeitseinkommen.

+) Gewinne als Variable sind in den Regressionsgleichungen verwendet worden, während bei den Untersuchungen mit Hilfe von Fragebogen meist die Variable Liquidität gebraucht worden ist.

Zusammenstellung der empirischen Ergebnisse: Erklärende Variable: Gewinne, Liquidität+)

Quelle	Abhängige Variable	Andere erklärende Variable	Anzahl der Beobachtg.	Signifikanz	Land	Zeitraum	Schätzmethode
KLEIN (1951) S.273	I^{br} der Eisenbahn (preisbereinigt)	Y_4, K_1, A, Y_3	37	ja	USA	1936	kleinste Quadrate
S.274	"	Y_4, K_1, A, r_1	36	ja	USA	1935 u.1936	"
S.274	"	Y_4, K_1, A, Y_3	36	ja	USA	1935 u.1936	"
S.275	"	A	39	ja	USA	1928	"
LIU und CHANG (1950)	I^{br}	X	10	ja	USA	1930-1940	"
KLEIN (1950) S.71	I^{br} (preisbereinigt)	K_1	19	ja-mit lag nein-ohne lag	USA	1921-1940	Reduced Form
S.73	"	keine	19	nein-ohne lag ja-mit lag	USA	1921-1940	Reduced Form
S.75	"	keine	19	ja-ohne lag ja-mit lag	USA	1921-1940	kleinste Quadrate
TINBERGEN (1938) S.51	I^{br} plus dauerhafte Verbrauchsgüter ausschließl.Wohnungen	r_2, P_1, r_1	19	ja	USA	1919-1938	"
S.51	Eisen- und Stahlverbrauch	keine	39	ja	GB	1871-1910	"
S.53	I^{br} (preisbereinigt)	keine	14	ja	USA	1919-1933	"
S.124	$\frac{\Delta K_1}{K_1}$ Eisenbahn	keine	17	ja	USA	1896-1913	"

+) Gewinne als Variable sind in den Regressionsgleichungen verwendet worden, während bei den Untersuchungen mit Hilfe von Fragebogen meist die Variable Liquidität gebraucht worden ist.

Zusammenstellung der empirischen Ergebnisse: Erklärende Variable: Gewinne, Liquidität+)

Quelle	Abhängige Variable	Andere erklärende Variable	Anzahl der Beobachtg.	Signifikanz	Land	Zeitraum	Schätzmethode
TINBERGEN S.124	$\frac{\Delta K_1}{K_1}$ der Eisenbahn	keine	38	ja	USA	1873-1911	kleinste Quadrate
S.124	$\frac{\Delta K_1}{K_1}$ der Eisenbahn	keine	34	ja	Deutschland	1874-1908	"
S.124	$\frac{\Delta K_1}{K_1}$ der Eisenbahn	keine	32	ja	Frankreich	1876-1908	"
KISSELGOFF (1951) a)	I^{br} der Elektroindustrie (preisber.)	$\frac{X}{K_1}$, $\frac{\Delta X}{K_1}$	15	ja	USA	1926-1941	"
HELLER (1951)	I^{br}	keine	mehrere Dutzend	sehr wichtig	USA	1950	Interview
FRIEND und BRONFENBRENNER (1950)	I^{br} der verarbeitenden Industrie	keine	mehrere Tausend	ziemlich wichtig	USA	1949	Analyse d. SEC-Handels Dept. Fragebogen
ANDREWS und BRUNNER (1951)	I^{br}	keine	ein großes Unternehmen	manchmal wichtig	England	1918-1948	Analyse einer großen Stahlges.
MACK (1941)	I^{br}	keine	58	sehr wichtig	USA	Ende der 30er Jahre	Interview
BUTTER und LINTNER (1945) S.58-69	I^{br}	keine	nicht anwendbar	sehr wichtig	USA	20er bis Anfang d. 30er Jahre	Firmenanalyse u.SEC Industriedaten
TERBORGH (1949) b)	I^{br}	keine	512	ziemlich wichtig	USA	1948 oder 1949	Fragebogen

Anmerkungen: a) Zahllose gleichartige Regressionen zeigen ähnliche Ergebnisse.
b) Iron Age Survey über Abschreibungen.
+) Gewinne als Variable sind in den Regressionsgleichungen verwendet worden, während bei den Untersuchungen mit Hilfe von Fragebogen meist die Variable Liquidität gebraucht worden ist.

Zusammenstellung der empirischen Ergebnisse: Erklärende Variable: Kapitalstock

Quelle	Abhängige Variable	Andere erklärende Variable	Anzahl der Beobachtg.	Signifikanz	Land	Zeitraum	Schätzmethode
KLEIN (1951) S.250	I^{br} der Eisenbahn (preisbereinigt)	Y_2, r_1	19	ja	USA	1922-1941	kleinste Quadrate
S.253	I^{br} der Eisenbahn (preisbereinigt)	Y_2, r_1, P_4	19	ja	USA	1922-1941	"
S.255	"	$Y_2, Y_3, r_1, P_1/W$	19	ja	USA	1922-1941	"
S.256	"	$Y_2, r_1, P_1/W$	19	nein	USA	1922-1941	"
S.272	"	Y_2, r_1, A	37	nein	USA	1937	"
S.273	"	Y_2, Y_3, A, Y_4, r_1	36	nein	USA	1936+1937	"
S.274	"	Y_2, Y_3, A, Y_4	36	nein	USA	1936+1937	"
S.276	"	Y_2, Y_3, A, Y_4	37	nein	USA	1940	"
S.278	I^{br} elektrische Geräte (preisber.)	Y_2, r_1	20	ja	USA	1921-1941	"
KLEIN (1950) S.21	I^{netto}	$Y_2, Y_{2(t-1)}$	19	ja	USA	1921-1941	reduzierte Form
S.75	I^{netto}	$Y_2, Y_{2(t-1)}$	19	ja	USA	1921-1941	kleinste Quadrate
S.112	I^{netto}	$\frac{X}{P_1}, \frac{X}{P_{1(t-1)}}$	19	ja	USA	1921-1941	"

Zusammenstellung der empirischen Ergebnisse: Erklärende Variable: Kapazität

Quelle	Abhängige Variable	Andere erklärende Variable	Anzahl der Beobachtg.	Signifikanz	Land	Zeitraum	Schätzmethode
CHENERY (1952) S.20	$\frac{\Delta K_1}{K_1}$ Elektrische Geräte	keine	20	ja	USA	1921-1941	kleinste Quadrate
S.20	$\frac{\Delta K_1}{K_1}$ Stahl	keine	19	ja	USA	1920-1939	"
S.20	$\frac{\Delta K_1}{K_1}$ Portlandzement	keine	19	ja	USA	1920-1939	"
S.20	$\frac{\Delta K_1}{K_1}$ Zink	keine	15	ja	USA	1925-1940	"
S.20	$\frac{\Delta K_1}{K_1}$ Petroleum-Raffinerie	keine	15	ja	USA	1924-1940	"
S.20	$\frac{\Delta K_1}{K_1}$ Papier und Pappe	keine	11	ja	USA	1927-1938	"
MANNE (1945)	$\frac{\Delta K_1}{K_1}$ Eisenbahn	X	20	ja	USA	1919-1939	"
KISSELGOFF (1951)	I^{br} Elektrische Geräte (preisbereinigt)	$\overset{v}{-}_2, t, \left[\frac{X}{K_{1(t)}} - \frac{X}{K_{1(t-1)}}\right]$	15	ja	USA	1926-1941	"
KLEIN (1951) S.256	I^{br} Eisenbahn (preisbereinigt)	$\overset{v}{-}_2, r_1, P_1/W$	19	nein	USA	1922-1941	"

Kapitel IV:

Das statistische Zahlenmaterial

(Von Dipl.Volkswirt Joachim BRANDT)

A) Auswahl des zugrunde gelegten Materials. Allgemeine Überlegungen

Als statistisches Grundmaterial bot sich in erster Linie die "Volkswirtschaftliche Gesamtrechnung für die Bundesrepublik Deutschland" an, in der ein großer Teil der benötigten Zahlen enthalten ist.[99] Da wir aber nur die Abhängigkeit der Investitionen vom Zins, dem Wachstum und den Gewinnen untersuchen wollen, schien es uns nicht sehr sinnvoll, unseren Berechnungen die Zahlen der Gesamtwirtschaft zugrunde zu legen. Die Korrelation zwischen den Investitionen und den drei genannten Variablen wird, falls überhaupt noch eine Abhängigkeit feststellbar sein wird, durch den großen Anteil der öffentlichen Investitionen an den Gesamtinvestitionen nur sehr niedrig und damit wenig überzeugend sein. Es bestünde sogar die Gefahr, daß durch die Einbeziehung der öffentlichen Investitionen in die Untersuchung ein tatsächlich bestehender enger Zusammenhang zwischen den Investitionen und den ausgewählten Variablen in dem privatwirtschaftlichen Sektor oder doch wenigstens in bestimmten Bereichen der Privatwirtschaft verdeckt werden würde.[100]

Aber auch im privaten Bereich der Wirtschaft finden sich zweifellos viele Wirtschaftsbereiche, bei denen man bereits auf Grund einfacher Überlegung sagen kann, daß die Gewinne oder das allgemeine Wachstum der Wirtschaft nicht den entscheidenden Einfluß auf die Höhe der Investitionen ausüben werden. Dies dürfte z.B. für den gesamten Wohnungsbau zutreffen, für den staatliche Förderungsmaßnahmen in Form von Zinsverbilligungen, erhöhten Abschreibungssätzen und sonstigen Steuervorteilen sicher eine entscheidendere Rolle spielen als die tatsächlichen oder erwarteten Gewinne und das allgemeine Wirtschaftswachstum.

Aber auch im Verkehrswesen und bei den Versorgungsbetrieben darf man wohl mit großer Berechtigung annehmen, daß wesentlich andere Kriterien, z.B. der voraussichtliche Bedarf oder andere gesamtwirtschaftliche Gesichtspunkte, stärker als die von uns ausgewählten Variablen die Höhe

---

99. So hat z.B. WAFFENSCHMIDT die aus der Volkswirtschaftlichen Gesamtrechnung gewonnenen Werte benutzt.
100. WAFFENSCHMIDT verwendet wohl aus diesen Gründen verschiedene Investitionsfunktionen für die private Wirtschaft und den Staat. (WAFFENSCHMIDT, a.a.O., S.47 ff. und S.55 ff.)

der Investitionen bestimmen werden. Das dürfte um so mehr gelten, als die genannten Bereiche stark mit öffentlichen oder halböffentlichen Betrieben durchsetzt sind, deren Entscheidungen oft stärker durch budgetpolitische als durch allgemein wirtschaftliche Überlegungen bestimmt sein werden.

Für die Landwirtschaft müßte eine besondere Investitionsfunktion aufgestellt werden. Dem standen aber einmal die umfangreichen staatlichen Unterstützungsmaßnahmen in den verschiedensten Formen, zum anderen die Schwierigkeiten bei der Beschaffung des statistischen Materials entgegen.

Als Grundlage für die Ermittlung der landwirtschaftlichen Gewinne waren nur die Angaben über die Verkaufserlöse und die Betriebsausgaben der Landwirtschaft vorhanden. Die Verkaufserlöse enthielten jedoch nicht die unbaren Leistungen der Landwirtschaft, wie Bestandsveränderungen und Eigenverbrauch. Bei den Betriebsaugaben dagegen fehlten die Naturalleistungen für fremde Arbeitskräfte, die Lohnansprüche der mithelfenden Familienangehörigen und die Abschreibungen. Es handelt sich bei den Erlösen und den Aufwendungen also nur um die baren Umsätze, wobei außerdem noch die Umsätze an Saatgut, Futtermitteln und Nutzvieh innerhalb der Landwirtschaft ausgeschaltet wurden. Die Differenz zwischen Erlösen und Ausgaben kann daher keinen Einblick in die Rentabilität der landwirtschaftlichen Betriebe geben, "sondern nur einen allgemeinen Überblick über die Entwicklung der Liquidität vermitteln".[101) Eine Investitionsfunktion ohne die erklärende Variable Gewinne, die sicher auch in der Landwirtschaft von großer Bedeutung ist, erschien uns aber wenig sinnvoll.

Die Wirtschaftsbereiche, bei deren Investitionsentscheidungen die von uns ausgewählten Variablen am ehesten von Bedeutung zu sein scheinen, werden also vor allem das verarbeitende Gewerbe und der Handel sein. Da aber beim Handel die Anlageinvestitionen nur eine geringe Rolle spielen, die Vorratsinvestitionen jedoch von wesentlich anderen Faktoren, kurzfristig vor allem von der Absatzlage, bestimmt sein werden, die unfreiwilligen Investitionen in diesem Bereich also eine große Rolle spielen, schien der Versuch, für den Handel eine Investitionsfunktion der beschriebenen Art zu berechnen, wenig sinnvoll. Diese Erwägungen wurden noch durch die Schwierigkeiten unterstützt, die sich bei der Beschaffung des statistischen Materials sicher ergeben hätten.

101. PADBERG, K. und A.NIESCHULZ, "Produktion, Verkaufserlöse und Betriebsausgaben der Landwirtschaft im Bundesgebiet". Agrarwirtschaft, Heft 12, Dez.1954, S.366.

Auch das Handwerk wurde in der vorliegenden Untersuchung nicht berücksichtigt. Im wesentlichen waren hierfür wiederum die Schwierigkeiten bei der Beschaffung des statistischen Materials maßgebend, darüber hinaus bestanden aber noch Bedenken, ob nicht im Handwerk noch stärker als in der Industrie außerökonomische Gesichtspunkte sowie die Frage der Kreditbeschaffung einen entscheidenden Einfluß auf die Höhe der Investitionen haben könnten.

So blieb als Untersuchungsobjekt nur die Industrie. Hier wurde weiter untergliedert in die fünf Hauptindustriegruppen: Bergbau, Grundstoff- und Produktionsgüterindustrie, Investitionsgüterindustrie, Verbrauchsgüterindustrie und Nahrungs- und Genußmittelindustrie. Die Energiewirtschaft und die Bauindustrie dagegen sind in den Zahlen für die Industrie nicht enthalten. Die Zuordnung der Industriezweige zu den genannten fünf Gruppen wurde nach dem System vorgenommen, das bei der Industrieberichterstattung verwendet wird.[102)]

Da die Unterteilung der einzelnen Industriezweige nach der Industrieberichterstattung z.T. nicht mit der Gliederung in anderen Statistiken, z.B. der Steuerstatistik, übereinstimmt, entstanden oft große Schwierigkeiten bei der Aufgliederung der Zahlen. Im allgemeinen wurden in diesen Fällen die Zahlen für die zusammengefaßten Wirtschaftsbereiche mit Hilfe der Umsatzzahlen oder des Anteils der Nettoproduktionswerte auf die jeweiligen Industriegruppen aufgeschlüsselt. Das gilt in erster Linie für die Zahlen, in denen das Handwerk enthalten ist, z.T. aber auch für einzelne Industriezweige, für die nur zusammengefaßte Zahlen verfügbar waren.[103)]

Es ist selbstverständlich, daß durch die Anwendung dieser Methode die angegebenen Zahlen mehr oder weniger stark von den tatsächlichen Werten abweichen, jedoch dürfen nach unseren Erfahrungen an die Genauigkeit der Zahlen, selbst wenn sie auf amtlichen Statistiken beruhen, keine zu hohen Ansprüche gestellt werden. Das gilt für unsere Berechnungen in noch stärkerem Maße, da sie sich teilweise auch auf die Schätzungen anderer Autoren

---

102. Die Zuordnung der einzelnen Industriezweige zu den fünf Hauptgruppen ist aus Tabelle 1 des Anhangs: Erarbeitung des statistischen Zahlenmaterials, ersichtlich.

103. In der Branche "Papiererzeugung und -verarbeitung, Druckereigewerbe" mußten z.B. der Industriezweig "Papiererzeugung" der Grundstoffgüterindustrie und die Industriezweige "Papierverarbeitung" und "Druckerei- und Vervielfältigungsgewerbe" der Verbrauchsgüterindustrie zugerechnet werden. Das gleiche gilt für den in der Statistik der Aktiengesellschaften erscheinenden Wirtschaftszweig "Holzindustrie".

stützen mußten. Auf die geringe Zuverlässigkeit wird bei der Darstellung der Erarbeitung des statistischen Zahlenmaterials leider noch sehr oft hingewiesen werden müssen. Wir glauben aber dennoch, daß die Fehler in den Ergebnissen nicht so schwerwiegend sind, daß eine ökonometrische Bearbeitung von vornherein sinnlos wäre.

Die Untersuchung erstreckt sich auf die Jahre 1950 bis einschließlich 1958. Es wäre zwar möglich gewesen, auch für 1949 die entsprechenden Zahlen zu errechnen, jedoch haben wir in Anbetracht der damaligen noch stark von den Folgen der Währungsreform beeinflußten anomalen Wirtschaftslage darauf verzichtet. Den Zahlen für 1958 liegen oft noch vorläufige Ergebnisse zugrunde.

Sämtliche Zahlen beziehen sich auf das Bundesgebiet ohne das Saarland und West-Berlin. Soweit in neueren Statistiken die Werte für West-Berlin in denen der Bundesrepublik enthalten sind, wurde dies bei der Berechnung berücksichtigt und der Anteil West-Berlins eliminiert.

Die bei den späteren Berechnungen angegebenen Fehlerbereiche geben nur die Ungenauigkeit wieder, die durch die Anwendung bestimmter mathematisch-statistischer Methoden entsteht, eine Fehlergrenze für das zugrunde gelegte statistische Material selbst läßt sich nicht einmal schätzungsweise angeben. Es kann also nicht genug davor gewarnt werden, die angegebenen Zahlen einfach als "genau" anzunehmen.

B) Erarbeitung des statistischen Zahlenmaterials im einzelnen

1. Bruttoanlageinvestitionen

Die Zahlen für die Bruttoanlageinvestitionen der Industrie wurden dem Aufsatz von KRENGEL "Zur Entwicklung der Brutto-Anlage-Investitionen und des Brutto-Anlagevermögens der westdeutschen Industrie bis 1957/1958"[104] entnommen. Die Anlageinvestitionen sind dort bis 1957 doppelt gegliedert in die fünf Hauptindustriegruppen und in Bau- und Ausrüstungsinvestitionen angegeben. Außerdem sind die Investitionen in laufenden und in konstanten Preisen zu 1950 berechnet. Als Indizes für die Umrechnung der Investitionen in konstanten Preisen auf laufende Preise wurden von KRENGEL für die Bauinvestitionen praktisch der im Statistischen Jahrbuch angegebene Preisindex für Bauleistungen an Gebäuden und für die Ausrüstungs-

---

104. Vierteljahreshefte für Wirtschaftsforschung (DIW), J.1959, 1.Heft, S.69.

investitionen der Index der Erzeugerpreise für Investitionsgüter benutzt.[105] Die Investitionszahlen für das Jahr 1958 wurden den Berichten des Instituts für Wirtschaftsforschung München entnommen.[106] Während die Zahlen des Ifo-Instituts 1957 für die Investitionsgüter-, Verbrauchsgüter- und Nahrungs- und Genußmittelindustrie mit den Zahlenangaben von KRENGEL übereinstimmten, so daß sich für 1958 kein Bruch in der Investitionsreihe ergab, lagen die Angaben für den Bergbau und die Grundstoff- und Produktionsgüterindustrie z.T. beträchtlich niedriger. Um die Kontinuität der Investitionsreihen dieser beiden Bereiche zu wahren, wurden deshalb hier nicht die absoluten Zahlen des Ifo-Instituts übernommen, sondern es wurde lediglich die prozentuale Veränderung berechnet und den Werten von KRENGEL für 1957 zugeschlagen.[107]

2. Nettoanlageinvestitionen

Einigermaßen zuverlässige Werte für die Nettoanlageinvestitionen der Industrie waren leider nicht zu erhalten. Zwar hat KRENGEL bis 1956 auch Zahlen für die Anlageabschreibungen der Industrie und damit für die Nettoanlageinvestitionen angegeben,[108] jedoch schienen uns diese Zahlen für unsere Berechnungen unbrauchbar zu sein. Bei den von KRENGEL angegebenen Abschreibungen handelt es sich nämlich nur um die sogenannten "jährlich volkswirtschaftlich notwendigen Abschreibungen",[109] d.h. es wurden bei der Schätzung der Abschreibungen offensichtlich nur die rein technisch, nicht aber die wirtschaftlich bedingten Entwertungen berücksichtigt. Aus diesem Grunde dürften die von KRENGEL gewählten Abschreibungssätze auf das Bau- und Ausrüstungsvermögen der Industrie auch zu niedrig sein. So schätzt KRENGEL die Abschreibungen für Bauanlagen der Industrie auf nur 2 % jährlich, und für Ausrüstungsanlagen nimmt er einen Abschreibungssatz zwischen 3 und 5,4 %.[110] Die Industrie dürfte jedoch für die Ermittlung ihres Gewinns, selbst des intern ermittelten Gewinns, der für die Investitionsentscheidungen entscheidet, mit weit höheren Abschreibungssätzen rechnen. So lagen z.B. die in der Statistik der Aktiengesell-

105. Vgl. hierzu Stat. Jb. für die BRD 1959, S.402 und 429.
106. Wirtschaftskonjunktur, Berichte des Ifo-Instituts für Wirtschaftsforschung, München, 1959, Heft 3, S.39.
107. Siehe Tabelle 2 des Anhangs.
108. KRENGEL, Rolf, "Anlagevermögen, Produktion und Beschäftigung der Industrie im Gebiet der Bundesrepublik von 1924 bis 1956", (DIW), Berlin 1958, S.100 ff.
109. KRENGEL, a.a.O., S.70.
110. KRENGEL, a.a.O., S.102.

schaften[111] angegebenen Abschreibungen, obgleich die erfaßten Aktiengesellschaften an den entsprechenden Industriegruppen z.T. weniger als 50 % ausmachten, oft schon beträchtlich höher als die von KRENGEL geschätzten Zahlen. Selbst wenn man berücksichtigt, daß der angegebenen Statistik die Zahlen der Handelsbilanz zugrundeliegen, erschien es dennoch kaum vertretbar, die KRENGELschen Zahlen für die Anlageabschreibungen und die Nettoanlageinvestitionen unseren Berechnungen zugrundezulegen. Bestärkt wurde diese Annahme durch die vom Statistischen Bundesamt veröffentlichten Zahlen der volkswirtschaftlichen Gesamtrechnung. Das Statistische Bundesamt gibt nämlich für das verarbeitende Gewerbe, in dem allerdings neben der Industrie auch das Handwerk enthalten ist,[112] - dafür jedoch nicht der Bergbau -, Abschreibungen (auf Anlagen und Vorräte) an, die um 30 bis 60 % höher liegen als die Zahlen von KRENGEL.[113]

Wir haben aber trotz der bestehenden Schwierigkeiten den Versuch gemacht, die Abschreibungen[114] für die Industrie zu ermitteln. Dabei haben wir die in der Bilanzstatistik[115] angegebenen Zahlen mit Hilfe der Lohn- und Gehaltssummen für die gesamte Industrie und die Industriegruppen geschätzt. Diese Methode ist jedoch zumindest fragwürdig. Dies liegt daran, daß die Unternehmungen in der Handelsbilanz weitgehende Freiheit bei der Bestimmung der Höhe der Abschreibungen haben. Außerdem handelt es sich bei den buchmäßigen Abschreibungen nicht um die "verbrauchsbedingten" oder "volkswirtschaftlich notwendigen" Abschreibungen, auch nicht um etwa "betriebswirtschaftlich notwendige" Abschreibungen, bei denen wirtschaftlich bedingte Entwertungen berücksichtigt werden, sondern um im allgemeinen durch rein betriebspolitische Gesichtspunkte bestimmte Abschreibungen, die in der Zeit von 1950 bis 1958, nicht zuletzt auf Grund der Steuergesetzgebung, ganz sicher ständig stark überhöht waren. Insbesondere sind in ihnen auch noch alle möglichen Sonderabschreibungen enthalten, wie

---

111. Statistik der Bundesrepublik Deutschland, "Die Abschlüsse der Aktiengesellschaften für die Geschäftsjahre 1950 und 1951, 1952 und 1953, 1954, 1955, 1956, 1957", Bd. 104, 131, 150, 180, 204, 231.
112. Das Handwerk hat am "produzierenden Gewerbe"einen Anteil von ca. 10 %, vgl. Die Industrie der Bundesrepublik Deutschland, Sonderheft 8, "Neuberechnung des Index der industriellen Nettoproduktion", Kohlhammer, Stuttgart 1956, S.5.
113. Die von KRENGEL angegebenen Abschreibungszahlen wurden mit Hilfe des Preisindexes für Anlageinvestitionen in jeweilige Preise umgerechnet. Stat.Jb.f.d.BRD 1959, S.483.
114. Siehe Tabelle 49 des Anhangs.
115. Vgl. hierzu Statistik der Bundesrepublik Deutschland "Die Abschlüsse der Aktiengesellschaften für die Geschäftsjahre 1952 und 1953" (Bd.131) S.17.

z.B. nach § 36 IHG und § 7a EStG. Einen ungefähren Eindruck darüber, in welchem Ausmaß dies der Fall gewesen sein muß, kann man gewinnen, wenn man die von uns berechneten Abschreibungen von den von KRENGEL ausgewiesenen Bruttoinvestitionen abzieht. Bei der Verbrauchsgüterindustrie würde sich dann von 1950 bis 1958 ständig eine negative Nettoinvestition ergeben, ein geradezu unmögliches Ergebnis. Dennoch hielten wir es für richtiger, die auf dem von uns beschriebenen Weg errechneten Abschreibungen der Ermittlung der Nettoinvestitionen der Industrie zugrundezulegen als die von KRENGEL angegebenen "volkswirtschaftlich notwendigen" Abschreibungen, denn mit der gleichen Sicherheit, wie unsere Abschreibungen zu hoch sind, dürften die von KRENGEL angegebenen Zahlen zu niedrig liegen, und die Unternehmungen werden, da sie selbst kaum ihre "richtigen" Abschreibungsbeträge kennen, die Abschreibungen eher zu vorsichtig, d.h. zu hoch ansetzen als zu niedrig.

3. Vorratsinvestitionen

Auch für die Vorratsinvestitionen ließen sich keine ausreichenden Unterlagen finden. Lediglich für 1954 hat das Statistische Bundesamt die Vorratsinvestitionen der Industrie in für unsere Zwecke ausreichender Untergliederung erhoben, und für 1958 liegt eine Schätzung des Ifo-Instituts vor[116]. Ein Versuch, mit Hilfe einer Schätzung, der die Vorratsveränderungen der Aktiengesellschaften zugrundegelegt wurden, die gesamten Vorratsinvestitionen der Industrie zu bestimmen, scheiterte, da die Abweichungen gegenüber den effektiv erhobenen Zahlen von 1954 teilweise zu stark waren, als daß sie noch als brauchbar bezeichnet werden konnten.

Auf eine Einbeziehung der Vorratsinvestitionen in die Berechnung wurde deshalb völlig verzichtet. Dies fiel um so leichter, als anzunehmen ist, daß die Vorratsinvestitionen, ausgenommen den Teil, der sich etwa parallel zur Größe der Produktion entwickeln wird, zum großen Teil "unfreiwillig" gebildet werden.

---

116. Stat.Jb.f.d.BRD 1959, S.194/195 und Berichte des Ifo-Instituts, a.a.O.

4. Produktionswerte

Für die Größe der Produktion haben wir die "Nettoproduktionswerte" der Industriegruppen pro Jahr zugrundegelegt. Der Nettoproduktionswert einer Industriegruppe ist der Bruttoproduktionswert dieser Industriegruppe abzüglich des Materialverbrauches und der Aufwendungen für sonstige Vorleistungen anderer Bereiche, wie z.B. vergebene Lohnarbeiten, Instandsetzungsarbeiten und Reparaturen, Lizenzkosten, Porti, usw. Der Bruttoproduktionswert ist der Gesamtwert aller "hergestellten, zum Absatz bestimmten Erzeugnisse einschließlich der selbsterstellten Anlagen und der sogenannten angefangenen Arbeiten. Er kann entweder direkt oder aus dem Umsatz durch Zuschlag der Bestandsvermehrung (bzw. Abzug der Bestandsverminderung) an Fertig- und Halbwaren und angefangenen Arbeiten unter Hinzufügung des Wertes der selbsterstellten Anlagen ermittelt werden".[117] Das Statistische Bundesamt hat für 1950 und 1954 die Nettoproduktionswerte der Industrie erhoben,[118] außerdem veröffentlicht es seit 1956 "Indizes der industriellen Nettoproduktion" auf der Basis 1950 = 100.[119] Da im Jahr 1950 und 1954 die Gruppierungen bei der Erhebung nicht gleich waren und die Angaben für 1950 nur Näherungswerte darstellten, haben wir die Zahlen der Erhebung von 1954 zur Berechnung der Größe der Nettoproduktionswerte in den einzelnen Jahren benutzt, indem mit Hilfe der Indizes der industriellen Nettoproduktion für die Jahre 1950 bis 1958 die absoluten Werte errechnet wurden.[120] Gleichzeitig wurden die Nettoproduktionswerte unter Benutzung des "Index der Erzeugerpreise industrieller Produkte"[121] in laufenden und in konstanten Preisen von 1950 errechnet.[122] Die Abweichungen der Werte bei der Benutzung der Indizes für die einzelnen Industriegruppen war minimal.[123] Damit die Addition der Nettoproduktionswerte der einzelnen Industriegruppen den Nettoproduktionswert der Gesamtindustrie ergab, wurde als Nettoproduktionswert der gesamten Industrie die Summe der Nettoproduktionswerte der einzelnen Industriegruppen genommen.

117. Die Industrie der Bundesrepublik Deutschland, "Brutto- und Nettoproduktionswerte der Industrie im Jahr 1950", Sonderheft 7, S.4.
118. Für 1950: Die Industrie der BRD, "Brutto- und Nettoproduktionswerte der Industrie im Jahr 1950", Sonderheft 7, S.11. abgedruckt z.B. in Stat.Jb.1957, S.239, berichtigte Zahlen in: Die Industrie der BRD, "Neuberechnung des Index der industriellen Nettoproduktion", Sonderheft 8, S.9; für 1954: Stat.Jb.1959, S.194/195.
119. Stat.Jb.1959, S.180 ff.
120. Siehe Tabelle 50 im Anhang.
121. Stat.Jb.1959, S.403.
122. Siehe Tabelle 50 des Anhangs.
123. Die Abweichungen lagen durchschnittlich bei 0,3%, maximal bei 0,65%.

5. Zinssätze

Als Zinssatz wurde für alle Industriegruppen der jährliche Durchschnitt der von der Deutschen Bundesbank veröffentlichten Zinssätze für "zugesagte Kredite" verwendet.[124] Dieser Zinssatz schien uns für die Investitionstätigkeit von größerer Bedeutung zu sein als der Zinssatz bzw. die Rendite für Industrieobligationen, da Investitionen meist durch Kontokorrentkredite vorfinanziert werden und infolgedessen sich die Investitionsentschlüsse, - wenn überhaupt -, mehr an dem tatsächlich zu zahlenden Zinssatz ausrichten werden als an einem vorläufig noch unbekannten Zins, der nach einer späteren Konsolidierung der Schulden gezahlt werden muß, die zum Zeitpunkt der Investitionsentscheidung bzw. -durchführung noch ungewiß ist. Völlig unberücksichtigt mußten leider die Zinsverbilligungen bleiben, die besonders der Bergbau und die Grundstoffgüterindustrie nach dem Investitionshilfegesetz und auf Grund sonstiger steuerlicher Vorteile erhielten. Es war nicht möglich, innerhalb der zur Verfügung stehenden Zeit über das Ausmaß der geringeren Zinsbelastung Unterlagen zu beschaffen; es ist u.E. außerdem fraglich, ob eine exakte Berechnung aller Zinsvorteile überhaupt durchführbar ist. Daneben konnten auch nicht die Auswirkungen der im Herbst 1950 als Folge des Korea-Krieges beginnenden Kreditrestriktion berücksichtigt werden.

6. Gewinne

Über die Höhe der tatsächlich angefallenen Gewinne der Industrie gibt es weder Statistiken, - ausgenommen die in der Bilanzstatistik erhobenen ausgewiesenen Gewinne der Aktiengesellschaften -, noch liegen unseres Wissens irgendwelche Berechnungen oder Schätzungen vor.

Wir haben versucht, die in der Industrie angefallenen Gewinne über die Nettoproduktionswerte zu errechnen, indem wir von den Nettoproduktionswerten soweit wie möglich alle Kostenbestandteile, die nicht Unternehmereinkommen waren, abgezogen haben. Aus vielen Gründen dürfte es jedoch nicht gelungen sein, alle Kosten zu erfassen, so daß unsere als "Gewinne" bezeichneten Größen eigentlich noch ein Konglomerat aus Gewinnen und vielen anderen, allerdings größenmäßig wohl kaum noch zu Buche schlagenden Posten darstellen. Neben diesem Mangel dürfte die Genauigkeit unserer

---

124. Monatsberichte der Deutschen Bundesbank, IV. Zinssätze, 3. Entwicklung der Soll- und Habenzinsen seit der Währungsreform. Siehe Tabelle 3 des Anhangs.

Zahlen jedoch noch besonders durch eine Eigenschaft beeinträchtigt worden sein, die der Methode anhaftet, mit der wir die Gewinne ermittelt haben. Während nämlich bei der Ermittlung einer Gesamtgröße aus der Addition mehrere Teilgrößen, die mit einem statistischen Fehler behaftet sind, die prozentuale Abweichung der errechneten Gesamtgröße von ihrem tatsächlichen Wert nie größer sein kann, als das gewogene Mittel der Abweichungen der Teilgrößen von ihren tatsächlichen Werten, kann dies sehr wohl bei der Ermittlung einer Größe der Fall sein, die durch Subtraktion mehrerer mit statistischen Fehlern behafteter Zahlen gewonnen wird.

Der Nettoproduktionswert kann nicht nur durch Abzug des Materialverbrauchs und der Aufwendungen für Vorleistungen aus anderen Bereichen ermittelt werden, er könnte, - falls das statistisch möglich ist -, auch aus der Addition von "verbrauchsbedingten Abschreibungen", den sogenannten "Kostensteuern", und der Wertschöpfung, die wiederum die Summe der Löhne und Gehälter, der Fremdkapitalzinsen, der Netto-Mieten und -Pachten, sowie des Unternehmereinkommens ist, berechnet werden.[125]

Es ergibt sich also folgendes Schema:

Umsatz

± Bestandsveränderung an Fertig- und Halbwaren

\- Handelsware

= Bruttoproduktionswert

\- Materialverbrauch (einschl. Transportleistungen)

\- sonstige Vorleistungen (Lohnarbeiten, Fremdreparaturen, Spesen u.a.)

= Nettoproduktionswert bzw. in der Terminologie der Volkseinkommensrechnung : Beitrag zum Bruttoinlandsprodukt

\- verbrauchsbedingte Abschreibungen

= Beitrag zum Nettoinlandsprodukt zu Marktpreisen

\- Kostensteuern

= Wertschöpfung

\- Löhne, Gehälter, Sozialversicherungsbeiträge, freiwillige Sozialaufwendungen

\- Fremdkapitalzinsen

\- Netto-Mieten und -Pachten

= Bruttogewinn (einschl. des Arbeitseinkommens der Unternehmer)

\- Direkte Steuern

= Nettogewinn (einschl. des Arbeitseinkommens der Unternehmer)

125. Brutto- und Nettoproduktionswerte der Industrie im Jahre 1950, Sonderheft 7, a.a.O., S.4/5.

Wir haben versucht, nicht nur die Brutto- sondern auch die Nettogewinne zu berechnen, da wir glauben, daß die Höhe der Nettogewinne für die Investitionen von größerer Bedeutung ist als die der Bruttogewinne, aus denen noch die direkten Steuern gezahlt werden müssen. Denn für die Finanzierung der Bruttoinvestitionen stehen an Eigenmitteln - ausgenommen etwaige Kapitaleinlagen - nur die verdienten Abschreibungen und die Nettogewinne, letztere allerdings noch um den Eigenverbrauch der Unternehmer vermindert, zur Verfügung. Da, wie bereits erwähnt, die Abschreibungen nicht mit genügender Genauigkeit ermittelt werden konnten, ist für die Berechnung die Größe "Nettogewinne plus Abschreibungen" zuverlässiger als die Nettogewinne allein.

Von den Nettoproduktionswerten der gesamten Industrie waren für die Ermittlung des Gewinnes in den einzelnen Jahren folgende von ihr gezahlten Posten abzuziehen:[126)]

Nettoproduktionswert minus

1. Lohn- und Gehaltssumme ohne Arbeitgeberanteil zur Sozialversicherung
2. Arbeitgeberanteil zur Sozialversicherung
3. Freiwillige Sozialleistungen
4. Zinsmehraufwendungen
5. Umsatzsteuer
6. Sonstige indirekte Steuern[127)]
7. Kohlenabgabe
8. Grundsteuer
9. Gewerbesteuer (einschl. Lohnsummensteuer)
   = Bruttogewinn plus Abschreibungen minus
10. Körperschaftssteuer
11. Veranlagte Einkommensteuer
12. Vermögenssteuer
13. Notopfer Berlin
14. Lastenausgleichsabgabe (Vermögens-, Hypothekengewinn-, Kreditgewinnabgabe)[128)]
    = Nettogewinn plus Abschreibungen minus
15. Abschreibungen
    = Nettogewinn

126. Eine ausführliche Darstellung der Bestimmung der vom Nettoproduktionswert abgezogenen Größen ist als Anhang beigefügt.
127. Grunderwerbsteuer, Zuschlag zur Grunderwerbsteuer, Kapitalverkehrssteuer, Versicherungssteuer, Wechselsteuer, Kraftfahrzeugsteuer, Tabaksteuer, Kaffee- und Teesteuer, Zuckersteuer, Biersteuer, Abgaben auf Grund des Spiritusmonopols, Mineralölsteuer, Schaumweinsteuer, Zündwarensteuer und Abgaben auf Grund des Zündwarenmonopols, Salzsteuer, Essigsäuresteuer, Leuchtmittelsteuer, sonstige Verbrauchssteuern (Spielkartensteuer, Süßstoffsteuer usw.)
128. Die Lastenausgleichsabgabe gilt allerdings etwa zu einem Drittel als Betriebsausgabe und schmälert dadurch den körperschafts- bzw. einkommensteuerpflichtigen Gewinn.

Über die Aufteilung bzw. Zurechnung dieser Posten auf die verschiedenen Industriegruppen wird bei der Erläuterung der einzelnen Positionen gesprochen werden.

Steuern, die bei der Berechnung unberücksichtigt blieben, waren alle nicht veranlagten Steuern vom Ertrag, bei denen es sich in erster Linie um die im Quellenabzugsverfahren erhobene Kapitalertragssteuer handelt. Da die Industriebetriebe grundsätzlich veranlagt werden, konnten bei der Industrie diese Steuern also nicht anfallen. Außerdem blieb die Erbschaftssteuer unberücksichtigt, weil die Körperschaften keine Erschaftssteuer zahlen und bei dem ohnehin geringen Aufkommen an Erbschaftssteuer der auf Personengesellschaften und Einzelfirmen entfallende Betrag kaum ins Gewicht fallen dürfte. Ferner blieben alle Steuern unberücksichtigt, bei denen die Industrie als Steuerschuldner nicht in Frage kommt, wie Rennwett- und Lotteriesteuer, Feuerschutzsteuer[129)] und die Aufwandsteuern der Gemeinden. Die Zölle brauchten ebenfalls nicht berücksichtigt zu werden, da diese, falls die Industriebetriebe importierte, verzollte Güter verarbeiten, zu den Vorleistungen gehören und folglich nicht mehr im Nettoproduktionswert enthalten sind.

Die von uns auf die oben beschriebene Art ermittelten "Nettogewinne einschließlich der Abschreibungen" der Industrie und der Industriegruppen sind der Tabelle 50 des Anhangs zu entnehmen.

Setzen wir von dem "Nettogewinn einschließlich der Abschreibungen" noch die oben genannten Abschreibungsbeträge ab, so ergeben sich die gleichfalls aus Tabelle 50 des Anhangs ersichtlichen Nettogewinne der Industrie.

Diese Zahlen sind jedoch mit größter Vorsicht zu betrachten, da es sich bei der Schätzung der Abschreibungen nicht um die verbrauchsbedingten, sondern um die buchmässigen Abschreibungen handelt. Während die Nettogewinne im Vergleich zur Lohn- und Gehaltssumme sehr hoch erscheinen, - sie betrugen für die gesamte Industrie im Durchschnitt der Jahre 1952 bis 1958 rund 60 % der Lohn- und Gehaltssumme, im Jahre 1951 sogar etwas über 100 % -, scheinen sie im Vergleich zum Umsatz nicht mehr so unwahrscheinlich hoch zu sein,[130)] insbesondere wenn man berücksichtigt, daß in diesen Gewinnen das Arbeitseinkommen der Unternehmer enthalten ist.

---

129. Bei der Feuerschutzsteuer ist Steuerschuldner der Versicherer (§ 5 FeuerschStG).
130. Vgl. Tabelle 4 des Anhangs.

7. Preisbereinigung

Bei den späteren Berechnungen haben wir versucht, die Preisbewegungen auszuschalten. Während der Umrechnung der Investitionen und der Größe der Produktion auf konstante Preise kaum größere Schwierigkeiten entgegenstanden (hier standen in den Preisindizes der Investitionsgüter und dem Index der Erzeugerpreise geeignete Indizes zur Verfügung), bereitete die Umrechnung der Gewinne größere Schwierigkeiten. Wir haben uns schließlich entschlossen, die Gewinne ebenfalls mit dem Preisindex der Investitionsgüter zu deflationieren, da wir sie für unsere Zwecke unter dem Gesichtspunkt der Investitionsentscheidung und -finanzierung betrachten. Allerdings kann dieser Index kaum Anspruch darauf erheben, der "richtige" Index zu sein, denn zumindest der Teil des Gewinns, der von den Unternehmern zum Verbrauch bestimmt bzw. verwendet wurde, hätte mit dem Lebenshaltungskostenindex deflationiert werden müssen.

Kapitel V:

Die Ergebnisse der Berechnungen

A) Angewandte Methode

Die im folgenden Teil aufgeführten empirischen Ergebnisse sind mit Hilfe der Methode der kleinsten Quadrate ermittelt worden. Die Konfidenzintervalle wurden für eine Wahrscheinlichkeit von 0,05 berechnet. Ein mit einer Wahrscheinlichkeit von 0,05 berechnetes Konfidenzintervall besagt folgendes: Betrachtet man die Werte der zugrunde gelegten Zeitreihe als Zufallsauswahl aus einer größeren Gesamtheit, so wird eine andere Zufallsauswahl aus dieser Gesamtheit nur in 5 % aller Fälle einen Wert ergeben, der außerhalb der Grenzen des Konfidenzintervalls liegt.[131)]

Bei Anwendung der Methode der kleinsten Quadrate dürfen die Restwerte nicht autokorreliert sein (d.h. die Residuen müssen zufallsverteilt sein), und bei Mehrfachkorrelation darf keine Multikollinearität vorliegen. Außerdem müssen natürlich noch andere Voraussetzungen erfüllt sein (vgl. I.Teil).

131. Beim Wahrscheinlichkeitsgrad von 0,05 liegen bei acht Beobachtungswerten (soviel haben wir in unserer Untersuchung) die Signifikanzgrenzen für den Korrelationskoeffizienten (r) bei 0,707, für die Koeffizienten für die Autokorrelation der Restwerte (r_1), bei deren Berechnung sich die Zahl der Freiheitsgrade um 1 verringert, für positive Werte bei 0,370, für negative Werte bei - 0,674.

Multikollinearität liegt dann vor, wenn zwei erklärende Variable stark miteinander korreliert sind (oder wenn zwischen einer erklärenden Variablen und einer Gruppe anderer erklärender Variabler eine hohe Korrelation besteht).

Für die Prüfung der Multikollinearität ist die von FRISCH entwickelte Büschelkartenanalyse (bunch-map-analysis) herangezogen worden.

Bei Autokorrelation der Residuen trifft für unsere Stichprobe die für die Grundgesamtheit gemachte Voraussetzung der Unabhängigkeit der Erwartungswerte für die Residuen von der Zeit nicht mehr zu. Wir nehmen an, daß in den Residuen μ_t neben den zufallsverteilten ε_t-Werten noch ein autoregressives Element vorhanden ist ($\mu_t = r_1^* \mu_{t-1} + \varepsilon_t$), in dem r_1^* einen autoregressiven Parameter darstellt, nämlich den Schätzwert von r_1. Ist der Schätzwert $r_1^* = 0$, folgt daraus die Identität $\mu_t = \varepsilon_t$, d.h. die Voraussetzung der Unabhängigkeit der ε_t-Werte von der Zeit ist erfüllt, sie sind also Zufallswerte. Bei Korrelation ökonomischer Größen wird das aber selten der Fall sein.[132)]

B) Ergebnisse für die gesamte Industrie

Die für die gesamte Industrie ermittelten empirischen Ergebnisse entsprechen den Erwartungen, die wir nach der Untersuchung der bisherigen Entwicklung der Investitionsfunktionen haben konnten.

1. Korrelationen mit nicht-preisbereinigten Reihen

a) Zinsabhängigkeit der Investition

Die Hypothese, daß allein Veränderungen des Zinssatzes die Investitionstätigkeit beeinflussen, d.h., daß bei steigendem Zinssatz die Investitio-

132. Liegt der Schätzwert r_1^* über 0,370 für positive Werte (bzw. unter -0,674 für negative Werte), so ist die Autokorrelation der Restwerte signifikant. Der Schätzwert r_1^* kann dann zu einer autoregressiven Transformation der Beobachtungsreihen benutzt werden. Die transformierten Reihen lauten dann:

$$I_t - r_1^* I_{t-1} = \alpha_o (1-r_1^*) + \alpha_1 (X_t - X_{t-1}) + \varepsilon_t \qquad (1)$$

In dieser transformierten Gleichung entspricht der Wert α_o $(1-r^*_1)$ dem Wert α_o in der nicht-transformierten Gleichung und α_1 dem Parameter des X-Wertes in der nicht-transformierten Reihe. Die neuen ε_t-Werte werden dann wiederum auf Autokorrelation geprüft, liegen sie über + 0,245 für positive Werte bzw. unter - 0,708 für negative Werte, so ist die Autokorrelation der Restwerte durch die Transformation der Beobachtungsreihen nicht beseitigt worden, die Residuen sind dann nicht normalverteilt, die Ergebnisse statistisch nicht gesichert.

nen eingeschränkt, bei sinkendem dagegen vergrößert werden, muß abgelehnt werden. Die Verwendung des jährlichen Durchschnittes des Zinses für zugesagte Kredite (z)[133] als Variable ergibt folgende Gleichung:

$$I_t^{brutto} = \begin{matrix} -\ \ 412 \\ -\ 2.557 \\ -\ 4.702 \end{matrix} \begin{matrix} 283.493 \\ +\ 108.212 \\ -\ \ 67.069 \end{matrix} \left(\frac{1}{z}\right) + u_t \qquad \begin{matrix} r = 0{,}525 \\ r_1^{*} = 0{,}754 \end{matrix} \qquad (2)$$

Der niedrige Korrelationskoeffizient ist nicht signifikant, allerdings ist auch die Autokorrelation der Restwerte mit 0,754 sehr hoch. Durch die autoregressive Transformation gelang es, den Autokorrelationskoeffizienten der Restwerte auf 0,434 herabzudrücken, einen Wert, der immer noch über der Signifikanzgrenze liegt. Die neue Regressionsgleichung lautet dann aber:

$$I_t^{brutto} = \begin{matrix} 3.811 \\ 3.152 \\ 2.439 \end{matrix} \begin{matrix} 55.009 \\ +\ \ 2.545 \\ -\ 49.919 \end{matrix} \left(\frac{1}{z}\right) + u_t \qquad \begin{matrix} r = 0{,}048 \\ r_1^{*} = 0{,}434 \end{matrix} \qquad (2a)$$

Der Korrelationskoeffizient der transformierten Gleichung liegt so niedrig, daß die Nullhypothese, die in unserem Falle besagt, daß in der Grundgesamtheit keine Korrelation zwischen dem Zinssatz und den Bruttoinvestitionen besteht, nicht zurückgewiesen werden kann. Zudem zeigen die weiten Konfidenzintervalle in (2a), daß der wirkliche Regressionskoeffizient zwischen 55.009 und -49.919 liegen kann. Über die quantitative Wirkung des Zinses auf die Investition geben also die Ergebnisse wegen der weiten Konfidenzbereiche keine zuverlässigen Anhaltspunkte.

b) Das Akzelerationsprinzip

Die Prüfung der Akzeleratorhypothese läßt sich mit dem uns zur Verfügung stehenden Material nur schwer durchführen. Eine sinnvolle funktionale Abhängigkeit der Investitionen von den Veränderungen des Konsums (ΔC) oder des Volkseinkommens (ΔY) kann nur bestehen, wenn als Variable die Nettoinvestitionen verwendet werden.

Nun mußten wir aber bereits bei der Erarbeitung des statistischen Zahlenmaterials darauf hinweisen, daß sich für die Nettoinvestitionen nur schwer zuverlässige Werte bestimmen lassen, weil sichere Angaben über die Abschreibungen fehlen.[134] Unsere Abschreibungen haben wir mit Hilfe der

133. Vgl. Seite 132.
134. Vgl. Seite 128 ff.

in der Bilanzstatistik[135] angegebenen Werte für die Abschreibungen und der Lohn- und Gehaltssumme für die gesamte Industrie geschätzt. Diese Abschreibungen sind sicher zu hoch.

Trotz des wenig zuverlässigen Ausgangsmaterials haben wir aber versucht (und wollen wegen der geringen Zuverlässigkeit der zugrunde gelegten Werte diesen Versuch auch nur für die gesamte Industrie vornehmen), sowohl die klassische Formulierung des Akzelerators, also die Abhängigkeit der Nettoinvestition von den Veränderungen des Konsums (ΔC) als auch die HICKSsche Formulierung (Abhängigkeit von den Veränderungen des Volkseinkommens ΔY) und eine neuere Variante, die Abhängigkeit von den Veränderungen der Produktion (ΔX) zu prüfen. Wir haben also Einfach-Korrelationen zwischen den Nettoinvestitionen und den jährlichen Konsum-, Volkseinkommens- und Produktionsänderungen (ΔC, ΔY, ΔX) ermittelt.

Bei der Interpretation unserer Ergebnisse wird man aber berücksichtigen müssen, daß die Annahme, die statistischen Größen seien frei von Beobachtungsfehlern, mit Sicherheit nicht erfüllt ist. Die ermittelten empirischen Gleichungen lauten:

$$I_t^{netto} = \begin{matrix} -355 \\ -830 \\ -1.305 \end{matrix} + \begin{matrix} 0,386 \\ 0,185 \\ -0,016 \end{matrix} \Delta C + u_t \qquad r = 0,676 \qquad (3)$$

$$I_t^{netto} = \begin{matrix} -226 \\ -631 \\ -1.036 \end{matrix} + \begin{matrix} 0,202 \\ 0,111 \\ 0,020 \end{matrix} \Delta Y + u_t \qquad r = 0,779 \qquad (4)$$

$$I_t^{netto} = \begin{matrix} 526 \\ 114 \\ -298 \end{matrix} + \begin{matrix} 0,227 \\ 0,124 \\ 0,021 \end{matrix} \Delta X + u_t \qquad r = 0,769 \qquad (5)$$

Die Korrelationskoeffizienten für alle drei Gleichungen liegen in der Nähe der Signifikanzgrenze (bei einer Wahrscheinlichkeit von 0,05 ist die Signifikanzgrenze 0,707), diejenigen für die Variablen ΔY und ΔX liegen wenig darüber, derjenige für ΔC etwas darunter. Die Hypothese, daß die Nettoinvestitionen durch Veränderungen des Konsums induziert werden, kann also nicht angenommen werden.

Die Regressionskoeffizienten sind in allen drei Gleichungen erheblich kleiner als 1. Diese niedrigen Schätzwerte widersprechen aber trotz der Akzeleratorthese von HICKS, der einen Akzelerator $\geqq 1$ annimmt, der öko-

135. Vgl. Seite 129.

nomischen Theorie nicht. Der Akzelerator in der Harrodschen Modifikation, also definiert als Abhängigkeit der Nettoinvestitionen von den Veränderungen des Volkseinkommens:

$$I^{netto} = \beta\,(Y_t - Y_{t-1}) \quad \text{oder} \quad I^{netto} = \beta\,(\Delta Y) \quad \text{ergibt nach } \Delta Y$$

aufgelöst:

$$\Delta Y = \frac{1}{\beta}\,(I^{netto}).$$

Diese Formel erinnert aber an den Kapitalkoeffizienten, der das Verhältnis angibt, in dem eine Erhöhung der Investitionen die Produktion oder (bei Annahme der Gleichheit von Produktion und Volkseinkommen) das Volkseinkommen vergrößert: $\Delta Y = C\,(I)$. Während der Akzelerator die Wirkung der Veränderungen des Volkseinkommens auf die Investitionen angibt, sind beim Kapitalkoeffizienten die Investitionen die Ursache und die Veränderungen des Volkseinkommens die Wirkung. Setzt man die nach ΔY aufgelöste Gleichung für den Akzelerator mit der Gleichung für den Kapitalkoeffizienten gleich, so ergibt sich: $C = \frac{1}{\beta}$, d.h., daß der Akzelerator den reziproken Wert des Kapitalkoeffizienten darstellt.[136] Ein Akzelerator < 1 bedeutet also, daß der Kapitalkoeffizient > 1 ist. Nun ist der Kapitalkoeffizient für die gesamte Industrie in der Bundesrepublik in der Nachkriegszeit sicher größer als 1, wahrscheinlich liegt er zwischen 2 und 3, d.h. also, daß Schätzungen für einen Akzeleratorwert < 1 durchaus mit den Schätzungen für den Kapitalkoeffizienten übereinstimmen. STÖWE[136a] kommt bei seinen Untersuchungen zu dem gleichen Ergebnis. Nach seinen Berechnungen ist der Akzelerator kleiner als 1, liegt aber wahrscheinlich näher bei Eins als bei Null.

Allerdings sind in den von uns verwendeten Werten für die Nettoinvestition die autonomen Investitionen enthalten. die von den Veränderungen der Akzeleratorgrößen unbeeinflußt bleiben.

---

136. Diese Beziehung ist allerdings nur eine ganz allgemeine Aussage. OTT (Ott, The Relation Between the Accelerator and the Capital Output Ratio, Economic Studies, Bd.25, Nr.3, S.190 ff.) hat nachgewiesen, daß sie nur für die induzierten Investitionen und auch dann nur unter bestimmten Voraussetzungen gilt, nämlich dann, wenn die Unternehmer bei einem "neutralen" Verhalten, d.h. ohne optimistische oder pessimistische Erwartungen, unverzüglich auf eine Veränderung des Volkseinkommens reagieren, also in der gleichen Periode investieren und außerdem die Investitionen in der gleichen Periode zur Erweiterung der Kapazität führen. Nach OTTs Ansicht ist das Zusammentreffen dieser Voraussetzungen sehr unwahrscheinlich, so daß der Akzelerator also nur im Ausnahmefall genau den reziproken Wert des Akzelerators darstellt.

136a. STÖWE, a.a.O., S.78 ff.

Wir wollen aus unseren Ergebnissen keine allgemeinen Folgerungen ziehen, die die Wirksamkeit des Akzeleratorprinzips betreffen, da ihre Aussagekraft wegen der geringen Zuverlässigkeit des statistischen Ausgangsmaterials erheblich eingeschränkt ist. Sie können nicht mehr als ein Anhaltspunkt für die Bedeutung des Akzelerators sein.

Später werden wir allerdings bei der Interpretation der Ergebnisse mit Verwendung des Produktionswertes als Variabler noch einmal auf den Akzelerator eingehen, da durch einige Umformungen mit Hilfe dieser Investitionsgleichung auch Näherungswerte für den Akzelerator bestimmt werden können.

c) Die Abhängigkeit der Investitionen von der Produktion

Ein besseres Ergebnis als bei Verwendung der Produktionsveränderungen und der Nettoinvestition ergibt sich mit dem Nettoproduktionswert und den Bruttoinvestitionen. Die empirische Investitionsgleichung mit den Werten des laufenden Jahres lautet:

$$I_t^{brutto} = \begin{matrix} -\ 733 \\ -\ 1.238 \\ -\ 1.743 \end{matrix} + \begin{matrix} 0{,}173 \\ 0{,}144 \\ 0{,}114 \end{matrix} (X_t) + u_t \qquad \begin{matrix} r = 0{,}980 \\ r_1^* = 0{,}522 \end{matrix} \qquad (6)$$

Der Korrelationskoeffizient ist zwar gut und die Konfidenzbereiche sind annehmbar, die Hypothese der Nicht-Autokorrelation der Restwerte kann aber nicht akzeptiert werden. Der Koeffizient für die Autokorrelation der Residuen liegt über der Signifikanzgrenze. Der Korrelationskoeffizient, die geschätzten Parameter und die berechneten Konfidenzintervalle sind also nicht zuverlässig, da die u_t-Werte nicht normalverteilt sind.

Durch die autoregressive Transformation der Reihen wurde die Autokorrelation niedriger, sie lag mit 0,359 unter der Signifikanzgrenze. Die neue Gleichung lautet:

$$I_t^{brutto} = \begin{matrix} 267 \\ -\ 180 \\ -\ 627 \end{matrix} + \begin{matrix} 0{,}188 \\ 0{,}132 \\ 0{,}076 \end{matrix} X_t + u_t \qquad \begin{matrix} r = 0{,}920 \\ r_1^* = 0{,}359 \end{matrix} \qquad (6a)$$

Der neue Korrelationskoeffizient ist zwar gegenüber (6) niedriger und die Konfidenzbereiche sind weiter, die Schätzungen in (6a) sind aber wegen der geringeren Autokorrelation der Restwerte zuverlässiger.

Das absolute Glied der Gleichung ist mit - 180 unbedeutend, es kann bei dem Konfidenzintervall von - 627 bis + 267 auch Null oder positiv sein. Der Parameter der Produktionswerte besagt, daß die Investitionen etwa

13 % der Produktion der betreffenden Periode ausmachen, bzw. daß bei einer Steigerung der Produktion die Bruttoinvestitionen um 13 % dieser Steigerung zunehmen werden.

Die Verwendung des Vorjahreswertes der Produktion (X_{t-1}) führte gegenüber den Produktionswerten der laufenden Periode zu einer Verbesserung der Ergebnisse. Die Autokorrelation der Restwerte liegt unter der Signifikanzgrenze, sie ist sogar noch niedriger als in der tranformierten Gleichung (6a). Eine Transformation der Reihen ist also nicht notwendig.

Wir ermittelten folgende Regressionsgleichung:

$$I_t^{brutto} = \underset{163}{\overset{1.741}{952}} + \underset{0,086}{\overset{0,171}{0,129}} X_{t-1} + u_t \qquad r = 0,950 \quad r_1^* = 0,344 \qquad (7)$$

Das absolute Glied ist gegenüber (6a) größer, der Parameter für X_{t-1} daher trotz des besseren Korrelationskoeffizienten etwas niedriger. Der Vergleich der Korrelationskoeffizienten von (6a) und (7) zeigt, daß die Vorjahreswerte einen größeren Einfluß auf die Investitionsentscheidungen zu haben scheinen als die Produktionswerte des laufenden Jahres. Das erscheint ökonomisch auch sinnvoller als die Orientierung am Wert der laufenden Produktion.

Die Hypothese, daß die Unternehmer bei ihren Investitionsentscheidungen sich nicht nur an der Produktion der laufenden Periode oder der Vorperiode orientieren, sondern die Entwicklung in der Vergangenheit in einem längeren Zeitraum beobachten, führte zu guten Ergebnissen. Wir haben, um diesen Gedanken Rechnung zu tragen, die einzelnen Jahresproduktionswerte durch gleitende Dreijahresdurchschnitte ersetzt, also für X_t

$$\frac{X_t+X_{t-1}+X_{t-2}}{3}$$

gesetzt, für X_{t-1}

$$\frac{X_{t-1}+X_{t-2}+X_{t-3}}{3}$$

und so fort. Um nicht allzu viele Werte zu verlieren (bei Anwendung dieser Methode gehen zwei Beobachtungswerte verloren), haben wir uns auf Durchschnitte für drei Jahre beschränkt. Es ist aber auch nicht anzunehmen, daß die Unternehmer einen wesentlich längeren Zeitraum in ihre Überlegungen einbeziehen werden. Bei Verwendung dieser Durchschnitte anstelle der jährlichen Produktionswerte ermittelten wir folgende Gleichung:

$$I_t^{brutto} = \underset{-\,182}{\overset{1.446}{632}} + \underset{0{,}082}{\overset{0{,}186}{0{,}134}} \frac{X_t + X_{t-1} + X_{t-2}}{3} + u_t \qquad \begin{matrix} r = 0{,}947 \\ r_1^* = 0{,}369 \end{matrix} \qquad (8)$$

Der Korrelationskoeffizient ist ungefähr gleich groß wie in (7). Bei den Produktionswerten als Variablen scheinen also nicht die Werte des laufenden Jahres Orientierungspunkt für die Investitionsentscheidung zu sein, sondern in der Vergangenheit liegende Werte stärker herangezogen zu werden.

Auch der naheliegende Versuch einer multiplen Korrelation mit Verwendung der Produktionswerte X_t und X_{t-1} als unabhängigen Variablen, also mit einer Funktion von der Form:

$$I_t^{brutto} = \alpha_o + \alpha_1 X_t + \alpha_2 X_{t-1} + u_t \qquad (9)$$

führt zu keiner Verbesserung der Ergebnisse. Wir ermittelten für (9) folgende empirische Gleichung:

$$I_t^{brutto} = -\,1.563 + \underset{0{,}012}{\overset{0{,}330}{0{,}171}} X_t - \underset{-\,0{,}173}{\overset{0{,}121}{0{,}026}} X_{t-1} + u_t \qquad r = 0{,}980 \quad (9a)$$

Der Korrelationskoeffizient erscheint zwar recht gut, die Büschelkartenanalyse[137)] zeigt aber, wie aus Abbildung 3 ersichtlich ist, daß der Einschluß von X_{t-1} (Strahl 7) zu X_t (Strahl 6) und I (Strahl 1) zur Öffnung des Büschels führt. Die Hinzunahme des Vorjahreswertes der Produktion zum Produktionswert des laufenden Jahres als neuer Variabler ist schädlich.

Eine multiple Korrelation mit diesen beiden Variablen ist also wegen der bestehenden Multikollinearität nicht möglich, obwohl ökonomisch die zugrunde gelegte Hypothese durchaus sinnvoll ist. Die in (9a) angegebenen Werte sind statistisch nicht gesichert.

Mit Hilfe der in den Investitionsgleichungen geschätzten Parameter α_o und α_1 und der bekannten Jahresproduktionswerte, die den Berechnungen zugrunde gelegt wurden, lassen sich nun rechnerisch Investitionswerte ermitteln.

---

137. Über die Interpretation der Büschelkarten vgl. Teil I, S.51 ff.

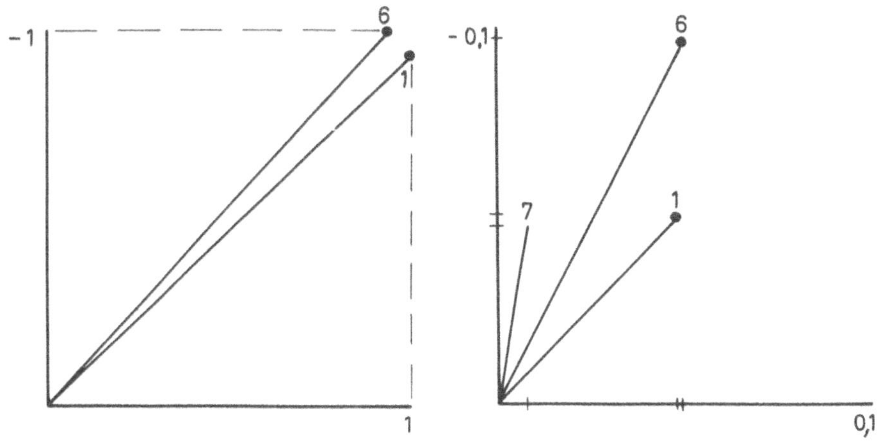

A b b i l d u n g 3

(Maßstab: 0,1 = 50 Einheiten)

Die auf diese Weise mit Hilfe der empirischen Funktion errechneten jährlichen Investitionswerte können mit den bekannten Investitionsgrößen verglichen und die Abweisungen der gemessenen von den errechneten Werten bestimmt werden. Die absolute Abweichung ist dann I* - I, wobei I* den errechneten und I den gemessenen Wert angibt, die relative Abweichung wird gegeben durch $\frac{I^*-I}{I} \cdot 100$, sie gibt also die Abweichung in Prozent des gemessenen Wertes an.

Für die empirische Funktion (7) $I_t^{brutto} = 952 + 0{,}129\ X_{t-1} + u_t$ ergaben sich folgende Abweichungen:

T a b e l l e 1

Jahr	I*	I	I* - I	I* - I (in % von I)
1951	5.962	6.140	- 178	- 2,9
1952	8.027	7.130	+ 897	+ 12,6
1953	8.642	7.940	+ 702	+ 8,8
1954	9.173	9.170	+ 3	+ 0,03
1955	9.992	11.580	-1.588	- 13,7
1956	11.600	12.280	- 680	- 5,5
1957	12.677	12.650	+ 27	+ 0,2
1958	13.670	12.850	+ 820	+ 6,4

Große Abweichungen liegen mit 12,6 % bzw. 8,8 % in den Jahren 1952/1953. Sie scheinen durch den Korea-Boom bedingt zu sein. Die Unternehmer hielten wahrscheinlich den hohen Produktionsanstieg von 38,9 Mrd.DM im Jahre

1950 auf 55,0 Mrd.DM 1951, eine Steigerung von 41,2 % also, für kurzfristig und machten ihn nicht zur Grundlage ihrer Investitionsüberlegungen. Die späteren großen Abweichungen 1955/56 und 1958 deuten auf einen systematischen Fehler hin, wie auch der Verlauf der Kurven der errechneten und der gemessenen Investitionen zeigt. Diese Abweichungen weisen eine gewisse Regelmäßigkeit auf und sind sicher nicht zufällig. In der zugrunde gelegten Funktion sind nicht alle Einflüsse erfaßt. Seit 1953/54 scheinen die Abweichungen durch die Konjunkturentwicklung bedingt zu sein. In Zeiten guter Konjunktur neigen die Unternehmer zu Investitionen, die über denen liegen, die sie vornehmen würden, wenn sie sich nur am Produktionsvolumen orientierten. Das zeigen vor allem die Abweichungen in den Jahren 1955/56. In Rezessionsjahren dagegen reagieren sie umgekehrt und investieren weniger als bei einem nur am Produktionsvolumen ausgerichteten Verhalten. In einem Rezessionsjahr wie 1958 liegen also die tatsächlichen Investitionen unter den mit Hilfe der empirischen Funktionen ermittelten Werten. Ein Verhalten nach der Investitionsfunktion kann also als "normales Verhalten" interpretiert werden, von dem die Unternehmer bei guter Konjunktur nach oben, bei schlechter nach unten abweichen. Auch plötzliche, starke Veränderungen der Produktion, die durch außerordentliche Einflüsse, wie etwa den Korea-Boom hervorgerufen und deren Wirkungen für kurzfristig gehalten werden, können gleichfalls zu einem Abweichen von nur am Produktionswert orientierten Verhalten führen.

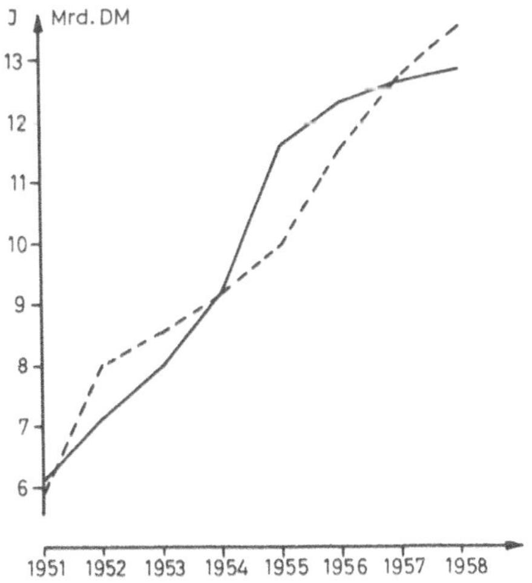

——— gemessene Werte
– – – errechnete Werte

A b b i l d u n g 4

Anpassung der Funktion (7) $I_t^{brutto} = 952 + 0{,}129\ X_{t-1} + u_t$

Die Anpassung der mit Hilfe der Funktion (6)

$$I_t^{brutto} = - 1.238 + 0.144\ X_t + u_t$$

ermittelten Investitionswerte an die tatsächlichen Investitionen weist den gleichen systematischen Fehler auf wie die der Funktion (7), allerdings zeitlich etwas verschoben, da in (6) der Produktionswert der laufenden Periode verwendet worden ist, in (7) dagegen der der Vorperiode.

Die größten Abweichungen liegen also früher, 1951, 1954/55/56 und wieder 1958. Die Kurve der errechneten Investitionen ist in Abbildung 5 gegenüber Abbildung 4 nach rechts verschoben, trotzdem ist die Gleichartigkeit des Verlaufes der Abweichungen auffällig. Die Ursachen dafür sind sicher die gleichen wie für die Abweichungen der Funktion (7).

T a b e l l e 2

Abweichungen der Funktion (6) $I_t = -1.238 + 0,144\ X_t + u_t$

Jahr	I*	I	I* - I	I* - I (in % von I)
1951	6.655	6.140	+ 515	+ 8,4
1952	7.341	7.130	+ 211	+ 3,0
1953	7.933	7.940	- 7	- 0,1
1954	8.847	9.170	- 323	- 3,5
1955	10.640	11.580	- 940	- 8,1
1956	11.842	12.280	- 438	- 3,6
1957	12.950	12.650	+ 300	+ 2,4
1958	13.534	12.850	+ 684	+ 5,3

T a b e l l e 3

Abweichungen der Funktion (6a) $I_t = -180 + 0,132\ X_t + u_t$

Jahr	I*	I	I* - I	I* - I (in % von I)
1951	6.888	6.140	+ 748	+12,2
1952	7.520	7.130	+ 390	+ 5,5
1953	8.064	7.940	+ 124	+ 1,6
1954	8.906	9.170	- 264	- 2,9
1955	10.557	11.580	-1.023	- 8,8
1956	11.663	12.280	- 617	- 5,0
1957	12.683	12.650	+ 33	+ 0,3
1958	13.221	12.850	+ 371	+ 2,9

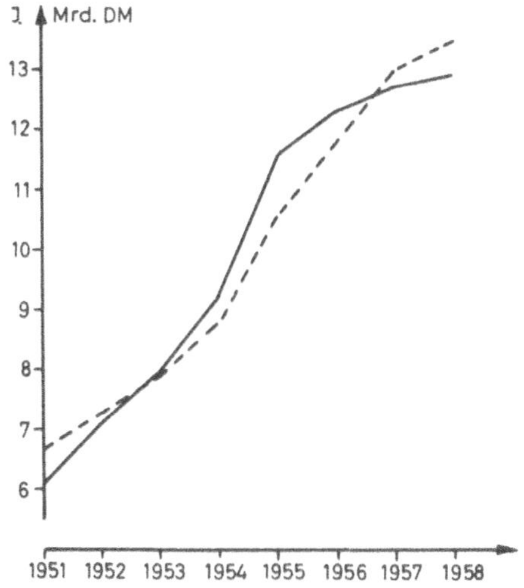

A b b i l d u n g 5

Anpassung der Funktion (6) $I_t^{brutto} = - 1.238 + 0{,}144\ X_t + u_t$

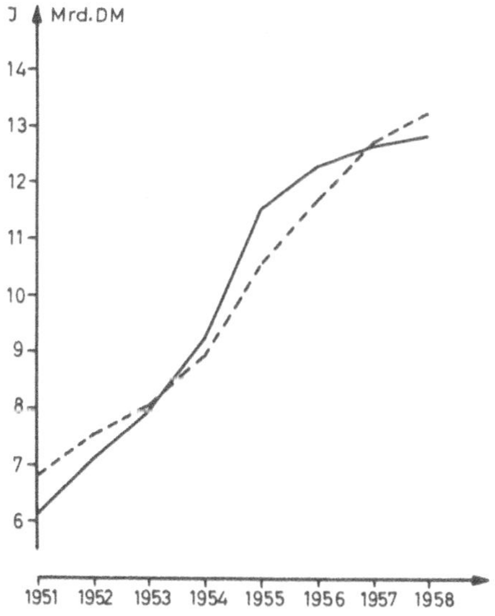

A b b i l d u n g 6

Anpassung der Funktion (6a) $I_t^{brutto} = - 180 + 0{,}132\ X_t + u_t$

Auch durch die autoregressive Transformation der Funktion (6) konnte der systematische Fehler nicht beseitigt werden. Die Kurven in Abbildung 6 zeigen nahezu den gleichen Verlauf wie die in Abbildung 5. Allerdings kommt in den transformierten Reihen der Einfluß des Korea-Booms stärker zum Ausdruck als in den nichttransformierten.

d) Ermittlung eines Akzeleratorwertes mit Hilfe der Funktion $I_t^{brutto} = a_o + a_1 X_t + u_t$

Hinter der Hypothese $I_t^{brutto} = a_o + a_1 X_t + u_t$ kann sich eine kompliziertere Gleichung, etwa von der Form:

$$I_t^{brutto} = a_o^* + a_1^* X_t + a_2^* (X_{t-1} - X_{t-2}) + u_t \qquad (10)$$

verbergen, in der $a_1^* X_t$ den Wert der Ersatzinvestition, $a_2^* (X_{t-1} - X_{t-2})$ die Erweiterungsinvestition nach dem Akzeleratorprinzip darstellen.

Nun ist aber

$$\frac{X_{t-1} - X_{t-2}}{X_{t-2}} = \beta \qquad (10a)$$

die Wachstumsrate. $(X_{t-1} - X_{t-2})$kann also auch durch $\beta(X_{t-2})$ ausgedrückt werden.

Wenn also (10a) gilt, dann ist $X_{t-1} = X_{t-2} (1+\beta)$ und $X_t = X_{t-1} (1+\beta)$ (bei konstanter Wachstumsrate) oder

$$X_{t-2} = \frac{X_{t-1}}{1+\beta} \quad (10b) \quad \text{oder} \quad X_{t-1} = \frac{X_t}{1+\beta}. \qquad (10c)$$

Durch Einsetzen von (10c) in (10b) ergibt sich

$$X_{t-2} = \frac{X_t}{(1+\beta)^2}. \qquad (10d)$$

Der Klammerausdruck $a_2^* (X_{t-1} - X_{t-2})$ in (10) kann also auch

$$a_2^* \left(\frac{X_t}{1+\beta} - \frac{X_t}{(1+\beta)^2}\right) \quad \text{oder} \quad a_2^* \left(\frac{1}{1+\beta} - \frac{1}{(1+\beta)^2}\right) X_t \quad \text{bzw.} \quad a_2^* \frac{\beta}{(1+\beta)^2} X_t$$

geschrieben werden.

Die Gleichung (10) wird also zu

$$I_t^{brutto} = a_o^* + a_1^* X_t + a_2^* \frac{\beta}{(1+\beta)^2} X_t + u_t \qquad (11)$$

oder

$$I_t^{brutto} = a_o^* + \left(a_1^* + a_2^* \frac{\beta}{(1+\beta)^2} \right) X_t + u_t \quad . \qquad (11a)$$

In (11a) bedeutet a_1^* den Reinvestitionskoeffizienten, a_2^* den Akzelerator. Der Koeffizient a_1 in unserer ursprünglichen Funktion $I_t^{brutto}=a_o+a_1X_t+u_t$ entspricht nun dem Klammerausdruck in (11a):

$$a_1 = a_1^* + a_2^* \frac{\beta}{(1+\beta)^2} \qquad (12)$$

Für die Größen in (12) sind aber einige Werte bereits bekannt oder können doch geschätzt werden. Für a_1 kennen wir die Parameterwerte aus den Funktionen (6a) (0,132), (7) (0,128) und (8) (0,133). Der Wert aus (7) ist der zuverlässigste, da in (7) die Autokorrelation der Restwerte nicht allzu groß und der Korrelationskoeffizient der beste der drei Funktionen ist.

Für die Zeit von 1950 bis 1958 betragen unsere errechneten jährlichen Abschreibungen im Durchschnitt 10,6 % des jährlichen Nettoproduktionswertes. Da unsere Abschreibungen aber sicher zu hoch sind, scheint eine Abschreibungsquote von 8 % des Produktionswertes angemessener zu sein.

Die durchschnittliche jährliche Wachstumsrate betrug in der gesamten Industrie im Beobachtungszeitraum rund 9 %.

Setzen wir nun für a_1 = 0,130, für a_1^* = 0,08 und für β = 0,09 ein, so ergibt sich für a_2^*, den Akzelerator ein Wert von 0,660.

Setzen wir aber für den Akzelerator a_2^* einen Wert von 1 ein, so ergibt sich ein Reinvestitionskoeffizient von 0,054, der nach unserem errechneten Prozentsatz der Investition vom Nettoproduktionswert zu niedrig ist.

Beim Einsetzen eines Azelerators von 2 liegt der Reinvestitionskoeffizient sogar in der Nähe von Null (- 0,022), einem Wert, der falsch sein muß.

Ein Akzelerator von 0,6 führt zu einem Abschreibungssatz von rund 8 %, der nach unseren Berechnungen angemessen erscheint. Wir kommen also wieder zu dem bereits bei der Prüfung der Akzelerator-Hypothese erlangten Ergebnis, daß der Akzelerator wahrscheinlich kleiner als 1 ist. Allerdings sind die nun ermittelten Koeffizienten, die um 0,5 liegen, wahrscheinlicher als die früher festgestellten Parameter, die zwischen 0,11 und 0,18 lagen.[138] Es muß aber beachtet werden, daß in den von uns

---

138. Vgl. Seite 139.

verwendeten Investitionswerten wiederum die autonomen Investitionen enthalten sind, die von den Produktionsveränderungen unbeeinflußt bleiben.

e) Die Abhängigkeit der Investitionen von den Gewinnen + Abschreibungen

Die besten Ergebnisse für die gesamte Industrie zeigt die Verwendung der Variablen Gewinne und Abschreibungen (Q+A). Wir ermittelten für die Gewinne und Abschreibungen der laufenden Periode folgende Gleichung:

$$I_t^{brutto} = \begin{matrix} -1.039 \\ -1.487 \\ -1.935 \end{matrix} + \begin{matrix} 0,510 \\ 0,432 \\ 0,354 \end{matrix} (Q + A)_t + u_t \qquad \begin{matrix} r = 0,984 \\ r_1^* = 0,380 \end{matrix} \qquad (13)$$

Der Autokorrelationskoeffizient für die Residuen liegt mit 0,380 so nahe der Signifikanzgrenze, daß wir die Ergebnisse doch noch als zuverlässig angesehen haben.[139] Der Korrelationskoeffizient ist besser als alle Koeffizienten für die Variable Produktion, allerdings ist hier das absolute Glied recht groß.

Die Verwendung der Gewinne des Vorjahres führte zu keiner Verbesserung der Ergebnisse, wie das bei den Vorjahreswerten der Produktion der Fall war. Der Korrelationskoeffizient ist niedriger als der von (13), die Konfidenzintervalle sind weiter. Die entsprechende Gleichung lautet:

$$I_t^{brutto} = \begin{matrix} 2.683 \\ 1.815 \\ 947 \end{matrix} + \begin{matrix} 0,469 \\ 0,344 \\ 0,218 \end{matrix} (Q + A)_{t-1} + u_t \qquad \begin{matrix} r = 0,939 \\ r_1^* = 0,205 \end{matrix} \qquad (14)$$

Bemerkenswert ist allerdings, daß wie in (7) (X_{t-1} als Variabler) die Autokorrelation der Restwerte niedriger ist als in den entsprechenden Gleichungen mit den Werten der laufenden Periode (6), (6a) und (13).

Die Gleichungen (13) und (14) besagen, daß ein relativ großer Teil der Bruttoinvestitionen unbeeinflußt von den Gewinnen vorgenommen wird und daß 43 % der Gewinne und Abschreibungen des laufenden Jahres (bzw. 34 % des Vorjahres) für Investitionen verwendet werden, oder anders formuliert, daß bei einer Steigerung der Gewinne der laufenden Periode die Bruttoinvestitionen um 43 % dieser Gewinnsteigerung vergrößert werden.

Die Anpassung der mit Hilfe der Funktion (13) errechneten jährlichen Investitionswerte an die gemessenen ist besser als bei Verwendung der Variablen Produktion. Die Abweichungen betragen:

139. Die Transformation der Beobachtungsreihe ergab die Gleichung:

$$I_t^{brutto} = \begin{matrix} +146 \\ -404 \\ -954 \end{matrix} + \begin{matrix} 0,556 \\ 0,399 \\ 0,242 \end{matrix} (Q + A)_t + u_t \qquad \begin{matrix} r = 0,930 \\ r_1^* = -0,055 \end{matrix} \qquad (13a)$$

T a b e l l e   4

Abweichungen der Funktion (13) $I_t = - 1.487 + 0,432\ (Q+A)_t + u_t$

Jahr	I*	I	I* - I	I* - I (in % von I)
1951	7.084	6.140	+ 944	+ 15,4
1952	7.136	7.130	+ 6	+ 0,1
1953	7.378	7.940	- 562	- 7,1
1954	8.709	9.170	- 461	- 5,0
1955	11.376	11.580	- 204	- 1,8
1956	12.098	12.280	- 182	- 1,5
1957	12.941	12.650	+ 291	+ 2,3
1958	13.019	12.850	+ 169	+ 1,3

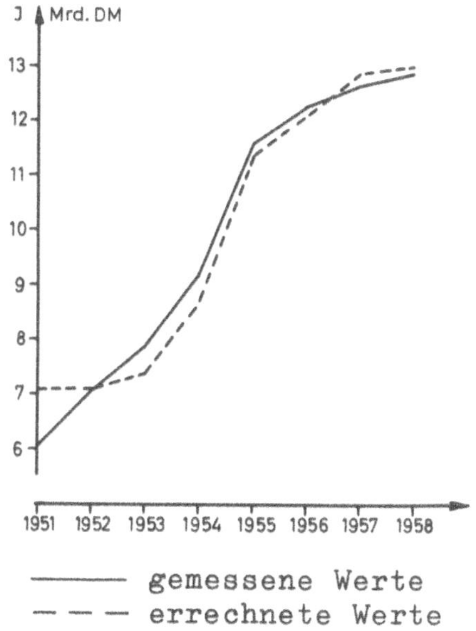

A b b i l d u n g   7

Anpassung der Funktion (13) $I_t = - 1.487 + 0,432\ (Q+A)_t + u_t$

Die größte Abweichung liegt mit 15,4 % auch hier wieder im Jahre 1951. Auch die negativen Abweichungen in den Jahren 1953 bis 1956 wiederholen sich. Der Verlauf der Kurve der errechneten Investitionswerte ähnelt der der Funktion (6) mit der Variablen X_{t-1}, nur sind wegen des gegenüber (6) besseren Korrelationskoeffizienten die Abweichungen im Durchschnitt niedriger. Die Ursachen für diesen typischen Verlauf sind sicher die gleichen, die wir bei den Anpassungen der Funktionen mit Produktionswerten angenommen haben, nämlich der Korea-Boom und Konjunktureinflüsse. In der Anpassung der Funktion (13) zeigt sich auch der in (6), (6a) und (7) beobachtete systematische Fehler wieder. Auch durch die Transformation der Gleichung (13) konnte er nicht behoben werden. Die Anpassung von (13a) hat eine ähnliche Form.

T a b e l l e 5

Abweichungen der Funktion (13a) $I_t = -404 + 0{,}399\ (Q+A)_t + u_t$

Jahr	I*	I	I* - I	I* - I (in % von I)
1951	7.260	6.140	+ 1.120	+ 18,2
1952	7.308	7.130	+ 178	+ 2,5
1953	7.531	7.940	- 409	- 5,2
1954	8.760	9.170	- 410	- 4,5
1955	11.222	11.580	- 358	- 3,1
1956	11.889	12.280	- 391	- 3,2
1957	12.667	12.650	+ 17	+ 0,1
1958	11.738	12.850	- 112	- 0,9

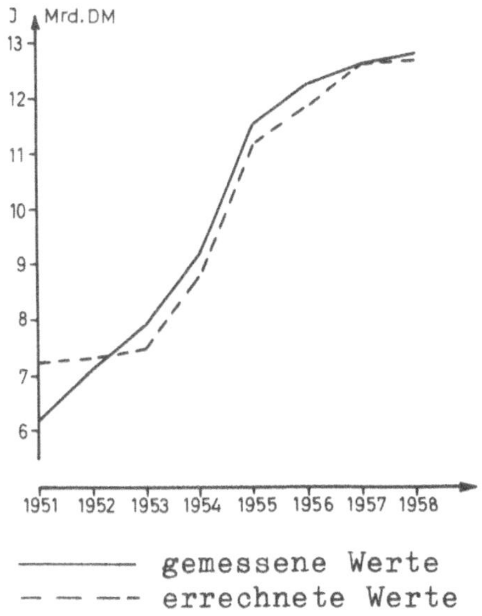

A b b i l d u n g 8

Anpassung der Funktion (13a) $I_t = -404 + 0{,}399\ (Q+A)_t + u_t$

Auch die Abweichungen der Funktion (14) liegen ähnlich. Allerdings ist die Kurve der errechneten Investitionswerte wegen der Verwendung der Vorjahreswerte für Gewinne und Abschreibungen auch hier wieder wie in (7) nach rechts verschoben.

T a b e l l e 6

Abweichungen der Funktion (14) $I_t = 1.815 + 0,344\ (Q+A)_{t-1} + u_t$

Jahr	I*	I	I* - I	I* - I (in % von I)
1951	5.738	6.140	- 402	- 6,5
1952	8.627	7.130	+ 1.497	+ 21,0
1953	8.668	7.940	+ 728	+ 9,2
1954	8.861	9.170	- 309	- 3,4
1955	9.919	11.580	- 1.661	- 14,3
1956	12.038	12.280	- 242	- 2,0
1957	12.612	12.650	- 38	- 0,3
1958	13.282	12.850	+ 438	+ 3,4

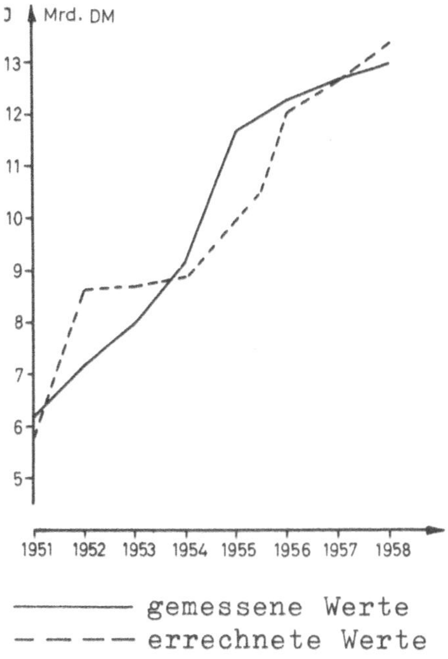

A b b i l d u n g 9

Anpassung der Funktion (14) $I_t = 1.815 + 0,344\ (Q+A)_{t-1} + u_t$

Die Funktionen mit der Variablen $(Q+A)_t$ zeigen eine bessere Anpassung als diejenigen mit den Vorjahreswerten für Gewinne und Abschreibungen $(Q+A)_{t-1}$. Bei den Produktionswerten dagegen führt die Verwendung der Vorjahreswerte zu besseren Ergebnissen. Die Unternehmen reagieren auf Veränderungen der Gewinne wahrscheinlich schneller als auf Produktionsänderungen. Allerdings sind die Unterschiede in den Ergebnissen nicht so wesentlich, daß man daraus Folgerungen ziehen könnte wie etwa die folgende, daß mit den Investitionsentscheidungen gewartet wird, bis sich eine Produktionserhöhung auch in einer Gewinnsteigerung niederschlägt.

Der Versuch einer multiplen Korrelation mit den Variablen $(Q+A)_t$ und $(Q+A)_{t-1}$ zeigt auf den ersten Blick gute Ergebnisse. Wir ermittelten die Gleichung:

$$I_t^{brutto} = -1.026 + \begin{matrix} 0{,}528 \\ 0{,}338 \\ 0{,}149 \end{matrix} (Q+A)_t \begin{matrix} 0{,}243 \\ +0{,}085 \\ -0{,}073 \end{matrix} (Q+A)_{t-1} + u_t \quad \begin{matrix} r = 0{,}989 \\ r_1^* = 0{,}587 \end{matrix} \qquad (15)$$

Der Korrelationskoeffizient ist durch den Einschluß von $(Q+A)_{t-1}$ zu $(Q+A)_t$ gegenüber (13) besser geworden. Die Büschelkartenanalyse zeigt aber, daß die Hinzunahme der Gewinne und Abschreibungen der Vorperiode das Büschel nicht enger zusammenschließt, sondern etwas öffnet. Da der hinzugenommene Strahl (5) auch außerhalb des Büschels liegt, ist die Hinzunahme der neuen Variablen nicht nur überflüssig, sondern sogar schädlich.[140] Wegen der bestehenden Multikollinearität der Reihen sind die geschätzten Größen unzuverlässig.

Ebenso wie mit den Produktionswerten des laufenden und des vergangenen Jahres ist also auch bei den Gewinnen eine multiple Korrelation mit den entsprechenden Größen nicht möglich, obwohl für die Variable Gewinne + Abschreibungen die Büschel sich nicht so stark öffnen wie für die Produktionswerte.

---

140. Auch die Hinzunahme von $(Q+A)_t$ zu $(Q+A)_{t-1}$ führt, wie die Abbildung 10 zeigt, zu einer Öffnung der Büschel.

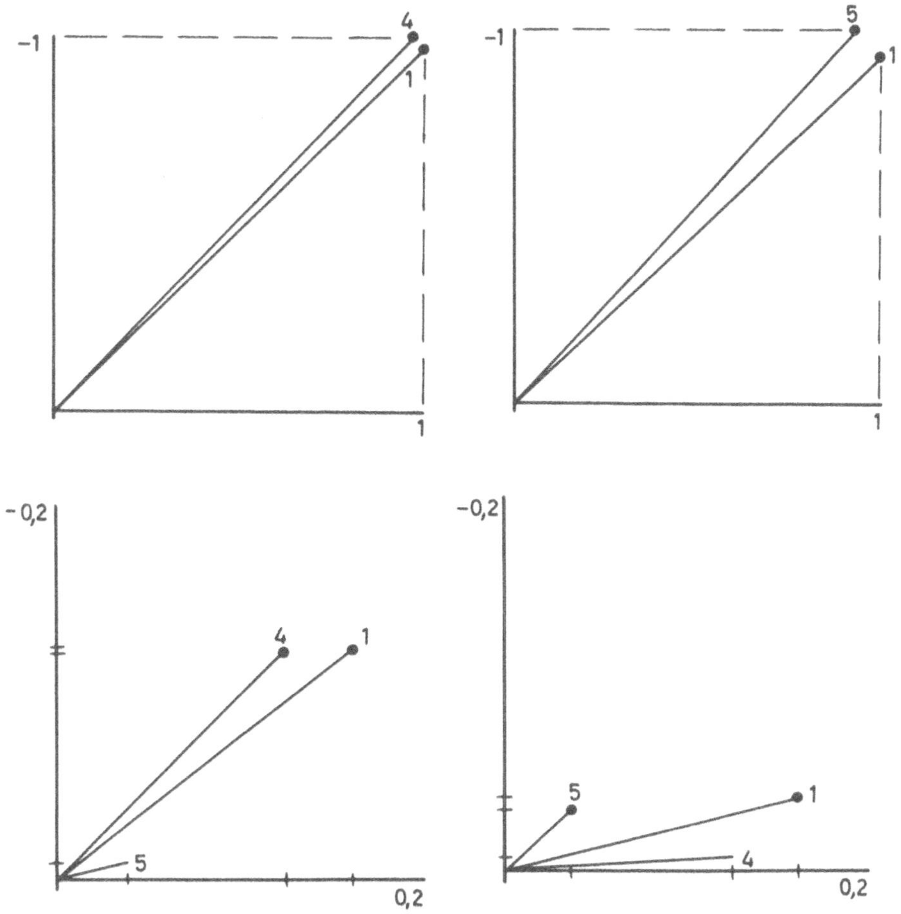

Strahl 1 = Investitionen
Strahl 4 = Gewinne des laufenden Jahres
Strahl 5 = Gewinne des Vorjahres
Maßstab: 0,1 = 25 Einheiten

A b b i l d u n g 10

Büschelkarten für die Funktion (15):

$$I_t = 1.026 + 0,388\ (Q{+}A)_t + 0,085\ (Q{+}A)_{t-1} + u_t$$

f) Multiple Korrelation mit den Variablen Gewinne + Abschreibungen und Nettoproduktionswert

Nach den Ergebnissen der Einfachkorrelationen mit Verwendung der beiden Variablen Gewinne und Abschreibungen und Nettoproduktionswert scheinen diese für multiple Korrelationen geeignet zu sein, da zwischen jeder von ihnen und den Brutto-Investitionen eine recht gute Korrelation besteht. Nun ist aber sicher, daß die beiden Reihen selbst miteinander stark korreliert sind. Für die Abhängigkeit der Gewinne vom Nettoproduktionswert bestimmten wir folgende Gleichung:

$$(Q + A)_t = 837 + 0,329\ X_t \qquad r = 0,985 \qquad (16)$$

Beide Variablen scheinen also wegen der bestehenden Konfluenz als unabhängige Variable einer multiplen Korrelation wenig geeignet.

Die Büschelkarten zeigen auch das zu erwartende Ergebnis. Die vorher nazu geschlossenen Büschel explodieren sowohl beim Einschluß von $(Q+A)_t$ zu X_t als auch im umgekehrten Fall, also beim Einschluß von X_t zu $(Q+A)_t$, zudem verkürzen sich die Büschel sehr stark.[141] Die Hinzunahme von (Q+A) zu X (oder umgekehrt) als zusätzlicher erklärender Variabler ist also schädlich, obwohl die multiple Korrelation zwischen den Investitionen und Gewinnen plus Abschreibungen und der Produktion einen hohen Korrelationskoeffizienten ergibt:

$$I_t^{brutto} = -\ 1.476 + \begin{matrix} 0,783 \\ 0,284 \\ -\ 0,216 \end{matrix}\ (Q+A)_t + \begin{matrix} 0,217 \\ 0,050 \\ -\ 0,116 \end{matrix}\ X_t + u_t \qquad \begin{matrix} r = 0,986 \\ r_1^* = 0,497 \end{matrix} \qquad (17)$$

Auch für die Funktion mit den erklärenden Variablen $(Q+A)_t$ und X_{t-1} bzw. $(Q+A)_{t-1}$ und X_{t-1} zeigt die Büschelkartenanalyse die bestehende Multikollinearität auf.[142]

Trotz der z.T. guten Ergebnisse für die Einfachkorrelationen mit den Variablen $(Q+A)_t$, $(Q+A)_{t-1}$, X_t und X_{t-1} sind also multiple Korrelationen mit diesen Variablen für die gesamte Industrie wegen der bestehenden Multikollinearität nicht möglich. Die einzige multiple Korrelation für die gesamte Industrie die durch die Büschelkartenanalyse nicht verhindert wird, ist die Funktion (30), auf die später bei den Korrelationen mit preisbereinigten Reihen noch eingegangen wird.

141. Vgl. Abbildung 11.
142. Vgl. Abbildung 11a bzw. 11b.

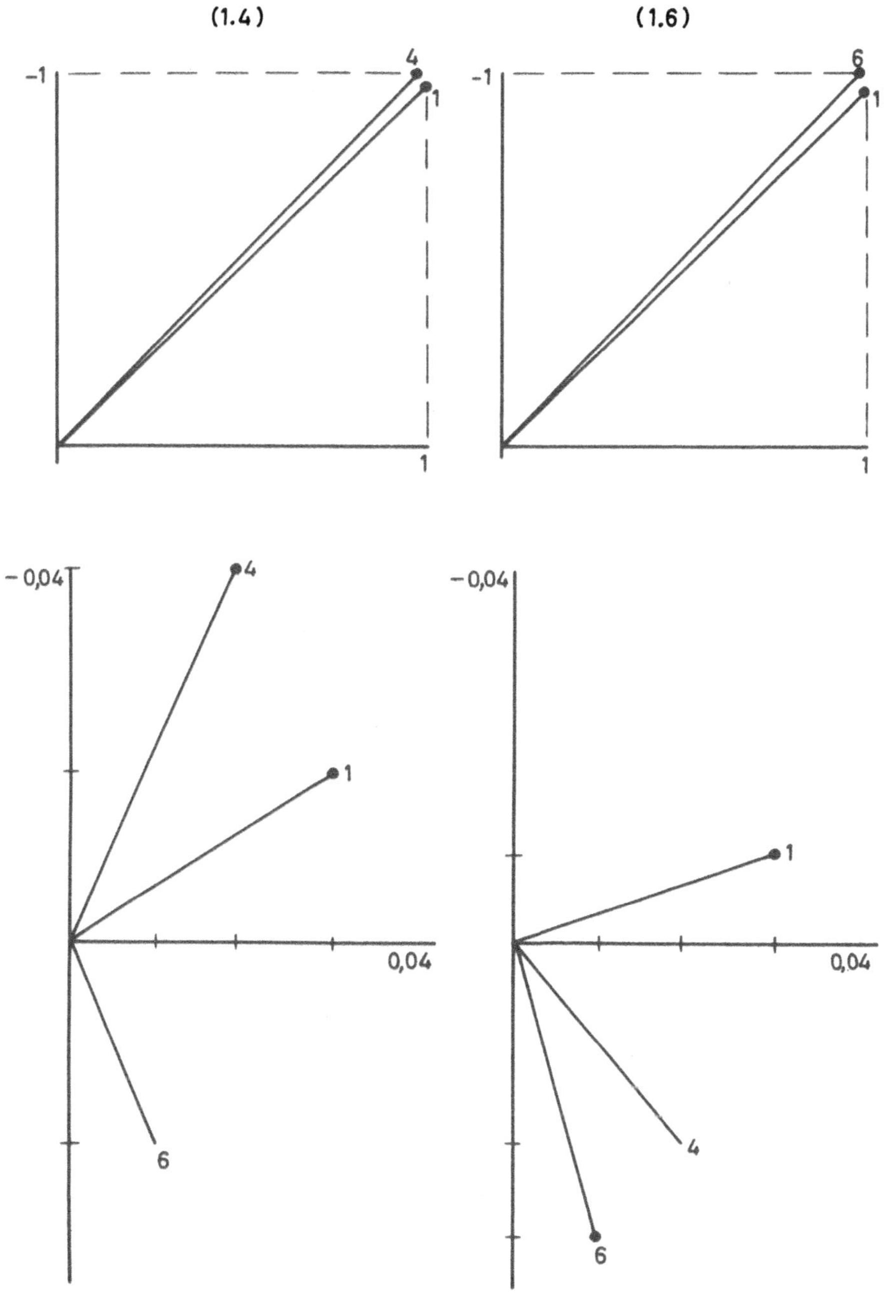

Strahl 1 = Investitionen
Strahl 4 = Gewinne des laufenden Jahres
Strahl 6 = Produktion des laufenden Jahres
Maßstab: 0,1 = 12,5 Einheiten

A b b i l d u n g 11

Büschelkarten für die Funktion (17):

$$I_t = - 1.476 + 0,284\ (Q+A)_t + 0,050\ X_t + u_t$$

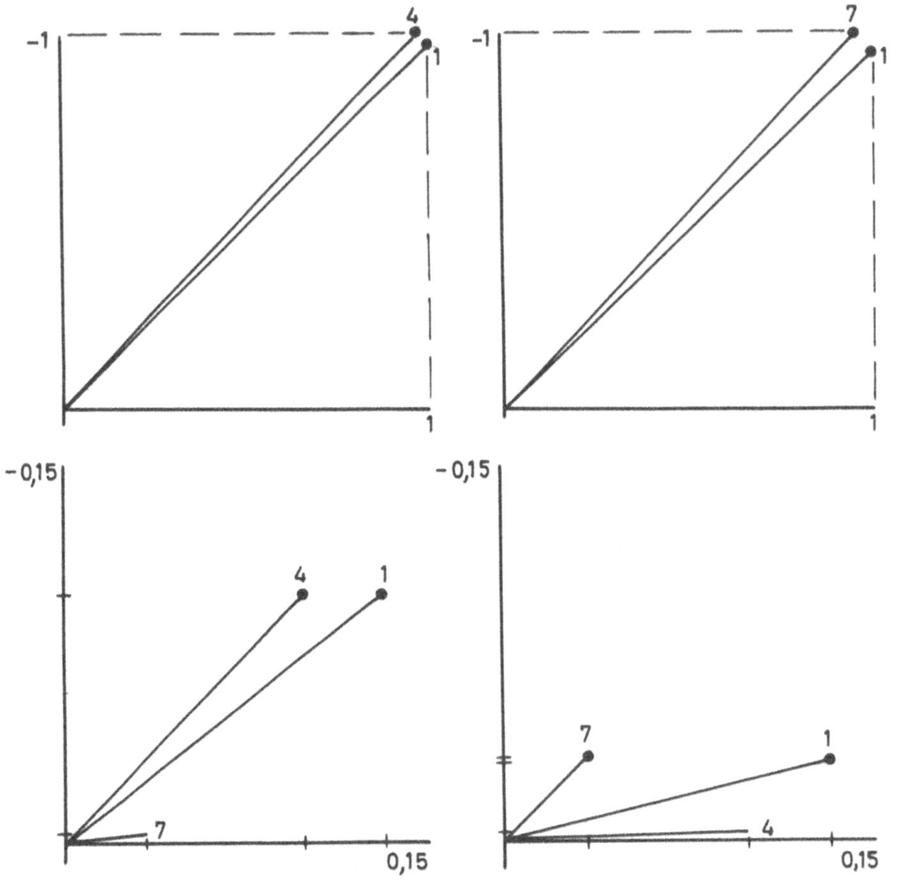

Strahl 1 = Investitionen
Strahl 4 = Gewinne + Abschreibungen
Strahl 7 = Produktionswert
Maßstab: 0,1 = 33,3 Einheiten

A b b i l d u n g 11a

Büschelkarten für die Funktion: $I_t^{br} = \alpha_0 + \alpha_1 (Q+A)_t + \alpha_2 X_{t-1} + u_t$

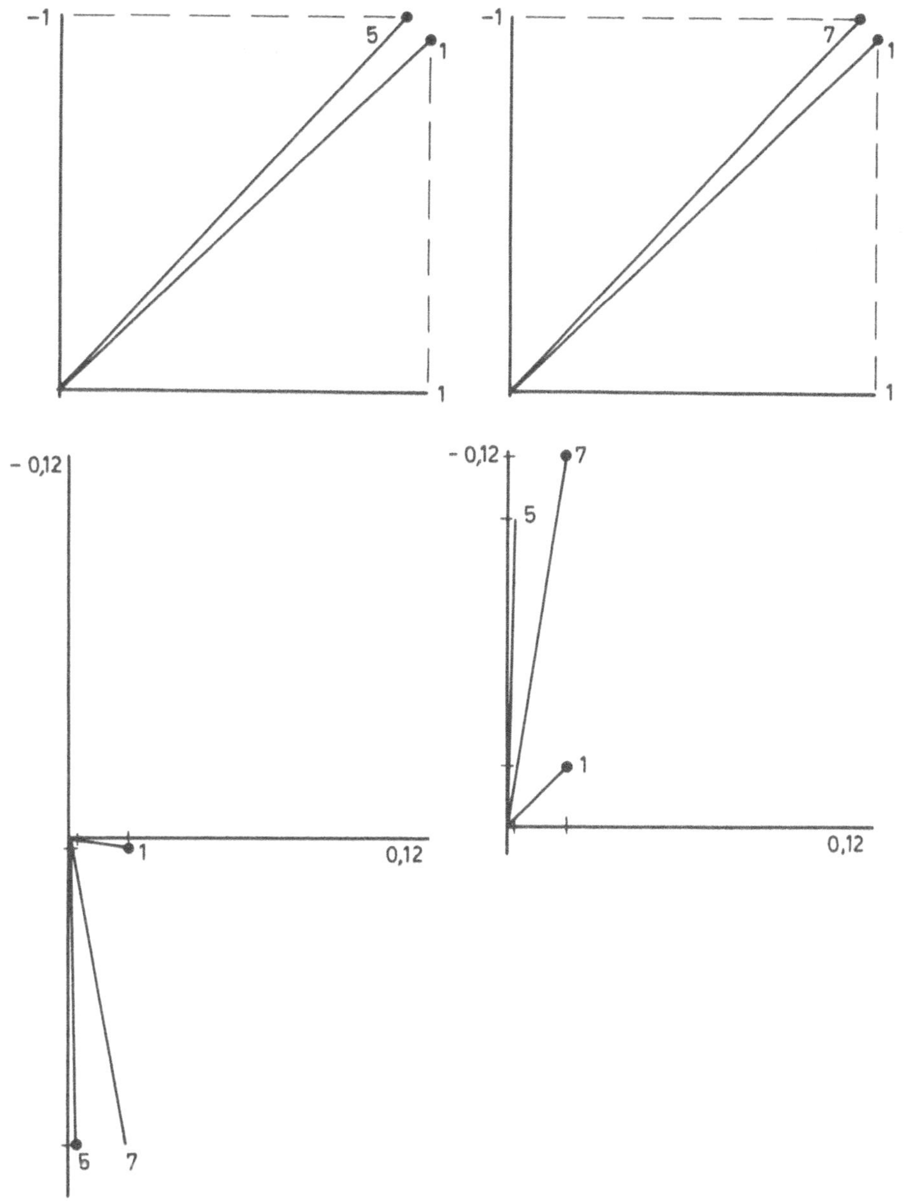

Strahl 1 = Investitionen
Strahl 5 = Gewinne + Abschreibungen der Vorperiode
Strahl 7 = Produktionswert der Vorperiode
Maßstab: 0,1 = 41,7 Einheiten

A b b i l d u n g 11b

Büschelkarten für die Funktion: $I_t^{br} = \alpha_o + \alpha_1 (Q+A)_{t-1} + \alpha_2 X_{t-1} + u_t$

2. Korrelationen mit trendbereinigten Reihen

Die Entwicklung in der deutschen Industrie ist seit 1950 durch eine ständige Aufwärtsbewegung gekennzeichnet. Die Investitionen, die Gewinne plus Abschreibungen und die Produktion zeigen keinen absoluten Rückgang, sondern nur Perioden stärkeren oder schwächeren Anstiegs. Auch in den preisbereinigten Reihen dieser drei Größen gibt es nur wenig absolute Abnahmen; bei den Investitionen nur ein unbedeutender Rückgang von 9.460 Mill. DM 1957 auf 9.440 Mill.DM 1958, bei den Gewinnen und Abschreibungen von 17.010 Mill.DM 1951 auf 15.780 Mill.DM 1952 und später noch einmal von 24.970 Mill.DM auf 24.640 Mill.DM 1958. Die preisbereinigte Nettoproduktion dagegen steigt ständig an.[143)]

Die mit Hilfe von Regressionsgleichungen mit der Zeit als unabhängiger Variabler ermittelten linearen Trends zeigen in allen drei Reihen eine stark aufwärts gerichtete Bewegung, wie die Abbildungen 12, 13 und 14 zeigen:

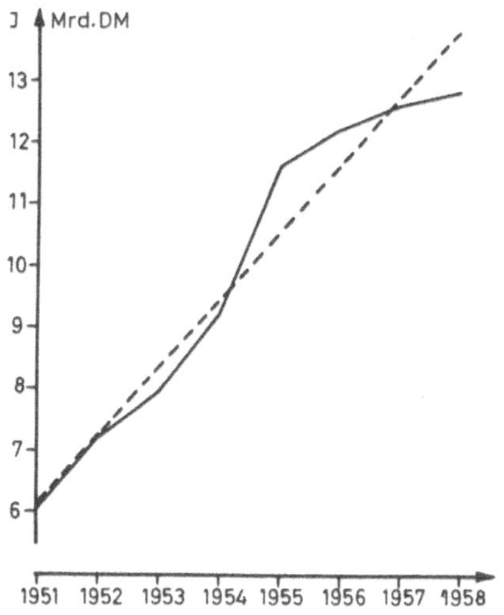

——— Investitionen
– – – Trend

Abbildung 12

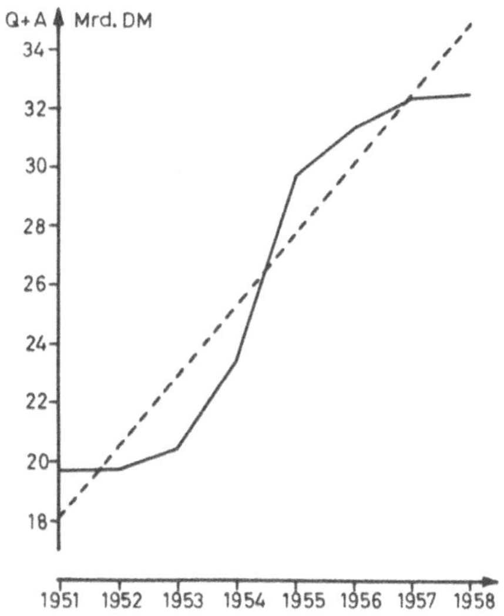

——— Gewinne + Abschreibungen
– – – Trend

Abbildung 13

143. Vgl. Anhang, Tab.50, Seite 247.

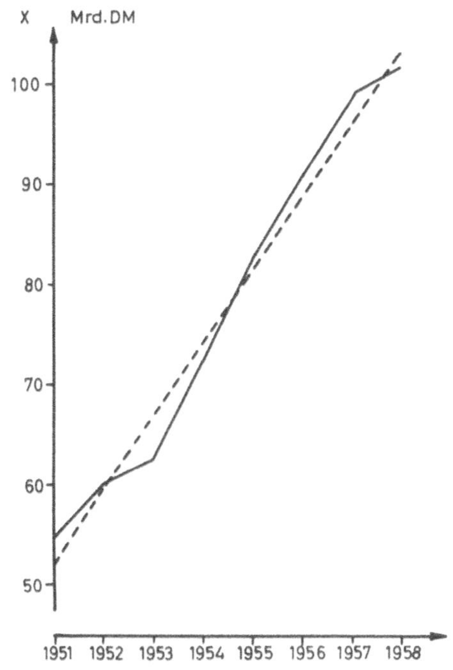

A b b i l d u n g 14

Die entsprechenden Trendgleichungen lauten:

$$I_t^{brutto} = -\ 2.084.140 + 1.071\ t + u_t \qquad r = 0{,}973 \qquad (18)$$

$$(Q+A)_t = -\ 4.678.260 + 2.407\ t + u_t \qquad r = 0{,}960 \qquad (19)$$

$$(X)_t = -14.463.89\dot{3} + 7.440\ t + u_t \qquad r = 0{,}990 \qquad (20)$$

Bemerkenswert ist bei den Gewinnen und Abschreibungen und der Nettoproduktion die gleichmäßige Schwingung um den Trend, die sich in einem Zeitraum von etwa fünf Jahren vollzieht. Bei den Investitionen dagegen wird die Amplitude der Schwingungen immer größer, der Zeitraum bleibt aber der gleiche, etwa fünf Jahre. Von 1953 bis etwa 1956 liegt die Periode des Aufschwungs, in der bei den Anpassungen der Funktionen mit den Gewinnen + Abschreibungen und dem Produktionswert als erklärenden Variablen im allgemeinen die errechneten unter den gemessenen Investitionswerten liegen. Besonders deutlich ist das bei den Funktionen mit dem Produktionswert als Variabler zu beobachten.

Die annehmbaren Ergebnisse der Einfachkorrelationen mit den Variablen Gewinne + Abschreibungen und Produktionswert können nun z.T. ihre Erklärung in diesem aufwärts gerichteten Trend finden, der sowohl bei den erklärenden als auch bei der erklärten Variablen zu beobachten ist.

Es ist denkbar, daß zwischen zwei Reihen eine gute Korrelation besteht, die nur dadurch zustande kommt, daß hinter den beiden Reihen eine dritte Größe steht, die die gleichartige Entwicklung beider Reihen bestimmt. Zwischen diesen Reihen selbst braucht direkt keine stochastische Beziehung zu bestehen. Man könnte also argumentieren, daß eine gute Korrelation z.B. zwischen den Investitionen und dem Produktionswert nur dadurch zustande kommt, weil der allgemeine Trend der wirtschaftlichen Entwicklung beide Größen bestimmt, daß aber der Produktionswert als erklärende Variable für die Investitionen ungeeignet oder zumindest nur dann von Bedeutung ist, wenn die Trendabweichungen der Produktion auch die Trendabweichungen der Investition erklären.

Entscheidend ist aber die der Korrelation zugrunde gelegte ökonomische Hypothese. Wenn zwischen zwei Größen ein sinnvoller ökonomischer Zusammenhang besteht, dann kann eine Korrelation nicht allein deswegen abgelehnt werden, weil die Korrelation der trendbereinigten Reihen zu schlechteren Ergebnissen führt. Die Hypothese, daß die Investitionen durch die Produktion bestimmt werden, ist nicht deswegen abzulehnen, weil die trendbereinigten Produktionswerte keine befriedigende Erklärung für die trendbereinigten Investitionswerte abgeben. Die Abhängigkeit der trendbereinigten Investitionen von den trendbereinigten Produktionswerten ist eine neue Hypothese, die nach dem Ergebnis der Korrelationsanalyse akzeptiert werden kann oder nicht.

Allerdings ist ein annehmbares Korrelationsergebnis, dem eine sinnvolle ökonomische Hypothese zugrunde liegt, dann um so wertvoller, wenn die Korrelation der entsprechenden Trendabweichungen gleichfalls gute Resultate zeigt.

Aus der Abbildung 15, in der die Trendabweichungen der Gewinne + Abschreibungen, der Produktion und der Investitionen dargestellt sind, ist bereits zu erkennen, daß wahrscheinlich zwischen den Gewinnen + Abschreibungen und den Investitionen eine annehmbare Korrelation besteht, zwischen der Produktion und den Investitionen aber nicht. Nach der graphischen Darstellung zu urteilen, scheinen eher die Investitionen die Produktion der nächsten bzw. der übernächsten Periode zu bestimmen.[144)]

---

144. Ein Test bestätigte diese Vermutung. Die Regressionsgleichung lautet:

$$X_t^{**} = -817 + 3{,}208\ I_{t-1}^{**} + z_t \qquad r = 0{,}729 \qquad (22a)$$

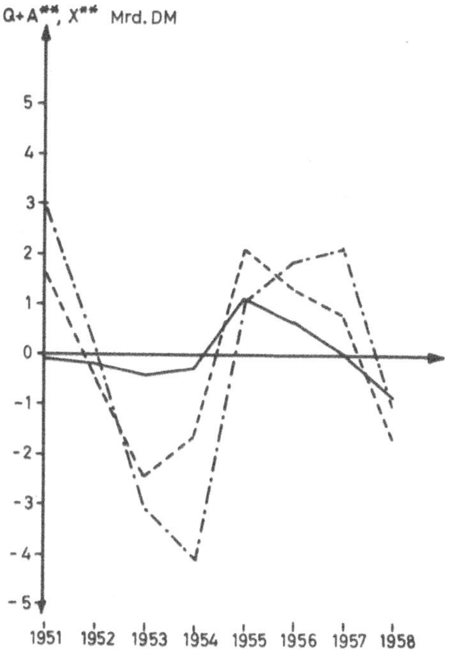

——— = I^{**} (Trendabweichung der Investitionen)
– – – = $(Q+A)^{**}$ (Trendabweichung der Gewinne + Abschreibungen)
—·—·— = X^{**} (Trendabweichung der Produktion)

A b b i l d u n g 15

Die Regressionsgleichungen für die Trendabweichungen lauten:[145]

$$I_t^{**brutto} = -\,1{,}4 + 0{,}280\,(Q + A)_t^{**} + v_t \qquad r = 0{,}772 \qquad (21)$$

$$I_t^{**brutto} = -\,1{,}4 + 0{,}121\,X_t^{**} + v_t \qquad r = 0{,}498 \qquad (22)$$

Für die trendbereinigten Gewinne und Abschreibungen liegt der Korrelationskoeffizient noch über der Signifikanzgrenze. Die Hypothese, daß die Trendabweichungen der Gewinne + Abschreibungen die Trendabweichungen der Investitionen bestimmen, kann also akzeptiert werden, wenn auch der Koeffizient nicht sehr gut ist. Für die Produktion und die Investitionen

145. Die Ausschaltung der Trendeinflüsse auf die Parameter von $(Q+A)_t$ und X_t läßt sich auch durch die Hinzunahme der Zeit als zusätzlicher erklärender Variabler erreichen. (Vgl. hierzu auch Teil I, S.44 ff.). Die entsprechenden empirischen Gleichungen lauten dann:

$$I_t^{brutto} = -777.460 + 0{,}279\,(Q + A)_t + 399\,t + u_t \qquad r{=}0{,}989 \qquad (21a)$$

$$I_t^{brutto} = -335.085 + 0{,}121\,X_t + 172\,t + u_t \qquad r{=}0{,}980 \qquad (22b)$$

Der Parameter für $(Q+A)_t$ (nicht abgerundet: 0,279.309) ist der gleiche wie für $(Q+A)_t^{**}$ in (21) (nicht aufgerundet: 0.279.563). Die Differenz in der vierten Stelle hinter dem Komma entsteht durch nicht aufgehende Divisionen. Das gleiche gilt für den Koeffizienten von X_t in (22b), der dem Koeffizienten von X_t^{**} in (22) entspricht (nicht abgerundet:0,121.245).

dagegen ist die Korrelation nicht signifikant. Die Korrelationen mit den Vorjahreswerten der Trendabweichungen für Gewinne und Abschreibungen und Produktion führen zu schlechten Koeffizienten.[146)]

3. Korrelationen mit preisbereinigten Reihen

Die Hypothese, daß die Unternehmer bei ihren Investitionsentscheidungen nicht mit nominalen, sondern mit realen Größen rechnen, findet durch unsere Ergebnisse keine Bestätigung. Die Korrelationen mit den preisbereinigten Reihen führen für die gesamte Industrie zu durchweg schlechteren Ergebnissen.[147)] Die Tabelle 7 zeigt das deutlich.

Die Gewinne zeigen auch bei den preisbereinigten Einfach-Korrelationen bessere Ergebnisse als die Produktionswerte. Die beste Funktion ist die Funktion (27) (preisbereinigte Gewinne und Abschreibungen als Variable) mit einem Korrelationskoeffizienten von 0,975.

Für die Mehrfachkorrelation mit den preisbereinigten Gewinnen des laufenden Jahres und des Vorjahres ergab sich das gleiche Resultat wie für die Mehrfachkorrelationen mit den entsprechenden nichtbereinigten Größen.

---

146. Die Gleichungen lauten:

$$I_t^{**brutto} = 15{,}8 - 0{,}031\ (Q + A)_{t-1}^{**} + v_t \qquad r = -\ 0{,}081 \qquad (23)$$

$$I_t^{**brutto} = 31{,}0 - 0{,}124\ X_{t-1}^{**} + v_t \qquad (24)$$

147. Die Investitionen wurden mit dem Preisindex der Investitionsgüter (p(I)), die Produktionswerte mit dem Index der Erzeugerpreise (p(X)) und die Gewinne + Abschreibungen mit dem Preisindex der Investitionsgüter bereinigt. Vgl. auch Seite 136.

Tabelle 7

Ergebnisse der Einfachkorrelationen mit den Variablen Q+A und X für preisbereinigte und nichtpreisbereinigte Reihen.[148]

Nr. der Funktion	Erklärende Variable	Absolutes Glied	Regressionsparameter	Autokorrelation der Residuen	Korrelationskoeffizient
(6a)[149]	X_t	267 - 180 - 627	0,188 0,132 0,076	0,359[x]	0,920
(25a)[150]	$\frac{X_t}{p(X)}$	219 - 137 - 493	0,184 0,125 0,067	0,464[x]	0,906
(7)	X_{t-1}	1.741 952 163	0,171 0,129 0,086	0,344	0,950
(26a)[151]	$\frac{X_{t-1}}{p(X)}$	2.059 1.397 735	1,095 0,092 - 0,911	0,297[x]	0,726
(13)	$(Q+A)_t$	- 1.039 - 1.487 - 1.935	0,510 0,432 0,354	0,380	0,984
(27)	$\frac{(Q+A)_t}{p(I)}$	- 1.055 - 1.438 - 1.821	0,546 0,445 0,343	0,291	0,975
(14)	$(Q+A)_{t-1}$	2.683 1.815 947	0,469 0,344 0,218	0,205	0,939
(28)	$\frac{(Q+A)_{t-1}}{p(I)}$	2.074 1.318 562	0,505 0,339 0,173	0,257	0,898

x) Transformierte Gleichungen

---

148. Die in den Spalten "Absolutes Glied" und"Regressionsparameter" angeführten Werte stellen den geschätzten Parameter (mittlerer Wert) und die Grenzen des Konfidenzbereichs (oberer und unterer Wert) dar.

149., 150, 151. Die nicht transformierten Gleichungen lauten:

149. $$I_t^{brutto} = \begin{matrix} -\ 733 \\ -\ 1.238 \\ -\ 1.743 \end{matrix} + \begin{matrix} 0,173 \\ 0,144 \\ 0,114 \end{matrix} X_t + u_t \qquad \begin{matrix} r = 0,980 \\ r_1^* = 0,522 \end{matrix} \qquad (6)$$

150. $$\frac{I_t^{brutto}}{p(I)} = \begin{matrix} -\ 109 \\ -\ 522 \\ -\ 935 \end{matrix} + \begin{matrix} 0,162 \\ 0,130 \\ 0,098 \end{matrix} \frac{X_t}{p(X)} + u_t \qquad \begin{matrix} r = 0,971 \\ r_1^* = 0,518 \end{matrix} \qquad (25)$$

151. $$\underline{I_t^{brutto}} = \begin{matrix} 1.437 \\ 803 \\ 169 \end{matrix} + \begin{matrix} 0,167 \\ 0,119 \\ 0,072 \end{matrix} \frac{X_{t-1}}{p(X)} + u_t \qquad \begin{matrix} r = 0,929 \\ r_1^* = 0,455 \end{matrix} \qquad (26)$$

Die durch die Büschelkartenanalyse aufgezeigte Konfluenz der Reihen machte eine multiple Korrelation unmöglich, obwohl die Funktion einen guten Korrelationskoeffizienten aufweist.

$$\frac{I_t^{brutto}}{p(I)} = - 1.230 + 0,365 \frac{(Q+A)_t}{p(I)} + 0,076 \frac{(Q+A)_{t-1}}{p(I)} + u_t \quad r = 0,980 \qquad (29)$$

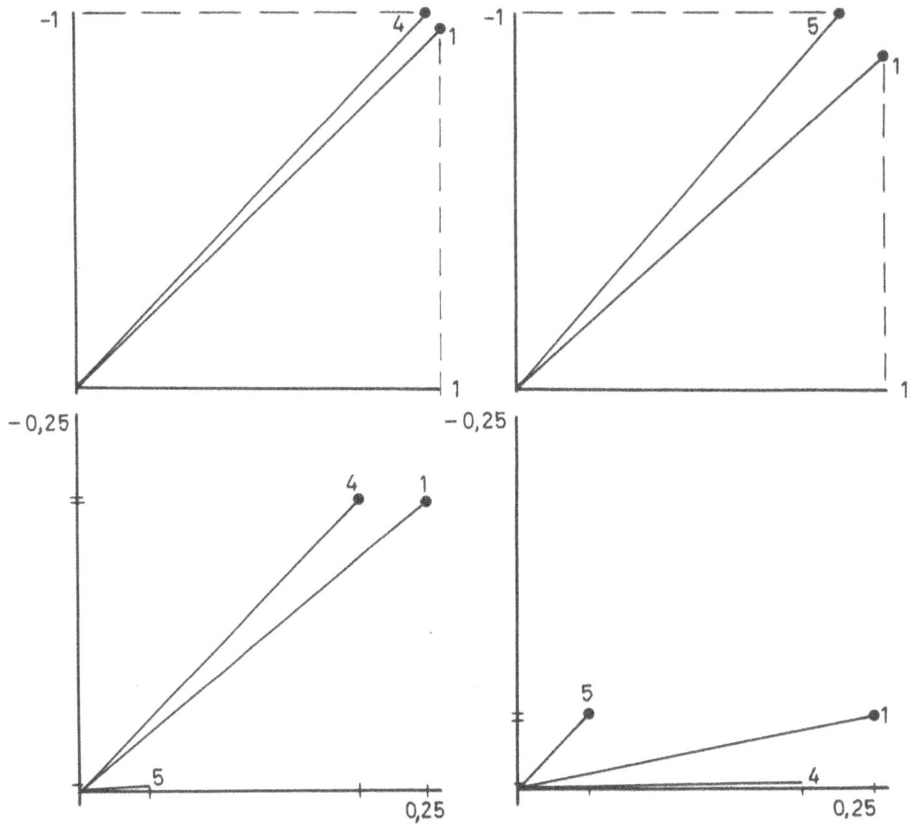

Strahl 1 = Investitionen
Strahl 4 = Gewinne und Abschreibungen des laufenden Jahres
Strahl 5 = Gewinne und Abschreibungen des Vorjahres
Maßstab: 0,1 = 20 Einheiten

A b b i l d u n g 16

Büschelkarten für die Funktion (29)

Auch für die Funktionen:

$$\frac{I_t^{brutto}}{p(I)} = \alpha_0 + \alpha_1 \frac{(Q+A)_t}{p(I)} + \alpha_2 \frac{X_t}{p(X)} + u_t \; ;$$

$$\frac{I_t^{brutto}}{p(I)} = \alpha_0 + \alpha_1 \frac{(Q+A)_t}{p(I)} + \alpha_2 \frac{X_{t-1}}{p(X)} + u_t \quad \text{und}$$

$$\frac{I_t^{brutto}}{p(I)} = \alpha_0 + \alpha_1 \frac{(Q+A)_{t-1}}{p(I)} + \alpha_2 \frac{X_{t-1}}{p(X)} + u_t$$

konnten, wie die Büschelkartenanalyse zeigt, wegen der Interkorrelation der Reihen keine zuverlässigen Ergebnisse ermittelt werden.

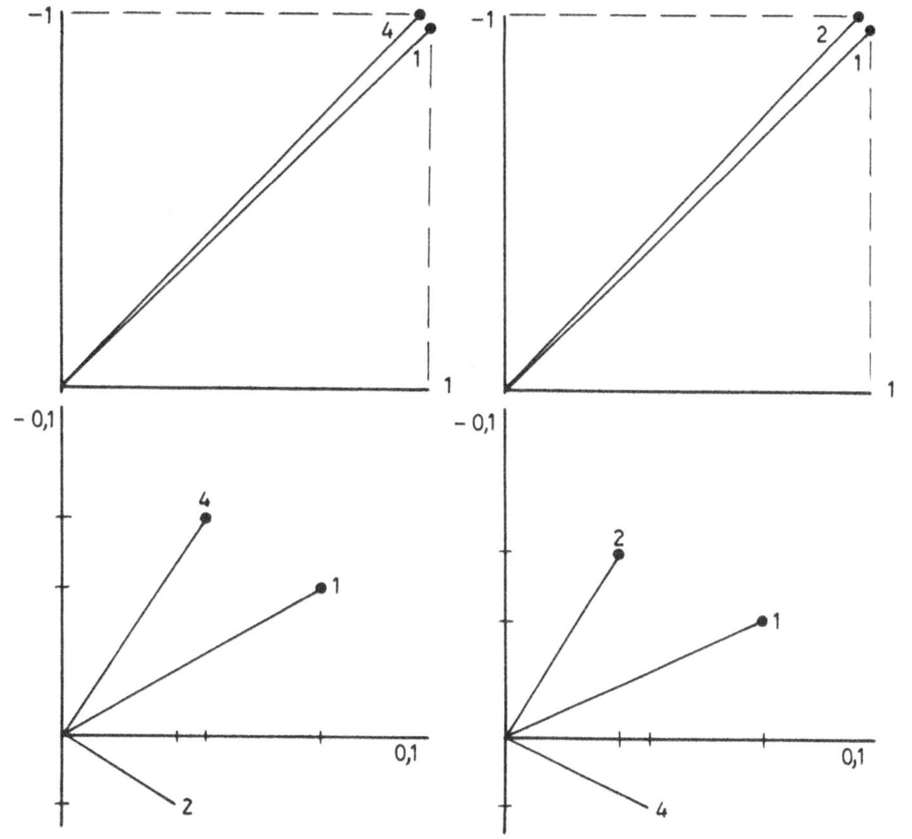

Strahl 1 = Investitionen (preisbereinigt)
Strahl 4 = Gewinne + Abschreibungen der laufenden Periode (preisbereinigt)
Strahl 2 = Produktionswert der laufenden Periode (preisbereinigt)
Maßstab: 0,1 = 50 Einheiten

A b b i l d u n g 16a

Büschelkarten für die Funktion

$$\frac{I_t^{brutto}}{p(I)} = \alpha_0 + \alpha_1 \frac{(Q+A)_t}{p(I)} + \alpha_2 \frac{X_t}{p(X)}$$

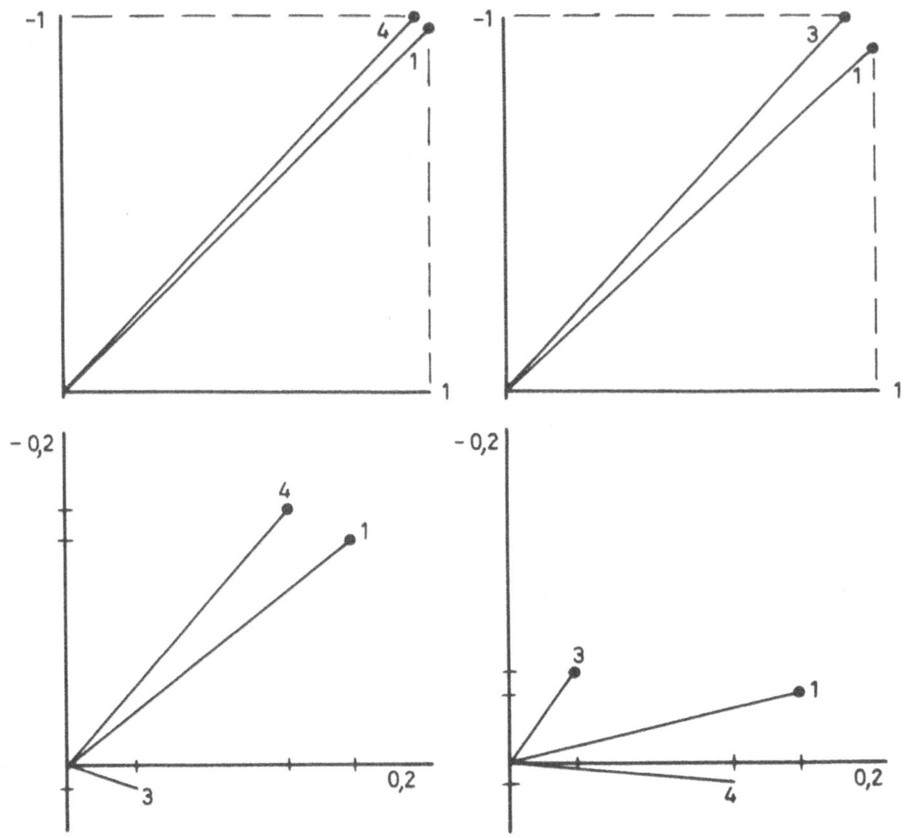

Strahl 1 = Investitionen (preisbereinigt)
Strahl 4 = Gewinne + Abschreibungen der laufenden Periode (preisbereinigt)
Strahl 3 = Produktionswert der Vorperiode (preisbereinigt)
Maßstab: 0,1 = 25 Einheiten

A b b i l d u n g 16b

Büschelkarten für die Funktion:

$$\frac{I_t^{br}}{p(I)} = \alpha_o + \alpha_1 \frac{(Q+A)_t}{p(I)} + \alpha_2 \frac{X_{t-1}}{p(X)} + u_t$$

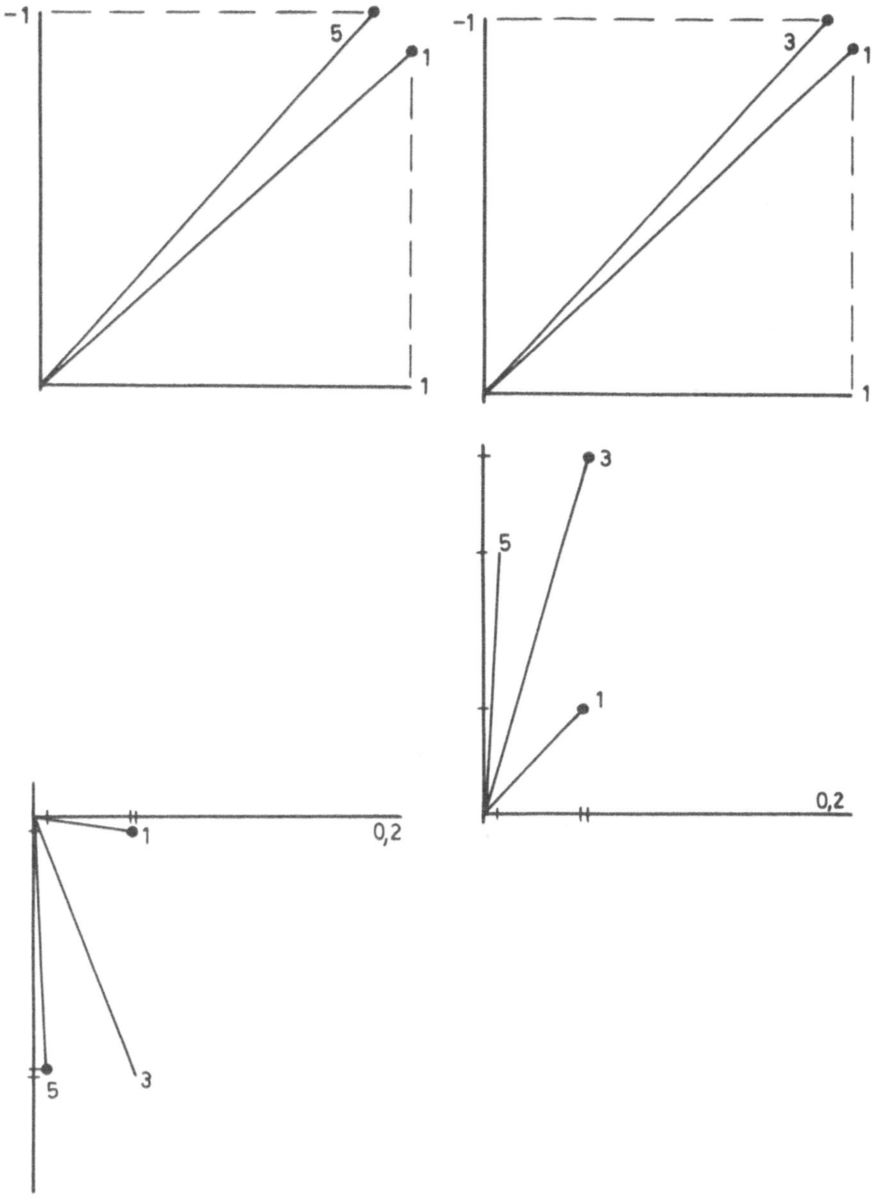

Strahl 1 = Investitionen
(preisbereinigt)
Strahl 5 = Gewinne + Abschreibungen der Vorperiode
(preisbereinigt)
Strahl 3 = Produktionswert der Vorperiode
(preisbereinigt)
Maßstab: 0,1 = 25 Einheiten

A b b i l d u n g 16c

Büschelkarten für die Funktion:

$$\frac{I_t^{br}}{p(I)} = \alpha_o + \alpha_1 \frac{(Q+A)_{t-1}}{p(I)} + \alpha_2 \frac{X_{t-1}}{p(X)} + u_t$$

Eine Ausnahme bildet allerdings die multiple Korrelation mit den Variablen $\frac{X_t}{p(X)}$ und $\frac{X_{t-1}}{p(X)}$. Die Büschelkartenanalyse zeigt, daß vor allem die Hinzunahme des preisbereinigten Produktionswertes des laufenden Jahres zum preisbereinigten Produktionswert des Vorjahres das Büschel zwar nicht enger schließt, aber die Richtung so gründlich ändert, daß die neue Variable nützlich sein kann.

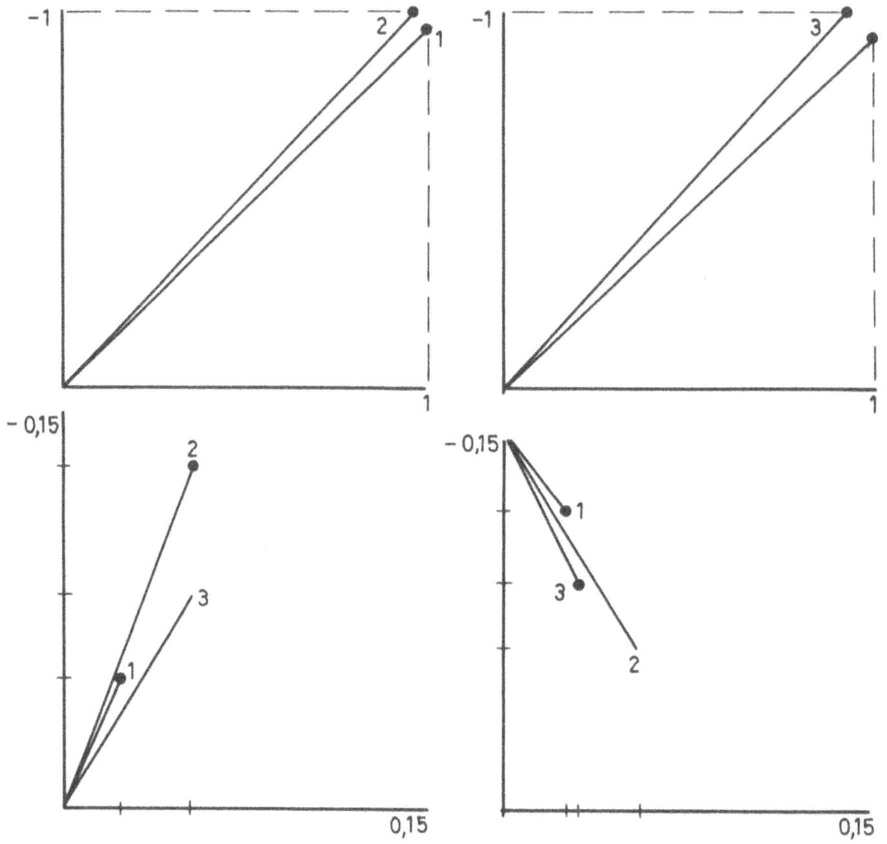

Strahl 1 = Investitionen
(preisbereinigt)
Strahl 2 = Produktion des laufenden Jahres
(preisbereinigt)
Strahl 3 = Produktion des Vorjahres
(preisbereinigt)
Maßstab: 0,1 = 33,3 Einheiten

A b b i l d u n g 17

Büschelkarten für die Funktion (30)

Die empirische Funktion (30) lautet:

$$\frac{I_t^{brutto}}{p(I)} = -1.713 + \begin{matrix}0,440\\0,298\\0,155\end{matrix}\frac{X_t}{p(X)} \begin{matrix}-0,026\\-0,162\\-0,299\end{matrix}\frac{X_{t-1}}{p(X)} + u_t \qquad \begin{matrix}r = 0,990\\r_1^* = 0,218\end{matrix} \qquad (30)$$

Die Hypothese der Nicht-Autokorrelation der Restwerte kann akzeptiert werden, die Konfidenzintervalle sind zufriedenstellend. Der Korrelationskoeffizient ist etwas größer als bei der besten Einfachkorrelation mit nichtbereinigten Reihen, wo er nur 0,984 betrug. Die Ergebnisse sind also statistisch gesichert.

Bei der Funktion (30) handelt es sich um eine Art Akzeleratorfunktion:

$$\frac{I_t}{p(I)} = \alpha_o + \alpha_1 \frac{X_t}{p(X)} - \alpha_2 \frac{X_{t-1}}{p(X)} \quad .$$

Falls $\alpha_1 = \alpha_2$, haben wir die reine Akzelaratorfunktion:

$$\frac{I_t^{br}}{p(I)} = \alpha_o + \alpha_1 \left(\frac{X_t}{p(X)} - \frac{X_{t-1}}{p(X)}\right) \quad , \text{ in der}$$

$$\frac{X_t}{p(X)} - \frac{X_{t-1}}{p(X)} = \frac{\Delta X_t}{p(X)} \quad .$$

Da aber $\alpha_2 < \alpha_1$, setzen wir $\alpha_2 + \alpha_3 = \alpha_1$ mit $\alpha_3 > 0$ und bekommen die Funktion:

$$\frac{I_t^{br}}{p(I)} = \alpha_o + \alpha_1 \left(\frac{\Delta X_t}{p(X)}\right) + \alpha_3 \frac{X_{t-2}}{p(X)} \text{, d.h.,}$$

außer dem Akzelerator α_1 haben wir noch eine positive Korrelation zu absoluten Produktionswerten der Vergangenheit.

Diese Funktion läßt sich folgendermaßen interpretieren:

Die Akzeleratorbeziehung $\alpha_1 \frac{X_t}{p(X)}$ erklärt die Nettoinvestition,

die Produktionsbeziehung $\alpha_3 \frac{X_{t-2}}{p(X)}$ die Reinvestition und die

autonome Investition, die proportional der Produktion sein werden. Der Akzelerator liegt dann nach den Schätzungen mit Hilfe der Funktion (30) für die gesamte Industrie zwischen 0,155 und 0,440. Das ist ein Ergebnis, das mit unserer früheren Vermutung übereinstimmt, daß der Akzelerator kleiner als 1 ist.[152]

Die Funktion (30) gibt eine gute Erklärung für das Investitionsverhalten ab:

---

152. Vgl. Seite 140 und Seite 149.

Tabelle 8

Abweichungen der Funktion (30)

Jahr	I*	I	I* - I	I* - I (in % von I)
1951	5.719	5.270	+ 449	+ 8,5
1952	5.362	5.640	- 278	- 4,9
1953	6.373	6.410	- 37	- 0,6
1954	7.440	7.560	- 120	- 1,6
1955	9.119	9.280	- 161	- 1,7
1956	9.262	9.530	- 268	- 2,8
1957	9.647	9.460	+ 187	+ 2,0
1958	9.666	9.440	+ 226	+ 2,4

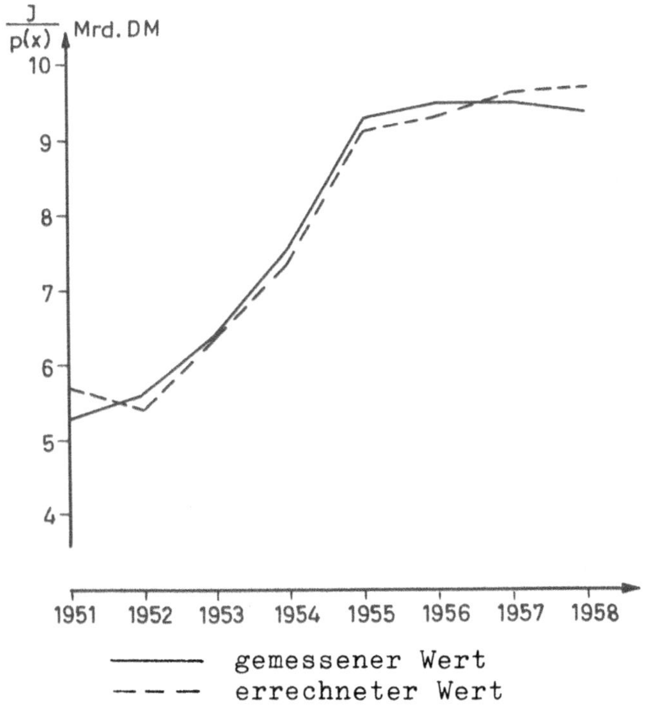

Abbildung 18

Anpassung der Funktion (30)

Auch bei dieser Anpassung zeigt sich der bisher bei allen getesteten Funktionen beobachtete systematische Fehler. Er konnte auch durch die Preisbereinigung nicht beseitigt werden. Die Anpassung der Funktion mit dem zweithöchsten Korrelationskoeffizienten der preisbereinigten Funktionen, der Funktion (27) mit der Variablen $\frac{(Q+A)_t}{p(I)}$, weist gleichfalls den typischen Verlauf auf:

Tabelle 9

Abweichungen der Funktion (27)

Jahr	I*	I	I* - I	I* - I (in % von I)
1951	6.126	5.270	+ 856	+ 16,2
1952	5.579	5.640	- 61	- 1,1
1953	5.917	6.410	- 493	- 7,7
1954	7.211	7.560	- 349	- 4,6
1955	9.168	9.280	- 112	- 1,2
1956	9.404	9.530	- 126	- 1,3
1957	9.666	9.460	+ 206	+ 2,2
1958	9.520	9.440	+ 80	+ 0,8

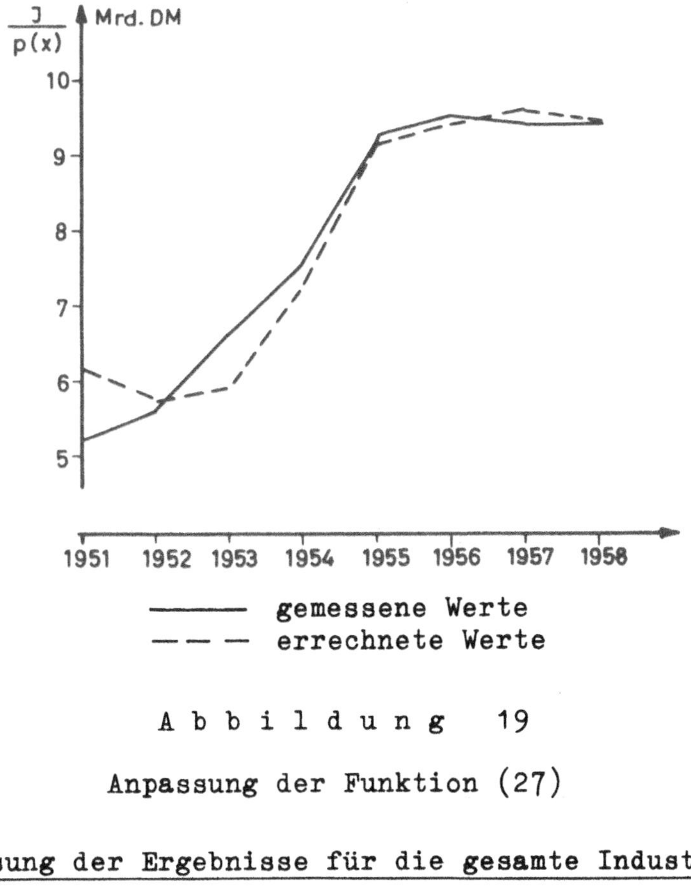

Abbildung 19

Anpassung der Funktion (27)

4. Zusammenfassung der Ergebnisse für die gesamte Industrie

1. Unter den ausgewählten Variablen geben für die Einfachkorrelationen die Gewinne + Abschreibungen der laufenden Periode die beste Erklärung für das Investitionsverhalten ab. Zwischen 35 % und 50 % der Gewinne und Abschreibungen des laufenden Jahres werden für Investitionen ver-

wendet (bzw. bei einer Steigerung der Gewinne um einen bestimmten Betrag werden zwischen 35 % und 50 % dieser Gewinnsteigerung investiert.[153]) Die Gewinne des Vorjahres sind für die Investitionsentscheidungen gegenüber den Gewinnen des laufenden Jahres von geringerer Bedeutung. Sie geben aber gleichfalls eine signifikante Erklärung für die Investitionen ab. Eine multiple Korrelation mit beiden Werten, den vorjährigen und diesjährigen Gewinnen, als Variablen ist wegen der bestehenden Multikollinearität nicht möglich.

2. Die Verwendung des Produktionswertes als Variabler in Einfachkorrelationen führt ebenfalls zu annehmbaren Ergebnissen. Im Gegensatz zu den Gewinnen + Abschreibungen spielen aber hier der Vorjahreswert und noch weiter in der Vergangenheit liegende Werte eine größere Rolle als des Wertes der Produktion des laufenden Jahres. Zwischen 9 % und 17 % der Produktion einer bestimmten Periode werden in der folgenden Periode investiert.

   Unter den Funktionen mit mehreren erklärenden Variablen ist die mit dem preisbereinigten Produktionswert des laufenden Jahres und dem gleichfalls preisbereinigten Vorjahreswert der Produktion die einzige, die nach den Ergebnissen der Büschelkartenanalyse statistisch zuverlässige Schätzungen ermöglicht. Sie ergab von allen für die gesamte Industrie getesteten Funktionen den höchsten Korrelationskoeffizienten.

3. Die Verwendung preisbereinigter Reihen führte im allgemeinen zu schlechteren Ergebnissen als den mit nichtbereinigten Werten. Die Unternehmer scheinen sich an nominalen und nicht an realen Größen zu orientieren. Eine Ausnahme macht dabei die bereits oben erwähnte Funktion mit den Variablen Produktionswert des laufenden Jahres und Produktionswert des Vorjahres. Auch bei den Korrelationen in Preisen von 1950 erklären die Gewinne + Abschreibungen die Investitionen besser als die Produktionswerte.

4. Multiple Korrelationen mit den Gewinnen und Abschreibungen und dem Produktionswert als unabhängigen Variablen können wegen der durch die Büschelkartenanalyse aufgezeigten Konfluenz zwischen diesen Reihen nicht vorgenommen werden. Der Investitionsprozeß kann aber durch eine

---

153. Allerdings muß dabei beachtet werden, daß es sich bei den Investitionen um die Bruttoinvestitionen handelt, die Ersatzinvestitionen also eingeschlossen sind.

einzige Größe sicher nicht befriedigend erklärt werden. Alle Versuche einer Erklärung durch mehrere Faktoren sind aber für die gesamte Industrie vergeblich, von der Ausnahme der Funktion mit den Produktionswerten abgesehen, da die z.T. recht guten Korrelationskoeffizienten statistisch nicht gesichert sind.

5. Die Abweichungen der errechneten von den gemessenen Investitionswerten sind vor allem durch zwei Faktoren bedingt: Die Auswirkungen des Korea-Booms und konjunkturelle Einflüsse. Die durch den Korea-Boom ausgelöste starke Gewinnsteigerung und Produktionsausdehnung führte nicht zu den Investitionen, die bei einem allein an den Gewinnen oder der Produktion ausgerichteten Verhalten vorgenommen worden wären. Ähnliches gilt von den Konjunktureinflüssen. In Zeiten guter Konjunktur nehmen die Unternehmen größere, in Rezessionsjahren dagegen geringere Investitionen vor als bei einer Orientierung an den Gewinnen oder der Produktion. Der Einfluß der Konjunktur zeigte sich stärker bei den Funktionen mit dem Produktionswert als Variabler. Bei Ausschaltung der Einflüsse des Korea-Booms und der Konjunkturentwicklungen, die aber schwer zu messen sind, hätte sich sicher eine bessere Anpassung ergeben.

6. Die Hypothese, daß Veränderungen des Zinssatzes allein die Investitionen bestimmen, muß abgelehnt werden. Bei Berechnungen mit den Werten für die gesamte Industrie spielte der Zinssatz nur eine untergeordnete Rolle. Die Bedeutung des Zinses ist aber sicher in einzelnen Industriezweigen größer als es nach den Ergebnissen für die gesamte Industrie den Anschein hat. Aber auch in den zinsabhängigeren Bereichen der Wirtschaft wird der Zins allein zur Erklärung des Investitionsverhaltens nicht ausreichen. Nach den Ergebnissen aller bisherigen empirischen Untersuchungen und dem Stand der neueren Theorie konnte das allerdings auch nicht erwartet werden.

7. Die Akzeleratorthese konnte wegen des Fehlens zuverlässiger Angaben für die Nettoinvestition nicht eingehend untersucht werden. Die mit wenig zuverlässigem statistischen Material mit den Veränderungen des Konsums, des Volkseinkommens und der Produktion ermittelten empirischen Funktionen zeigten statistisch nur ungenügend gesicherte Ergebnisse. Allerdings lassen sich die Funktionen

$$I_t^{brutto} = \alpha_0 + \alpha_1 X_t + u_t \qquad \text{und} \qquad (6)$$

$$\frac{I_t^{brutto}}{p(I)} = \alpha_o + \alpha_1 + \frac{X_t}{p(X)} + \alpha_2 \frac{X_{t-1}}{p(X)} \qquad (30)$$

auch als Akzeleratorbeziehung deuten.[154] Mit Hilfe dieser Funktionen konnten wir die Größe des Akzelerators näherungsweise ermitteln. Mit Hilfe der Funktion (6) schätzten wir den Akzelerator auf ungefähr 0,5, mit Hilfe der Funktion (30) auf ungefähr 0,3 (mit einem Konfidenzbereich von $\pm$ 0,15).

Die HICKSsche Annahme, daß der Akzelerator gleich oder größer 1 ist, scheint den in der Realität herrschenden Bedingungen nicht zu entsprechen. Nach unseren Ergebnissen ist der Akzelerator wahrscheinlich kleiner als 1 und liegt bei etwa 0,5.[155]

Die Tabelle 9 gibt einen abschließenden Überblick über die Funktionen für die gesamte Industrie. Die Reihenfolge richtet sich nach der Qualität des Korrelationskoeffizienten.

154. Vgl. Seite 148 und Seite 171
155. Vgl. auch Seite 139 ff. und Seite 149.

Tabelle 10

Ergebnisse der Regressionsanalyse für die gesamte Industrie[156),157)]

Nr. der Funktion	Erklärte Variable	Erklärende Variable	Absolutes Glied	Regressionsparameter	Autokorrelation der Residuen	Korrelationskoeffizient
(30)	$\frac{I_t^{br}}{p(I)}$	$\frac{X_t}{p(X)}, \frac{X_{t-1}}{p(X)}$	- 1.713	0,440 -0,026 0,298 -0,162 0,155 -0,299	0,218	0,990
(13)	I^{br}	$(Q+A)_t$	- 1.039 - 1.487 - 1.935	0,510 0,432 0,354	0,380++)	0,984
(27)	$\frac{I^{br}}{p(I)}$	$\frac{(Q+A)_t}{p(I)}$	- 1.055 - 1.438 - 1.821	0,546 0,445 0,343	0,291	0,975
(7)	I^{br}	X_{t-1}	1.741 952 163	0,171 0,129 0,086	0,344	0,950
(8)	I^{br}	$\frac{X_t+X_{t-1}+X_{t-2}}{3}$	1.446 632 - 182	0,186 0,134 0,082	0,369	0,947
(14)	I^{br}	$Q+A_{t-1}$	2.683 1.815 947	0,469 0,344 0,218	0,205	0,939
(6a)+)	I^{br}	X_t	267 - 180 - 627	0,188 0,132 0,076	0,359	0,920
(25a)+)	$\frac{I^{br}}{p(I)}$	$\frac{X_t}{p(X)}$	219 - 137 - 493	0,184 0,125 0,067	0,464++)	0,906
(28)	$\frac{I^{br}}{p(I)}$	$\frac{(Q+A)_{t-1}}{p(I)}$	2.074 1.318 562	0,505 0,339 0,173	0,257	0,898
(26a)+)	$\frac{I^{br}}{p(I)}$	$\frac{X_{t-1}}{p(X)}$	2.059 1.397 735	1.095 0,092 - 0,911	0,297	0,726
(2a)+)	I^{br}	$\frac{1}{Z}$	3.811 3.152 2.439	55,009 2.545 -49.919	0,434++)	0,048+++)

+) Transformierte Reihen
++) signifikant
+++) nicht signifikant mit einer Wahrscheinlichkeit von 0,05

156. Die Investitionen wurden mit dem Preisindex der Investitionsgüter (p(I)), die Produktionswerte mit dem Index der Erzeugerpreise und die Gewinne + Abschreibungen mit dem Index der Investitionsgüter bereinigt. Vgl. auch S.
157. Die in den Spalten "Absolutes Glied" und "Regressionsparameter" angeführten Werte stellen den geschätzten Parameter (mittlerer Wert) und die Grenzen des Konfidenzbereichs (oberer und unterer Wert) dar.

C) Ergebnisse für die einzelnen Industriegruppen

1. Bergbau

Für die Einfachkorrelation der Investitionen des Bergbaus ergibt sich im großen das gleiche Bild wie für die gesamte Industrie. Die besten Funktionen sind wieder die mit den Variablen $(Q+A)_t$ und X_{t-1}. Der geschätzte Parameter für $(Q+A)_t$ liegt mit 0,403 etwa in der gleichen Größenordnung wie der für die gesamte Industrie (0,445). Im Bergbau werden also etwa die gleichen Gewinnanteile (rund 40 %) wie durchschnittlich in der gesamten Industrie investiert. Der Parameter für X_t liegt nur wenig höher als derjenige für die gesamte Industrie.

Die Gewinne der Vorperiode und die Produktion der laufenden Periode erklären die Investition des Bergbaus schlechter. Der Koeffizient für X_{t-1} ist nur mit einer Wahrscheinlichkeit von 0,05 signifikant. Die Regressionsparameter sind etwas niedriger als die in den Gleichungen mit den Variablen $(Q+A)_t$ und X_{t-1}.

Die Korrelationen mit Reihen in Preisen von 1950 ergeben wieder schlechtere Korrelationskoeffizienten als die entsprechenden Funktionen mit nicht-bereinigten Reihen.

Erheblich bessere Ergebnisse als für die gesamte Industrie zeigt aber die Variable Zins. Die empirische Funktion lautet:

$$I_t^{brutto} = \begin{matrix} -506 \\ -712 \\ -918 \end{matrix} + \begin{matrix} 36.252 \\ 19.628 \\ 3.002 \end{matrix} \left(\frac{1}{z}\right) + u_t \qquad \begin{matrix} r = 0{,}763 \\ r_1^* = 0{,}367 \end{matrix} \qquad (40)$$

Die Korrelation mit den preisbereinigten Investitionen ergibt einen noch höheren Korrelationskoeffizienten:

$$\frac{I_t^{brutto}}{p(I)} = \begin{matrix} -339 \\ -469 \\ -599 \end{matrix} + \begin{matrix} 25.098 \\ 14.643 \\ 4.189 \end{matrix} \left(\frac{1}{z}\right) + u_t \qquad \begin{matrix} r = 0{,}814 \\ r_1^* = 0{,}167 \end{matrix} \qquad (38)$$

Wie wir bereits bei der Interpretation der Ergebnisse für die gesamte Industrie andeuteten, spielt der Zinssatz in dieser Industriegruppe eine größere Rolle als für die Investitionen der gesamten Industrie. Beim Bergbau war eine bessere Korrelation von vornherein zu erwarten, da seine Investitionen ausgesprochen langfristig und daher zinsempfindlich sind.

Die ökonomische Interpretation der Funktion (38) besagt, daß bei einem Absinken des Zinssatzes von 8,85 % (dem durchschnittlinchen Zins für zugesagte Kredite zwischen 1950 und 1958) um 1 % auf 7,85 % die Investitionen um rd. 220 Mio.DM zunehmen, bei einer Zunahme des Zinses um 1 % von 8,85 % auf 9,85 % dagegen um rd. 160 Mio.DM abnehmen werden. Die Zu- bzw. Abnahme der Investition einer 1 %igen Veränderung des Zinssatzes läßt sich nicht allgemein angeben. Entscheidend für die absolute Größe der Investitionsänderung ist das Zinsniveau, bei dem diese Veränderung stattfindet. Bei einem hohen Zinsniveau werden die durch eine Zinssatzänderung von 1 % hervorgerufenen Investitionsänderungen geringer sein als bei einem niedrigeren.

Multiple Korrelationen mit den Variablen X_t, X_{t-1}, $(Q+A)_t$ und $(Q+A)_{t-1}$ scheitern auch beim Bergbau wieder an der bestehenden Multikollinearität, wie die Büschelkarten in den Abbildungen 20 und 21 zeigen.

Für die Funktionen mit den preisbereinigten Variablen $(Q+A)_t$ und $(Q+A)_{t-1}$ bzw. X_t und X_{t-1} als erklärenden Variablen führt die Büschelkartenanalyse zu ähnlichen Ergebnissen.

Eine Ausnahme bei den multiplen Korrelationen bildet die Hinzunahme des Zinssatzes zu den Gewinnen und Abschreibungen bzw. dem Produktionswert als zusätzlicher erklärender Variabler.

Die Büschelkarten erlauben diese multiplen Korrelationen, obwohl der Zins als neu hinzugenommene Variable nicht als ausgesprochen nützlich angesehen werden kann.

Die empirischen Funktionen lauten:

$$I_t^{br} = -535 \begin{matrix} +\ 0{,}219 \\ -\ 0{,}139 \\ -\ 0{,}060 \end{matrix} X_t \begin{matrix} 19.475 \\ +\ 9.076 \\ -\ 1.322 \end{matrix} \left(\frac{1}{z}\right) + u_t \qquad \begin{matrix} r = 0{,}958 \\ r_1^* = 0{,}774 \end{matrix} \qquad (31)$$

$$I_t^{br} = -46 + \begin{matrix} 0{,}499 \\ 0{,}317 \\ 0{,}135 \end{matrix} (Q+A)_t + \begin{matrix} 19.355 \\ 8.387 \\ -\ 2.581 \end{matrix} \left(\frac{1}{z}\right) + u_t \qquad \begin{matrix} r = 0{,}957 \\ r_1^* = 0{,}580 \end{matrix} \qquad (32)$$

Für die Gleichung mit dem Produktionswert als Variabler ist die Autokorrelation der Residuen signifikant. Sie konnte durch die Transformation der Beobachtungsreihen nicht verbessert werden. Zudem ist das Konfidenzintervall des Parameters für X_t sehr weit, so daß das Ergebnis statistisch nicht gesichert ist.

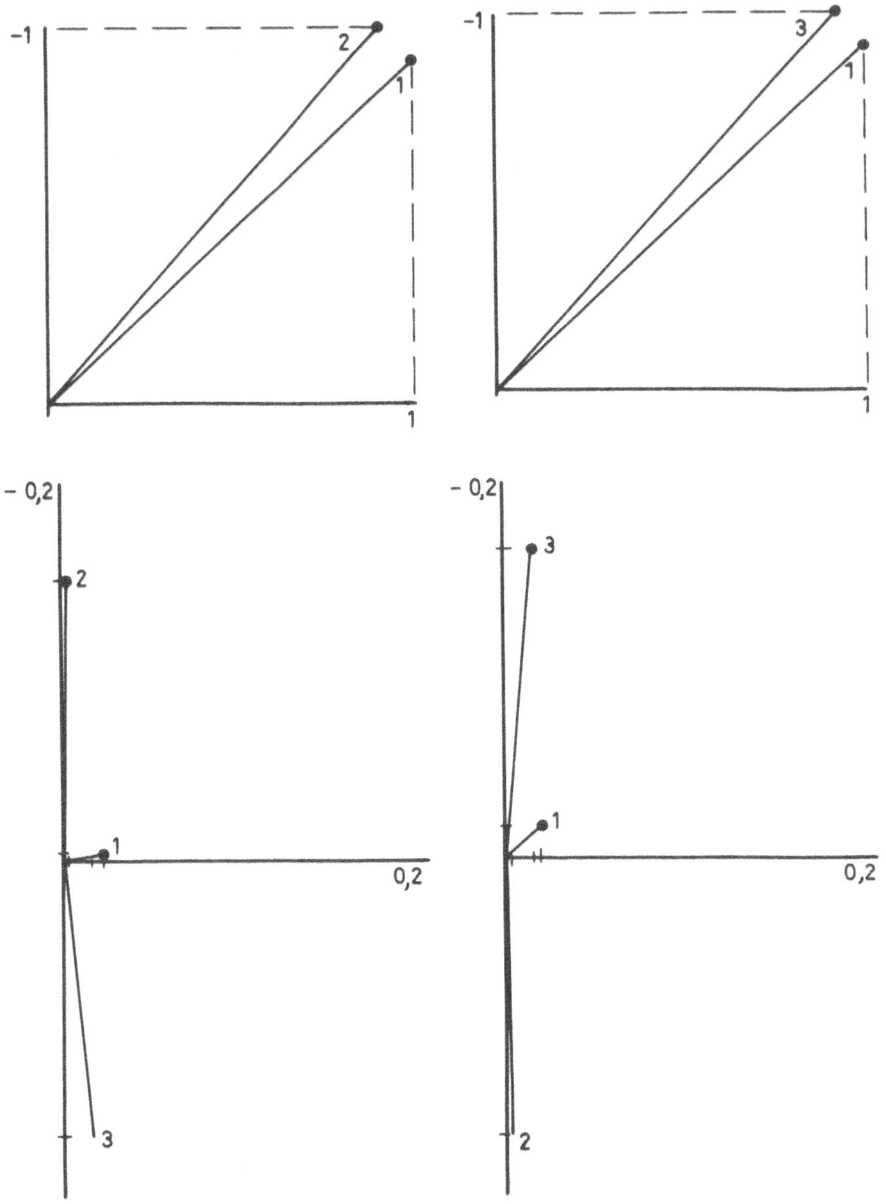

Strahl 1 = Investition
Strahl 2 = Produktionswert der laufenden Periode
Strahl 3 = Produktionswert der Vorperiode
Maßstab: 0,1 = 25 Einheiten

A b b i l d u n g 20

Büschelkarten für die Funktion:

$$I_t^{brutto} = \alpha_o + \alpha_1 X_t + \alpha_2 X_{t-1} + u_t$$

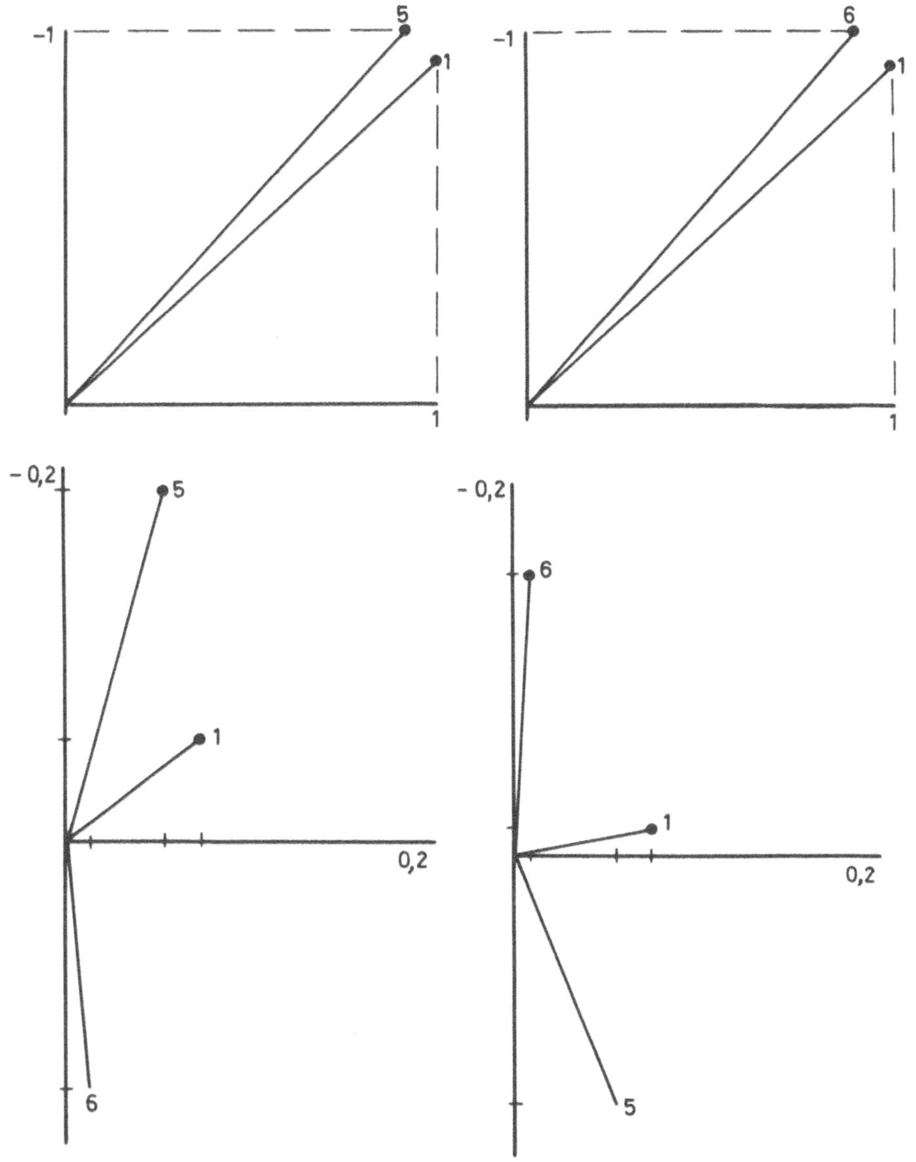

Strahl 1 = Investition
Strahl 5 = Gewinne + Abschreibungen der laufenden Periode
Strahl 6 = Gewinne + Abschreibungen der Vorperiode
Maßstab: 0,1 = 25 Einheiten

A b b i l d u n g 21

Büschelkarten für die Funktion:

$$I_t^{brutto} = \alpha_o + \alpha_1 (Q+A)_t + \alpha_2 (Q+A)_{t-1} + u_t$$

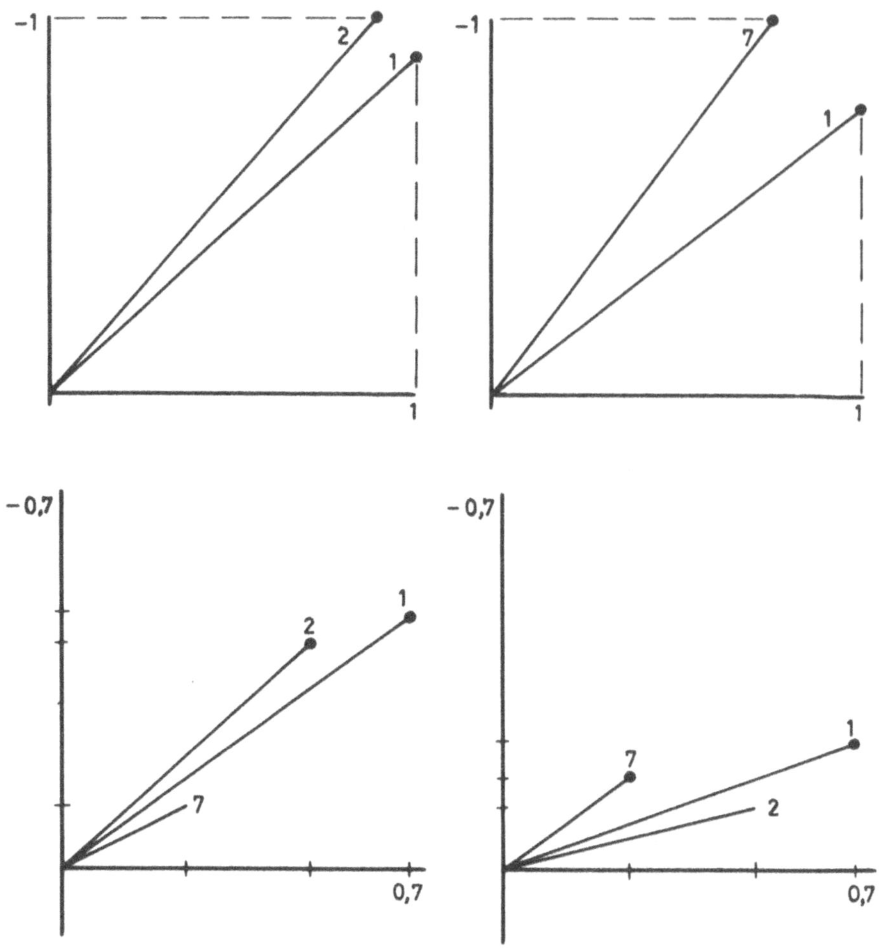

Strahl 1 = Investition
Strahl 2 = Produktionswert der laufenden Periode
Strahl 7 = Zinssatz
Maßstab: 0,1 = 7,1 Einheiten

A b b i l d u n g 22

Büschelkarten für die Funktion:

$$I_t^{brutto} = \alpha_0 + \alpha_1 X_t + \alpha_2 \frac{1}{z} + u_t$$

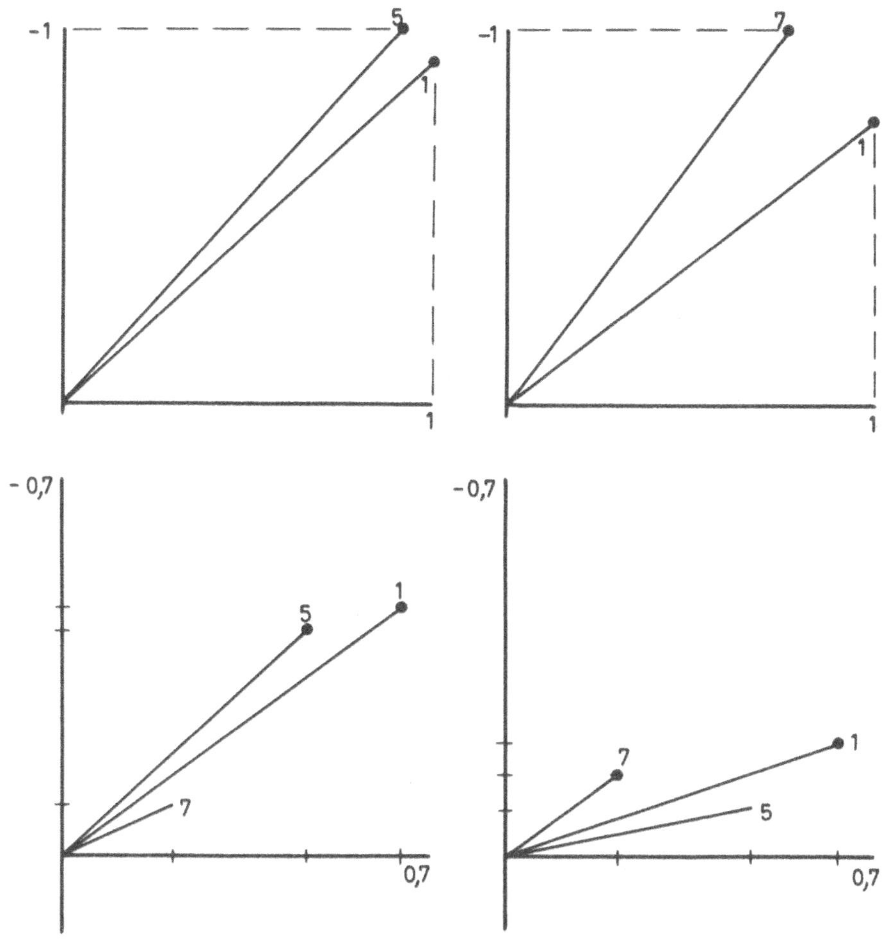

Strahl 1 = Investition
Strahl 5 = Gewinne + Abschreibungen der laufenden Periode
Strahl 7 = Zinssatz
Maßstab: 0,1 = 7,1 Einheiten

A b b i l d u n g 23

Büschelkarten für die Funktion:

$$I_t^{brutto} = \alpha_0 + \alpha_1 (Q+A)_t + \alpha_2 \frac{1}{z} + u_t$$

Die Anpassung der Funktionen (32) und (33) zeigen den gleichen systematischen Fehler, der schon bei den Anpassungen der errechneten an die gemessenen Investitionswerte für die gesamte Industrie beobachtet werden konnte. Allerdings liegt der Schnittpunkt der errechneten und gemessenen Investitionen hier etwas früher, die errechneten Investitionen liegen bereits 1952 unter den gemessenen (für die gesamte Industrie erst 1953 und 1954) und übersteigen diese schon 1956 (für die gesamte Industrie erst 1957/58). Ein ähnliches Bild zeigt die Anpassung der Funktion (33).

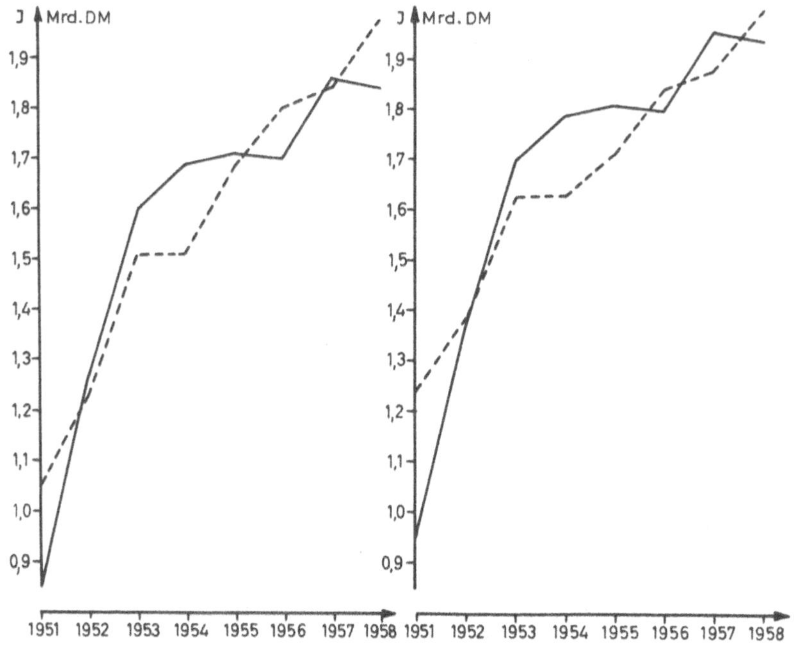

Funktion (32) Funktion (33)

——— gemessene Werte
— — — errechnete Werte

A b b i l d u n g 24

Anpassung der Funktionen (32) und (33)

Die Tabelle 11 gibt einen abschließenden Überblick über die nach der Qualität der Korrelationskoeffizienten geordneten empirischen Funktionen.

Tabelle 11

Ergebnisse der Regressionsanalyse für den Bergbau[158)]

Nr. der Funktion	Erklärte Variable	Erklärende Variable	Absolutes Glied	Regressionsparameter	Autokorrelation der Residuen	Korrelationskoeffizient
(32)	I_t^{br}	$(Q+A)_t, \frac{1}{z}$	- 46	0,499 19.356 0,317 8.387 0,135 - 2.582	- 0,580	0,957
(33)	I_t^{br}	$(Q+A)_t$	878 754 630	0,573 0,403 0,233	0,146	0,921
(34)	I_t^{br}	X_{t-1}	568 444 320	0,236 0,166 0,096	0,210	0,921
(35)	I_t^{br}	$(Q+A)_{t-1}$	1.062 923 784	0,561 0,378 0,196	0,151	0,901
(36)	$\frac{I_t^{br}}{p(I)}$	$\frac{(Q+A)_t}{p(I)}$	739 634 529	0,582 0,379 0,177	0,324	0,881
(37)	$\frac{I_t^{br}}{p(I)}$	$\frac{(Q+A)_{t-1}}{p(I)}$	897 773 649	0,560 0,337 0,113	0,380++)	0,833
(38)	$\frac{I_t^{br}}{p(I)}$	$\frac{1}{z}$	- 339 - 469 - 599	25.098 14.643 4.189	0,167	0,814
(39)+)	I_t^{br}	X_t	399 305 211	0,250 0,139 0,028	0,098	0,781
(40)	I_t^{br}	$\frac{1}{z}$	- 506 - 712 - 918	36.252 19.627 3.002	0,367	0,763
(41)+)	$\frac{I_t^{br}}{p(I)}$	$\frac{X_t}{p(X)}$	378 274 170	0,671 0,150 - 0,371	0,225	0,276+++)
(42)+)	$\frac{I_t^{br}}{p(I)}$	$\frac{X_{t-1}}{p(X)}$	984 923 862	0,219 - 0,116 - 0,450	- 0,404	- 0,369+++)

+) Transformierte Reihen
++) signifikant
+++) nicht signifikant mit einer Wahrscheinlichkeit von 0,05

158. Die in den Spalten "Absolutes Glied" und "Regressionsparameter" angeführten Werte stellen die geschätzten Größen (mittlerer Wert) und die Grenzen des Konfidenzbereichs (oberer und unterer Wert) dar.

2. Investitionsgüterindustrie

Für die Investitionsgüterindustrie geben die Gewinne und Abschreibungen die beste Erklärung für das Investitionsverhalten in diesem Industriezweig. Die Korrelationen mit den Reihen in laufenden Preisen (Funktion (42)) und denen in Preisen von 1950 (Funktion (43)) weisen die höchsten Korrelationskoeffizienten auf. Die entsprechenden Funktionen mit dem Produktionswert zeigen schlechtere Ergebnisse. (Vgl. Funktion (44) bzw. (45) in Tabelle 12). Der Unterschied in der Qualität der Korrelationskoeffizienten zwischen den preisbereinigten und den nicht-bereinigten Funktionen ist für die Investitionsgüterindustrie nicht so groß. In der Tabelle 12, in der die Funktionen nach der Güte des Korrelationskoeffizienten geordnet sind, folgen bei den vier Funktionen am Anfang der Tabelle die nicht-bereinigten immer unmittelbar hinter den entsprechenden bereinigten. Die Regressionsparameter sind für alle Funktionen kleiner als die entsprechenden Werte für die gesamte Industrie, d.h. also, daß in der Investitionsgüterindustrie im allgemeinen ein geringerer Prozentsatz der Gewinne + Abschreibungen bzw. des Produktionswertes investiert wird als durchschnittlich in der gesamten Industrie.

Multiple Korrelationen sind auch für die Investitionsgüterindustrie nicht möglich. Die Büschelkartenanalyse erlaubt diese mit einer Ausnahme nicht. Die Hinzunahme von X_{t-1} zu X_t ist nach der Büschelkartenanalyse nicht schädlich, aber der Koeffizient dieser multiplen Korrelation ist mit 0,967 niedriger als der der Einfachkorrelation mit $(Q+A)_t$ als Variabler, der 0,973 beträgt. Die empirische Gleichung für die Funktion mit den beiden Produktionswerten lautet:

$$I_t^{brutto} = -206 + \underset{0,014}{\overset{0,345}{0,179}} X_t - \underset{-0,232}{\overset{0,086}{0,073}} X_{t-1} + u_t \qquad r = 0,967 \quad r_1^* = 0,080 \qquad (45)$$

Auch diese Funktion läßt sich wieder als Akzeleratorbeziehung interpretieren, da der Koeffizient für X_{t-1} negativ ist.[159] Der Akzelerator ist allerdings kleiner als der für die gesamte Industrie.

Die Konfidenzintervalle der Funktion (44) sind relativ weit, da zudem der Konfidenzbereich für X_{t-1} auch Null überdeckt, sind die geschätzten Parameter doch nur mit großer Vorsicht zu betrachten. Die besten Ergebnisse geben also auch für die Investitionsgüterindustrie wieder die Einfachkorrelationen ab.

159. Vgl. Seite 171 ff.

Die Anpassungen der Funktionen zeigen auch in der Investitionsgüterindustrie den typischen Verlauf. Allerdings ist der Einfluß des Korea-Booms nicht so stark, dafür scheinen die Konjunktureinflüsse stärker zu wirken. Die Investitionsentscheidungen in der Investitionsgüterindustrie sind wahrscheinlich stärker durch Konjunkturausschläge bedingt, als das für die gesamte Industrie gilt. Die größten Abweichungen liegen in den Jahren 1952 und 1956, also in der Nähe der nach unseren Trendberechnungen ermittelten Wendepunkte der Konjunktur, die in den Jahren 1953 bzw. 1955/56 liegen.[160)]

Funktion (43) Funktion (45)

——— gemessene Werte
— — — errechnete Werte

A b b i l d u n g 25

Anpassung der Funktionen (43) und (45)

160. Vgl. Seite 160 ff.

Tabelle 12

Ergebnisse der Regressionsanalyse für die Investitionsgüterindustrie[161)]

Nr. der Funktion	Erklärte Variable	Erklärende Variable	Absolutes Glied	Regressions-parameter	Autokorrelation der Residuen	Korrelations-koeffizient
(43)	I_t^{br}	$(Q+A)_t$	62 - 107 - 276	0,399 0,323 0,246	- 0,129	0,973
(44)	$\frac{I_t^{br}}{p(I)}$	$\frac{(Q+A)_t}{p(I)}$	- 10 - 137 - 264	0,417 0,331 0,246	- 0,218	0,968
(45)	I_t^{br}	$X_t;X_{t-1}$	- 206	0,345 + 0,086 0,179 - 0,073 0,014 - 0,232	0,080	0,967
(46)	I_t^{br}	X_t	264 52 - 160	0,136 0,105 0,073	0,277	0,957
(47)	$\frac{I_t^{br}}{p(I)}$	$\frac{X_t}{p(X)}$	230 65 - 100	0,138 0,103 0,068	0,266	0,946
(48)	I_t^{br}	X_{t-1}	851 552 253	0,139 0,096 0,053	0,326	0,913
(49)	I_t^{br}	$(Q+A)_{t-1}$	1.008 702 396	0,377 0,258 0,139	0,290	0,908
(50)	$\frac{I_t^{br}}{p(I)}$	$\frac{X_{t-1}}{p(X)}$	643 415 187	0,141 0,094 0,047	0,350	0,894
(51)	$\frac{I_t^{br}}{p(I)}$	$\frac{(Q+A)_{t-1}}{p(I)}$	794 559 324	0,381 0,250 0,119	0,268	0,886
(52)	$\frac{I_t^{br}}{p(I)}$	$\frac{1}{z}$	516 52 - 412	46.889 16.556 - 13.777	0,689++)	0,404+)
(53)	I_t^{br}	$\frac{1}{z}$	454 - 216 - 886	77.585 23.598 - 30.388	0,722++)	0,400+)

+) nicht signifikant mit einer Wahrscheinlichkeit von 0,05
++) signifikant

161. Die in den Spalten "Absolutes Glied" und "Regressionsparameter" angeführten Werte stellen die geschätzten Größen (mittlerer Wert) und die Grenzen des Konfidenzbereichs (oberer und unterer Wert) dar.

3. Grundstoff- und Produktionsgüterindustrie

Für die Grundstoff- und Produktionsgüterindustrie weisen die Funktionen mit den Gewinnen und Abschreibungen die höchsten Korrelationskoeffizienten auf, von der Korrelation mit den Variablen

$$\frac{X_t}{p(X)} \quad \text{und} \quad \frac{X_{t-1}}{p(X)}$$

abgesehen, die, wie die Büschelkartenanalyse zeigt, als einzige multiple Korrelation statistisch gesicherte Schätzwerte ergibt.

In den bisher betrachteten Industriegruppen, dem Bergbau und der Investitionsgüterindustrie, müssen ebenso wie in der Grundstoff- und Produktionsgüterindustrie hohe Kapitalinvestitionen vorgenommen werden.[162] In diesen Industriegruppen sind die Gewinne plus Abschreibungen die entscheidenden Größen für die Investitionen. Sie spielen diese wichtige Rolle sicher nicht nur wegen der Bedeutung der Gewinne für die Unternehmererwartungen, sondern auch wegen des Einflusses von Gewinnen und Abschreibungen auf die Liquiditätslage der Unternehmen. Die Veränderung der internen Finanzierungsmittel durch die Gewinnsituation der Unternehmung scheint in den Industriegruppen, in denen hohe Kapitalinvestitionen vorgenommen werden, die Investitionsentscheidungen stark zu beeinflussen. Die Regressionsparameter sowohl der Funktionen mit preisbereinigten Reihen als auch der mit nichtbereinigten Reihen liegen für die Grundstoff- und Produktionsgüterindustrie erheblich über den entsprechenden Werten für die gesamte Industrie. Sie betragen für die Variable $(Q+A)_t$ 0,685 (gesamte Industrie 0,432), für $\frac{(Q+A)_t}{p(I)}$ 0,726 (gesamte Industrie 0,445), für $(Q+A)_{t-1}$ 0,477 (gesamte Industrie 0,344) und für $\frac{(Q+A)_{t-1}}{p(I)}$ 0,489 (gesamte Industrie 0,339). In der Grundstoff- und Produktionsgüterindustrie machen also die Investitionen einen größeren Teil der Gewinne und Abschreibungen aus als in der gesamten Industrie. Das läßt sich gleichfalls auf die große Bedeutung der Gewinne und Abschreibungen als Finanzierungsmittel für die Bruttoinvestitionen in diesen Industriebereichen schließen. Die Gewinne der

---

162. Die Bruttoinvestitionen betrugen von 1950 bis 1958 nach unseren Berechnungen in den einzelnen Industriegruppen in % des Produktionswertes:

Bergbau	20,6 %
Grundstoff- und Produktionsgüterindustrie	17,2
Investitionsgüterindustrie	10,8
Verbrauchsgüterindustrie	8,4
Nahrungs- und Genußmittelindustrie	8,6
Gesamte Industrie	12,7

Vorperiode sind dabei von geringerer Bedeutung als die der laufenden Periode. Für den Produktionswert dagegen gibt der Vorjahreswert die bessere Erklärung ab.

Die Korrelationen mit dem Zinssatz zeigen auch für die Grundstoff- und Produktionsgüterindustrie höhere Korrelationskoeffizienten als für die gesamte Industrie, obwohl sie bei einer Wahrscheinlichkeit von 0,05 nicht signifikant sind. Für die gleichfalls langfristigen Investitionen dieser Industriegruppe spielt der Zins also auch eine größere Rolle als für die gesamte Industrie.

Multiple Korrelationen waren nach der Büschelkartenanalyse nur für die Funktion $I_t^{br} = \alpha_o + \alpha_1 \frac{X_t}{p(X)} + \alpha_2 \frac{X_{t-1}}{p(X)} + u_t$ möglich, für die gleiche Funktion also, die auch für die gesamte Industrie aus statistischen Gründen nicht abgelehnt zu werden brauchte.

Die ermittelte empirische Gleichung lautet:

$$\frac{I_t^{br}}{p(I)} = - 1.194 + 0,492 \frac{X_t}{p(X)} - 0,252 \frac{X_{t-1}}{p(X)} + u_t \qquad \begin{array}{l} r = 0,979 \\ r_1^* = -0,124 \end{array} \qquad (54)$$

Auch in dieser Funktion ist der Wert des zweiten Regressionsparameters negativ, wir können sie also als Akzeleratorbeziehung betrachten. Der Akzelerator beträgt in der Grundstoff- und Produktionsgüterindustrie 0,492, er ist also größer als in der gesamten Industrie oder der Investitionsgüterindustrie.

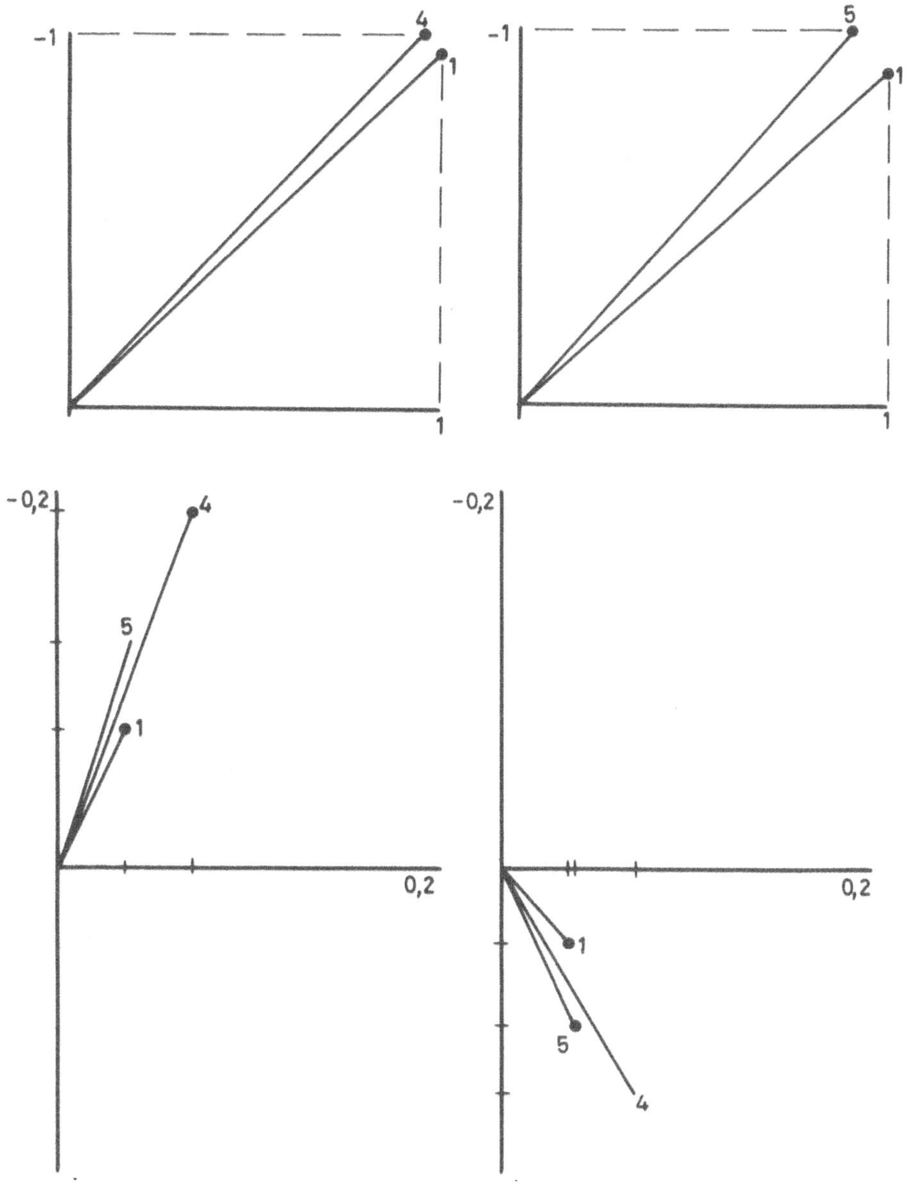

Strahl 1 = Investitionen
Strahl 4 = Produktionswert der laufenden Periode
Strahl 5 = Produktionswert der Vorperiode
Maßstab: 0,1 = 25 Einheiten

A b b i l d u n g 26

Büschelkarten für die Funktion (52)

Die Anpassung für die Funktion (53) und (54) zeigt ein ähnliches Bild, wie es bisher in allen untersuchten Funktionen zu beobachten war. Bei steilem Anstieg der Investitionen, der wohl auf eine konjunkturell günstige Situation in dem betreffenden Industriezweig zurückzuführen ist, liegen die gemessenen Werte über den errechneten, bei flacherem Verlauf der Investitionskurven dagegen darunter. Bei guter Konjunktur wird also auch in der Investitionsgüterindustrie mehr investiert als bei einem nur am Gewinn orientierten Verhalten, bei schlechter Konjunkturlage weniger. Die Abweichungen in den Jahren 1951 sind sicher auch durch den Korea-Boom bedingt.

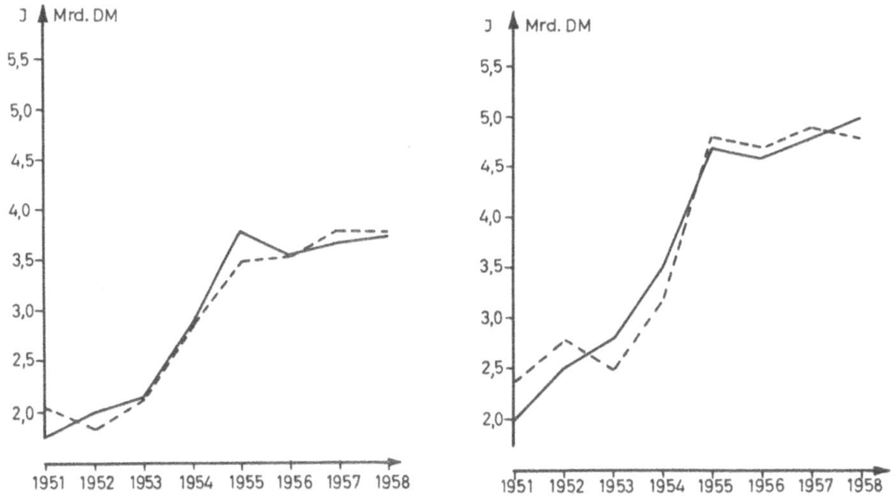

Funktion (54) Funktion (55)

——— gemessene Werte
— — — errechnete Werte

Abbildung 27

Anpassung der Funktionen (54) und (55)

T a b e l l e 13

Ergebnisse der Regressionsanalyse für die Grundstoff- und Produktionsgüterindustrie[163)]

Nr. der Funktion	Erklärte Variable	Erklärende Variable	Absolutes Glied	Regressions-parameter	Autokorrelation der Residuen	Korrelations-koeffizient
(54)	$\frac{I_t^{br}}{p(I)}$	$\frac{X_t}{p(X)}, \frac{X_{t-1}}{p(X)}$	- 1.194	0,631 - 0,118 0,492 - 0,252 0,353 - 0,386	- 0,124	0,979
(55)	I_t^{br}	$(Q+A)_t$	- 1.751 - 1.987 - 2.223	0,836 0,685 0,535	0,252	0,977
(56)	$\frac{I_t^{br}}{p(I)}$	$\frac{(Q+A)_t}{p(I)}$	- 1.637 - 1.849 - 2.061	0,932 0,726 0,521	0,271	0,962
(57)	I_t^{br}	X_{t-1}	532 123 - 286	0,264 0,188 0,113	0,216	0,928
(58)+)	I_t^{br}	X_t	- 292 - 515 - 738	0,313 0,219 0,124	0,288	0,918
(59)+)	$\frac{I_t^{br}}{p(I)}$	$\frac{X_t}{p(X)}$	- 177 - 376 - 575	0,328 0,224 0,120	0,179	0,907
(60)+)	$\frac{I_t^{br}}{p(I)}$	$\frac{X_{t-1}}{p(X)}$	815 461 107	0,350 0,156 0,039	0,132	0,676
(61)	I_t^{br}	$(Q+A)_{t-1}$	615 129 - 357	0,712 0,477 0,242	0,085	0,897
(62)	$\frac{I_t^{br}}{p(I)}$	$\frac{(Q+A)_{t-1}}{p(I)}$	345 - 61 - 467	0,787 0,489 0,191	0,146	0,854
(63)	$\frac{I_t^{br}}{p(I)}$	$\frac{1}{z}$	- 927 - 1.542 - 2.157	88.120 38.639 - 10.843	0,710+++)	0,615++)
(64)+)	I_t^{br}	$\frac{1}{z}$	1.398 1.063 728	33.928 7.669 - 18.590	0,195	0,380++)

+) Transformierte Gleichungen
++) nicht signifikant mit einer Wahrscheinlichkeit von 0,05
+++) signifikant

163. Die in den Spalten "Absolutes Glied" und "Regressionsparameter" angeführten Werte stellen die geschätzten Größen (mittlerer Wert) und die Grenzen des Konfidenzbereichs (oberer und unterer Wert) dar.

4. Nahrungs- und Genußmittelindustrie

Für die Nahrungs- und Genußmittelindustrie geben die verschiedenen Produktionswerte als unabhängige Variable eine bessere Erklärung für die Investitionen als die Gewinne und Abschreibungen. Die höchsten Koeffizienten haben die Einfachkorrelationen mit den Produktionswerten: (X_t) (0,976), X_{t-1} (0,968), $\frac{X_t}{p(X)}$ 0,961 und $\frac{X_{t-1}}{p(X)}$ (0,955). Erst dann folgen die Gewinne + Abschreibungen. Das Investitionsverhalten in diesem dem Endverbraucher sehr nahen Industriezweig ist also vorwiegend an der Produktionsentwicklung orientiert. Daß die Gewinne + Abschreibungen in diesem Industriezweig eine geringere Rolle als in den bisher betrachteten drei Industriegruppen spielen, wird sicher auch in den der Nahrungs- und Genußmittelindustrie relativ niedrigeren Investitionsaufwendungen als in den anderen drei Zweigen seine Begründung finden.

Die Hypothese, daß der Zinssatz allein die Investitionen der Nahrungs- und Genußmittelindustrie bestimmt, muß abgelehnt werden. Die Korrelationskoeffizienten sind derart niedrig, daß der Zins wohl auch in Verbindung mit anderen Faktoren nur eine unbedeutende Rolle spielt.

Multiple Korrelationen sind für die Nahrungs- und Genußmittelindustrie wegen der bestehenden Multikollinearität nicht möglich, da die Büschelkartenanalyse hier besonders stark explodierende Büschel bei Einschluß zusätzlicher erklärender Variabler zeigt. Ein besonders krasses Beispiel sind die Büschelkarten für den Einschluß der Gewinne der Vorperiode zu denen der laufenden Periode (s. Abb. 28).

Die Anpassungen der Funktionen der Nahrungs- und Genußmittelindustrie zeigen das genau umgekehrte Bild wie in den bisher betrachteten drei Industriegruppen und der gesamten Industrie: In den Perioden, in denen die errechneten Investitionswerte bisher im allgemeinen unter den gemessenen lagen, liegen sie in diesem Industriezweig darüber (und umgekehrt).

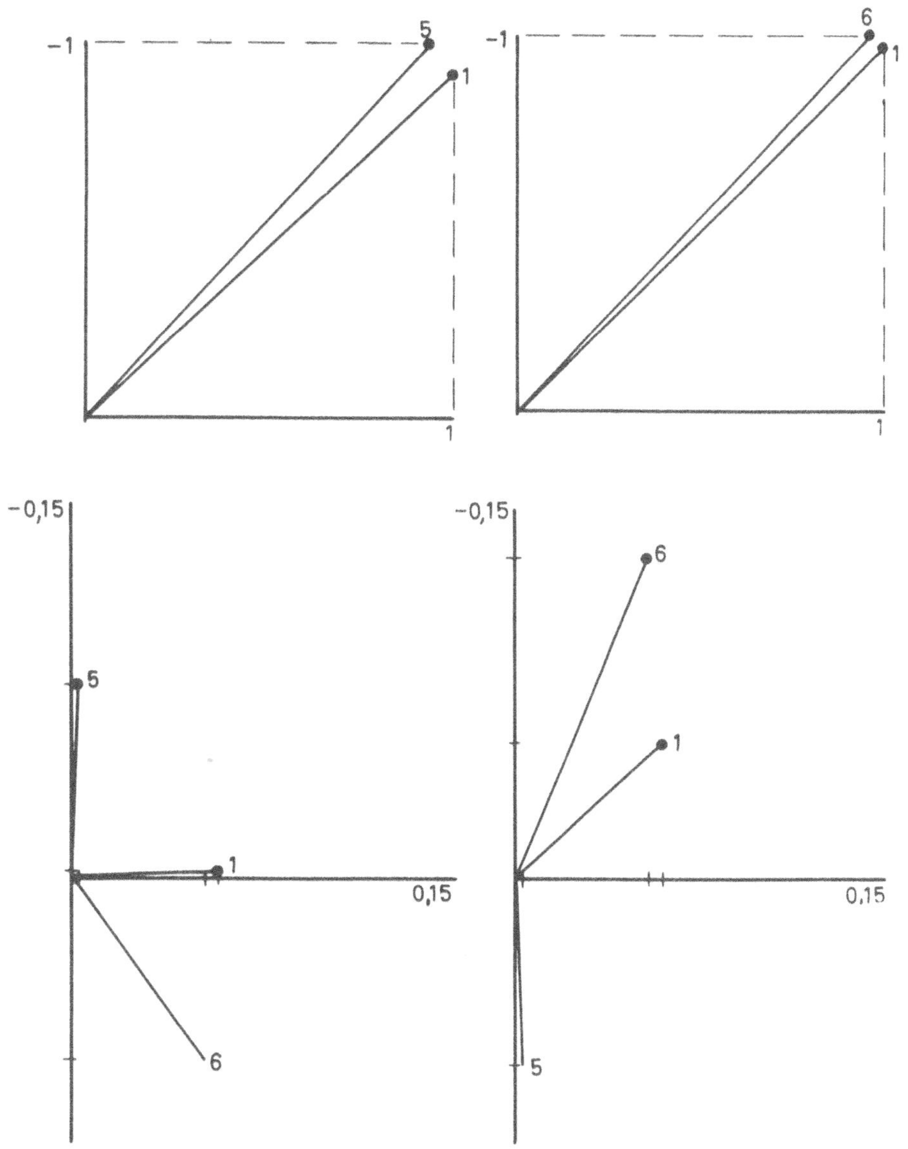

Strahl 1 = Investitionen
Strahl 5 = Gewinne der laufenden Periode
Strahl 6 = Gewinne der Vorperiode
Maßstab: 0,1 = 33 Einheiten

A b b i l d u n g 28

Büschelkarten für die Funktion:

$$I_t^{brutto} = \alpha_o + \alpha_1 (Q+A)_t + \alpha_2 (Q+A)_{t-1} + u_t$$

Das läßt sich durch die Akzeleratorwirkung der vorgelagerten Industrie erklären. Kleine Veränderungen in der Konsumgüterindustrie führen nach der Theorie des Akzelerators zu größeren Veränderungen in der Investitionsgüterindustrie, die zeitlich später auftreten. Diese Fortpflanzung der Investitionsänderungen in den vorgelagerten Industrien führt also neben Veränderungen in der Intensität bei den konsumfernen Industrien auch zu einer zeitlichen Verschiebung.

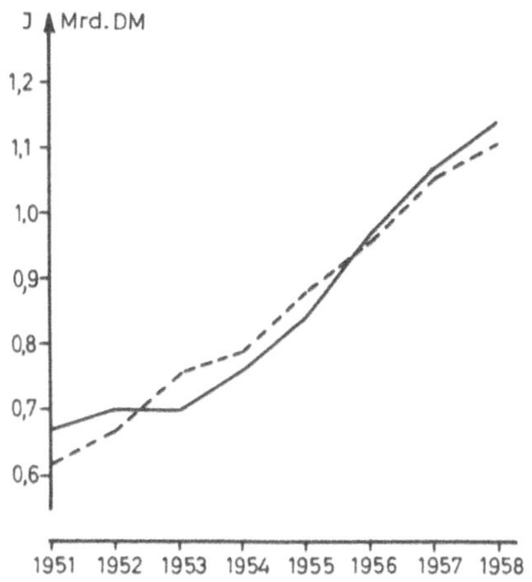

Funktion (65)

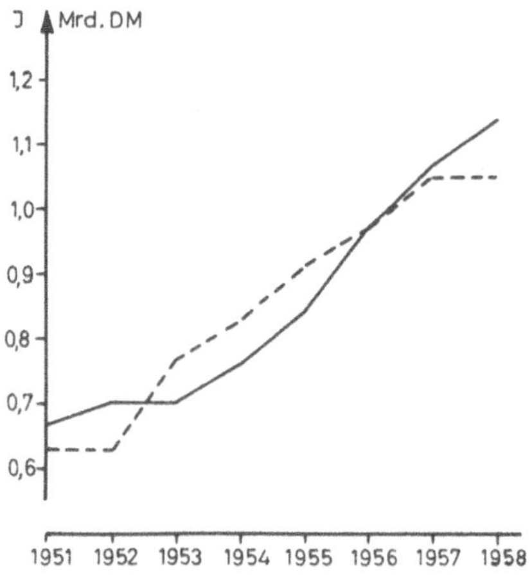

Funktion (71)

——— gemessene Werte
— — — errechnete Werte

A b b i l d u n g 29

Anpassung der Funktionen (65) und (71)

Tabelle 14

Ergebnisse der Regressionsanalyse für die Nahrungs- und Genußmittelindustrie[164)]

Nr. der Funktion	Erklärte Variable	Erklärende Variable	Absolutes Glied	Regressions-parameter	Autokorrelation der Residuen	Korrelations-koeffizient
(65)	I_t^{brutto}	X_t	12 - 25 - 62	0,106 0,087 0,068	0,306	0,976
(66)[+)]	I_t^{br}	X_{t-1}	- 71 - 100 - 129	0,140 0,108 0,075	0,018	0,968
(67)	$\frac{I_t^{br}}{p(I)}$	$\frac{X_{t-1}}{p(X)}$	228 199 170	0,069 0,053 0,038	0,282	0,961
(68)	$\frac{I_t^{br}}{p(I)}$	$\frac{X_t}{p(X)}$	186 155 124	0,070 0,054 0,037	0,299	0,955
(69)[+)]	I_t^{br}	$(Q+A)_{t-1}$	242 204 166	0,311 0,225 0,140	- 0,125	0,950
(70)	$\frac{I_t^{br}}{p(I)}$	$\frac{(Q+A)_{t-1}}{p(I)}$	468 433 398	0,202 0,149 0,097	0,073	0,942
(71)[+)]	I_t^{br}	$(Q+A)_t$	260 206 152	0,325 0,211 0,098	- 0,026	0,880
(72)[+)]	$\frac{I_t^{br}}{p(I)}$	$\frac{(Q+A)_t}{p(I)}$	166 130 94	0,333 0,206 0,079	- 0,114	0,850
(73)	I_t^{br}	$\frac{1}{z}$	467 307 147	17.580 4.733 - 8.115	0,826[+++)]	0,345[++)]
(74)	$\frac{I_t^{br}}{p(I)}$	$\frac{1}{z}$	443 345 247	10.709 2.820 - 5.069	0,821[+++)]	0,366[++)]

+) Transformierte Gleichungen
++) nicht signifikant mit einer Wahrscheinlichkeit von 0,05
+++) signifikant

164. Die in den Spalten "Absolutes Glied" und "Regressionsparameter" angeführten Werte stellen die geschätzten Größen (mittlerer Wert) und die Grenzen des Konfidenzbereichs (oberer und unterer Wert) dar.

5. Verbrauchsgüterindustrie

Die Ergebnisse für die Verbrauchsgüterindustrie sind denen der Nahrungs- und Genußmittelindustrie sehr ähnlich. Die höchsten Korrelationskoeffizienten haben wieder die vier Funktionen mit den Produktionswerten, die beste Korrelation ergibt die Funktion mit der Variablen X_t, dann folgen die Funktionen mit den Variablen
$\frac{X_t}{p(X)}$, $\frac{X_{t-1}}{p(X)}$ und X_{t-1}.

Die Hypothese, daß die Investitionen von den Gewinnen und Abschreibungen abhängig sind, muß für die Verbrauchsgüterindustrie abgelehnt werden. Die einzige Funktion, die mit einer Wahrscheinlichkeit von 0,05 einen signifikanten Korrelationskoeffizienten aufweist, nämlich die Funktion (79) mit der Variablen $(Q+A)_t$, zeigt eine hohe Autokorrelation der Residuen, die auch durch die Transformation der Beobachtungsreihen nicht beseitigt werden konnte. Die Schätzwerte sind also statistisch nicht gesichert. Durch die hohe Transformation der Reihen wurde die Autokorrelation der Residuen sogar noch höher. Das gleiche gilt für die Funktion (81)[165].

Die Funktion mit dem Zinssatz als Variabler (Funktion 82) muß gleichfalls abgelehnt werden. Der Korrelationskoeffizient ist bei einer relativ hohen Autokorrelation mit 0,291 sehr niedrig. Die Korrelation der preisbereinigten Investitionen mit dem Zinssatz ergibt mit 0,266 auch den niedrigsten Korrelationskoeffizienten für alle Funktionen mit dem Zinssatz als Variabler.

Die Büschelkartenanalyse zeigt, daß auch für die Verbrauchsgüterindustrie multiple Korrelationen nicht möglich sind. Eine Ausnahme bildet die Funktion:

$$I_t^{brutto} = \alpha_0 + \alpha_1 \; (Q+A)_t + \alpha_2 \; (Q+A)_{t-1} + u_t.$$

Die Büschel werden durch Hinzunahme der neuen Variablen bei nur unwesentlicher Verkürzung enger. Das ist der einzige Fall in unserer Untersuchung, in der der Einschluß einer neuen Variablen als nützlich anzusehen ist. Allerdings ist die Autokorrelation der Residuen in dieser Gleichung mit 0,683 sehr hoch. Sie konnte auch durch die Transformation der Beobachtungsreihen nicht wesentlich verringert werden. Mit 0,564 blieb sie signifikant, so daß die Schätzwerte statistisch nicht gesichert sind.

---

165. In der Tabelle 15 sind für die Funktion (79) und (81) die Schätzwerte der nichttransformierten Gleichungen aufgeführt.

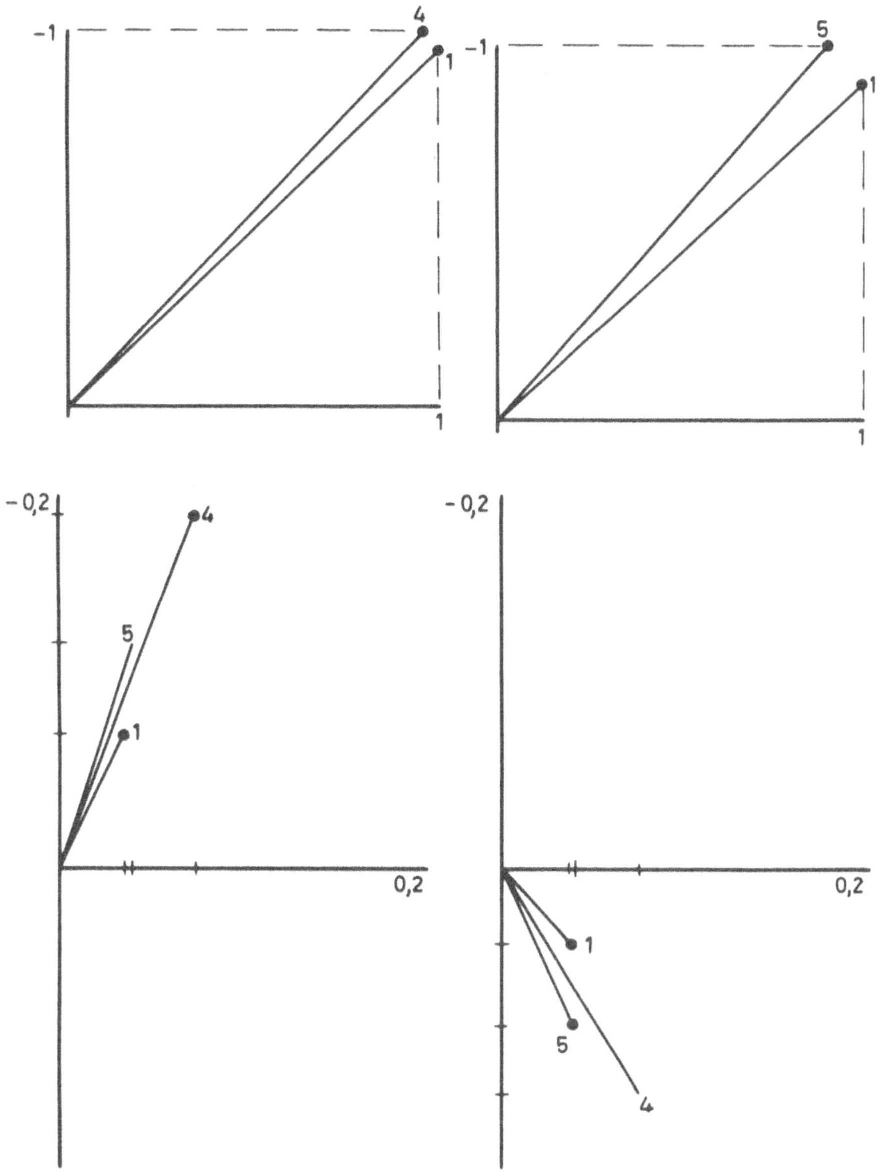

Strahl 1 = Investition
Strahl 4 = Gewinne + Abschreibungen der laufenden Periode
Strahl 5 = Gewinne + Abschreibungen der Vorperiode
Maßstab: 0,1 = 25 Einheiten

Abbildung 30

Büschelkarten für die Funktion:

$$I_t^{brutto} = \alpha_o + \alpha_1 \, (Q+A)_t + \alpha_2 \, (Q+A)_{t-1} + u_t$$

Da zudem der Korrelationskoeffizient dieser multiplen Korrelation mit 0,834 erheblich niedriger ist als der der Einfachkorrelationen mit den Produktionswerten, ergeben also auch für die Verbrauchsgüterindustrie nur die Einfachkorrelationen signifikante Resultate.

Die Anpassung der Funktion (75), die für die Verbrauchsgüterindustrie den höchsten Korrelationskoeffizienten aufweist, zeigt wieder die typischen Abweichungen im Jahre 1951, 1954 bis 1956 und 1957/58. Der Korea-Boom und Konjunktureinflüsse sind auch sicher hier die Gründe für den nicht-zufälligen Verlauf der Abweichungen.

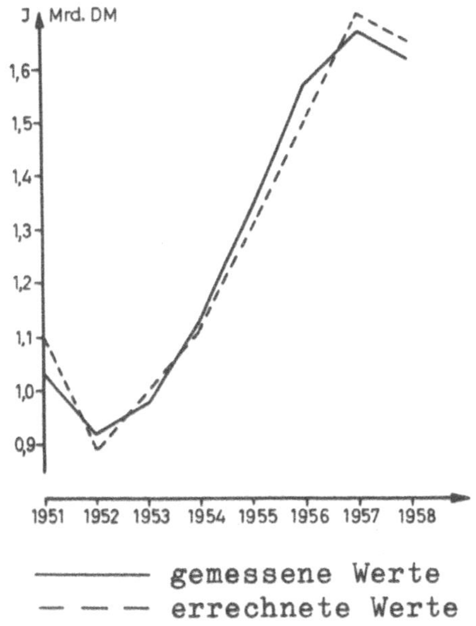

A b b i l d u n g 31

Anpassung der Funktion (75)

Tabelle 15

Ergebnisse der Regressionsanalyse für die Verbrauchsgüterindustrie

Nr. der Funktion	Erklärte Variable	Erklärende Variable	Absolutes Glied	Regressions-parameter	Autokorrelation der Residuen	Korrelations-koeffizient
(75)	I_t^{br}	X_t	- 470 - 515 - 516	0,136 0,117 0,099	- 0,083	0,988
(76)	$\frac{I_t^{br}}{p(I)}$	$\frac{X_t}{p(X)}$	79 16 - 47	0,088 0,065 0,043	0,190	0,944
(77)	$\frac{I_t^{br}}{p(I)}$	$\frac{X_{t-1}}{p(X)}$	250 172 94	0,086 0,059 0,032	0,017	0,910
(78)	I_t^{br}	X_{t-1}	150 - 6 - 162	0,149 0,090 0,032	0,095	0,839
(79)	I_t^{br}	$(Q+A)_t$	246 44 - 158	0,437 0,220 0,003	0,681+++)	0,711
(80)	$\frac{I_t^{br}}{p(I)}$	$\frac{(Q+A)_t}{p(I)}$	163 89 15	0,138 0,064 - 0,009	0,613+++)	0,653++)
(81)	I_t^{br}	$(Q+A)_{t-1}$	735 490 245	0,387 0,147 - 0,094	0,521+++)	0,520++)
(82)	I_t^{br}	$\frac{1}{z}$	776 501 226	28.844 6.734 -15.375	0,790+++)	0,291++)
(83)	$\frac{I_t^{br}}{p(I)}$	$\frac{1}{z}$	720 537 354	18.764 4.060 -10.644	0,740+++)	0,266++)
(84)	$\frac{I_t^{br}}{p(I)}$	$\frac{(Q+A)_{t-1}}{p(I)}$	419 300 181	0,098 - 0,024 - 0,147	0,652+++)	- 0,223++)

+) Transformierte Reihen
++) nicht signifikant mit einer Wahrscheinlichkeit von 0,05
+++) signifikant

D) Vergleich der Ergebnisse für die einzelnen Industriegruppen

Ein Vergleich der Ergebnisse der einzelnen Industriegruppen zeigt zunächst, wie aus Tabelle 16 ersichtlich ist, die wesentlich größere Bedeutung der Gewinne und Abschreibungen für die Investitionen in den konsumfernen Bereichen der Industrie. Die Korrelationskoeffizienten für die Einfachkorrelationen mit den Gewinnen und Abschreibungen der laufenden Periode als Variabler sind sowohl mit preisbereinigten als auch mit nichtbereinigten Reihen für die Grundstoff- und Produktionsgüterindustrie, den Bergbau und die Investitionsgüterindustrie höher als für die Nahrungs- und Genußmittelindustrie und die Verbrauchsgüterindustrie. Die Gewinne und Abschreibungen scheinen diese Rolle nicht nur wegen ihres Einflusses auf die Unternehmererwartungen, sondern auch wegen ihrer bereits erwähnten Bedeutung für die den Unternehmen intern zur Verfügung stehenden Finanzierungsmittel zu spielen. Es ist sicher kein Zufall, daß in den Industriegruppen, in denen große und langfristige Kapitalinvestitionen vorgenommen werden müssen, die Gewinne und Abschreibungen die wesentlichste wirtschaftliche Orientierungsgröße für die Investitionen sind.
Für die Produktionswerte zeigt sich dagegen das umgekehrte Bild. Die Korrelationskoeffizienten sind in den konsumnahen Industriegruppen höher als in den konsumfernen. Für den Bergbau und die Grundstoff- und Produktionsgüterindustrie sind die Koeffizienten für den Produktionswert der Vorperiode höher als für den der laufenden Periode, in der Investitionsgüter-, der Nahrungs- und Genußmittel- und der Verbrauchsgüterindustrie ist es dagegen umgekehrt; hier gibt die Variable X_t die bessere Erklärung für das Investitionsverhalten ab. Das zeigt sich allerdings weniger deutlich bei den Korrelationen mit nichtbereinigten Reihen. Die konsumnahen Bereiche scheinen also mit den Investitionen schneller auf Veränderungen der Produktion zu reagieren als die konsumfernen, die langfristiger planen und für die eine Produktionsänderung nicht diese wichtige Rolle spielt und erst später die Investitionen beeinflußt.

Allgemein kann also gesagt werden, daß von den von uns als signifikant ermittelten Variablen Gewinne + Abschreibungen und Nettoproduktionswert die Gewinne + Abschreibungen (und zwar die der laufenden Periode) im Bergbau, der Grundstoff- und Produktionsgüter- und der Investitionsgüterindustrie von größerer Bedeutung für die Investitionen sind als in der Nahrungs- und Genußmittel- und Verbrauchsgüterindustrie, in denen die Produktionswerte die Investitionen besser erklären. In der Verbrauchsgüterindustrie scheinen die Gewinne und Abschreibungen für die Investitionsentscheidungen überhaupt bedeutungslos zu sein.

T a b e l l e   16

Korrelationskoeffizienten der Einfachkorrelationen mit den Variablen $(Q+A)_t$, $(Q+A)_{t-1}$, X_t und X_{t-1}

(nicht preisbereinigt)

Industriegruppe	$(Q+A)_t$	$(Q+A)_{t-1}$	X_t	X_{t-1}
Grundstoff- und Produktionsgüterindustrie	0,977	0,897	0,918	0,928
Bergbau	0,921	0,901	0,781++)	0,921
Investitionsgüterindustrie	0,973	0,908	0,957	0,913
Nahrungs- und Genußmittelindustrie	0,880	0,950	0,976	0,968
Verbrauchsgüterindustrie	0,711++) *)	0,520+++) *)	0,988	0,839
Gesamte Industrie	0,984	0,939	0,920	0,950
(preisbereinigt)				
Grundstoff- und Produktionsgüterindustrie	0,962	0,854	0,907	0,676+++)
Bergbau	0,881	0,833	0,276+++)	-0,369+++) +)
Investitionsgüterindustrie	0,968	0,886	0,946	0,894
Nahrungs- und Genußmittelindustrie	0,850	0,942	0,955	0,961
Verbrauchsgüterindustrie	0,653+++) +)	-0,223+++) +)	0,944	0,910
Gesamte Industrie	0,975	0,898	0,906	0,726++)

+) Autokorrelation der Residuen trotz Transformation der Beobachtungsreihen signifikant
++) Nicht signifikant mit einer Wahrscheinlichkeit von 0,01
+++) Nicht signifikant mit einer Wahrscheinlichkeit von 0,05
*) Nichttransformierte Gleichung, da durch Transformation der Reihen Autokorrelation der Residuen höher wird.

Die Gegenüberstellung der Regressionskoeffizienten für die Gewinne + Abschreibungen und die Produktionswerte zeigt eine deutliche Abnahme von den Industriegruppen mit hohen und langfristigen Investitionen, wie den Grundstoff- und Investitionsgüterindustrien, zu den konsumnahen Industrien, in denen weniger hohe Investitionen vorgenommen werden[166]. Bei einer Steigerung der Gewinne + Abschreibungen oder der Produktion werden also vor allem in der Grundstoff- und Produktionsgüterindustrie, aber

166. Vgl. Tabelle 17, S. 204.

Tabelle 17

Regressionsparameter der Einfachkorrelationen mit den Variablen $(Q+A)_t$, $(Q+A)_{t-1}$, X_t und X_{t-1}

(nicht preisbereinigt)

Industriegruppe	$(Q+A)_t$	$(Q+A)_{t-1}$	X_t	X_{t-1}
Grundstoff- und Produktionsgüterindustrie	0,685	0,477	0,219	0,188
Bergbau	0,403	0,378	0,139	0,166
Investitionsgüterindustrie	0,323	0,258	0,105	0,096
Nahrungs- und Genußmittelindustrie	0,211	0,225	0,087	0,108
Verbrauchsgüterindustrie	0,220++)	0,147++)	0,117	0,090
Gesamte Industrie	0,432	0,344	0,132	0,129
(preisbereinigt)				
Grundstoff- und Produktionsgüterindustrie	0,726	0,489	0,224	0,156
Bergbau	0,379	0,337	0,150	-0,116+)
Investitionsgüterindustrie	0,331	0,250	0,103	0,094
Nahrungs- und Genußmittelindustrie	0,206	0,149	0,054	0,053
Verbrauchsgüterindustrie	0,064+)	-0,024+)	0,065	0,059
Gesamte Industrie	0,445	0,339	0,125	0,092

+) Autokorrelation der Residuen trotz Transformation der Beobachtungsreihen signifikant
++) Nichttransformierte Gleichung, da durch Transformation der Reihen Autokorrelation der Residuen höher wird.

auch im Bergbau und in der Investitionsgüterindustrie erheblich höhere Kapitalbeträge investiert als vergleichsweise in Nahrungs- und Genußmittel- oder gar der Verbrauchsgüterindustrie.

Ein ähnliches Bild zeigt auch die Variable Zinssatz, die zwar für die gesamte Industrie nicht signifikant ist, deren Bedeutung aber von den konsumnahen zu den konsumfernen Industriezweigen ständig zunimmt, beim Bergbau schließlich mit einer Wahrscheinlichkeit von 0.05 sogar zu signifikanten Ergebnissen führt und in Verbindung mit den Gewinnen + Abschreibungen die Investitionen gut erklärt. In den Korrelationen mit preisbereinigten Reihen zeigt sich das noch deutlicher als in denen mit nichtbereinigten Reihen.[167] In den Industriegruppen mit hohen und langfristi-

167. Vgl. Tabelle 18, S. 205.

gen Investitionen ist der Zinssatz also von größerer Bedeutung als in den Gruppen mit niedrigen und kurzfristigen Investitionen. Die früher theoretisch erörterte These, daß der Zinssatz vor allem bei langfristigen Investitionen noch seine Bedeutung hat, findet hier ihre empirische Bestätigung.

Tabelle 18

Korrelationskoeffizienten der Einfachkorrelationen mit der Variablen Zins (ohne Berücksichtigung der Autokorrelation der Residuen)

Industriegruppe	nicht preisbereinigt	preisbereinigt
Bergbau	0,763	0,814
Grundstoff- und Produktionsgüterindustrie	0,582	0,615
Investitionsgüterindustrie	0,400	0,404
Nahrungs- und Genußmittelindustrie	0,345	0,336
Verbrauchsgüterindustrie	0,291	0,266
Gesamte Industrie	0,525	0,555

Für die einzelnen Industriezweige ermittelten wir für die folgenden Funktionen die höchsten Korrelationskoeffizienten:

Industriegruppe	Erklärende Variable	Korrelationskoeffizient
Bergbau	$(Q+A)_t$ und $\frac{1}{z}$	0,957
Grundstoff- und Produktionsgüterindustrie	$\frac{X_t}{p(X)}$ und $\frac{X_{t-1}}{p(X)}$	0,979
Investitionsgüterindustrie	$(Q+A)_t$	0,973
Nahrungs- und Genußmittelindustrie	X_t	0,976
Verbrauchsgüterindustrie	X_t	0,988
Gesamte Industrie	$\frac{X_t}{p(X)}$ und $\frac{X_{t-1}}{p(X)}$	0,990

Es muß aber beachtet werden, daß die aufgeführten multiplen Korrelationen nur Funktionen mit den höchsten Korrelationskoeffizienten sind, deren Ergebnisse statistisch gesichert sind. Es ist möglich und sogar wahrscheinlich, daß andere multiple Korrelationen zu ebenso guten oder noch besseren Ergebnissen geführt hätten, wenn diese statistisch gesichert gewesen wären. Die Ablehnung vieler multipler Korrelationen durch die Büschelkartenanalyse bedeutet nicht, daß die diesen Korrelationen zugrundegelegte ökonomische Hypothese falsch ist. Es ist nur aus statistischen Gründen nicht möglich, dafür zuverlässige Schätzungen zu erhalten. Sicher ist der Investitionsprozeß nur durch mehrere Größen zufriedenstellend zu erklären. Nach unseren Untersuchungen sind die Variablen, die für eine empirische Investitionsfunktion geeignet sind, die Gewinne und Abschreibungen, der Produktionswert und für einige Industriezweige auch der Zins. Dabei sind z.T. die Werte der laufenden Periode, z.T. die der Vorperiode geeigneter. Das hängt aber letztlich von der durch das statistische Ausgangsmaterial bedingten Periodenlänge ab. Je kürzer die Periode gewählt werden kann, um so bessere Ergebnisse sind bei Annahme von Verzögerungen zu erwarten. Daß eine Verifikation einer Investitionsfunktion mit den oben genannten Variablen aus statistischen Gründen nicht möglich war, spricht nicht dagegen, daß der Investitionsprozeß durch mehrere ökonomische Größen besser erklärt wird als durch eine einzige. Die multiplen Korrelationen führen ja auch dort, wo sie möglich sind, bis auf eine Ausnahme zu besseren Korrelationskoeffizienten als die Einfachkorrelationen.

Kapitel VI:

Zusammenfassung der Ergebnisse

1. Die Zinsabhängigkeit der Investitionen müssen wir nach unseren Ergebnissen für die gesamte Industrie und die einzelnen Industriezweige, den Bergbau ausgenommen, ablehnen. Im Bergbau scheint der Zins bei den Investitionsentscheidungen noch eine Rolle zu spielen. In Industriezweigen mit hohen und langfristigen Investitionen kann der Zins aber in Verbindung mit anderen Größen noch zur Erklärung der Investitionen beitragen. In konsumnahen Industriebereichen wie der Verbrauchsgüterindustrie und der Nahrungs- und Genußmittelindustrie dagegen scheint der Zins kaum von Bedeutung zu sein, da in diesen Bereichen keine großen und ausgesprochen langfristigen Investitionen vorgenommen werden.

2. Auf die Bedeutung des Akzeleratorprinzips sind wir bereits bei der Zusammenfassung der Ergebnisse für die gesamte Industrie eingegangen. Über die Wirksamkeit des Akzelerators können wir keine allgemeingültigen Aussagen machen, da die geringe Zuverlässigkeit des statistischen Ausgangsmaterials, das wir unserer Untersuchung zugrunde legen mußten, das nicht zuläßt.

   Nach den Schätzungen der Größe des Akzelerators, die durch einige Funktionen mit Produktionswerten als Variablen möglich waren, scheint der Akzelerator sowohl für die gesamte Industrie als auch für die einzelnen Industriezweige kleiner als Eins zu sein. Er liegt nach unseren Berechnungen etwa bei 0,5, möglicherweise sogar näher bei Null als bei Eins.

3. Die Hypothese, daß die Gewinne + Abschreibungen die Investitionen bestimmen, konnten wir für alle Industriezweige außer der Verbrauchsgüterindustrie akzeptieren. In letzterer scheinen die Gewinne und Abschreibungen für die Investitionen nur von untergeordneter Bedeutung zu sein. In den konsumfernen Industriezweigen wie Grundstoff- und Produktionsgüterindustrie, Bergbau und Investitionsgüterindustrie, in denen vorwiegend hohe Kapitalinvestitionen vorgenommen werden müssen, erklären die Gewinne und Abschreibungen die Investitionen besser als in den konsumnahen Bereichen. Sie spielen in diesen Industriezweigen diese Rolle sicher nicht nur wegen ihres Einflusses auf die Unternehmererwartungen, sondern auch wegen ihrer Bedeutung als Finanzierungsmittel für die Investitionen. Sie erhöhen die Liquidität der Unternehmung und beeinflussen durch die Veränderung des Eigen-Fremdkapitalverhältnisses auch die Möglichkeiten der Fremdfinanzierung. Die Gewinne und Abschreibungen sind also nicht nur für die Investitionsentschlüsse, sondern durch die Verbesserung der Finanzierungsmöglichkeiten auch für die Durchführbarkeit geplanter Investitionen von Bedeutung.

   Dabei spielen die Gewinne des laufenden Jahres eine größere Rolle als die des Vorjahres. Bei einer Verkürzung der Periode auf ein Halb- oder gar ein Vierteljahr würde aber sicher der Gewinn der Vorperiode zu größerer Bedeutung gelangen.

4. Die Hypothese, daß der Produktionswert eine Bestimmungsgröße der Investitionen ist, konnte für alle Industriebereiche akzeptiert werden. Die Bedeutung des Produktionswertes als signifikante Variable ist aber sicher auch durch die Verwendung der Bruttoinvestitionen als abhängiger Veriabler bedingt. Die Bruttoinvestitionen schließen die Reinvestitionen ein, die proportional zur Produktion sein werden. Für konsumferne Industriebereiche erklären die Vorjahreswerte der Produktion die Investitionen besser, für konsumnahe dagegen die Produktionswerte des laufenden Jahres. Gegenüber den Gewinnen geben die Produktionswerte in der Nahrungs- und Genußmittel- und Verbrauchsgüterindustrie die bessere Erklärung ab, für die übrigen Industriezweige und die gesamte Industrie zeigen die Gewinne und Abschreibungen die besseren Ergebnisse.

5. Die Korrelationen mit preisbereinigten Reihen führten auch für die einzelnen Industriegruppen zu durchweg schlechteren Ergebnissen als denen mit nichtbereinigten Reihen. Eine Ausnahme bilden allerdings die Funktionen mit dem preisbereinigten Jahres- und Vorjahreswert der Produktion als erklärenden Variablen für die gesamte Industrie und die Grundstoff- und Produktionsgüterindustrie. Beide Funktionen stellen eine Akzeleratorbeziehung dar. Es ist möglich, daß sich für die Prüfung der Akzeleratorhypothese preisbereinigte Reihen besser als nichtbereinigte eignen. Sonst scheinen sich die Unternehmer bei ihren Investitionsentscheidungen aber stärker an nominalen als an realen Größen zu orientieren. Die allgemeine Verschlechterung der Ergebnisse durch die Preisbereinigung läßt allerdings darauf schliessen, daß durch die Ausschaltung der Preiswirkung auf die Beobachtungsreihen ein Einfluß beseitigt worden ist, der für die Investitionsentscheidungen von Bedeutung ist. Er ist aber sicherlich nicht so wesentlich, daß die Preise als zusätzliche erklärende Variable in eine Investitionsfunktion aufgenommen werden sollten.

6. Die Abweichungen der errechneten von den beobachteten Investitionswerten haben u.E. vorwiegend zwei Gründe: den Korea-Boom und Konjunktureinflüsse. Bei weiteren Untersuchungen sollte versucht werden, die wirtschaftlichen Auswirkungen außergewöhnlicher Ereignisse auszuschalten. Die psychologischen Einflüsse, die der allgemeine Konjunkturverlauf auf das Unternehmerverhalten ausübt, werden statistisch nicht erfaßt werden können.

7. Trotz der in unserer Untersuchung aus statistischen Gründen fast immer nicht möglichen multiplen Korrelationen ist der Investitionsprozeß nur durch mehrere ökonomische Größen befriedigend erklärbar. In dieser Hinsicht ist das Ergebnis unserer Untersuchung negativ. Die Korrelations- und Regressionsanalyse ist wegen der bestehenden Multikollinearität wenig geeignet, empirische Investitionsfunktionen mit mehreren erklärenden Variablen zu bestimmen. Nach den Ergebnissen unserer Untersuchung eignen sich für eine Funktion mit mehreren Variablen für die Bruttoinvestitionen der Industrie die Variablen Gewinne der laufenden und der Vorperiode, Abschreibungen der laufenden und der Vorperiode, der Produktionswert der laufenden und der Vorperiode und für bestimmte Industriezweige mit hohen und langfristigen Investitionen auch der Zinssatz. Nach unseren Ergebnissen scheinen die Gewinne + Abschreibungen die am besten erklärende Variable zu sein.

Anhang

A) Bestimmung der vom Nettoproduktionswert abgezogenen Größen

B) Tabellarischer Teil

1. Lohn- und Gehaltssumme

Die von der Industrie gezahlten Lohn- und Gehaltssummen ohne den Arbeitgeberanteil zur Sozialversicherung wurden der Industriestatistik entnommen.[168]

2. Gesetzlicher Arbeitgeberanteil zur Sozialversicherung

Für die Berechnung des Arbeitgeberanteils zur Sozialversicherung in der Industrie und in den einzelnen Industriegruppen[169] sind wir von den Angaben in der Statistik über "Die Abschlüsse der Aktiengesellschaften" ausgegangen.[170] Es wurde unterstellt, daß der Anteil der gesetzlichen Sozialabgaben der Arbeitgeber an der von den erfaßten Aktiengesellschaften gezahlten Lohn- und Gehaltssumme gleich hoch war wie in der gesamten Industrie. Für 1958 wurde der Prozentsatz der gesetzlichen Sozialabgaben auf Grund der Angaben für die Gesamtwirtschaft geschätzt,[171] indem für die Industrie und die einzelnen Industriegruppen eine prozentual gleiche Steigerung unterstellt wurde wie für die Gesamtwirtschaft.[172]

In der Statistik der Aktiengesellschaften sind unter dem Begriff "Holzindustrie" die Industriezweige "Sägewerke und holzbearbeitende Industrie" und "Holzverarbeitende Industrie" zusammengefaßt. Da ersterer zur Grundstoff- und Produktionsgüterindustrie und letzterer zur Verbrauchsgüterindustrie gezählt werden muß, wurden die für die Holzindustrie ausgewiesenen Werte auf der Grundlage des durchschnittlichen Verhältnisses der Umsätze und der Nettoproduktionswerte auf die beiden Bereiche Grund-

---

168. Siehe Tabelle 5 (die Tabellen 1 bis 50 sind am Ende aufgeführt, S.229 ff.). Quelle: Für 1950 bis 1955 Stat.Jb.f.d.BRD 1956, S.192 für 1956 bis 1958, Stat.Jb.f.d.BRD 1959, S.174.
169. Siehe Tabelle 7.
170. Für 1950 Statistik der Bundesrepublik Deutschland, "Die Abschlüsse der Aktiengesellschaften für die Geschäftsjahre 1950 und 1951" (Bd.104), S.54/55, für 1951 wie für 1950 S.56/57; für 1952 ".... für die Geschäftsjahre 1952 und 1953" (Bd.131) S.56/57; für 1953 ".... Geschäftsjahr 1954"(Bd.150), S.48/49; für 1954 ".... Geschäftsjahr 1955" (Bd.180) S.46/47, für 1955 wie für 1954 S.48/49, für 1956 und 1957 ".... Geschäftsjahr 1957" (Bd.231), S.40-43.
171. Stat.Jb.f.d.BRD, S.487.
172. Siehe Tabelle 6.

stoffgüter- und Verbrauchsgüterindustrie aufgeschlüsselt, und zwar wurden 45 % des angegebenen Wertes der Grundstoffindustrie zugerechnet, der Rest der Verbrauchsgüterindustrie. Ähnlich verhält es sich bei der Gruppe "Papiererzeugung und -verarbeitung",[173)] hier wurden 30 % der Grundstoffgüterindustrie und 70 % der Verbrauchsgüterindustrie zugeschlagen.[174)]

3. Freiwillige Sozialaufwendungen

Während eine Schätzung der gesetzlichen Sozialabgaben von den Aktiengesellschaften der Industrie auf die Gesamtindustrie leicht zu rechtfertigen ist, da diese Abgaben eben auf Gesetzen beruhen und diese Gesetze genau wie für Aktiengesellschaften auch für alle übrigen Industriebetriebe gelten, ist dies bei den freiwilligen Sozialaufwendungen[175)] und bei den Zinsmehraufwendungen,[176)] bei deren Ermittlung wir den gleichen Weg beschritten haben wie bei den gesetzlichen Sozialabgaben, kaum möglich. Dennoch sahen wir uns mangels besserer Unterlagen dazu gezwungen, auch hier zu unterstellen, daß das Verhältnis von freiwilligen Sozialaufwendungen bzw. Zinsmehraufwendungen zu der Lohn- und Gehaltssumme bei den Personengesellschaften und Einzelfirmen gleich hoch ist wie bei den Aktiengesellschaften. Höchstwahrscheinlich dürften jedoch bei den Personengesellschaften und Einzelfirmen die freiwilligen Sozialaufwendungen und auch die Zinsmehraufwendungen im Verhältnis zur Lohn- und Gehaltssumme niedriger sein als bei den Aktiengesellschaften. Da wir aber keine Anhaltspunkte über die Größe eines sicherlich notwendigen Abschlages hatten, haben wir ganz auf einen solchen Abschlag verzichtet.[177)]

In dem Posten "freiwillige Sozialaufwendungen" sind neben Unterstützungen, Ausgaben für Kantinen, Familienhilfe, Bibliotheken, Erholungsstätten usw. teilweise auch Zuschüsse oder unverzinsliche Darlehen zur Förderung des Wohnungsbaues und des Schiffbaues enthalten (§§ 7c und 7d EStG).[178)]

---

173. Vgl. Seite 126, Anmerkung 103.
174. Diese Aufteilung wird im folgenden immer vorgenommen, wenn es notwendig ist, ohne daß dies besonders erwähnt wird.
175. Siehe Tabelle 9.
176. Siehe Tabelle 10.
177. Siehe Tabelle 8.
178. Vgl. Statistik der Bundesrepublik Deutschland "Die Abschlüsse der Aktiengesellschaften für die Geschäftsjahre 1952 und 1953" (Bd. 131).

4. Zinsmehraufwendungen

Die Zinsmehraufwendungen wurden zunächst als Differenz der in der Bilanzstatistik der Aktiengesellschaften ausgewiesenen Zinsmehraufwendungen und Zinsmehrerträge errechnet und dann für die gesamte Industrie geschätzt.[179] Es war nicht notwendig, die gesamte Zinsbelastung der Industrie zu kennen, um zu einem richtigen Gewinn zu gelangen. Was nämlich an Sollzinsen zu wenig vom Nettoproduktionswert abgezogen wurde, ist genau gleich dem Zinsbetrag, den die Industrie für von ihr ausgeliehenes Geld erhält und um den der Gewinn erhöht werden müßte, falls man den gesamten Sollzinsbetrag vom Nettoproduktionswert abziehen würde, da im Nettoproduktionswert die Habenzinsen nicht enthalten sind.

5. Umsatzsteuer

Für die Berechnung der von der Industrie gezahlten Umsatzsteuer[180] lagen für 1950 und 1954 bis 1957 Angaben aus der Umsatzsteuerstatistik vor, die genügend untergliedert waren.[181] In der Statistik sind zwar nur die Vorauszahlungsbeträge der Umsatzsteuer erfaßt, diese weichen jedoch kaum von den endgültig gezahlten Beträgen ab.[182] In den Jahren 1951 bis 1953 wurde die Umsatzsteuer statistisch aufgegliedert nach Wirtschaftsbereichen nicht erfaßt. Für die Berechnung der Umsatzsteuer in diesen Jahren haben wir deshalb die Industriestatistik zu Hilfe genommen.[183] Die in der Industriestatistik angegebenen Umsätze weichen jedoch in allen Jahren von denen der Umsatzsteuerstatistik ab.[184] Dies beruht darauf, daß die Umsatzbegriffe in beiden Statistiken nicht völlig gleich sind. Wir haben deshalb die in der Industriestatistik angegebenen Umsätze umgerechnet, indem wir die Differenzen zwischen den Umsätzen 1950 und 1954 nach der Industrie- und nach der Umsatzsteuerstatistik jeweils gleich 100 setzten und die Anteile an der Differenz ausrechneten, um den der Umsatz nach der Industriestatistik in den Jahren 1951 bis 1953 gestiegen war. Dann wurde zu dem 1950er Wert nach der Umsatzsteuerstatistik jeweils

---

179. Siehe Tabelle 11.
180. Siehe Tabelle 15.
181. Für 1950 Stat.Jb.f.d.BRD 1954, S.430 ff.; für 1954 und 1955 Stat. Jb.f.d.BRD 1957, S.443; für 1956 Stat.Jb.f.d.BRD 1958, S.388/89; für 1957 Stat.Jb.f.d.BRD 1959, S.392/393 und Stat.Jb. Berlin 1959, S.261/262 (s.Tab.13).
182. Vgl. hierzu die Zahlen des Umsatzsteueraufkommens und der Vorauszahlungen, siehe auch Stat.Jb.f.d.BRD 1959, S.365.
183. Siehe Tabelle 12, Quelle: Stat.Jb.f.d.BRD 1954, S.219; Stat.Jb.f. d.BRD 1957, S.208 ff. und Stat.Jb.f.d.BRD 1959, S.175.
184. Maximal 8 % im Jahr 1957.

der gleiche Anteil der Differenz zwischen dem Umsatz 1950 und 1954 addiert, wie er sich aus der Industriestatistik ergab. Auf die so errechneten Umsätze wurde für die einzelnen Industriegruppen ein Umsatzsteuersatz angewendet, der sich aus der Interpolation der in den Jahren 1950 und 1954 errechneten Umsatzsteuersätze ergab. Die Umsatzzahlen für 1958 wurden bestimmt, indem die Umsätze der Industriegruppen im Jahr 1958 nach der Industriestatistik im gleichen Verhältnis erhöht wurden, wie es 1957 notwendig gewesen wäre, um die Umsätze nach Industrie- und Umsatzsteuerstatistik anzugleichen. Für die Berechnung der Umsatzsteuer wurden dann die gleichen Steuersätze zugrundegelegt wie 1957.

6. Verkehrssteuern

Der Anteil der Zahlungen der Industrie an den kleinen Verkehrssteuern wie Grunderwerbsteuer, Zuschlag zur Grunderwerbsteuer, Kapitalverkehrssteuer, Versicherungssteuer und Wechselsteuer konnte nicht ermittelt werden. Wir sahen uns deshalb bei diesen Steuern zu groben Schätzungen gezwungen, die lediglich an dem Gesamtaufkommen dieser Steuern einen Anhaltspunkt fanden. Allerdings dürften selbst hohe Fehler bei der Schätzung für die Ermittlung des Gewinnes nicht zu stark ins Gewicht fallen, da das Aufkommen aus diesen und damit auch die Zahlungen der Industrie für die genannten Steuern relativ gering sind. Die Steuereinnahmen aus diesen kleinen Verkehrssteuern betrugen im Kalenderjahr 1950 nur rd. 200 Mill.DM und 1958 rd. 720 Mill.DM bei einem Gesamtsteueraufkommen einschließlich Lastenausgleichsabgaben von rd. 21 Mrd.DM bzw. 52 Mrd.DM. Bei der Grunderwerbssteuer[185] und dem Zuschlag zur Grunderwerbstsuer[186] haben wir angenommen, daß 10 % des Gesamtaufkommens von der Industrie gezahlt wurden. Bei der Verteilung auf die Industriegruppen wurden der Produktionsgüter-, Investitionsgüter- und Verbrauchsgüterindustrie jeweils 3/13 und dem Bergbau und der Nahrungs- und Genußmittelindustrie jeweils 2/13 zugerechnet, während bis auf den Bergbau das Verhältnis der Anteile etwa der Bedeutung der Industriegruppen entspricht, ist der dem Bergbau zugerechnete Anteil etwas höher als nach Umsatz bzw. Größe des Nettoproduktionswertes eigentlich auf ihn entfallen würde, weil wir annahmen, daß beim Bergbau ein überdurchschnittlicher An- bzw. Verkauf von Grund und Boden stattfindet.

185. Siehe Tabelle 16.
186. Siehe Tabelle 17.

Der von der Industrie gezahlte Teil der Kapitalverkehrssteuer[187] wurde mit 25 % angenommen, hier dürfte wahrscheinlich der Hauptanteil auf den Sektor Banken, Versicherungen und Private entfallen, der Anteil der Versicherungssteuer[188] wurde mit 30 % geschätzt[189], hier wird wahrscheinlich der Hauptanteil von Privaten gezahlt, und der Anteil der Wechselsteuer[190] wurde mit 35 % vielleicht etwas zu hoch angenommen, da Zahlungen mit Wechseln in erster Linie im Handel üblich sind. Die Verteilung der Steuern auf die Industriegruppen erfolgte, da uns kein vernünftigerer Schlüssel zur Verfügung stand, im Verhältnis der Nettoproduktionswerte der verschiedenen Industriegruppen in den jeweiligen Jahren. Eine Verteilung nach der Größe des Umsatzes hätte übrigens praktisch zu dem gleichen Ergebnis geführt.

7. Kraftfahrzeugsteuer

Für die Bestimmung der von der Industrie gezahlten Kraftfahrzeugsteuer[191] haben wir die Statistiken über den "Bestand an Kraftfahrzeugen und Kraftfahrzeuganhängern"[192] und die jeweils gültigen Steuersätze zu Hilfe genommen. Zunächst wurde für die einzelnen Jahre der Bestand an steuerpflichtigen Kraftfahrzeugen unterteilt nach Kraftfahrzeugarten ermittelt.[193] Dann wurde mit Hilfe der jeweils gültigen Steuersätze[194] ein theoretisches Aufkommen an Kraftfahrzeugsteuer errechnet. Die Abweichungen dieses theoretischen Aufkommens vom tatsächlichen jährlichen Aufkommen an Kraftfahrzeugsteuer[195] wurden, da sie nicht weiter erklärbar waren, anteilsmäßig auf die einzelnen Kraftfahrzeugarten verteilt,[196] so daß wir die Kraftfahrzeugsteuer für jede Fahrzeugart gesondert erhielten. Dann wurde der Anteil der in den einzelnen Industriegruppen vorhandenen Kraftfahrzeugarten[197] mit dem Gesamtsteueraufkommen aus dieser Kraftfahrzeugart multipliziert und dadurch die von der Industrie und den verschiedenen Industriegruppen gezahlte Kraftfahrzeugsteuer ermittelt.

---

187. Siehe Tabelle 18.
188. Siehe Tabelle 19.
189. Im Gegensatz zur Feuerschutzsteuer ist Steuerschuldner bei der Versicherungssteuer der Versicherungsnehmer und nicht der Versicherer (§ 8 VersStG).
190. Siehe Tabelle 20.
191. Siehe Tabelle 22.
192. Stat.Jb.f.d.BRD 1953, S.390/81; Stat.Jb.f.d.BRD 1954, S.352; Stat.Jb.f.d.BRD 1955, S.338; Stat.Jb.f.d.BRD 1956, S.327; Stat.Jb. f.d.BRD 1957, S.353; Stat.Jb.f.d.BRD 1958, S.312 und Stat.Jb.f.d. BRD 1959, S.308.
193. Von dem Gesamtbestand an Zugmaschinen wurden die Zugmaschinen der Landwirte und Bauern, die steuerfrei sind, abgezogen.

194.,195. und 196.,197 siehe Seite 216.

194. Für Motorräder galt über den ganzen Zeitraum ein Steuersatz von 3,60 DM je 25 ccm. Angenommen wurde ein durchschnittlicher Hubraum der Motorräder von 200 ccm. Für Personenkraftwagen betrug der Steuersatz die gesamte Zeit über je 100 ccm 14,40 DM. Es wurde für die PKW's ein durchschnittlicher Hubraum von 1.300 ccm zugrundegelegt. Für LKW's, Omnibusse und Zugmaschinen betrug der Steuersatz ab 30.6.1955 je 200 kg zulässiges Gesamtgewicht bis zu 2.400 kg zulässiges Gesamtgewicht 20,00 DM, für jede weiteren 200 kg steigt der Steuersatz um 1,00 DM je 200 kg. Bei der Berechnung der Steuer wurde ein durchschnittliches zulässiges Gesamtgewicht von 3,9 t zugrundegelegt. Vor 1955 betrug die Steuer für LKW, Omnibusse und Zugmaschinen 45,00 DM je 200 kg Eigengewicht bis zu 2.400 kg Eigengewicht. Das durchschnittliche Eigengewicht wurde mit 1,4 t angenommen. Für Anhänger betrug die Steuer bis 30.6.55 die Hälfte des Steuersatzes für LKW's (Eigengewicht). Das durchschnittliche Eigengewicht der Anhänger wurde auf etwa 0,9 t geschätzt (pro Anhänger pro Jahr 200,-- DM). Ab 30.6.55 wurden die Anhänger ebenfalls nach zulässigem Gesamtgewicht besteuert und zwar betrug die Steuer für Anhänger bis 31.3.57 75 % der Steuer für LKW, ab 1.4.57 war die Steuer für Anhänger gleich hoch wie für LKW. Als durchschnittliches zulässiges Gesamtgewicht wurden 3,5 t angenommen. Bei Änderung der Steuersätze innerhalb eines Jahres wurde dies anteilmäßig berücksichtigt.

195. Siehe Tabelle 21.
Quellen für das gesamte jährliche Aufkommen an KfzSt.
Stat.Jb.f.d.BRD 1954, S.418/419; Stat.Jb.f.d.BRD 1956, S.398/399; Stat.Jb.f.d.BRD 1959, S.374/375.

196. Die Abweichungen betrugen in Mill.DM:

1951	- 42 = 10,2 %	1955	- 12 = 1,7 %
1952	- 8 = 1,7 %	1956	+ 5 = 0,6 %
1953	+ 14 = 2,8 %	1957	- 8 = 0,8 %
1954	+ 18 = 3,1 %	1958	- 25 = 2,3 %.

197. Da die Einteilung in Industriegruppen in der Kraftfahrzeugstatistik nicht der unseren entsprach, wurden folgende Annahmen gemacht: Die Fahrzeuge der Gruppe "Bergbau, Eisen-, Stahl- und Metallgewinnung" wurden zur Hälfte dem Bergbau und zur Hälfte der Grundstoff- und Produktionsgüterindustrie zugerechnet. Als Grund für diese Einteilung wurden die ungefähr gleich großen Nettoproduktionswerte dieser Gruppe angesehen. Von den LKW, Omnibussen und Zugmaschinen, sowie den Anhängern der Gruppe "Industrie der Steine und Erden, Holzindustrie und Baugewerbe" wurden 60 % der entsprechenden für das Bauhandwerk ausgewiesenen Zahlen als der Bauindustrie zugehörig angesehen und von der genannten Gruppe abgezogen. Bei den PKW und Motorrädern wurde die Hälfte der für das Bauhandwerk angegebenen Zahlen abgezogen. Anlaß zu dem Abzug in dieser Höhe waren die Umsatzzahlen für die Bauindustrie und das Bauhandwerk. Zwar hat das Bauhandwerk etwa den doppelten Umsatz wie die Bauindustrie, aber in dem Wirtschaftsbereich "Hoch-, Tief- und Ingenieurbau", in dem wohl die meisten Fahrzeuge vorhanden sein dürften, liegt der Umsatz von Bauindustrie und Bauhandwerk etwa gleich hoch (s.Stat.Jb.f.d. BRD 1959, S.392/393). Außerdem dürften in der Bauindustrie relativ mehr Fahrzeuge vorhanden sein als im Bauhandwerk. Die übrigen Fahrzeuge der Gruppe "Steine und Erden, Holzindustrie und Baugewerbe" wurden sonst voll der Grundstoff- und Produktionsgüterindustrie zugerechnet, obgleich die Holzindustrie teilweise zur Verbrauchsgüterindustrie zählt.

8. Verbrauchssteuern

Die Ermittlung der Verbrauchssteuern, - Tabaksteuer, Kaffee- und Teesteuer, Zuckersteuer, Biersteuer, Abgaben auf Grund des Spiritusmonopols, Mineralölsteuer, Schaumweinsteuer, Zündwarensteuer und Abgaben auf Grund des Zündwarenmonopols, Salzsteuer, Essigsäuresteuer, der sonstigen Verbrauchssteuern und der sogenannten Kohlenabgabe[198] -, und die Zuordnung zu der Industriegruppe, die sie gezahlt hat, war relativ einfach. Wir haben die gesamten Verbrauchssteuerzahlungen, die in der BRD ohne Berlin aufgebraucht wurden[198a], als von der Industrie gezahlt angesehen. Lediglich bei der Schaumweinsteuer haben wir den Anteil der Industrie auf 70 % geschätzt, um den Teil der Schaumweinherstellung zu berücksichtigen, der in nichtindustriellen Betrieben erfolgt. Sicherlich wird auch ein Teil der Kaffee- und Teesteuer vom Handel und nicht von der Nahrungs- und Genußmittelindustrie gezahlt. Im allgemeinen sind jedoch den Kaffeeimportfirmen Röstereien angeschlossen und die entsprechenden Firmen zählen dann mit zu der Industrie. Da wir keinerlei Hinweise über die Aufteilung der Kaffee- und Teesteuerzahlungen auf Handel und Industrie erhalten konnten, haben wir deshalb das gesamte Aufkommen aus dieser Steuer als von der Industrie gezahlt angenommen. Im einzelnen wurden zugeordnet: dem Bergbau die Salzsteuer und die Kohlenabgabe, der Grundstoff- und Produktionsgüterindustrie die Mineralölsteuer, die Zündwarensteuer und die Abgaben auf Grund des Zündwarenmonopols, der Investitionsgüterindustrie die Leuchtmittelsteuer, der Verbrauchsgüterindustrie die sonstigen Verbrauchssteuern und der Nahrungs- und Genußmitttelindustrie die Tabak-, Zucker-, Bier-, Kaffee- und Teesteuer, Essigsäure- und Schaumweinsteuer sowie die Abgaben auf Grund des Spiritusmonopols.

9. Grundsteuer

Bei der Bestimmung der von der Industrie gezahlten Grundsteuer[199] sind wir von dem jährlichen Aufkommen an Grundsteuer B in der BRD ohne Berlin

198. Die Kohlenabgabe ist nach § 1 Gesetz zur Förderung des Bergarbeiterwohnungsbaues im Kohlenbergbau vom 23.10.51 eine Verbrauchssteuer im Sinne der RAO.

198a. Siehe Tabelle 23.
Quellen: Stat.Jb.f.d.BRD 1953, S.451; Stat.Jb.f.d.BRD 1956, S.398; Stat.Jb.f.d.BRD 1959, S.374; Stat.Jb.Berlin 1953, S.308; 1954 S.324/325; 1955 S.290/291; 1956 S.296/297; 1957 S.247/248; 1958 S.260/261; 1959 S.260/261.

199. Siehe Tabelle 26.

ausgegangen[200]. Um den Anteil an der Grundsteuer B zu erhalten, den die Industrie gezahlt hat, haben wir die Einheitswertstatistik des Jahres 1953[201] zu Hilfe genommen. Dort sind die Einheitswerte der Industrie einschließlich des Handwerks und des sonstigen produzierenden Gewerbes nach Wirtschaftsgruppen untergliedert angegeben.

Die angegebenen Einheitswerte der einzelnen Bereiche haben wir dann mit dem Steuersatz (1 %) und dem durchschnittlichen Hebesatz für das Bundesgebiet im Jahre 1957 (216 %)[202] multipliziert. Es ergab sich für 1957 ein Anteil von 16,7 % der Grundsteuer B für das produzierende Gewerbe an der gesamten Grundsteuer B, den wir für die Errechnung der Grundsteuer des produzierenden Gewerbes in allen Jahren zugrunde gelegt haben. Die Zugrundelegung des Hebesatzes von 1957 für alle Jahre ist natürlich willkürlich. Für 1956 hätte sich z.B. ein Anteilsatz von 17,3 %, für 1955 von 17,9 % ergeben, falls immer der gleiche Einheitswert zugrunde gelegt worden wäre. Um nur die Grundsteuer der Industrie zu erhalten, haben wir schließlich die Grundsteuerbeträge des gesamten produzierenden Gewerbes mit dem Prozentsatz des Umsatzes multipliziert, den die Industrie 1957 am Umsatz des gesamten produzierenden Gewerbes hatte, und damit unterstellt, daß der Umsatzanteil in etwa auch dem Anteil des Grundbesitzes der Industrie am Grundbesitz des gesamten produzierenden Gewerbes entspricht. Der Umsatz der Industrie am Gesamtumsatz des produzierenden Gewerbes betrug beim Bergbau 99,6 %, bei der Grundstoff- und Produktionsgüterindustrie 97,8 %, bei der Investitionsgüterindustrie 90,2 %, bei der Verbrauchsgüterindustrie 84,5 % und bei der Nahrungs- und Genußmittelindustrie 68,5 %.

---

200. Siehe Tabelle 24.
Quellen: Statistik der Bundesrepublik Deutschland "Die kommunalen Finanzen im Rechnungsjahr 1950" (Bd.56/57); 1951 (Bd.88); 1952 (Bd.118); 1953 (Bd.138); 1954 (Bd.164); 1955 (Bd.197); hierin Zahlen für die BRD ohne Berlin und ohne Hansestädte; ferner Statistik der Bundesrepublik Deutschland "Die staatlichen Finanzen im Rechnungsjahr 1950" (Bd.58); 1951 (Bd.99); 1952 (Bd.117); 1953 (Bd.139); 1954 (Bd.163); 1955 (Bd.192); hierin Zahlen für Hamburg und Bremen. Ab 1956 wurde die Grundsteuer B geschätzt mit Hilfe von Extrapolation der Prozentsätze der Grundsteuer B an der gesamten Grundsteuer. Quellen für diese Zahlen vgl. Fußnote 181, S.213. Die Umrechnung vom Rechnungsjahr auf das Kalenderjahr wurde vorgenommen, indem für das Kalenderjahr ein Aufkommen von 3/4 des entsprechenden Rechnungsjahres + 1/4 des nächsten Rechnungsjahres angesetzt wurde.
201. Siehe Tabelle 25. Quelle: Stat.Jb.f.d.BRD 1959, S.386/387.
202. Stat.Jb.f.d.BRD 1959, S.379.

10. Gewerbesteuer

Um die Steuerbelastung der Industrie durch die Gewerbesteuer zu bestimmen, wurde zunächst das Aufkommen an Gewerbesteuer getrennt und zwar einerseits in das Aufkommen an Gewerbekapital- und Gewerbeertragssteuer[203)] und andererseits in das Aufkommen an Lohnsummensteuer. Sodann haben wir anhand der Statistik über die "Einkünfte aus Gewerbebetrieb der unbeschränkt Einkommens- und Körperschaftssteuerpflichtigen"[204)] für 1950 und 1954 den Anteil des produzierenden Gewerbes und der zu ihm gehörenden Wirtschaftsgruppen an den Gesamteinkünften aus Gewerbebetrieb aller Wirtschaftsgruppen berechnet. Da die Anteile 1950 und 1954 differierten, wurden die Anteile für 1951 bis 1953 durch lineare Interpolation der Anteilswerte 1950 und 1954 geschätzt, für die Jahre 1955 bis 1958 wurden die Anteilswerte extrapoliert, und zwar wurden bei der Extrapolation pro Jahr nur die Hälfte der Jahresdifferenzen von 1950 bis 1954 zugrundegelegt. Die errechneten Anteilswerte der einzelnen Jahre haben wir dann mit dem jährlichen Aufkommen an Gewerbeertrags- und Gewerbekapitalsteuer[205)] sowie mit dem jeweiligen Umsatzanteil der entsprechenden Industriegruppe am Umsatz der gesamten Wirtschaftsgruppe[206)] multipliziert und gelangten so zu einem Schätzwert für die Belastung der Industrie mit Gewerbesteuer ohne Lohnsummensteuer.[207)]

Die Lohn- und Gehaltssumme für unselbständig Beschäftigte pro Jahr mußte zur Ermittlung der von der Industrie gezahlten Lohnsummensteuer um diejenigen Löhne und Gehälter gekürzt werden, die nicht lohnsummensteuerpflichtig sind. Dies sind im wesentlichen (der überwiegende Teil) die von der öffentlichen Hand gezahlten Löhne und Gehälter[208)] sowie das Einkommen der in Land- und Forstwirtschaft unselbständig Beschäftigten.[209)] Von der Lohn- und Gehaltssumme ausgehend, auf die Lohnsummensteuer gezahlt werden muß[210)], haben wir dann anhand der Lohn- und Gehaltseinkommen in der Industrie[211)] die Zahlung von Lohnsummensteuer in den Industriegruppen unter Zugrundelegung einer prozentual gleichen Belastung wie bei den übrigen Wirtschaftsgruppen berechnet[212)].

---

203. Quellen: Siehe Fußnote 200, S.218.
204. Siehe Tabelle 28. Quellen: Stat.Jb.f.d.BRD 1956, S.410; Stat.Jb.f. d.BRD 1958, S.384/385.
205. Siehe Tabelle 27.
206. Quellen: Siehe Fußnote 200, S.218.
207. Siehe Tabelle 29. Quellen: Siehe Fußnote 200, S.218.
208. Vgl. § 3 GewStG und § 2 GewStDV. Quelle: Stat.Jb.f.d.BRD 1959,S.371, sowie die in Fußnote 200, S.218 angegebenen Quellen. Die Umrechnung vom Rechnungsjahr auf das Kalenderjahr erfolgte nach der gleichen Methode wie bei dem Grundsteueraufkommen.
209. bis 212. siehe Seite 220.

11. Körperschaftssteuer

Die von der Industrie gezahlte Körperschaftssteuer[213] wurde wie die Gewerbesteuer mit Hilfe der Statistik über die "Einkünfte aus Gewerbebetrieb der unbeschränkt Einkommens- und Körperschaftssteuerpflichtigen"[214] gewonnen. Alle Körperschaften des produzierenden Gewerbes wurden als zur Industrie gehörig angesehen. Die Anteile der einzelnen Industriegruppen an der Körperschaftssteuerschuld wurden auf die gleiche Weise errechnet wie bei der Gewerbesteuer. Da die Körperschaftssteuerschuld 1950 und 1954 nicht mit dem Aufkommen an Körperschaftssteuer übereinstimmte, konnte durch die Multiplikation des Anteiles der Steuerschuld der Industrie an der Gesamtsteuerschuld mit dem jährlichen Aufkommen[215] auch nicht die pro Jahr geschuldete Körperschaftssteuer errechnet werden, sondern höchstens die pro Jahr gezahlte Steuer. Da jedoch bei den anderen Steuern auch niemals der Zeitpunkt der Entstehung der Steuerschuld berücksichtigt worden ist, sondern als Steueraufwand des Kalenderjahres immer die pro Jahr geleisteten Zahlungen angesehen wurden, entsteht durch diese Berechnung kein zusätzlicher systematischer Fehler. Ein systematischer Fehler liegt allerdings bei dem Abzug aller Steuern darin, daß für die Ermittlung des Gewinnes der Industrie nicht auf den Zeitpunkt der Entstehung der Steuerschuld, wie es in der Praxis getan wird, sondern auf den Zeitpunkt der Zahlung der Steuern abgestellt wird.

12. Einkommensteuer

Bei der Ermittlung der Einkommensteuer der Industrie[216] haben wir ebenso wie bei der Bestimmung des Anteils der Industrie an der Gewerbesteuer die Statistik der "Einkünfte aus Gewerbebetrieb der unbeschränkt Einkommens- und Körperschaftssteuerpflichtigen" zu Hilfe genommen. Die Gesamteinkommensteuerschuld wurde aus der Statistik über die Einkommenssteuerveranlagung im Jahr 1950 und 1954 entnommen.[217] Bei den zur veranlagten Einkommensteuer herangezogenen Gewerbetreibenden des produzie-

209. Vgl. §§ 2 und 3 GewStG und § 1 GewStDV.
210. Siehe Tabelle 30.
211. Siehe Tabelle 5.
212. Siehe Tabelle 31.
213. Siehe Tabelle 34.
214. Vgl. Tabelle 28.
215. Siehe Tabellen 32 und 33. Quellen: Siehe Fußnote 200, S.218.
216. Siehe Tabelle 38.
217. Siehe Tabellen 35 und 36. Quellen: Stat.Jb.f.d.BRD 1955, S.415 und Stat.Jb.f.d.BRD 1959, S.385.

renden Gewerbes war der Anteil des Handwerks und des sonstigen produzierenden Gewerbes unbekannt und konnte auch nicht ohne weiteres mit Hilfe der Umsätze von Industrie und Handwerk geschätzt werden, weil die Körperschaften nicht mehr in dieser Gruppe enthalten waren. Wir sind deshalb, um den Anteil der Industrie bei der veranlagten Einkommensteuer an der gesamten Einkommensteuerschuld zu schätzen, folgendermaßen vorgegangen: Die Einkommen der Körperschaftssteuerpflichtigen und der Einkommenssteuerpflichtigen der einzelnen Wirtschaftsgruppen wurden addiert und mit dem Anteil des Umsatzes der Industriegruppen am Gesamtumsatz der entsprechenden Gruppe multipliziert. Wir setzten also wieder voraus, daß die Einkommen der Industrie zum Einkommen des Gewerbes sich wie ihre Umsätze verhalten. Von den errechneten Summen, die also unter den gemachten Voraussetzungen das steuerpflichtige Bruttoeinkommen der Industrie darstellen, wurden die Einkommen der Körperschaften abgezogen, so daß sich als Differenz die Einkommen der zur veranlagten Einkommensteuer herangezogenen Industriellen, unterteilt nach Industriegruppen ergab. Nunmehr ließen sich die Anteile der Einkommen der zur Einkommensteuer Veranlagten der Industrie am Gesamteinkommen des produzierenden Gewerbes errecnnen. Es wurde unterstellt, daß der Anteil an der Einkommenssteuerschuld gleich hoch war wie am Einkommen. Der weitere Weg der Berechnung verlief wie bei der Berechnung des Anteils der Industrie an der Körperschaftssteuer.

13. Vermögenssteuer

Bei der Bestimmung der von der Industrie gezahlten Vermögenssteuer[218)] mußte weitgehend auf Schätzungen zurückgegriffen werden. Zunächst haben wir aus der Einheitswertstatistik 1953[219)] den Einheitswert aller Wirtschaftsbereiche ohne die Land- und Forstwirtschaft und den Anteil des produzierenden Gewerbes daran, unterteilt nach Wirtschaftsgruppen, festgestellt.[220)]

Dann haben wir versucht aus der Statistik der Vermögenssteuer-Hauptveranlagung 1953[221)] das steuerpflichtige Vermögen und die Vermögenssteuerschuld der Wirtschaft ohne die Land- und Forstwirtschaft und ohne die Privaten zu ermitteln. Die Einteilung in der Statistik der Vermögens-

218. Siehe Tabelle 41.
219. Siehe Anmerkung 201, S.218.
220. Siehe Tabelle 39. Quelle: Siehe Fußnote 202, S.218.
221. Stat.Jb.f.d.BRD 1959, S.388/389.

steuer-Hauptveranlagung untergliedert jedoch nicht in gewerbliches und privates Vermögen sondern nach Vermögensarten. Um wenigstens einen Näherungswert für das in der Wirtschaft vorhandene steuerpflichtige Vermögen zu erhalten, haben wir als Vermögen der Wirtschaft folgende Vermögensarten betrachtet: Das steuerpflichtige Vermögen von 1. Nichtnatürlichen Personen (24,3 Mrd.DM), 2. Veranlagten mit nur Betriebsvermögen (3,0 Mrd.DM), 3. Veranlagten mit Betriebsvermögen und daneben geringerem anderen Einheitswertvermögen (9,0 Mrd.DM) und 4. Veranlagten mit Grundvermögen und daneben geringerem anderen Einheitswertvermögen (2,8 Mrd.DM), zusammen 39,1 Mrd.DM mit einer Steuerschuld für 1953 in Höhe von 354 Mill.DM. Nicht erfaßt wurden die Vermögen von Veranlagten mit land- und forstwirtschaftlichem Vermögen, nur Grundvermögen und nur sonstigem Vermögen. Dann haben wir die aus der Einheitswertstatistik berechneten Anteile der Einheitswerte der produzierenden Gewerbegruppen an der Gesamtwirtschaft mit der aus der Statistik der Vermögenssteuer-Hauptveranlagung ermittelten Vermögenssteuerschuld der Wirtschaft multipliziert. Es ergab sich für das gesamte produzierende Gewerbe eine Vermögenssteuerschuld von 220 Mill.DM oder nach Umrechnung der Gewerbegruppen auf die Industriegruppen - wiederum mit Hilfe des Umsatzes als Schlüssel - von 198 Mill.DM, das sind 55,6 % bzw. 50,1 % der gesamten Vermögenssteuerschuld von 395,3 Mill.DM (alle Wirtschaftsbereiche einschließlich Land- und Forstwirtschaft und der Privaten). Für alle Jahre wurde nun - mangels anderer statistischer Unterlagen - angenommen, daß die Anteile der Industriegruppen an der gezahlten Vermögenssteuer immer gleich hoch waren wie 1953 bei der Vermögenssteuerveranlagung.

14. Notopfer Berlin

Von dem Aufkommen an Notopfer Berlin der Veranlagten und der Körperschaften[222)] wurden der Industrie die gleichen Anteile zugerechnet wie bei der Einkommen- und Körperschaftssteuer.[223)] Als Anteil der Industrie am Notopfer Berlin auf Postsendungen wurden 15 % geschätzt,[224)] die Aufteilung auf die einzelnen Industriegruppen erfolgte im Verhältnis der jährlichen Umsätze.

222. Siehe Tabelle 42. Quelle: Anmerkung 198a, S.217.
223. Vgl. Tabellen 43, 44 und 46.
224. Siehe Tabelle 45.

15. Lastenausgleichsabgabe

Die Lastenausgleichsabgaben der Industrie[225] wurden nach der gleichen Methode errechnet wie die von der Industrie gezahlte Vermögenssteuer, d.h. von dem jährlichen Aufkommen an Lastenausgleichsabgaben[226] wurden die gleichen Prozentsätze als von der Industrie gezahlt angesehen wie bei der Vermögenssteuer. Da die Vermögensabgabe, die den größten Teil der Lastenausgleichsabgaben ausmacht, auf Grund der Einheitswerte festgesetzt wurde, scheint diese Methode für die Vermögensabgabe auch einigermaßen gerechtfertigt, während ihre Anwendung auf die Kreditgewinnabgabe und Hypothekengewinnabgabe problematisch ist. In Ermangelung besserer Unterlagen haben wir jedoch auf eine differenzierte Schätzung von Vermögens-, Kreditgewinn- und Hypothekengewinnabgabe verzichtet.

225. Siehe Tabelle 48.
226. Siehe Tabelle 47.

T a b e l l e 1

Zuordnung der Industriegruppen

Nr. des systematischen Verzeichnisses zum Industriebericht	Gewerbekennziffer auf der Grundlage der Arbeitsstättensystematik	Industriegruppe Industriezweig
	11 - 15	Bergbau
211	11/12	Kohlenbergbau
213	Teil 13	Eisenerzbergbau
214	Rest 13	Metallerzbergbau
215	14	Kali- und Steinsalzbergbau, Salinen
216	Teil 15	Erdöl- und Erdgasgewinnung
217/218	Rest 15	Sonstiger Bergbau (einschl. Torfgräberei)
		Grundstoff- und Produktionsgüterindustrie
250	17	Industrie der Steine und Erden
270	Teil 21	Eisenschaffende Industrie
291	Teil 21	Eisen-, Stahl- und Tempergießereien
381	Rest 21	Ziehereien und Kaltwalzwerke
281	Teil 22	NE-Metallhütten und Umschmelzwerke
285	Teil 22	NE-Metallhalbzeugwerke
295	Rest 22	Metallgießereien
400/225/223	32(Kohlenwertstoffind. zu 31)	Chemische Industrie (einschließlich Kohlenwertstoffindustrie sowie Braunkohlen-Torfteerdestillation)
221	31	Mineralölverarbeitung
590	35	Kautschuk und Asbest verarbeitende Industrie
530	37	Sägewerke und holzbearbeitende Industrie
550	Teil 39	Holzschliff, Zellstoff, Papier und Pappe-erzeugende Industrie

Fortsetzung Tabelle 1

Nr. des systematischen Verzeichnisses zum Industriebericht	Gewerbekennziffer auf der Grundlage der Arbeitsstättensystematik	Industriegruppe Industriezweig
		Investitionsgüterindustrie
310	23	Stahlbau (einschl. Waggonbau)
320	24	Maschinenbau
330/350	26	Fahrzeugbau (einschl.Luftfahrzeugbau)
340	25	Schiffbau
360	27	Elektrotechnische Industrie
370	28	Feinmechanische und optische Industrie
382	Teil 29	Stahlverformung (einschl.Gesenkschmieden)
383 - 389/398	Rest 29	Eisen-, Blech- und Metallwarenindustrie
		Verbrauchsgüterindustrie
510	Teil 36	Feinkeramische Industrie
520	Rest 36	Glasindustrie
540	38	Holzverarbeitende Industrie
391 - 396	44	Musikinstrumente-, Turn- und Sportgeräteindustrie, Spiel- und Schmuckwarenindustrie
560	Teil 39	Papier und pappeverarbeitende Industrie
570	Rest 39	Druckerei- und Vervielfältigungsgewerbe
580	34	Kunststoffverarbeitende Industrie
610	Teil 41	Ledererzeugende Industrie
621	Teil 41	Lederverarbeitende Industrie
625	Rest 41	Schuhindustrie
630	42	Textilindustrie
640	43	Bekleidungsindustrie
629		Wäschereien, Kleiderfärbereien und chemische Reinigungsanstalten
		Nahrungs- und Genußmittelindustrie
650 - 680	45 - 48	Ernährungsindustrie
690	49	Tabakverarbeitende Industrie

T a b e l l e 2

Bruttoanlageinvestitionen der Industrie in Mill. DM

(jeweilige Preise)

	1950	1951	1952	1953	1954	1955	1956	1957	1958
Bergbau	640	850	1270	1600	1690	1710	1700	1860	1840
Grundstoff- und Produktionsgüter-industrie	1350	2030	2530	2800	3510	4680	4590	4840	4990
Investitionsgüter-industrie	1090	1570	1720	1860	2090	3010	3450	3210	3260
Verbrauchsgüter-industrie	890	1030	920	980	1130	1340	1570	1670	1620
Nahrungs- und Genußmittelindustrie	650	670	700	700	760	840	970	1070	1140
Gesamte Industrie	4610	6140	7130	7940	9170	11580	12280	12650	12850

Bruttoanlageinvestitionen der Industrie in Mill. DM

(in konstanten Preisen von 1950)

	1950	1951	1952	1953	1954	1955	1956	1957	1958
Bergbau	640	730	1000	1290	1390	1370	1320	1390	1350
Grundstoff- und Produktionsgüter-industrie	1350	1740	2000	2260	2890	3760	3560	3630	3680
Investitionsgüter-industrie	1090	1350	1360	1500	1720	2400	2670	2390	2380
Verbrauchsgüter-industrie	890	880	730	790	930	1070	1220	1250	1190
Nahrungs- und Genußmittelindustrie	650	580	550	570	620	670	750	800	840
Gesamte Industrie	4610	5270	5640	6410	7560	9280	9530	9460	9440

T a b e l l e 3

Zinssatz in Prozent für "zugesagte Kredite"

(jährlicher Durchschnitt)

1950	1951	1952	1953	1954	1955	1956	1957	1958
8,85	10,50	9,73	8,23	7,90	7,65	9,27	8,87	7,78

T a b e l l e 4

Nettogewinne in Prozent des Umsatzes der Industrie nach der Industrie- bzw. Umsatzsteuerstatistik

	Industriesteuer	Umsatzsteuer
1950	9,1 %	8,6 %
1951	13,9 %	13,2 %
1952	11,4 %	10,8 %
1953	10,6 %	10,0 %
1954	10,6 %	10,0 %
1955	12,2 %	11,3 %
1956	11,2 %	10,4 %
1957	10,9 %	10,0 %
1958	10,0 %	9,3 %

T a b e l l e 5

Lohn- und Gehaltssumme der Industrie ohne Arbeitgeberanteil zur Sozialversicherung in Mill. DM

	1950	1951	1952	1953	1954	1955	1956	1957	1958
Bergbau	2179	2694	2980	3162	3251	3537	3950	4241	4375
Grundstoff- und Produktionsgüter-industrie	3810	4885	5410	5716	6303	7296	8322	8923	9422
Investitionsgüter-industrie	4730	6308	7158	7821	8833	10685	12494	13442	14728
Verbrauchsgüter-industrie	3518	4396	4670	5254	5637	6296	7160	7708	8147
Nahrungs- und Genußmittelindustrie	932	1102	1260	1383	1495	1670	1883	2116	2305
Gesamte Industrie	15169	19385	21478	23335	25519	29484	33808	36430	38977

T a b e l l e 6

Gesetzliche Sozialabgaben der Arbeitgeber in Prozent der Lohn- und Gehaltssumme ohne Arbeitgeberanteil zur Sozialversicherung

	1950	1951	1952	1953	1954	1955	1956	1957	1958
Bergbau	21,1	20,6	22,4	23,0	23,7	23,8	19,4	20,9	21,9
Grundstoff- und Produktionsgüter-industrie	11,6	11,1	9,7	10,0	9,8	10,2	9,9	11,2	11,8
Investitionsgüter-industrie	10,2	9,7	9,5	9,4	9,3	10,0	9,7	10,9	11,5
Verbrauchsgüter-industrie	9,8	9,5	9,3	9,5	9,7	10,2	10,3	11,5	12,1
Nahrungs- und Genußmittelindustrie	9,5	9,7	9,4	9,1	9,5	9,8	9,8	11,0	11,6
Gesamte Industrie	12,0	11,5	11,3	11,4	11,4	11,7	11,0	12,3	12,8
Gesamtwirtschaft	9,6	9,4	9,5	9,7	9,6	9,7	9,7	10,4	11,0

T a b e l l e 7

Gesetzliche Sozialabgeben der Arbeitgeber in der Industrie in Mill. DM

	1950	1951	1952	1953	1954	1955	1956	1957	1958
Bergbau	460	554	667	727	771	840	766	886	959
Grundstoff- und Produktionsgüter-industrie	443	543	522	572	620	746	821	1002	1110
Investitionsgüter-industrie	483	613	681	738	825	1067	1214	1467	1686
Verbrauchsgüter-industrie	343	418	435	497	548	640	735	887	984
Nahrungs- und Genußmittelindustrie	89	107	118	126	143	163	184	233	266
Gesamte Industrie	1818	2235	2424	2660	2907	3456	3721	4474	5005

Tabelle 8

Freiwillige Sozialaufwendungen der in der Bilanzstatistik erfaßten Aktiengesellschaften in Prozent der Lohn- und Gehaltssumme ohne Arbeitgeberanteil zur Sozialversicherung

	1950	1951	1952	1953	1954	1955	1956	1957	1958
Bergbau	1,5	1,9	2,2	3,0	4,7	4,5	4,5	4,5+)	4,5+)
Grundstoff- und Produktionsgüterindustrie	7,8	9,6	14,1	14,8	12,2	11,4	11,0+)	11,0+)	11,0+)
Investitionsgüterindustrie	4,0	3,8	4,7	5,4	4,8	4,9	4,5+)	4,5+)	4,5+)
Verbrauchsgüterindustrie	3,0	2,9	3,3	2,5	2,7	2,5	2,3+)	2,3+)	2,3+)
Nahrungs- und Genußmittelindustrie	2,3	1,3	2,8	4,4	6,3	4,3	4,0+)	4,0+)	4,0+)

+) geschätzt

Tabelle 9

Errechnete freiwillige Sozialaufwendungen der Industrie in Mill. DM

	1950	1951	1952	1953	1954	1955	1956	1957	1958
Bergbau	33	52	66	95	151	158	178	191	197
Grundstoff- und Produktionsgüterindustrie	298	469	762	846	766	830	915	982	1036
Investitionsgüterindustrie	190	240	336	424	422	520	562	605	663
Verbrauchsgüterindustrie	106	128	155	132	152	155	165	177	187
Nahrungs- und Genußmittelindustrie	22	25	35	61	94	71	75	85	92
Gesamte Industrie	648	915	1353	1558	1585	1734	1895	2039	2176

Tabelle 10

Zinsmehraufwendungen der in der Bilanzstatistik erfaßten Aktiengesellschaften in Prozent der Lohn- und Gehaltssumme ohne Arbeitgeberanteil zur Sozialversicherung

	1950	1951	1952	1953	1954	1955	1956	1957	1958
Bergbau	2,4	1,8	2,3	3,3	3,9	3,6	2,9	2,4	2,3+)
Grundstoff- und Produktionsgüter-industrie	2,2	2,0	2,8	3,7	4,7	5,5	6,2	7,1	7,2+)
Investitionsgüter-industrie	0,8	1,2	2,2	2,0	2,0	1,6	2,5	2,4	2,4+)
Verbrauchsgüter-industrie	4,1	5,2	6,3	4,7	3,8	3,4	3,6	3,5	3,6+)
Nahrungs- und Genußmittelindustrie	4,1	6,2	8,9	6,2	6,3	5,4	5,6	6,3	6,3+)

+) geschätzt

Tabelle 11

Errechnete Zinsmehraufwendungen der Industrie in Mill. DM

	1950	1951	1952	1953	1954	1955	1956	1957	1958
Bergbau	51	19	68	105	126	126	115	104	101
Grundstoff- und Produktionsgüter-industrie	85	97	154	214	296	398	515	636	678
Investitionsgüter-industrie	38	76	156	156	176	170	314	320	353
Verbrauchsgüter-industrie	144	229	294	246	213	211	256	270	293
Nahrungs- und Genußmittelindustrie	39	68	112	86	95	91	106	134	145
Gesamte Industrie	357	519	784	807	905	996	1305	1463	1570

Tabelle 12

Umsatz der Industrie nach der Industriestatistik in Mill. DM

	1950	1951	1952	1953	1954	1955	1956	1957	1958
Bergbau	4573	5776	6908	7321	7718	8464	9452	10186	9577
Grundstoff- und Produktionsgüter-industrie	22459	33372	36821	36928	42197	51313	56417	59639	59990
Investitionsgüterindustrie	18348	26531	31783	34147	39630	49496	55471	60634	65253
Verbrauchsgüterindustrie	20139	26521	25013	27108	29055	32713	36282	39032	38726
Nahrungs- und Genußmittelindustrie	14875	17709	18867	20658	22343	24526	28023	30060	31523
Gesamte Industrie	80395	109909	119392	126162	140943	166512	185646	199551	205069

Tabelle 13

Umsatz der Industrie nach der Umsatzsteuerstatistik in Mill. DM

	1950	1951	1952	1953	1954	1955	1956	1957	1958
Bergbau	5801	7656+)	9401+)	10038+)	10649	11283	12511	13477	12671+)
Grundstoff- und Produktionsgüter-industrie	22603	33709+)	37219+)	37329+)	42591	52411	58526	62985	63350+)
Investitionsgüterindustrie	18216	26906+)	32484+)	34995+)	40818	52285	59408	64492	69400+)
Verbrauchsgüterindustrie	21603	27956+)	26455+)	28540+)	30479	34991	38967	42201	41868+)
Nahrungs- und Genußmittelindustrie	16628	19859+)	21179+)	23222+)	25143	27837	30555	33084	34692+)
Gesamte Industrie	84851	116087+)	126738+)	134124+)	149779	178804	199968	216239	221981+)

+) geschätzt

T a b e l l e 14

Umsatzsteuer der Industrie in Prozent des Umsatzes nach der Umsatzsteuerstatistik

	1950	1951	1952	1953	1954	1955	1956	1957	1958
Bergbau	2,67	2,82+)	2,97+)	3,12+)	3,36	3,19	3,13	3,22	3,22+)
Grundstoff- und Produktionsgüter-industrie	2,24	2,41+)	2,58+)	2,75+)	2,92	2,88	2,83	2,81	2,81+)
Investitionsgüter-industrie	2,41	2,51+)	2,61+)	2,71+)	2,81	2,80	2,82	2,72	2,72+)
Verbrauchsgüter-industrie	2,90	3,08+)	3,26+)	3,44+)	3,63	3,54	3,55	3,53	3,53+)
Nahrungs- und Genußmittelindustrie	2,41	2,55+)	2,65+)	2,77+)	2,90	2,88	2,57	2,55	2,55+)

+) geschätzt

T a b e l l e 15

Umsatzsteuer der Industrie in Mill. DM

	1950	1951	1952	1953	1954	1955	1956	1957	1958
Bergbau	155	216+)	279+)	313+)	358	360	391	434	408+)
Grundstoff- und Produktionsgüter-industrie	506	812+)	960+)	1027+)	1248	1507	1656	1771	1781+)
Investitionsgüter-industrie	440	675+)	848+)	948+)	1149	1462	1675	1757	1890+)
Verbrauchsgüter-industrie	625	861+)	862+)	982+)	1106	1240	1383	1491	1479+)
Nahrungs- und Genußmittelindustrie	400	506+)	561+)	643+)	727	802	785	844	885+)
Gesamte Industrie	2126	3071+)	3511+)	3913+)	4588	5369	5893	6297	6443+)

+) geschätzt

T a b e l l e 16

Geschätzte Grunderwerbssteuerzahlungen der Industrie in Mill. DM

	1950	1951	1952	1953	1954	1955	1956	1957	1958
Bergbau	0,6	0,7	0,8	0,9	1,1	1,4	1,5	1,6	1,8
Grundstoff- und Produktionsgüter-industrie	0,9	1,1	1,2	1,4	1,6	2,0	2,3	2,4	2,8
Investitionsgüter-industrie	0,9	1,1	1,2	1,4	1,6	2,1	2,3	2,4	2,8
Verbrauchsgüter-industrie	0,9	1,0	1,2	1,4	1,6	2,0	2,3	2,4	2,8
Nahrungs- und Genußmittelindustrie	0,6	0,7	0,8	0,9	1,0	1,4	1,5	1,6	1,8
Gesamte Industrie	3,9	4,6	5,2	6,0	6,9	8,9	9,9	10,4	12,0

T a b e l l e 17

Geschätzte Zahlungen der Industrie als Zuschlag zur Grunderwerbssteuer in Mill. DM

	1950	1951	1952	1953	1954	1955	1956	1957	1958
Bergbau	0,8	0,9	1,1	1,2	1,5	1,9	2,0	2,1	2,4
Grundstoff- und Produktionsgüter-industrie	1,2	1,5	1,6	1,9	2,1	2,7	3,1	3,2	3,7
Investitionsgüter-industrie	1,2	1,5	1,6	1,9	2,1	2,8	3,1	3,2	3,7
Verbrauchsgüter-industrie	1,2	1,3	1,6	1,9	2,1	2,7	3,1	3,2	3,7
Nahrungs- und Genußmittelindustrie	0,8	0,9	1,1	1,2	1,3	1,9	2,0	2,1	2,4
Gesamte Industrie	5,2	6,1	6,9	8,0	9,2	11,9	13,2	13,9	16,0

T a b e l l e 18

Geschätzte Kapitalverkehrssteuerzahlungen der Industrie in Mill. DM

	1950	1951	1952	1953	1954	1955	1956	1957	1958
Bergbau	0,4	0,5	0,9	1,2	1,8	2,8	3,0	3,0	3,3
Grundstoff- und Produktionsgüterindustrie	1,1	1,6	2,6	2,9	5,0	8,6	8,9	8,6	9,4
Investitionsgüterindustrie	1,0	1,5	2,6	3,0	5,2	9,4	10,2	9,8	11,3
Verbrauchsgüterindustrie	1,1	1,5	1,9	2,2	3,6	5,7	6,0	6,0	6,2
Nahrungs- und Genußmittelindustrie	0,7	0,9	1,2	1,5	2,4	3,8	4,0	3,9	4,4
Gesamte Industrie	4,3	6,0	9,2	10,8	18,0	30,3	32,1	31,3	34,6

T a b e l l e 19

Geschätzte Versicherungssteuerzahlungen der Industrie in Mill. DM

	1950	1951	1952	1953	1954	1955	1956	1957	1958
Bergbau	1,9	2,1	2,8	3,5	3,8	3,9	4,6	5,2	6,0
Grundstoff- und Produktionsgüterindustrie	4,9	6,7	8,1	8,7	10,2	11,9	13,6	15,0	17,0
Investitionsgüterindustrie	4,6	6,4	8,2	9,0	10,8	13,0	15,5	17,1	20,5
Verbrauchsgüterindustrie	5,0	6,3	5,8	6,6	7,4	7,8	9,2	10,5	11,3
Nahrungs- und Genußmittelindustrie	3,0	3,4	3,8	4,6	4,9	5,3	6,1	6,9	8,0
Gesamte Industrie	19,4	24,9	28,7	32,4	37,1	41,9	49,0	54,7	62,8

T a b e l l e 20

Geschätzte Wechselsteuerzahlungen der Industrie in Mill. DM

	1950	1951	1952	1953	1954	1955	1956	1957	1958
Bergbau	1,5	1,6	2,1	2,6	2,7	2,8	3,2	3,5	3,5
Grundstoff- und Produktionsgüter-industrie	4,0	5,2	6,1	6,6	7,3	8,7	9,5	10,1	9,8
Investitionsgüter-industrie	3,8	5,0	6,3	6,8	7,7	9,5	10,8	11,5	11,9
Verbrauchsgüter-industrie	4,0	4,9	4,4	5,0	5,3	5,7	6,4	7,0	6,5
Nahrungs- und Genußmittelindustrie	2,5	2,6	2,9	3,5	3,5	3,9	4,3	4,7	4,6
Gesamte Industrie	15,8	19,3	21,8	24,5	26,5	30,6	34,2	36,8	36,3

T a b e l l e 21

Jährliches Aufkommen an Kraftfahrzeugsteuer unterteilt nach Kraftfahrzeugarten in Mill. DM

	1950	1951	1952	1953	1954	1955	1956	1957	1958
Motorräder	32	38	46	56	64	71	70	69	64
PKW + Kombi	121	142	172	205	254	317	378	464	564
Omnibusse, LKW + Zugmaschinen	141	165	182	194	201	241	274	287	296
Anhänger	44	52	55	59	62	79	92	120	128
Alle Kraftfahrzeuge + Anhänger	338	396	455	515	581	708	814	940	1052

Tabelle 22

Jährliches Aufkommen an Kfz-Steuer (in Mill. DM)

	1950	1951	1952	1953	1954	1955	1956	1957	1958
Gesamte Industrie									
Kräder	0,5	0,6	0,6	0,6	0,6	0,5	0,5	0,4	0,3
PKW + Kombi	18,2	20,4	23,7	25,6	28,7	33,0	34,9	39,0	40,2
Omnib., LKW,Zugm.	20,4	23,9	26,4	28,1	29,2	36,2	42,9	46,3	48,8
Anhänger	7,1	8,3	8,8	9,3	9,4	11,6	13,2	16,8	17,8
Gesamte Kfz-Steuer	46,2	53,2	59,5	63,6	67,9	81,4	91,5	102,5	106,9
Bergbau									
Kräder	0,0	0,0	0,0	0,0	0,0	0,0	0,0	0,0	0,0
PKW + Kombi	0,4	0,5	0,5	0,6	0,6	0,7	0,8	0,9	0,9
Omnib.,LKW,Zugm.	0,4	0,5	0,6	0,6	0,6	0,7	0,8	0,9	0,9
Anhänger	0,1	0,2	0,2	0,2	0,2	0,2	0,3	0,4	0,4
Gesamte Kfz-Steuer	1,0	1,2	1,3	1,4	1,4	1,7	1,9	2,1	2,2
Grundstoff- und Produktionsgüterindustrie									
Kräder	0,3	0,3	0,3	0,3	0,3	0,3	0,2	0,2	0,2
PKW + Kombi	6,5	7,3	8,4	9,3	10,4	12,0	12,9	14,5	15,0
Omnib.,LKW,Zugm.	7,2	8,4	9,3	9,8	10,0	12,6	15,3	16,6	17,0
Anhänger	3,5	4,1	4,4	4,5	4,6	5,7	6,5	8,2	8,3
Gesamte Kfz-Steuer	17,4	20,0	22,4	23,9	25,4	30,6	35,0	39,5	40,5
Investitionsgüterindustrie									
Kräder	0,1	0,1	0,2	0,2	0,1	0,1	0,1	0,1	0,1
PKW + Kombi	5.8	6,5	7,5	8,1	9,1	10,6	11,3	12,6	13,1
Omnib.,LKW,Zugm.	4,2	4,9	5,4	5,7	5,8	7,1	8,3	9,0	9,6
Anhänger	1,3	1,5	1,6	1,7	1,8	2,3	2,6	3,4	3,7
Gesamte Kfz-Steuer	11,4	13,1	14,7	15,6	16,9	20,1	22,3	25,2	26,5
Verbrauchsgüterindustrie									
Kräder	0,1	0,1	0,1	0,1	0,1	0,0	0,0	0,0	0,0
PKW + Kombi	3,0	3,4	3,9	4,1	4,6	5,1	5,2	5,8	5,8
Omnib.,LKW,Zugm.	1,9	2,2	2,4	2,5	2,4	2,9	3,3	3,5	3,7
Anhänger	0,6	0,7	0,7	0,7	0,7	0,8	0,9	1,1	1,2
Gesamte Kfz-Steuer	5,5	6,3	7,1	7,4	7,8	8,9	9,4	10,4	10,7
Nahrungs- und Genußmittelindustrie									
Kräder	0,1	0,1	0,1	0,1	0,1	0,1	0,1	0,0	0,0
PKW + Kombi	2,5	2,8	3,3	3,5	4,0	4,6	4,8	5,3	5,4
Omnib.,LKW,Zugm.	6,7	7,9	8,7	9,6	10,2	12,8	15,1	16,3	17,6
Anhänger	1,6	1,8	2,0	2,1	2,1	2,6	2,9	3,8	4,0
Gesamte Kfz-Steuer	10,9	12,6	14,0	15,3	16,4	20,0	22,9	25,4	27,1

Tabelle 23[1)]

Verbrauchssteuerzahlungen der Industrie in Mill. DM

	1950	1951	1952	1953	1954	1955	1956	1957	1958
Tabaksteuer	2059	2274	2268	2291	2256	2507	2685	2755	2809
Kaffee- und Tee-steuer	361	446	547	519	297	338	396	437	478
Zuckersteuer	367	405	373	347	372	373	219	153	161
Biersteuer	337	266	320	350	373	425	466	541	583
Spiritusmonopol	480	519	514	525	537	553	649	734	810
Mineralölsteuer	67	455	577	722	772	1120	1394	1617	1637
Schaumweinsteuer	13	15	13	12	13	17	23	28	32
Zündwarensteuer	62	64	57	64	67	60	25	19	20
Salzsteuer	39	40	38	40	39	42	40	39	39
Essigsäuresteuer	10	8	9	9	7	8	7	6	6
Leuchtmittelsteuer	14	17	13	18	21	23	25	24	25
Sonstige Ver-brauchssteuern	5	4	3	3	4	4	5	4	4
Kohlenabgabe	-	18	210	206	210	75	20	271	216

1. Die angegebenen Zahlen sind gleich dem kalenderjährlichen Aufkommen an Verbrauchssteuern in der BRD ohne Berlin. Schaumweinsteuer nur 70 %.

Tabelle 24

Grundsteueraufkommen an Grundsteuer B in der BRD ohne Berlin in Mill. DM

1950	1951	1952	1953	1954	1955	1956	1957	1958
772	816	811	848	898	940	968	1013	1067

Tabelle 25

Einheitswerte der Grundstücke der Industrie ohne Bau- und Energiewirtschaft, jedoch einschließlich Handwerk und sonstigem produzierenden Gewerbe in Mill. DM im Jahre 1953

Bergbau	841,4
Grundstoff- und Produktionsgüterbereich	1.834,0
Investitionsgüterbereich	2.103,8
Verbrauchsgüterbereich	1.575,8
Nahrungs- und Genußmittelbereich	1.463,8
Gesamtes produzierendes Gewerbe ohne Energie- und Bauwirtschaft	7.818,8

T a b e l l e 26

Errechnete Zahlungen an Grundsteuer B der Industrie in Mill. DM

	1950	1951	1952	1953	1954	1955	1956	1957	1958
Bergbau	14	15	15	15	16	17	17	18	19
Grundstoff- und Produktionsgüter-industrie	30	31	31	32	34	36	37	39	41
Investitionsgüter-industrie	31	33	33	34	36	38	39	41	43
Verbrauchsgüter-industrie	22	23	23	24	26	27	28	29	30
Nahrungs- und Genußmittelindustrie	17	17	17	18	19	20	21	22	23
Gesamte Industrie	113	119	119	124	131	138	142	148	156

T a b e l l e 27

Aufkommen an Gewerbekapital- und Gewerbeertragssteuern in der BRD ohne Berlin in Mill. DM (kalenderjährlich)

1950	1951	1952	1953	1954	1955	1956	1957	1958
1000	1666	2251	2650	2857	3154	3574	4515	4682

T a b e l l e 28

Einkünfte aus Gewerbebetrieb der unbeschränkt Einkommen- und Körperschaftssteuerpflichtigen in Mill. DM im Jahr 1950 und 1954

	1950	1954
Alle Wirtschaftsbereiche	14.572	19.449
Herstellendes und verarbeitendes Gewerbe ohne Bau- und Energiewirtschaft	7.256	8.833
davon: Bergbau	221	224
Grundstoffe und Produktionsgüter	1.301	1.712
Investitionsgüter	1.780	2.834
Verbrauchsgüter	2.603	2.336
Nahrungs- und Genußmittel	1.351	1.727

Tabelle 29

Errechnete Gewerbekapital- und Gewerbeertragssteuer der Industrie in Mill. DM

	1950	1951	1952	1953	1954	1955	1956	1957	1958
Bergbau	15	24	30	33	33	35	38	46	46
Grundstoff- und Produktionsgüter-industrie	87	145	196	229	246	271	307	387	400
Investitionsgüter-industrie	110	193	274	336	376	422	487	625	658
Verbrauchsgüter-industrie	151	230	282	300	290	302	323	384	373
Nahrungs- und Genußmittelindustrie	64	105	140	163	174	191	215	271	279
Gesamte Industrie	427	697	922	1061	1118	1222	1370	1712	1756

Tabelle 30

Bruttolohn- und Gehaltssumme in der BRD ohne Berlin in Mill. DM

	1950	1951	1952	1953	1954	1955	1956	1957	1958
Alle Bereiche	39807	48362	53824	59154	64882	73771	82905	89509	96400
Barlöhne der Landwirtschaft	1320	1355	1106	1710	1458	1511	1542	1632	1800
Öffentl. Hand	5734	5963	6717	7549	8164	8946	10370	11721	12600
Lohnsummensteuer-pflichtig	32753	41044	46001	49895	55260	63314	70993	76156	82000

Tabelle 31

Errechnete Lohnsummensteuer der Industrie in Mill. DM

	1950	1951	1952	1953	1954	1955	1956	1957	1958
Bergbau	14	16	18	21	20	23	25	30	31
Grundstoff- und Produktionsgüter-industrie	24	29	33	38	39	47	52	62	67
Investitionsgüter-industrie	30	37	44	51	55	69	78	94	104
Verbrauchsgüter-industrie	22	26	29	35	35	40	45	54	58
Nahrungs- und Genußmittelindustrie	6	6	8	9	9	11	12	15	16
Gesamte Industrie	95	113	131	153	158	189	210	254	275

Tabelle 32

Körperschaftssteuerschuld und Einkommen der unbeschränkt Körperschaftssteuerpflichtigen 1950 und 1954 in Mill. DM

	1950		1954	
	Einkommen	Steuerschuld	Einkommen	Steuerschuld
Bergbau	209	105	210	107
Grundstoff- und Produktionsgüterindustrie	727	364	914	486
Investitionsgüterindustrie	826	413	1.236	670
Verbrauchsgüterindustrie	896	448	509	288
Nahrungs- und Genußmittelindustrie	323	161	460	251
Industrie zusammen	2.982	1.490	3.329	1.802

Tabelle 33

Aufkommen an Körperschaftssteuer in der BRD ohne Berlin in Mill. DM (kalenderjährlich)

1950	1951	1952	1953	1954	1955	1956	1957	1958
1429	2247	2731	2903	2979	3016	3493	4334	4999

Tabelle 34

Errechnete Körperschaftssteuerzahlungen der Industrie in Mill. DM

	1950	1951	1952	1953	1954	1955	1956	1957	1958
Bergbau	75	111	126	125	120	117	131	157	174
Grundstoff- und Produktionsgüter-industrie	260	410	499	531	544	550	637	789	908
Investitionsgüter-industrie	295	492	631	702	751	774	913	1151	1348
Verbrauchsgüter-industrie	320	435	448	393	323	287	288	302	288
Nahrungs- und Genußmittelindustrie	116	190	241	265	281	289	340	427	499
Gesamte Industrie	1066	1638	1944	2017	2019	2018	2308	2827	3217

Tabelle 35

Aufkommen an veranlagter Einkommensteuer in der BRD ohne Berlin in Mill. DM (kalenderjährlich)[1)]

1950	1951	1952	1953	1954	1955	1956	1957	1958
2031	2246	3823	4723	4426	4190	4557	5682	5274

1. Quelle: Siehe Fußnote 217, S.220.

Tabelle 36

Einkommensteuerschuld der unbeschränkt Einkommenssteuerpflichtigen 1950 und 1954 in Mill. DM

	1950		1954	
	Einkommen	Steuerschuld	Einkommen	Steuerschuld
Insgesamt	14.555	3.112	21.365	4.461
Gewerbe (Industrie + Handwerk)	4.045	1.153	4.734	1.390
davon: Bergbau	4	1	6	2
Grundstoff- und Produktionsgüter	500	182	674	248
Investitionsgüter	895	261	1.382	474
Verbrauchsgüter	1.639	473	1.557	402
Nahrungs- und Genußmittel	1.007	236	1.115	264

T a b e l l e 37

Einkommen der Körperschaftssteuer- und Einkommensteuerpflichtigen 1950 und 1954 zusammen in Mill. DM

	1950		1954	
	Gewerbe	Industrie (errechnet)	Gewerbe	Industrie (errechnet)
Bergbau	213	212	215	214
Grundstoff- und Produktionsgüter	1.227	1.201	1.588	1.553
Investitionsgüter	1.722	1.554	2.618	2.362
Verbrauchsgüter	2.535	2.142	2.067	1.746
Nahrungs- u.Genußmittel	1.330	912	1.575	1.079
Zusammen	7.027	6.020	8.062	6.954

T a b e l l e 38

Errechnete Einkommenssteuerzahlungen der Industrie in Mill. DM

	1950	1951	1952	1953	1954	1955	1956	1957	1958
Bergbau	1	1	1	1	1	1	1	1	1
Grundstoff- und Produktionsgüter-industrie	112	123	207	253	234	219	236	292	268
Investitionsgüter-industrie	138	165	300	391	383	370	409	518	487
Verbrauchsgüter-industrie	235	233	354	386	317	280	283	327	280
Nahrungs- und Genußmittelindustrie	90	93	147	168	145	132	138	165	146
Gesamte Industrie	576	615	1008	1200	1080	1002	1067	1302	1183

T a b e l l e 39

Einheitswert aller Wirtschaftsbereiche ohne Land- und Forstwirtschaft	62.228 Mill.DM
Einheitswert des produzierenden Gewerbes ohne Bau- und Energiewirtschaft	38.672 Mill.DM

T a b e l l e 40

Aufkommen an Vermögenssteuer in der BRD ohne Berlin in Mill. DM (kalenderjährlich)

1950	1951	1952	1953	1954	1955	1956	1957	1958
106	120	156	389	605	519	734	784	844

T a b e l l e 41

Von der Industrie gezahlte Vermögenssteuer in Mill. DM

	1950	1951	1952	1953	1954	1955	1956	1957	1958
Bergbau	8	9	12	30	47	40	57	61	65
Grundstoff- und Produktionsgüter-industrie	17	19	25	61	95	82	115	123	133
Investitionsgüter-industrie	14	15	20	50	77	66	94	100	108
Verbrauchsgüter-industrie	10	12	15	38	58	50	71	76	82
Nahrungs- und Genußmittelindustrie	5	5	7	17	26	22	31	33	36
Gesamte Industrie	53	60	78	195	303	260	368	393	423

T a b e l l e 42

Aufkommen an Notopfer Berlin der Veranlagten der Körperschaften und auf Postsendungen in Mill. DM (kalenderjährlich)[1)]

	1950	1951	1952	1953	1954	1955	1956	1957	1958
NOB der Veranlagten	74	125	204	322	359	366	365	142	92
NOB der Körperschaften	42	108	143	185	210	259	331	433	137
NOB auf Postsendungen	50	52	55	58	61	65	15	-	-

1. Quelle: Siehe Fußnote 198a, S.217.

T a b e l l e 43

Notopfer Berlin der Veranlagten der Industrie in Mill. DM

	1950	1951	1952	1953	1954	1955	1956	1957	1958
Bergbau	0	0	0	0	0	0	0	0	0
Grundstoff- und Produktionsgüter-industrie	4	7	11	17	19	19	19	7	5
Investitionsgüter-industrie	5	9	16	27	31	32	33	13	9
Verbrauchsgüter-industrie	9	13	19	26	26	25	23	8	5
Nahrungs- und Genußmittelindustrie	3	5	8	11	12	12	11	4	3
Gesamte Industrie	21	34	54	82	88	88	85	33	21

T a b e l l e 44

Notopfer Berlin der Körperschaften der Industrie in Mill. DM

	1950	1951	1952	1953	1954	1955	1956	1957	1958
Bergbau	2	5	7	8	9	10	12	16	5
Grundstoff- und Produktionsgüter-industrie	8	20	26	34	38	47	60	79	25
Investitionsgüter-industrie	9	24	33	45	53	66	86	115	37
Verbrauchsgüter-industrie	9	21	24	25	23	25	27	30	8
Nahrungs- und Genußmittelindustrie	3	9	13	17	20	25	32	43	14
Gesamte Industrie	31	79	102	128	143	173	219	283	88

Tabelle 45

Notopfer Berlin auf Postsendungen der Industrie in Mill. DM

	1950	1951	1952	1953	1954	1955	1956	1957	1958
Bergbau	1	1	1	1	1	1	0	-	-
Grundstoff- und Produktionsgüter-industrie	2	2	2	2	3	3	1	-	-
Investitionsgüter-industrie	2	2	2	2	3	3	1	-	-
Verbrauchsgüter-industrie	2	2	2	2	2	2	0	-	-
Nahrungs- und Genußmittelindustrie	2	1	1	2	2	2	0	-	-
Gesamte Industrie	8	8	8	9	9	10	2	-	-

Tabelle 46

Notopfer Berlin der Industrie in Mill. DM
(für Veranlagte, Körperschaften und auf Postsendungen)

	1950	1951	1952	1953	1954	1955	1956	1957	1958
Bergbau	3	6	7	9	9	11	13	16	5
Grundstoff- und Produktionsgüter-industrie	14	29	40	54	60	69	80	86	30
Investitionsgüter-industrie	15	35	51	74	87	102	120	128	45
Verbrauchsgüter-industrie	20	36	44	53	50	51	50	38	13
Nahrungs- und Genußmittelindustrie	8	16	22	30	33	38	44	47	16
Gesamte Industrie	60	121	164	219	239	270	306	315	109

Tabelle 47

Aufkommen an Lastenausgleichsabgaben in der BRD ohne Berlin in Mill. DM
(kalenderjährlich)

1950	1951	1952	1953	1954	1955	1956	1957	1958
2.280	2.099	1.795	1.945	2.110	2.318	2.363	2.008	2.001

Tabelle 48

Errechnete Lastenausgleichsabgaben der Industrie in Mill. DM

	1950	1951	1952	1953	1954	1955	1956	1957	1958
Bergbau	176	162	139	150	163	179	183	155	155
Grundstoff- und Produktionsgüter-industrie	358	330	282	306	332	364	371	316	315
Investitionsgüter-industrie	290	267	229	248	269	295	301	256	255
Verbrauchsgüter-industrie	220	203	173	188	204	224	228	194	193
Nahrungs- und Genußmittelindustrie	97	89	77	83	90	99	101	86	85
Gesamte Industrie	1142	1052	899	974	1057	1161	1184	1006	1002

Tabelle 49

Geschätzte Abschreibungen der Industrie in Mill. DM

	1950	1951	1952	1953	1954	1955	1956	1957	1958
Bergbau	665	719	1071	1122	1339	1369	1480	1542	1722
Grundstoff- und Produktionsgüter-industrie	868	973	2364	2780	3384	3791	4239	4519	4772
Investitionsgüter-industrie	1034	1149	1252	1380	1776	1987	2390	2648	3125
Verbrauchsgüter-industrie	1009	1156	1044	1204	1363	1573	1723	1956	2230
Nahrungs- und Genußmittelindustrie	518	518	517	530	642	710	814	956	1081
Gesamte Industrie	4094	4515	6249	7015	8504	9431	10646	11621	12930

T

Jahr	Brutto-anlage-investi-tion lfd.Preis Mill. DM	Netto-produk-tions-wert lfd.Preis Mill. DM	Gewinne plus Ab-schrei-bungen lfd.Preis Mill. DM	Gewinne netto lfd.Preis Mill. DM
(1)	(2)	(3)	(4)	(5)
1950	4.610	38.930	11.420	7.320
1951	6.140	54.980	19.830	15.320
1952	7.130	59.760	19.950	13.700
1953	7.940	63.880	20.510	13.500
1954	9.170	70.250	23.590	15.090
1955	11.580	82.740	29.760	20.330
1956	12.280	91.110	31.430	20.780
1957	12.650	98.830	33.380	21.760
1958	12.850	102.900	33.560	20.630
1950	640	3.750	520	140
1951	850	4.700	730	10
1952	1.270	5.850	1.180	110
1953	1.600	6.920	1.870	750
1954	1.690	7.200	1.870	530
1955	1.710	7.700	2.120	750
1956	1.700	8.530	2.590	1.100
1957	1.860	9.370	2.700	1.160
1958	1.840	9.870	3.050	1.330
				Grundstoff-
1950	1.350	9.880	3.680	2.810

50

·. · · ı-)0	Index d.Erzeuger-preise 1950=100	Brutto-anlage-investition in Preisen von 1950	Netto-produktions-wert in Preisen von 1950	Gewinne plus Abschreibungen deflationiert mit Pi(I) Mill. DM	Gewinne netto deflationiert mit Pi(I)
	(8)	(9)	(10)	(11)	(12)
ʒrie					
	100	4.610	38.930	11.420	7.320
	119	5.270	46.210	17.010	13.140
	121	5.640	48.980	15.780	10.840
	118	6.400	53.890	16.540	10.890
	116	7.560	60.150	19.450	12.440
	119	9.280	69.210	23.850	16.290
	121	9.530	74.630	24.380	16.120
	124	9.460	78.880	24.970	16.270
	125	9.440	81.260	24.640	15.150
	100	640	3.750	520	140
	112	730	4.200	625	10
	130	1.000	4.500	930	90
	150	1.290	4.610	1.510	600
	150	1.390	4.800	1.540	440
	151	1.370	5.100	1.700	600
	159	1.320	5.360	2.010	860
	170	1.390	5.510	2.020	870
	179	1.350	5.510	2.240	970
sgüterindustrie					
	100	1.350	9.880	3.680	2.810

[illegible]	[illegible]	[illegible]	[illegible]	[illegible]
1951	2.030	14.800	6.330	5.350
1952	2.530	16.770	6.970	4.610
1953	2.800	17.210	6.500	3.730
1954	3.510	19.240	7.530	4.150
1955	4.680	23.510	9.850	6.060
1956	4.590	25.310	9.750	5.510
1957	4.840	27.190	10.060	5.540
1958	4.990	27.880	9.930	5.160
				Inves
1950	1.090	9.250	2.420	1.390
1951	1.570	14.180	5.000	3.850
1952	1.720	17.160	6.370	5.120
1953	1.860	17.820	5.810	4.430
1954	2.090	20.440	6.950	5.180
1955	3.010	25.590	9.490	7.500
1956	3.450	28.780	10.010	7.620
1957	3.210	30.910	10.330	7.680
1958	3.260	33.610	33.610	8.020
				Verb
1950	890	9.960	4.220	3.210
1951	1.030	13.850	6.610	5.460
1952	920	12.020	4.240	3.200
1953	980	12.940	4.420	3.210
1954	1.120	13.960	3.490	3.630
1955	1.340	15.490	5.670	4.090
1956	1.570	17.180	6.140	4.420
1957	1.670	18.900	6.930	4.970
1958	1.620	18.500	6.060	3.830
				Nahrungs-
1950	650	6.090	580	60
1951	670	7.430	1.170	650
1952	690	7.960	1.190	670
1953	700	9.000	1.910	1.380
1954	760	9.400	2.240	1.600
1955	840	10.450	2.640	1.930
1956	970	11.320	2.950	2.130
1957	1.070	12.470	3.350	2.400
1958	1.140	13.040	3.370	2.290

127	1.740	11.660	5.430	4.590
138	2.000	12,150	5.520	3.650
132	2.260	13.040	5.250	3.000
129	2.890	14.920	6.210	3.420
136	3.760	17.290	7.900	4.860
137	3.560	18.470	7.570	4.280
139	3.630	19.560	7.540	4.160
139	3.680	20.050	7.320	3.800
ndustrie				
100	1.090	9.250	2.420	1.390
117	1.350	12.120	4.290	3.300
127	1.360	13.510	5.040	4.050
125	1.500	14.250	4.690	3.580
122	1.720	16.750	5.730	4.270
124	2.400	20.640	7.580	5.990
128	2.670	22.490	7.760	5.910
132	2.390	23.410	7.700	5.730
134	2.390	25.080	8.150	5.870
lustrie				
100	890	9.960	4.220	3.210
122	880	11.350	5.680	4.680
105	730	11.450	3.360	2.530
97	790	13.340	3.560	2.590
96	930	14.540	4.110	2.930
96	1.070	16.130	4.540	3.280
98	1.230	17.530	4.760	3.420
102	1.250	18.520	5.180	3.720
101	1.190	18.320	4.450	2.810
telindustrie				
100	650	6.090	580	60
108	575	6.880	1.000	560
108	550	7.370	940	550
104	565	8.650	1.540	1.110
103	620	9.140	1.850	1.320
104	670	10.050	2.110	1.550
105	750	10.780	2.290	1.650
105	800	11.880	2.510	1.790
106	840	12.300	2.470	1.680

Literaturverzeichnis

[1] ABRAMOVITZ, M. Influence of Inventory Investment on Business Cycles, in: Conference on Business Cycles, New York 1951

[2] AFTALION, A. La Réalité des Surproductions géneralés, Revues d'Economie politique 1929

[3] ALLEMANN, H. Die konjunkturpolitische Bedeutung des Akzelerationsprinzips, Bern 1949

[4] ARROW, K.J. Mathematical Models in the Social Sciences, Cowles Commission Papers, New Series, Nr. 48, Chicago 1952

[5] - Alternative Proof of the Substitution Theorem for Leontief Models in the General Case, in: Activity Analysis of Production and Allocation, Cowles Commission for Research in Economics, Monogr. Nr.13, New York, London 1951

[6] BÖHM-BAWERK, E. Positive Theorie des Kapitals, Jena 1921

[7] CARVER A Suggestion for the Theory of Industrial Depressions, in: Quarterly Journal of Economics 1903

[8] CHRIST, C.F. Aggregate Econometric Models, The American Economic Review, Vol. XLVI, June 1956, Nr. 3

[9] - A Test of an Econometric Model for the United States, 1921-1947, Cowles Commiss. Papers, N.S., No. 49, Chicago 1952

[10] CLARK, C. A System of Equations Explaining the United States Trade Cycle, 1921 to 1941, Econometrica, Vol. 17, Nr. 2

[11] CLARK, H.M. Business Acceleration and the Law of Demand, A Technical Taxtor in Economic Cycles, in: The Journal of Political Economics 1917

[12] DAVIS, H.T. The Analysis of Economic Time Series, Cowles Commission Monogr. Nr. 6, Evanston 1941

[13] DARLING Surrogative Measurements of Expectations. An Example in Estimating the Liquidity Influence on Investment. The Review of Economics and Statistics 1956

[14] EISNER, R. Determinants of Capital Expenditures. An Interview Study, Studies in Business Expectations and Planning Nr. 2, Urbana 1956

[15] - Expectation, Plans and Capital Expenditures. A Synthesis of Ex Post and Ex Ante Data, in: Expectations, Uncertainty and Business Behaviour, New York 1958

[16] FISHER A Simple Econometric Model for the United States, 1947-1950, Review of Economics and Statistics, Vol. 34, Nr. 1, Febr. 1952

[17] FÖHL, C. Geldschöpfung und Wirtschaftskreislauf, München-Leipzig 1927

[18] FÖRSTNER, K. Über die Bestimmbarkeit wirtschaftlicher Kenngrößen, Wirtschaftswissenschaftliche Schriften, Heft 3, Meisenheim am Glan 1960

[19] FOX, K.A. Econometric Models of the United States, Journal of Political Economy, 64.Bd.,1956

[20] GUTENBERG, E. Untersuchungen über die Investitionsentscheidungen in industriellen Unternehmen, Köln-Opladen 1959

[21] HAAVELMO, T. A Study in the Theory of Economic Evolution, Contributions to Economic Analysis, III, Amsterdam 1956

[22] - The Probability Approach in Econometrics, Econometrica, Vol.12, Supplement, 1944

[23] HAWTREY, R.G. Currency and Credit, London 1930

[24] HICKS, J.R. A Contribution to the Theory of Trade Cycle, Oxford 1950

[25] Ifo-Institut Wirtschaftskonjunktur, Berichte des Ifo-Instituts für Wirtschaftsforschung, München 1959, Heft 3

[26] KALECKI, M. A Macrodynamic Theory of Business Cycles, Econometrica 1935

[27] - Theory of Economic Dynamics, London 1954

[28] KATONA, A. Psychological Analysis of Economic Behaviour, New York, London, Toronto 1951

[29] KEYNES, J.M. A Treatise on Money, London 1935

[30] KLEIN, L.R. Economic Fluctuations of the United States, 1921-1941, Cowles Commission Monograph Nr. 11, 1950

[31] - Studies in Investment Behaviour, in: Conference on Business Cycles, New York 1951

[32] KLEIN-GOLDBERGER An Econometric Model of the United States, Amsterdam 1955

[33] KÖNIG, H. Zur Theorie der Investition der Unternehmung, Unveröffentlichte Habilitationsschrift

[34] KOLMS, H. Volkswirtschaftliche Gesamtrechnung, Nationalbudgets und ökonometrische Gesamtmodelle, Weltw. Archiv 71, Bd. 2, 1953

[35] KOOPMANS, Th.C. Statistical Inference in Dynamic Economic Models, Cowles Commission Monograph Nr. 19, 1950

[36] KRELLE, W. Möglichkeiten und Grenzen der Ökonometrie, Z.f.d.ges.Staatswissenschaft, 113. Bd., 3 H., 1957

[37] - Volkswirtschaftliche Gesamtrechnung einschließlich Input-Output Analyse mit Zahlen für die Bundesrepublik Deutschland, Berlin 1959

[38] - Die Investitionsfunktion, Jahrbücher für Nationalökonomie und Statistik, Jahrgang 1960, S. 346 ff.

[39] KRENGEL, R. Anlagevermögen, Produktion und Beschäftigung der Industrie im Gebiet der Bundesrepublik von 1924-1956, Berlin 1958

[40] LIU, Ta-Chung A Simple Forecasting Model for the U.S. Economy, (1929-1952), International Monetary Fund, Staff Papers, Vol.4,1954/55

[41] LIU, Ta-Chung und Ching-Gwan CHANG U.S. Consumption and Investment Propensities, The American Economic Review, Vol.XI, Nr. 4, 1950

[42] LUTZ, Friedrich A. und Vera The Theory of Investment of the Firm, Princeton 1951

[43] LUTZ, F.A. Zinstheorie, Zürich-Tübingen 1956

[44] MANNE, A.S. Some Notes on the Acceleration Principle, in: The Review of the Economic Statistics, 1945

[45] MENGES Ein ökonometrisches Modell der Bunderepublik Deutschland, Ifo-Studien 1959, Heft 12

[46] MERCK, A. Zur Frage der Zinselastizität der Investitionen, in: Zeitschr.f.d.ges.Staatswissenschaft, 1958

[47] MEYER, J. und E. KUH Acceleration and Related Theories of Investment, An Empirical Inquiry, The Review of Economics and Statistics, Vol. 37, Aug. 1955

[48] - The Investment Decision, Cambridge/Mass. 1957

[49] MIETH, W. Das Akzelerationsprinzip, Volkswirtschaftliche Schriften, Heft 14, Berlin 1954

[50] NEISSER, H. Critical Notes on the Acceleration Principle, The Quarterly Journal of Economics, No. 2, May 1954

[51] NORTON, F.E. The Accelerator and the Overinvestment and Underconsumption Models, The Economic Journal, March 1956

[52] PADBERG, K. und H. NIESCHULZ Produktion, Verkaufserlöse und Betriebsausgaben der Landwirtschaft im Bundesgebiet, Agrarwirtschaft 1954

[53] PREISER, E. Investition und Zins, in: Jahrbücher für Nationalökonomie und Statistik 1958

[54] - Investition und Zins. Eine Revision, in: Jahrbücher für Nationalökonomie und Statistik 1959

[55] SAMUELSON, P.A. Interactions between the Multiplier Analysis and the Principle of Acceleration, The Review of Economics and Statistics, Vol. 21, 1939

[56] SCHINDLER, Z. Investitionsrechnungen in Theorie und Praxis, Freiburg 1955

[57] SCHNEIDER, E. Wirtschaftlichkeitsrechnung, Tübingen-Bern 1957

[58] - Einführung in die Wirtschaftstheorie, Bd. II, Tübingen 1958

[59] SCHUMPETER, J.A. Business Cycles, Vol. I, New York, London 1939

[60] - Theorie der wirtschaftlichen Entwicklung, Berlin 1952

[61] SEILER, G. Ökonometrische Konjunkturmodelle, Beiträge zur Erforschung der wirtschaftlichen Entwicklung, Heft 4, Stuttgart 1959

[62] SMITHIES, A. Economic Fluctuations and Growth, Econometrica, Vol. 25, 1957

[63] STÖWE Ökonometrie und makroökonomische Theorie, Ökonomische Studien, Heft 3, Stuttgart 1959

[64] TERBORGH, A. Equipment, Replacement and Depreciation Policies and Practises, Washington 1956

[65] TINBERGEN, J. A Method and its Application to Investment Activity, Genf 1939

[66] - An Acceleration Principle for Commodity Stockholding and a Short Cycle Resulting from it. Studies in Mathematical Economics and Econometrics, Chicago 1942

[67] - An Econometric Approach to Business Cycle Problems, Paris 1937

[68] - Business Cycles in the U.S.A. 1919-1932, Genf 1939

[69] - Einführung in die Ökonometrie, Wien, Stuttgart 1952

[70] - Statistical Evidence of the Acceleration Principle, Economica 1938

[71] - Über die Sekundärwirkungen zusätzlicher Investitionen, Weltw. Archiv, 45.Bd.,H.1, Jan. 1937

[72] WAFFENSCHMIDT, W.A. Deutsche Volkswirtschaftliche Gesamtrechnung und ihre Lenkungsmodelle 1949-1955, Stuttgart 1959

T e i l   III

Die Konsumfunktion

von

Hildur v. Schweinitz

Abkürzungen

AER	The American Economic Review
AMStat	Annals of Mathematical Statistics
AStatA	Allgemeines Statistisches Archiv
CCMon	Cowles Commission Monograph
Econometrica	Econometrica
EJ	The Economic Journal
Ifo	Ifo-Studien
JAStatAss	Journal of the American Statistical Association
JPolEc	Journal of Political Economy
JRStatSoc	Journal of the Royal Statistical Society
MMStat	Mitteilungsblatt für mathematische Statistik
NatBurEcRes	National Bureau of Economic Research
QuartJEc	Quarterly Journal of Economics
RevEcStat	Review of Economics and Statistics
RevIStatI	Review of the International Statistical Institute
RevEcStud	Review of Economic Studies
StatJb	Statistisches Jahrbuch
VWforsch	Vierteljahreshefte zur Wirtschaftsforschung
WA	Weltwirtschaftliches Archiv
WuSt	Wirtschaft und Statistik
ZStaatsw.	Zeitschrift für die gesamte Staatswissenschaft

Kapitel I:

Definition, Bedeutung und Geschichte der Konsumfunktion

A) Definition und Bedeutung der Konsumfunktion

In makroökonomischen Kreislaufmodellen spielen Gesamtkonsum und -Investition bei der Bestimmung von Einkommen und Beschäftigung eine wichtige Rolle. Getätigt werden die Konsum- und Investitionsausgaben von den Haushaltungen, den Unternehmungen und dem Staat. Ihre Höhe und ihre Kontinuität in der Zeit sind dabei abhängig von dem Gruppenverhalten der oben genannten Wirtschaftsträger.

Da das Gruppenverhalten von Haushaltungen, Unternehmungen und Staat entscheidend in den Ablauf des gesamtwirtschaftlichen Geschehens einzugreifen vermag, erfordert jede eingehende makroökonomische Analyse eine Erklärung dieses Verhaltens aus seinen ökonomischen und außerökonomischen Ursachen. Bei einer solchen Erklärung ist nach den Gründen des gesamtwirtschaftlichen Konsum- und Investitionsverhaltens zu fragen; d.h. es muß untersucht werden, wovon die Konsum- und Investitionsentscheidungen der verschiedenen Wirtschaftsgruppen abhängen.

Wir beschäftigen uns in diesem Teil mit den Bestimmungsgründen des Gesamtkonsums. Man kann das auch so ausdrücken: die Konsumfunktion, welche eben diese Abhängigkeit der Konsumausgaben von ihren Bestimmungsgründen angibt, ist festzustellen.

Wie wird die Konsumfunktion nun aussehen? KEYNES, von dem dieser Begriff stammt, bezeichnet sie als den funktionalen Zusammenhang zwischen Konsum und Einkommen, d.h. er sah in ihr lediglich eine Beziehung zwischen der Höhe der volkswirtschaftlichen Konsumausgaben für Güter und Dienste und einer einzigen beeinflussenden wirtschaftlichen Größe. Diese KEYNESsche Vorstellung muß erweitert werden. Nach dem heutigen Stand der Forschung ist die das Verhalten der Konsumenten erklärende Konsumfunktion nicht so einfach. Die Konsumdispositionen der Gesamtheit aller Konsumenten hängen nicht nur von einer Einflußgröße, sondern von mehreren ab.

Es zeigt sich also, daß sich die Vorstellung von der Konsumfunktion im Laufe der Jahre erheblich änderte. Diese Änderungen waren nicht nur das Ergebnis allgemeiner theoretischer Überlegungen, sondern vor allem das Resultat einer mehr und mehr auf empirische Überprüfung ausgerichteten Entwicklung, zu der die neueren Erkenntnisse der Wirtschaftstheorie, der

Statistik und Mathematik den Anstoß gaben. Diese historische Entwicklung wird zum besseren Verständnis der Problematik der Konsumfunktion in ihren wesentlichen Abschnitten im folgenden dargestellt.

B) Dogmengeschichtliches zur Konsumfunktion

Die Geschichte der Konsumfunktion läßt sich bis heute in zwei Hauptperioden gliedern: Periode I umfaßt die Jahre von 1935 bis 1947, Periode II die von 1947 bis heute.

Die erste Periode wird bestimmt von der KEYNESschen Funktion, von der an KEYNES anschließenden Diskussion sowie von den Fragen, die sich im zweiten Weltkrieg zur Konsumentwicklung der Nachkriegszeit stellten. Charakteristisch für diese Periode ist, daß es trotz einer Fülle von empirischen Arbeiten zum Thema Konsumfunktion nicht gelingt, das Konsumverhalten im Zeitverlauf ausreichend zu erklären.

Daher spielt in der Periode ab 1947 die Isolierung und genaue Untersuchung der die Höhe des Konsums bestimmenden Faktoren eine entscheidende Rolle. Daneben beginnt man, das in den Berechnungen verwandte Zahlenmaterial und die Methoden zu überprüfen. Bisher wenig beachtete Testverfahren dringen allmählich in die Praxis vor, neue werden in USA ausgearbeitet. Für eine sichere Schätzung der Konsumausgaben war diese Entwicklung methodischer Gedanken genau so wichtig wie die umfangreichen theoretischen Analysen zu den einzelnen Bestimmungsgründen des Konsums.

1. Periode I von 1935 bis 1947

a) Die Konsumfunktion bei KEYNES

KEYNES interpretiert das makroökonomische Konsumverhalten ganz allgemein dahingehend, daß sich eine Relation zwischen Gesamtkonsum und Gesamteinkommen aufstellen lasse. Dabei definiert er die funktionelle Beziehung zwischen C_w (dem Verbrauch in Lohneinheiten) und Y_w (dem gegebenen Einkommen in Lohneinheiten) als den "Hang zum Verbrauch". Dieser "Hang zum Verbrauch" kann zwar noch beeinflußt werden von gewissen objektiven und subjektiven Faktoren[1]. Da sich jedoch die durchweg von sozialpsychologischen Gegebenheiten gesteuerten subjektiven Faktoren kurzfristig nicht ändern und durch Benutzung des Lohneinheiten-

1. KEYNES, J.M., Allgemeine Theorie der Beschäftigung, des Zinses und des Geldes (London 1935), Bln 1952, S.78

Deflators dem wichtigsten objektiven Faktor, der Änderung der Lohneinheit, Rechnung getragen wird, ist diese Funktion in der KEYNESschen "Short-run-Betrachtung" ziemlich stabil.[2] KEYNES läßt die normale Form der Funktion bestimmt sein von dem "grundlegenden psychologischen Gesetz", nach dem die Menschen in der Regel und im Durchschnitt geneigt sind, ihren Konsum mit einer Einkommenszunahme zu steigern, jedoch nicht im vollen Maß dieser Zunahme, so daß der Grenzhang zum Konsum[3] positiv, aber kleiner als die Einheit ist. Daraus resultiert, daß bei steigendem Einkommen ein relativ stets größerer Anteil gespart wird.[4] Bei zunehmendem Einkommen wächst also die Spanne zwischen Einkommen und Verbrauch absolut und relativ immer mehr,[5] sofern nicht eine ungewöhnliche Änderung in den anderen Bestimmungsfaktoren des Verbrauchs vor sich geht.

KEYNES unterscheidet so in seinen Ausführungen zwischen kurz- bzw. langfristig relevanten Einflüssen und sieht in der von ihm formulierten Konsumfunktion, die auf eine relativ abnehmende Konsumquote und auf eine entsprechend wachsende Sparquote bei steigendem Einkommen abgestellt ist, ein Instrument kurzfristiger makroökonomischer Analyse.

Nachdem KEYNES die Konsumfunktion in der eben erläuterten allgemeinen Form in die Wirtschaftstheorie eingeführt hatte, bestimmte er weder ihre Gestalt genauer noch dachte er an eine empirische Überprüfung der von ihm aufgestellten Beziehung. Vielmehr war er bis zu seinem Tod zutiefst mißtrauisch gegenüber ökonometrischen Bearbeitungen, die nach ihm "nachträglich das quantitativ auszudrücken suchen, was qualitativ schon längst als Ergebnis einer vollständigen lückenlosen theoretischen Analyse festgelegt worden war."[6] Seine Ablehnung der

2. KEYNES, J.M., a.a.O., S. 82.
3. Wenn C_w der Betrag des Verbrauchs ist und Y_w das Einkommen, dann hat nach KEYNES ΔC_w das gleiche Vorzeichen wie ΔY_w, jedoch ist $\Delta C_w < \Delta Y_w$. Das bedeutet, daß der Grenzhang zum Konsum $\frac{\Delta C_w}{\Delta Y_w} < 1$ und positiv ist. (siehe KEYNES, J.M., a.a.O., S.83.)
4. KEYNES, J.M., a.a.O., S.84.
5. KEYNES, J.M., a.a.O., S.90.
6. KEYNES, J.M., Besprechung der für den Völkerbund geschriebenen TINBERGEN-Abhandlung "A Method and its Application to Investment Activity, Genf 1939, in: EJ 49 (1939), S.560. Gerade diese Kritik ökonometrischer Tests ist im Gegensatz zu manchen sachlich berechtigten Einwänden von KEYNES nicht durchschlagend. Sie geht m.E. völlig an der Tatsache vorbei, daß der Ökonom, der neben einer umfassenden qualitativen Aussage noch die Möglichkeit der empirischen Verifikation hat, dem rein theoretisch orientierten Kollegen gegenüber im Vorteil sein <u>muß</u>.

Ökonometrie geht sogar so weit, daß er die Beschäftigung mit dieser Materie in einem lebhaften Schriftwechsel mit TINBERGEN als einen Albdruck[7] und sie selbst als einen "Zweig statistischer Alchemie" bezeichnet, dessen Entwicklung zu einem Wissenschaftszweig sehr in Zweifel gezogen werden müsse.[8]

Trotz dieser KEYNESschen Aversion aber sollte seine Konsumfunktion bald im Mittelpunkt ökonometrischer Analysen stehen.

b) Empirische Untersuchungen im Anschluß an KEYNES

Für die nun anschließende Zeit in der Geschichte der Konsumfunktion, in welcher die KEYNESschen Annahmen anhand empirischer Daten von einer Reihe Autoren in verschiedenen Ländern getestet und auch variiert werden, ist charakteristisch

1. daß die in USA und England veröffentlichten Untersuchungen tonangebend für die allgemeine Richtung der Forschung sind, während deutsche Berechnungen überhaupt nicht vorliegen;

2. daß die entscheidenden Impulse zu neuer theoretischer Ausrichtung der einschlägigen Publikationen zunächst nicht von der Theorie, sondern von der Statistik ausgehen, d.h. daß die Verbesserung des statistischen Materials einen Einfluß auf die theoretischen Anschauungen ausübt;

3. daß diese von der Statistik ausgehende Tendenz zur Umorientierung der Anschauungen verstärkt wird durch das gegen Kriegsende erwachende Interesse der Forschung an der Nachkriegsentwicklung der Wirtschaft.

Ausgehend von diesen Gesichtspunkten kann man die Jahre der "Post-KEYNES-Diskussion" in zwei Hauptabschnitte teilen, nämlich in die Zeit von 1935 bis 1942 und in die von 1942 bis 1947.

(1) Die Zeit von 1935 bis 1942

In den ersten Jahren nach dem Erscheinen der "General Theory" begnügte man sich mit der empirischen Untersuchung der KEYNESschen Aussagen. Es wurden seine Relation $C_w = \chi(Y_w)$ sowie seine Thesen zur Grenzneigung zum Konsum und einer bei steigendem Einkommen

7. KEYNES, J.M., EJ 49 (1939), S. 568.
8. KEYNES in dem seiner Besprechung folgenden Disput mit TINBERGEN in: EJ 50 (1940), S.156.

T a b e l l e 1

Empirische Überprüfung der KEYNESschen Funktion[1)]

Math.form. Hypothese	Tester[2)]	Land	Perioden-länge	n	Bearb.der Reihen	Berechnungsergebnis	Meth.
$C_t = a_0 + a_1 Y_t$	STONE 1938	Polen	Jahresdaten	1928-1936	preisber.	$C_t = 3.00 + 0.7088Y_t$	l.sq.
		Schweden	"	1896-1916	unberein.	$C_t = 82.0 + 0.7950Y_t$	l.sq.
	SAMUELSON 1941	USA	"	1921-1939	preis- u. bevölk.b.	$C_t = 27.5 + 0.54Y_t$	l.sq.
	MOSAK 1945	USA	"	1929-1940	unberein.	$C_t = 8.62 + 0.803Y_t$	l.sq.
	BENNION 1946	USA	"	1932-1935 1938	preisber.	$C_t = 4.9 + 0.85Y_t$	l.sq.
	CHANG u.LIU+) 1951	USA	Monatsdaten	Jan.1946-Dez.1949	unberein.	$C_t = -5.00 + 0.87Y_t$	l.sq.
	DAVIS+) 1952	USA	Jahresdaten	1929-1940	unberein.	$C_t = 7.77 + 0.85Y_t$	l.sq.
	DAVIS+) 1952	USA	"	1929-1940	preis- u. bevölk.b.	$C_t = 11.45 + 0.78Y_t$	l.sq.
	HAAVELMO 1953	USA	"	1922-1941	preis- u. bevölk.b.	$C_t = 84.0 + 0.732Y_t$	l.sq.
	HAAVELMO 1953	USA	"	1922-1941	preis- u. bevölk.b.	$C_t = 113.1 + 0.672Y_t$	red.f.
	FERBER 1953	USA	"	1927-1940	unberein.	$S_t = -7.89 + 0.152Y_t$	l.sq.
	" 1953	USA	"	1923-1940	preisber.	$S_t = -6.61 + 0.142Y_t$	l.sq.
	ZIMMERMANN+) 1954	Deutschland	"	1925-1938	unberein.	$C_t = 221.0 + 0.676Y_t$	l.sq
	ZIMMERMANN+) 1954	Deutschland	"	1925-1938	preisber.	$C_t = 452.0 + 0.358Y_t$	l.sq.
	FRIEDMANN+) 1957	USA	"	1905-1941 1946-1951	preis- u. bevölk.b.	$C_t = 70.2 + 0.78Y_t$	l.sq.
	GEHRIG+) 1958	Deutschland	Halbjahres-daten	1948 II - 1955 I	unberein.	$C_t = 4.01 + 0.81Y_t$	l.sq.

+) Im Rahmen von Reihentests, in denen mehrere Konsumfunktionen untersucht wurden

1. In dieser Tabelle sind nur die wichtigsten Beispiele für die Überprüfung der KEYNESschen Funktion aufgeführt. Die Liste erhebt also keinen Anspruch auf Vollständigkeit.
2. Literaturangaben zu Tabelle 1: STONE, Richard und W.M., s.S.262, Anm.10; SAMUELSON, Paul 1941, s.S.262,Anm.11; MOSAK, Jakob, s.S.264, Anm.16; BENNION, E.G., s.S.264, Anm.16; CHANG und LIU 1951, s.S.264, Anm.16; DAVIS, Tom, The Consumption Function as a Tool for Prediction, RevEcStat 34 (1952), S.270-77; HAAVELMO 1953 bis GEHRIG 1958, s.S.264, Anm.16.

fallenden durchschnittlichen Konsumquote statistisch geprüft. Man nahm im allgemeinen eine einfache Funktion der Form $C = a + bY$ zwischen Konsum und Einkommen an und bestimmte mit Hilfe von Zeitreihen[9] die Parameter a und b.

Die wichtigsten Zeitreihenuntersuchungen dieser Periode stammen von STONE[10] und SAMUELSON[11]. Sie blieben im wesentlichen auf die Einfachkorrelation zwischen Konsum und Einkommen beschränkt[12] (vgl. Tab.1). R. und W.M. STONE fügten zwar bei ihren verschiedenen Analysen für Großbritannien, Holland, Deutschland, Polen, Schweden und USA in einigen Fällen die Zeit neben dem Einkommen in ihre Konsumfunktion ein.[13] Auch SAMUELSON machte einen ähnlichen Ansatz, kehrte aber in der Folge nicht mehr zu multiplen Korrelationen zurück.[14] Diese Versuche von STONE und SAMUELSON drangen damals nicht so in das allgemeine Bewußtsein, weil sich das Interesse mehr auf die Verifizierung der KEYNESschen Funktion und der damit verbundenen Annahmen richtete.

Die Zeitreihenanalysen schienen zunächst die These von KEYNES in jeder Hinsicht zu bestätigen. Die Konsumausgaben waren stets sehr eng mit dem Einkommen korreliert, die Schätzungen des Grenzhanges zum Konsum akzeptabel. Nichts sprach gegen eine bei steigendem Einkommen fallende Konsumquote. Die Annahmen zur KEYNESschen Konsumfunktion galten daher längere Zeit als wenig problematisch.

---

9. Die mit Hilfe von Haushaltsbudgets angestellten Querschnittsanalysen zur Ermittlung der Konsumneigung einzelner Verbrauchergruppen werden hier nicht betrachtet.
10. STONE, Richard und W.M., The Marginal Propensity to Consume and the Multiplier, RevEcStud 6, Nr.1 (1938), S. 6.
11. SAMUELSON, Paul A., Statistical Analysis of the Consumption Function, Appendix in: A.H.HANSEN, Fiscal Policy and Business Cycles, New York 1941, S. 250-260.
12. Eine Ausnahme ist dagegen die Konsumfunktion von TINBERGEN, die dieser im Rahmen eines Gesamtsystems aufstellte. TINBERGEN, der mit seinem Modell seiner Zeit weit voraus ist, verwendet verschiedene Einkommensgruppen, Lebenskostenindex sowie Bevölkerungsentwicklung als Bestimmungsfaktoren des Konsums. S. TINBERGEN, Jan, Les cycles économiques aux Etats-Unis d'Amérique de 1919-1932, Genève 1939, Bd.II, S. 39, 43.
13. STONE, Richard und W.M., a.a.O., S. 14 ff.
14. SAMUELSON, Paul A., a.a.O., S. 225. SAMUELSON zieht nach diesem Versuch die Einfachkorrelation zwischen C und Y vor, weil nach ihm die Einführung eines weiteren Faktors das Ergebnis kaum verbesserte und den Verlust eines Freiheitsgrades nicht aufwog.

Das änderte sich jedoch, als 1942 KUZNETS in den USA neue Einkommens- und Sparreihen für die Jahre 1879 bis 1888 und 1929 bis 1938 veröffentlichte.[15] Die Zeitreihen zeigten einwandfrei, daß sich in den USA während eines halben Jahrhunderts trotz ständig steigender Einkommen die Sparrate nicht gehoben hatte. Es wurde damit bewiesen, daß die Konsumausgaben auf die Dauer keinen schwindenden Prozentsatz am wachsenden Volkseinkommen ausmachen können, d.h. also, daß Konsumquote wie Sparquote langfristig konstant sind.

Bisher hatte man allgemein angenommen, daß die KEYNESsche Gesetzmäßigkeit einer sich bei Einkommenserhöhung vergrößernden Sparquote auch über längere Zeiträume wirken würde. Durch die Auswertung der Untersuchungen von KUZNETS stellte sich nun die Frage, warum die Konsumquote bei wachsendem Einkommen kurzfristig sinkt und langfristig nicht. Die neue Fragestellung schaffte eine andere Forschungssituation: man interessierte sich jetzt dafür, wodurch die langfristige Konstanz der Konsumquote hervorgerufen worden sein könne und ob sie in dieser Form andauere. Da der Anstoß zu dieser Umorientierung der theoretischen Problematik von dem empirischen Material ausging, kann man sagen, daß mit dem Erscheinen der KUZNETS-Zahlen ein neuer Abschnitt in der "Post-KEYNES-Diskussion" um die Konsumfunktion begann.

(2) Die Zeit von 1942 bis 1947

Nach 1942 bemühte man sich also, die Kräfte zu analysieren, welche langfristig die Konsum- und Sparausgaben in der Wirtschaft bestimmen. Das geschah vornehmlich durch den rein theoretischen Versuch, die KEYNESschen Thesen durch Erklärung langfristiger Bewegungen der Wirklichkeit der KUZNETS-Zahlen anzupassen. Darüber hinaus aber wurde die Tendenz zur Beschäftigung mit langfristigen Phänomenen zwangsläufig verstärkt durch den Kriegsboom. Die Wirtschaftsprosperität und die hohen Sparraten im zweiten Weltkrieg warfen Fragen zur Nachkriegsentwicklung des Konsums und des Sparens auf, was vor allem in USA zahlreiche Prognosen in Fachzeitschriften zur Folge hatte.

---

15. KUZNETS, Simon, Uses of National Income in Peace and War, NatBurEcRes, Occasional Paper No.6, New York, 1942, S.31 ff.

Der erstgenannte Versuch, durch Erweiterung der KEYNES-Funktion mit dem Tatsachenmaterial in Übereinstimmung zu bleiben, führte zur Formulierung der "Trendtheorie". Man begnügte sich nun nicht mehr mit der Überprüfung des einfachen funktionalen Zusammenhangs zwischen C und Y[16] sowie der kurzfristig formulierten KEYNESschen Annahme, sondern begann, eine zusätzliche, die langfristigen Relationen erklärende Variable einzuführen. Ein sogenannter "Trendfaktor" erscheint in der Konsumfunktion (s.Tab.2). Dieser wirkt der Abnahme der Konsumquote entgegen, und zwar so, daß langfristig in den "subjektiven" sozialpsychologischen Konsumbestimmungsgründen Änderungen vor sich gehen, die den Verbrauch vergrößern. Über einen solchen verbrauchsanregenden Trendfaktor schreibt SAMUELSON 1943.[17] Unter den zu diesem Thema erscheinenden Arbeiten[18] ist die von SMITHIES[19] die wichtigste. Sie versucht nachzuweisen, daß die Konsumquote im Zeitverlauf, genau wie bisher seit KEYNES

---

16. Dieser wurde in der Folge bloß noch von MOSAK, Jacob L., Forecasting Postwar Demand III, Econometrica 13 (1945), S.25-53 und BENNION, E.G., The Consumption Function: Cyclically Variable? RevEcStat 28 (1946), S.219-224, im Mittelpunkt einer Abhandlung getestet. Später finden sich Funktionen, in denen C lediglich vom gleichzeitigen Y abhängt, nur im Rahmen von Reihenuntersuchungen. So z.B. in den Untersuchungen von DAVIS, Tom, The Consumption Function as a Tool for Prediction, RevEcStat 34 (1952), S.270-77; CHANG, Ching-Gwan und Ta-Chung LIU, Monthly Estimates of Certain National Product Components 1946-1949, RevEcStat 33 (1951), S.219-227; HAAVELMO, Trygve, Methods of Measuring the Marginal Propensity to Consume, CCMon 14, New York, London 1953, S.75-91; FERBER, Robert, A Study of Aggregate Consumption Function, NatBurEcRes 1953; ZIMMERMANN, Heinz, Privates Sparen und Einkommensentwicklung in der Zwischenkriegszeit, Konjunkturberichte des Rhein.-Westf. Instituts für Wirtschaftsforschung, Essen 5 (1954), S.45-51; FRIEDMANN, Milton, A Theory of the Consumption Function, NatBurEcRes, New York 1957; GEHRIG, Gerhard, Die Bestimmungsfaktoren des Konsums in der Bundesrepublik, München 1958. Vergleiche hierzu auch Tabelle 1.
17. Als Kraft, die den Konsum anreizt, nennt SAMUELSON die laufende Erfindung und Produktion stets neuer Güter. S. SAMUELSON, Paul A., Postwar Economic Problems, New York 1943.
18. Siehe die Arbeiten von STONE, Richard, National Income in the U.K. and the U.S.A., RevEcStud 10 (1942), S.1-27; EZEKIEL, Mordekai, Statistical Investigations of Saving, Consumption and Investment, AER 32 (1942), S.22-49 und PARADISO, L.J., in National Budgets for Full Employment, National Planning Association 1945.
19. SMITHIES, Arthur, Forecasting Postwar Demand I, Econometrica 13 (1945), S.1-14.

T a b e l l e 2

Der Trendfaktor in der Konsumfunktion[1)]

Math.form. Hypothese	Tester[3)]	Land	Periodenlänge	n	Bearb.der Reihen	Berechnungsergebnis	Meth.
$C_t = a_o + a_1 Y_t + a_2 (t - t_o)$ 2)	PARADISO	USA	Jahresdaten	1923-1940	unberein.	$C_t = 5.50 + 0.828 Y_t + 0.04(t-1935)$	l.sq.
	SMITHIES	USA	"	1923-1940	preis- u. bevölk.b.	$C_t = 76.58 + 0.76 Y_t + 1.15(t-1922)$	l.sq.
	FRIEND	USA	"	1923-1940	preis- u. bevölk.b.	$C_t = 67.6 + 0.775 Y_t + 0.83(t-1930)$	l.sq.
	WOYTINSKY	USA	"	1923-1930 1935-1940	preisber.	$C_t = 9.8 + 0.75 Y_t + 0.21(t-1930)$	l.sq.
	KLEIN	USA	"	1922-1941	preisber.	$C_t = 11.87 + 0.73 Y_t + 0.04(t-1931)$	red.f.
	GEHRIG	Deutschland	Halbjahresdaten	1948 II-1955 I	unberein.	$C_t = 3.96 + 0.81 Y_t - 0.01(t-1949)$	l.sq.
$C_t = a_o + a_1 Y_t + a_2 Y^2 + a_3 (t - t_o)$	STONE 4)	England	Jahresdaten	1929-1941	unberein.	$C_t = -2.42 + 1.00 Y_t - 0.0029 Y^2 - 0.624 (t-1935)$	l.sq.
$C_t = a_o + a_1 Y_t + a_2 \Delta Y + a_3 t + a_4 t^2$	EZEKIEL	USA	"	1920-1939	unberein.	$C_t = 10.26 + 0.71 Y_t - 0.09 \Delta Y + 0.92 t - 0.37 t^2$	l.sq.

1. In der Tabelle sind wiederum nur die wichtigsten Konsumfunktionen mit Trendfaktor zusammengefaßt.
2. Außer den in der Tabelle erwähnten Autoren arbeitet auch 1953 noch FERBER, a.a.O., mit dem Trendfaktor. Er verwendet ihn jedoch im Rahmen von Sparfunktionen.
3. Literaturangaben zu Tabelle 2: PARADISO, L.J., S.264, Anm.18; SMITHIES, Arthur, s.S.264, Anm.19; FRIEND, Irwin, s.S.266, Anm.23; WOYTINSKY, W.S., s.S.266, Anm.22; KLEIN, Lawrence, s.S.266, Anm.24; GEHRIG, Gerhard, s.S.264, Anm.16; STONE, Richard und EZEKIEL, Mordekai, s.S.264, Anm.18.
4. In der STONESschen Funktion ist der ökonomische Sinn der zweiten bestimmenden Variablen, der Y^2-Variablen, nicht klar.

angenommen, fällt, daß jedoch bestimmte Trendkräfte den Konsum auf die Dauer erhöhen - kurz, daß langfristig zwei Tendenzen bestehen, die sich gegenseitig aufheben. Als Phänomene, die der fallenden Konsumquote entgegenwirken, nennt SMITHIES Urbanisierung[20], allmählich wachsende Gleichheit der Einkommensverteilung und steigenden Lebensstandard, der zu hochwertigerem Verbrauch verführt.[21] In ähnlicher Weise wie SMITHIES arbeiten WOYTINSKY[22], FRIEND[23] und KLEIN[24] mit dem Trendfaktor. BASSIE[25] dagegen variiert die Thesen SMITHIES, erklärt den Trend durch die mit dem Bevölkerungswachstum zusammenhängende Entwicklung und bringt darum nicht den Trendfaktor, sondern die Bevölkerung explizit in die Konsumfunktion.[26] Dieser Gedanke, der 1955 von KLEIN und FERBER, 1958 von GEHRIG aufgegriffen wird und auch in der vorliegenden Untersuchung noch einmal diskutiert werden soll, regte die spätere Forschung zunächst mehr an als die eigentliche Trendttheorie, die in der eben beschriebenen Form nicht aufrecht erhalten werden konnte. Dazu war der allein von der Zeit abhängige Trendfaktor eine viel zu undifferenzierte Variable, hinter der sich Einflüsse der verschiedensten Art verbargen. Es stellte sich bald heraus, daß diese Variable wenig zur Erklärung der langfristigen Konsumausgaben beitrug.[27] Die Versuche, mit ihr wirksam das Konsumverhalten zu erklären, mußten vorläufig als gescheitert angesehen und neue Wege gefunden werden.

---

20. Diesen Gedanken, daß die Abwanderung der Landbevölkerung in die Stadt deren Konsum hebe, greift ein Jahr später L.H. BEAN in: Relation of Disposable Income and the Business Cycle to Expanditures, RevEcStat 28 (1946), S.199-207, noch einmal auf. Tatsächlich aber ist der Einfluß der Urbanisierung auf den Konsum gering. Laut DUESENBERRY hebt diese die Konsumquote um höchstens 1 %.
21. SMITHIES, A., a.a.O., S.6.
22. WOYTINSKY, W.S., Relationships between Consumers Expenditures, Savings and Disposable Income, RevEcStat 28 (1946), S.1-12.
23. FRIEND, Irwin, Relationships, RevEcStat 28 (1946), S.208-215.
24. KLEIN, Lawrence R., Econometric Models as a Guide to Economic Policy, Econometrica 15 (1947), S.11-151.
25. BASSIE, V.L., Consumers Expenditures in War and Transition, RevEcStat 28 (1946), S.117-130.
26. Eine ähnliche Vorstellung hatte bereits sieben Jahre früher TINBERGEN, a.a.O., S.39, als er in der Konsumfunktion das Bevölkerungswachstum und den Wandel der Bevölkerungsstruktur berücksichtigte.
27. Anmerkung 27 siehe auf Seite 267.

Aber nicht nur das Versagen der Trendvariablen forderte eine neue Theorie der Konsumfunktion. Auch die vielen Prognosen vor und nach SMITHIES machten eine Revision notwendig.[28)]

Als kurz nach dem Erscheinen der KUZNETS-Zahlen der Kriegsboom in USA begann und in der Folge das wirtschaftliche Bild bestimmte, fing man an, nach der voraussichtlichen Weiterentwicklung der Wirtschaft zu fragen und sich mit dem Problem der Konsum- und Sparquote nach dem Krieg auseinanderzusetzen. Die damaligen Untersuchungen sagten fast alle eine deflatorische Spirale voraus. Zwar gab es Gegenstimmen. WOYTINSKY, der schon 1946 diese Prophezeiungen kritisierte[29)], bemerkte mit Recht: "Never before were so many false prophecies put into circulation with so little attention to historical and economic realities".[30)] Doch die Gründe, die er und andere gegen diese Prognosen anführten, trafen nicht zu. Sie suchten die Fehler in unvollkommener statistischer Behandlung, die aber viel weniger ausschlaggebend war als die falschen Prämissen der Modelle. Fast alle Autoren waren wohl von dem Wissen um die langfristige Konstanz der Sparquote ausgegangen, hatten jedoch die Unterscheidung zwischen kurzfristigen und säkulären

---

27. S. die Kritik von DUESENBERRY, James S., Income-Consumption Relations and their Implications in: Income, Employment and Public Policy, Essays in Honor of Alvin H. HANSEN, New York 1948, S.64-69. Weiter die Kritik von PREST, R.A., der in: Some Experiments in Demand Analysis, Cambridge, Reprint Series 17 (1949), S.35, den Trendfaktor als dumpfen Reflex verschiedenster Veränderungen bezeichnete. Versuche mit dem Trendfaktor machten in den folgenden Jahren nur noch KLEIN und GEHRIG. KLEIN führte diese Variable in die Konsumfunktion seines 1947er und 1950er Modells ein (KLEIN, L.R., Econometric Models as a Guide to Economic Policy, Econometrica 15 (1947), S.128; ders. Economic Fluctuations in the United States 1921-1941, CCMon 11 (1950), S.89, 109, 112) ließ sie aber in dem 1955er Modell schon wieder fallen. GEHRIG, a.a.O., S.35 f. korrelierte C mit Y und $t-t_o$, wobei jedoch die Einführung der Zeitdifferenz gegenüber der Grundbeziehung keine verbesserte Erklärung des Konsums brachte.
28. Gleichzeitig mit dem Aufsatz von SMITHIES erschienen Voraussagen von MOSAK, Jacob L., a.a.O., S.25-53 und LIVINGTON, Morries S., Forecasting Postwar Demand II, Econometrica 13 (1945), S.15-25. Ihnen folgten WOYTINSKY, W.S., Relationship between Consumer Expenditures, Savings and Disposable Income, RevEcStat 28 (1946), S.1-12; weiter die "Five Views on the Consumption Function" von KATONA, George and RENSIS Likert, BEAN, Louis H., FRIEND, I., BRADY, Dorothy S. und BENNION, E.G. in RevEcStat 28 (1946), S.197-224 und KOFFSKY, Nathan, An Additional View on the Consumption Function, RevEcStat 30 (1948), S.55 f.
29. WOYTINSKY, W.S., What was wrong in Forecasting of Postwar Depression, JPolEc (1947), S.142-151.
30. WOYTINSKY, W.S., in: Two more Contributions on the Consumption Function, RevEcStat 30 (1948), S.47.

Faktoren vernachlässigt. Indem sie vorübergehende Bewegungen von Sparrate und Konsumrate in der Zwischenkriegszeit oder Kriegszeit langfristig extrapolierten, übertrugen sie eine zeitbedingt auftretende Vergrößerung der Sparquote auf die Nachkriegszeit und kamen so durch falsche Annahmen zu unbrauchbaren Vorausschätzungen.

Die Schwächen der Trendtheorie und diese wenig erfolgreichen Prognosen der Nachkriegsentwicklung führten in den Jahren nach 1947 zu einer erneuten Verschiebung der Fragestellung um die Konsumfunktion - nur daß diesmal im Gegensatz zu 1942 das Bedürfnis nach einer verbesserten Theorie der Anlaß dazu war. Die Diskussion um KEYNES ebbte ab. In den Mittelpunkt der Untersuchungen trat das Bemühen um eine ausreichende Erklärung der Konsumausgaben im Zeitverlauf.

2. Periode II nach 1947

So beginnt die zweite Periode ab 1947 mit einer Revision der Konsumfunktionstheorie. Das erforderte, die bisherigen Annahmen über die Bestimmungsgründe des Konsums zu überprüfen und darüber hinaus nach neuen Faktoren zu suchen, die für die Höhe der Konsumausgaben von Bedeutung sein konnten. Ziel all dieser Analysen war, einen sinnvollen ökonomischen Ansatz für eine gut arbeitende Konsumfunktion zu finden.

Etwa gleichzeitig mit der Kritik an den theoretischen Vorstellungen wurden viele Nationalökonomen vorsichtiger bei der Anwendung der Methode der kleinsten Quadrate. Hatten STONE, SAMUELSON, SMITHIES, MOSAK etc. trotz der wiederholten Überprüfung dieses Verfahrens und trotz der seit 1934 erfolgten Weiterentwicklung der mathematisch-statistischen Schätzmethoden durch FRISCH, HAAVELMO u.a. unvoreingenommen mit der traditionellen einfachen oder multiplen Korrelation gearbeitet, begannen nun eine Reihe von Theoretikern der Sicherheit der so errechneten Parameter zu mißtrauen. Hand in Hand damit setzte sich allmählich bei den meisten Ökonomen die Meinung durch, daß auch die Auswahl der Zahlenreihen bei der Verifikation und vor allem bei dem Vergleich von Konsumfunktionen wichtig werden konnte.

Im einzelnen ist zu Periode II festzustellen:

(1) daß an der Verifizierung der Konsumfunktion zunächst hauptsächlich in den USA gearbeitet wird;

(2) daß dieser theoretische und praktische Vorsprung der USA nicht nur den vielen hier geleisteten Vorarbeiten zu verdanken ist, sondern auch dem relativ zuverlässigen Zahlenmaterial, das ab 1947 zur Überprüfung der theoretischen Annahmen zur Verfügung stand;

(3) daß amerikanische Wissenschaftler an der Weiterentwicklung ökonometrischer Schätzmethoden maßgebend beteiligt sind, wichtige Impulse jedoch auch von europäischen Ökonomen ausgehen.

Ein Rückblick auf die Forschung zur Konsumfunktion von 1947 bis heute muß den vielfältigen Entwicklungstendenzen dieser Zeit Rechnung tragen. Neben die Geschichte der ökonomischen Erklärungsversuche hat notwendig ein Bericht über den weiteren Ausbau statistischer Methoden zu treten. Nach einer Analyse der neueren theoretischen Annahmen und einigen damit zusammenhängenden Bemerkungen zur Auswahl des Zahlenmaterials sollen darum diejenigen statistisch-methodischen Arbeiten erwähnt werden, welche für die Verifizierung von Konsumfunktionen Bedeutung bekamen.

a) Moderne Theorie der Konsumfunktion

Die Suche nach zutreffenden Bestimmungsgründen des Konsums verlangte, nach allen für die Höhe der Konsumausgaben wichtigen Faktoren zu fragen und diese sorgfältig zu analysieren. Dabei wurden 1. neue Einflüsse aufgefunden und 2. bereits bekannte Einflüsse auf ihre detailliertere Wirkungsweise dadurch geprüft, daß man die erklärende Variable in Teilvariablen aufspaltete und so evtl. ausschlaggebenden heterogenen Tendenzen innerhalb des Bestimmungsfaktors Rechnung trug.

(1) Einführung neuer Variabler in die Konsumfunktion

(a) Neue Einkommensvariablen

Von den verschiedenen Hypothesen, die nach 1947 die Einführung neuer Einkommensvariablen in die Konsumfunktion bedingten, war die einfachste die, daß der Konsum der laufenden Periode ganz vom Einkommen der Vorperiode bestimmt wird[31] (s.Tab.3).

---

31. Diese Hypothese geht letztlich auf eine Formulierung ROBERTSONs in Saving and Hoarding EJ 43 (1933), S.399 zurück, in der dieser annimmt, daß über das an einem bestimmten Tag verdiente Einkommen erst am nächsten Tag disponiert wird, der sogenannte ROBERTSON-Lag. Unter "Tag" versteht R. dabei eine gewisse Zeitspanne. Vom Konsumentenverhalten her interpretiert führt der Gedanke ROBERTSONs zur einfachsten Version einer dynamischen Konsumfunktion. In "Does Consumption lag behind Incomes?" in: RevEcStat 24 (1942), S.1-8, nahm TINBERGEN ebenfalls eine dynamische Beziehung zwischen Konsum und Einkommen an. Fortsetzung siehe Seite 270.

METZLER[32] untersuchte 1948 diese Annahme aufgrund von Vierteljahresdaten und kam zu dem Schluß, laß diese Beziehung lediglich bei sehr kurzen Zeiträumen wichtig sein könne.[33] LIU und CHANG[34] testeten dieselbe Hypothese mit Monatsdaten. Dabei zeigte sich ein starker Einfluß von Y_{t-1} auf C_t[35]. Ein ähnliches Ergebnis erzielte 1957 FISHER[36], als er mit dieser Hypothese im Rahmen eines einfachen Modells arbeitete. FISHER benutzte probeweise Jahres-, 9-Monats-, 6-Monats- und 3-Monatsdaten und stellte bei Verwendung der Vierteljahresreihen die engste Abhängigkeit des Konsums vom Einkommen der Vorperiode fest.[37] Es ist nach diesen Untersuchungen anzunehmen, daß das frühere Einkommen als einzige erklärende Variable nur bei Betrachtung von Kurzperioden Bedeutung hat. Bei größer gewählten Perioden, z.B. bei Verwendung von Jahresreihen, ist es als alleiniger Bestimmungsfaktor des Konsums nicht ausreichend.

Eine weitere Hypothese stellte darauf ab, daß sich die Konsumenten nur langsam dem augenblicklichen Einkommensniveau anpassen und so neben dem Einfluß des gegenwärtigen auch der des vergangenen Einkommens betrachtet werden muß. Daher wurden Y_t und Y_{t-1} zusammen in die Konsumfunktion eingeführt (s.Tab.3). Diese Annahme, daß sowohl das heutige Einkommen als auch das Einkommen der Vorperiode entscheidende Determinanten des Verbrauchs sind, ist oft geprüft worden; u.a. 1947 von KLEIN[38], 1953 von HAAVELMO[39] und 1958 von STÖWE[40]. In Form einer Sparfunktion testete sie überdies FERBER[41].

---

31. Fortsetzung:
Bei SAMUELSON und später bei HICKS bildete schließlich dieselbe Relation $C_t = aY_{t-1}$ einen theoretischen Pfeiler der Konjunkturmodelle.
Siehe SAMUELSON, P.A., Interactions between the Multiplier Analysis and the Principle of Acceleration, RevEcStat 21 (1939), S.75 und HICKS, J.R., A Contribution to the Theory of the Trade Cycle, Oxford 1950, S.18.
32. METZLER, Lloyd A., Three Lags in the Circular Flow of Income, in: Income, Employment and Public Policy, Essays in Honor of Alvin H. HANSEN, New York 1948, S.11-32.
33. METZLER, Lloyd A., a.a.O., S.22.
34. CHANG, Ching-Gwan und Ta-Chung LIU, Monthly Estimates of Certain National Product Components 1946-1949, a.a.O., S.219-227.
35. CHANG und LIU, a.a.O., S.226.
36. FISHER, Gene H., A Simple Econometric Model for the United States 1947-1950, RevEcStat 39 (1957), S.46-48.
37. FISHER, Gene H., a.a.O., S.46.
38. KLEIN, Lawrence R., The Use of Econometric Models as a Guide to Economic Policy, Econometrica 15 (1947), S.111-151, Modell I, S.115.
39. HAAVELMO, Trygve, Methods of Measuring the Marginal Propensity to Consume, a.a.O., S.89-90, Anm.15.
40. STÖWE, Heinz, Ökonometrie und makroökonomische Theorie, Stuttgart 1959, S.95
41. FERBER, Robert, A Study of Aggregate Consumption Function, a.a.O., S.38.

Eine ähnliche These, daß die Konsumenten verzögert auf Einkommensänderungen reagieren, führte dazu, den Konsum im Verhältnis zum laufenden Einkommen sowie zur Einkommensänderungsrate zu betrachten (s. Tab.3). 1946 brachte FRIEND[42)] und 1948 MACK[43)] eine solche Differenzgröße des Einkommens in die Konsumfunktion.

Ebenfalls mit einer neuen Einkommensvariablen in der Konsum- bzw. Sparfunktion arbeiteten schließlich DUESENBERRY[44)] und MODIGLIANI[45)]. Diesen gelang es, den Charakter zeitlicher Verzögerungen genauer als bisher zu definieren durch die Annahme, daß das jeweils höchste Einkommen der Vergangenheit neben dem Gegenwartseinkommen ausschlaggebend sein kann für den Konsum. Die Autoren gehen bei der Formulierung ihrer Konsum-Einkommensrelation von zwei Hypothesen aus, mit denen sie außerdem erstmals die zyklischen und säkularen Aspekte der Konsumfunktion überzeugend bestimmten.[46)] Langfristig sind nach ihnen die Konsum- und Sparrate bei gleichbleibender Einkommensverteilung[47)] konstant.[48)] Kurzfristig ergeben sich dagegen Schwankungen. Diese

---

42. FRIEND, Irwin, Relationships between Expenditures, Savings and Disposable Income, a.a.O., S.208-215.
43. MACK, Ruth, The Direction of Change in Income and the Consumption Function, RevEcStat 30 (1948), S.239-258, S.256.
44. DUESENBERRY, James, Income-Consumption Relations, in: Income, Employment and Public Policy, a.a.O., S.54-81.
45. MODIGLIANI, Franco, Fluctuations in the Saving-Income Ratio - A Problem in Economic Forecasting, in: Studies in Income and Wealth 11, New York 1949, S.371-438.
46. DUESENBERRY macht es ausgesprochen zum Ziel seiner Untersuchung, Hypothesen aufzustellen, die sowohl die säkularen als auch die zyklischen Bewegungen erklären und so in Einklang stehen: 1. mit den langfristigen Beobachtungen von KUZNETS, 2. mit den Jahresdaten der Periode von 1929-1940 und 3. mit den Budgetdaten von 1935/36 und 1941. S. DUESENBERRY, James, a.a.O., S.55. Damit kann die Arbeit DUESENBERRYs als ein gewisser Abschluß der seit 1942 dauernden Diskussion um die säkularen und zyklischen Aspekte der Konsum- bzw. Sparfunktion angesehen werden.
47. S. DUESENBERRY, James, a.a.O., S.77 f. Die individuelle Sparrate ist nach D. abhängig von der Stellung der Sparer in der Einkommenspyramide: Gruppen mit höherem Einkommen sparen mehr als die mit niederem. Demnach hängt die makroökonomische Sparquote von der Einkommensverteilung ab. Bleibt diese in der Zeit gleich, ändert sich auch die gesamtwirtschaftliche Sparquote nicht. D. greift mit der Annahme, daß das private Sparen nicht nur vom Einkommen, sondern auch von der Stellung des Individuums innerhalb der Einkommenshierarchie abhängt, eine These Dorothy S. BRADYs und Rose D.FRIEDMANs auf: Savings and the Income Distribution in: Studies in Income and Wealth 10, New York 1947, S.247-265. In Deutschland hatte allerdings schon lange vorher PREISER in: Grundzüge der Konjunkturtheorie, Tübingen 1933, die gleiche Ansicht vertreten.
48. DUESENBERRY und MODIGLIANI stehen mit dieser Annahme in striktem Gegensatz zu SMITHIES, der von einer a priori steigenden Sparrate ausgeht, welche lediglich durch die Wirkung des Trendfaktors gedrückt wird.

Schwankungen der kurzfristigen Konsum- und Sparquote hängen laut DUESENBERRY und MODIGLIANI von dem Verhältnis des gegenwärtigen Einkommens zu dem erwähnten Maximaleinkommen[49] ab. Immer dann, wenn das Gegenwartseinkommen niedriger ist als irgendein vorher erzieltes Gipfeleinkommen, werden die Verbraucher ihre Ausgaben an dem Höchsteinkommen orientieren, weil sie den einmal erreichten Lebensstandard[50] aufrechterhalten wollen. Das Maximaleinkommen wird also in diesem Fall zusätzlicher Bestimmungsfaktor des Konsums. Die Konsumenten richten ihren Verbrauch so lange an dem früheren Maximaleinkommen aus, bis ein in der Gegenwart erreichtes noch höheres Einkommensniveau zu neuen Konsumgewohnheiten führt (s.Tab.3).

Die "MODIGLIANI-Hypothese" wurde 1949 von CLARK in der Konsumfunktion seines Konjunkturmodells verwandt.[51] Später testeten sie 1952 COHEN[52], DAVIS[53] und BROWN[54]. In Form der DUESENBERRYschen Sparfunktion wurde sie 1954 von ZIMMERMANN[55] und 1955 noch einmal von FERBER[56] überprüft.

COHEN und FERBER stellten bei ihren Tests unabhängig voneinander fest, daß die zyklische wie auch säkulare Faktoren berücksichtigende Modiglianifunktion bei Extrapolation in der Nachkriegszeit Werte ergab, die sich erstaunlich gut den bis 1950 gemessenen Werten annäherten[57]. BROWN erwähnt ebenfalls die Prognosequalität.[58]

---

49. S. hierzu DUESENBERRY, James, a.a.O., S.80.
50. HAGEN, Everett E., The Consumption Function: A Review Article, RevEcStat 37 (1955), S.48-54 weist S. 48 darauf hin, daß bereits STONE in seiner Untersuchung von 1938 einen "Standard of Living-Effekt" erwähnt, der die Änderung der Konsumausgaben im Falle eines steigenden oder abnehmenden Y beeinflußt. Diese Idee STONEs wurde jedoch damals nicht beachtet und auch vor DUESENBERRY und MODIGLIANI nicht wieder aufgegriffen.
51. CLARK, Colin, A System of Equations Explaining the United States Trade Cycle, 1921-1941, Econometrica 17 (1949), S.93-124. S. vor allem S. 99 und S.102 ff.
52. COHEN, Morris, Postwar Consumption Functions, RevEcStat 34 (1952), S.18-33.
53. DAVIS, Tom E., The Consumption Function as a Tool for Prediction, RevEcStat 34 (1952), S.270-277.
54. BROWN, T.M., Habit Persistence and Lags in Consumer Behaviour, Econometrica 20 (1952), S.355-371.
55. ZIMMERMANN, Heinz, Privates Sparen und Einkommensentwicklung in der Zwischenkriegszeit, Konjunkturberichte des Rheinisch-Westf. Instituts f. Wirtschaftsforschung, Essen, 5.Jg., N.F., H.1, 1954, S.45-51; S.49.
56. FERBER, Robert, The Accuracy of Aggregate Saving Functions in the Postwar Years, RevEcStat 37 (1955), S.134-148; S.134, 136 und 138.
57. COHEN, Morries, a.a.O., S.22 f.
58. BROWN, T.M., a.a.O., S.359.

T a b e l l e 3

Einführung neuer Variabler in die Konsumfunktion

(a) Neue Einkommensvariablen

Neue Variablen	Math.form. Hypothese	Tester 1)	Land	Periodenlänge	n	Bearb.d. Reihen	Berechnungsergebnis	Meth.
Einkommen der Vorperiode als einzige erklärende Variable	$C_t=a_o+a_1Y_{t-1}$	LIU und CHANG	USA	Monatsdat.	Jan.1946-Dez.1949	unberein.	$C_t=-0.349+0.86Y_{t-1}$	l.sq.
	$C_t=a_1Y_{t-1}$	FISHER	USA	Viertel-jahresdat.	1947-1950	preisber.	$C_t=0.608Y_{t-1}$	l.sq.
Gegenwartseinkommen und Einkommen der Vorperiode	$C_t=a_o+a_1Y_t+a_2Y_{t-1}$	KLEIN	USA	Jahresdat.	1921-1941	preis- u. bevölk.b.	$C_t=84.74+0.58Y_t+0.15Y_{t-1}$	red.f.
		HAAVELMO	USA	"	1922-1941	preis- u. bevölk.b.	$C_t=a_o+0.57Y_t+0.16Y_{t-1}$	red.f.
		HAAVELMO	USA	"	1922-1941	preis- u. bevölk.b.	$C_t=a_o+0.7Y_t+0.05Y_{t-1}$	l.sq.
		STÖWE	Deutschl.	"	1925-1932	preis- u. bevölk.b.	$C_t=a_o+0.39Y_t+0.29Y_{t-1}$	red.f.
Gegenwartseinkommen und Einkommensdifferenz	$C_t=a_o+a_1Y_t+a_2\Delta Y$	MACK	USA	"	1929-1940	unberein.	$C_t=7.02+0.68Y_t-0.58\Delta Y$	l.sq.
	$C_t=a_o+a_1Y_t+a_2\Delta Y+ +a_3(t-t_o)$	FRIEND	USA	"	1923-1940	preis- u. bevölk.b.	$C_t=61.2+0.788Y_t-0.04\Delta Y$ $+0.84(t-1930)$	l.sq.
Gegenwartseinkommen und Maximaleinkommen 2)	$\frac{C_t}{Y_t}=a_o+\varepsilon_1\frac{Y_t-Y^{max}}{Y_t}$	MODIGLIANI	USA	"	1921-1940	preis- u. bevölk.b.	$\frac{C_t}{Y_t}=0.902+0.125\frac{Y_t-Y^{max}}{Y_t}$	l.sq.
	$C_t=a_o+a_1\bar{Y}_t+a_2Y^{max}$	MODIGLIANI	USA	"	1921-1940	preis- u. bevölk.b.	$C_t=2.00+0.77Y_t+0.125Y^{max}$	l.sq.
	$C_t=a_o+a_1\bar{Y}_t+a_2(Y_t -Y^{max})$	MODIGLIANI	Schweden	"	1896-1934		$C_t=61.0+0.85Y_t-0.35(Y_t - Y^{max})$	
	$\frac{S_t}{Y_t}=a_o+a_1\frac{Y_t}{Y^{max}}$	DUESENBERRY	USA	"	1923-1940	preis- u. bevölk.b.	$\frac{S_t}{Y_t}=0.066+0.165\frac{Y_t}{Y^{max}}$	l.sq.

1. Es werden in Tabelle 3 nur die wichtigsten Untersuchungen aufgeführt. Literaturangaben: LIU, Ta-Chung und CHANG, Ching-Gwan, s.S.270, Anm.34; FISHER, Gene, s.S.270, Anm.36; KLEIN, Lawrence R., s.S.270, Anm.38; HAAVELMO, Trygve, s.S.270, Anm.39; STÖWE, Heinz, s.S.270, Anm.40; FRIEND, Irwin, s.S.271, Anm.42; MACK, Ruth, s.S.271, Anm.43; MODIGLIANI, Franco, s.S.271, Anm.45; DUESENBERRY, James, s.S.271, Anm.44.
2. Die MODIGLIANI-Hypothese wurde in der Folge oft empirisch geprüft. 1949 von CLARK im Rahmen seines Konjunkturmodelles für die USA (1921-1941), 1952 mit US-Daten von DAVIS (1929-1940) und COHEN (1929-1940) und mit kanadischen Daten von BROWN (1929-1941; 1946-1949). In Form der Sparfunktion untersuchte sie 1954 ZIMMERMANN mit deutschen Zeitreihen von 1925-1938 und 1955 FERBER, der US-Zeitreihen von 1923-1940, 1929-1940, 1923-1930 und 1935-1940 benutzte. Genauere Literaturangaben hierzu s.S.272, Anm.51-56.

Von BROWN stammt auch die umfassendste Kritik des MODIGLIANI-Faktors. Während DAVIS lediglich annimmt, daß der einmal erreichte Maximalkonsum den Gegenwartsverbrauch besser erklären könne als das Maximaleinkommen[59], hält BROWN es für unmöglich, daß eine der beiden Maximalgrößen längere Zeit einen ungeschwächten Einfluß auszuüben vermag. Vielmehr glaubt er, daß der Einfluß des vorangegangenen Maximaleinkommens verblaßt, wenn sich die Konsumenten im Laufe der Jahre an eine niedrigere Verbrauchsquote gewöhnen.[60]

(b) Maximalkonsum und Konsum der Vorperiode als erklärende Variablen in der Konsumfunktion

Entsprechend seiner Kritik an der MODIGLIANI-DUESENBERRY-Hypothese bringt DAVIS den Maximalkonsum anstelle des Maximaleinkommens als neue Variable in die Konsumfunktion[61] und unterstellt damit einen kontinuierlichen Stabilisierungseffekt der durch diesen Maximalkonsum ausgelösten Gewohnheiten auf den Verbrauch der Gegenwart (s.Tab.4). BROWN dagegen geht - wie erwähnt - davon aus, daß der Einfluß vergangener Gewohnheiten keineswegs so groß ist wie MODIGLIANI, DUESENBERRY und DAVIS annehmen. Zwar prägen sich auch nach der Auffassung von BROWN ein bestimmter Lebensstandard, spezielle Gepflogenheiten, die sich in der Höhe maximaler Verbrauchsausgaben ausdrücken, für eine gewisse Zeit den Konsumenten ein und veranlassen sie, langsam auf Einkommensänderungen zu antworten. Jedoch ist dieser Gewohnheitseffekt auf den gegenwärtigen Konsum umso geringer, je längere Zeiträume betrachtet werden, d.h. je länger der zeitliche Abstand zwischen Gipfeleinkommen und Gegenwartskonsum wird. Aus diesem Grunde scheint BROWN der Konsum der Vorperiode die geeignetste Variable zu sein, um in der Konsumfunktion Verzögerungsmomente zum Ausdruck zu bringen (s.Tab.4).

---

59. DAVIS, Tom, a.a.O., S.274.
60. Weitere Kritik an der MODIGLIANI-DUESENBERRY-Hypothese üben HUBBARD und STÖWE. HUBBARD, J., The Marginal and Average Propensities to Consume, QuartJEc 68 (1954), S.83-96, meint, daß eine längere Depression den Gipfelstandard ganz auslöschen würde. STÖWE, Heinz, a.a.O., S.99, glaubt, daß der Einfluß dieses Gipfelstandards auch ohne Depression schwindet. Es ist nach ihm sehr unwahrscheinlich, daß ein Durchschnittsmensch sein Maximaleinkommen, das er vor mehreren Jahren erhielt, auch nur unbewußt berücksichtigt.
61. S. DAVIS, Tom, a.a.O., S.277.

T a b e l l e 4

Einführung neuer Variabler in die Konsumfunktion

(b) Maximalkonsum und Konsum der Vorperiode als erklärende Variable

Neue Variablen	Math.form. Hypothese	Tester[1]	Land	Perioden-länge	n	Bearb.d. Reihen	Berechnungsergebnis	Meth.
Maximalkonsum	$\frac{C_t}{Y_t} = a_o + a_1 \frac{Y_t}{C^{max}}$	DAVIS	USA	Jahresdat.	1929-1940	preis- u. bevölk.b.	$\frac{C_t}{Y_t} = 116.22 - 0.20 \frac{Y_t}{C^{max}}$	l.sq.
	$\frac{C_t}{Y_t} = a_o + a_1 \frac{Y_t - C^{max}}{Y_t}$	DAVIS	USA	"	1929-1940	preis- u. bevölk.b.	$\frac{C_t}{Y_t} = 96.0 - 0.17 \frac{Y_t - C^{max}}{Y_t}$	l.sq.
Konsum der Vorperiode	$C_t = a_o + a_1 Y_t + a_2 C_{t-1} + a_3 A^c$ 2)	BROWN	Kanada	" 3)	1926-1941; 1946-1949	preis- u. bevölk.b.	$C_t = 0.9113 + 0.405 Y_t + 0.32 C_{t-1} + 0.68 A^c$	red.f.
	$C_t = a_o + a_1 Y_t + a_2 C_{t-1}$	GEHRIG	Deutschl.	Halb-jahresd.	1948II -1955I	unberein.	$C_t = 4.00 + 0.80 Y_t + 0.01\ C_{t-1}$	l.sq.
	$C_t = a_o + a_1 Y_t + a_2 C_{t-1}$	STÖWE	Deutschl.	Jahresd.	1925-1932	preis- u. bevölk.b.	$C_t = a_o + 0.52 Y_t + 0.35 C_{t-1}$	red.f.

1. Die Annahme, daß der Maximalkonsum vornehmlicher Bestimmungsgrund der Verbrauchsausgaben ist, wurde nur von DAVIS getestet. Die BROWNsche These dagegen ist oft aufgegriffen worden. Fälle, in denen der Konsum der Vorperiode lediglich neben einer Reihe von anderen Bestimmungsfaktoren erscheint, wie z.B. in dem KLEIN-GOLDBERGER-Modell sind in dieser Tabelle nicht aufgeführt. Literaturangaben: DAVIS, Tom, s.S.272, Anm.53; BROWN, T.M., s.S. 272, Anm.54; GEHRIG, Gerhard, s.S.264, Anm.16 und S.276,Anm.63; STÖWE, Heinz, s.S.270, Anm.40 und S.276,Anm.64.
2. A^c = Variable, die den veränderten Umständen der Nachkriegszeit gegenüber der Vorkriegszeit Rechnung trägt. Sie wird für die Vorkriegsjahre mit Null und für die Nachkriegsjahre mit Eins angenommen.
3. BROWN testet seine Hypothese erfolgreich mit Jahresdaten, weist aber am Schluß seiner Abhandlung ausdrücklich darauf hin, daß sein sog. "Habit-Persistence-Effekt" umso stärker wirkt, je kürzer die die Periode zwischen C_t und C_{t-1} genommen wird. Von einer zukünftigen Verifizierung mit Vierteljahresdaten verspricht er sich daher trotz der Saisonproblematik ein gutes Ergebnis. S. BROWN, T.M., Habit Persistence and Lags in Consumer Behaviour, Econometrica 20 (1952), S.371.

KLEIN greift die BROWN-Hypothese auf und verwendet in seinem 1955er Modell den Konsum der Vorperiode C_{t-1} neben anderen Faktoren als erklärende Variable des Gesamtverbrauchs.[62] In letzter Zeit ist die BROWNsche Version der Konsumfunktion von GEHRIG[63] und STÖWE[64] verifiziert worden.

(c) Vermögensvariablen

Ein weiterer Schritt in der Erklärung des makroökonomischen Konsumverhaltens war die oft diskutierte Annahme, daß die Vermögenslage einen Einfluß auf die Höhe der Konsumausgaben habe.[65] ACKLEY forderte 1951 die Berücksichtigung dieses Vermögenseinflusses in der Konsumfunktion, formulierte seine Hypothese auch bereits mathematisch[66]. Die ersten empirischen Untersuchungen in dieser Richtung erschienen 1954 (s.Tab.5). Sie stammten von MELVILLE[67] und KLEIN[68]. MELVILLE ging bei der Aufstellung seiner These von einer konstanten Beziehung zwischen Konsum und Einkommen aus, die sich durch eine Änderung in der Vermögens-Einkommens-Relation verschieben kann. Als Reichtumsvariable führte MELVILLE das private Vermögen in seine Konsumfunktion ein. Auch KLEIN benutzte nicht das Gesamtvermögen. Er berücksichtigte sowohl in dem Modell von 1954 als auch in dem späteren KLEIN-GOLDBERGER-Modell von 1955 lediglich die "Kassenbestände der Haushalte" am Anfang der Periode[69], also jenen Vermögensteil, der am leichtesten ausgegeben werden kann und somit den größten Einfluß auf das Konsumverhalten haben müßte.[70] Der Koeffizient für die liquiden Vermögensbestände war aber

---

62. KLEIN, Lawrence R., und A.S.GOLDBERGER, An Econometric Model of the United States 1929-1952, Amsterdam 1955, S.8, S.90.
63. GEHRIG, Gerhard, a.a.O., S.57.
64. STÖWE, Heinz, a.a.O., S.102.
65. Eine ausführliche Bibliographie hierzu gibt COHEN, Morris, Liquid Assets and the Consumption Function, RevEcStat 36 (1954), S.202-211; S.202, Anm.2.
66. S. ACKLEY, Gardner, The Wealth-Saving Relationship, JPolEc 59 (1951), S.154-161, S.157.
67. MELVILLE, L.G., Consumption, Income and Wealth, RevEcStat 36 (1954), S.220-225.
68. KLEIN, Lawrence R., Statistical Estimation of Economic Relations from Survey Data, in: Contributions of Survey Methods to Economics, New York 1954; ders. und J.B. LANSING, Decisions to Purchase Consumer Durable Goods, The Journal of Marketing 20 (1955), S.109-132.
69. Darunter rechnen nach KLEIN Bankeinlagen, Aktien, Obligationen.
70. KLEIN wählte diese Kassenbestände auch deshalb, weil für sie gute Statistiken vorlagen und weil sie überdies ein anschauliches Bild der wahren Gesamtvermögenslage vermitteln, da sie mikroökonomisch eng mit den allgemeinen Vermögensverhältnissen korreliert sind. S.KLEIN-GOLDBERGER, An Econometric Model of the United States, 1929-1952, Amsterdam 1955, S.8.

Tabelle 5

Einführung neuer Variabler in die Konsumfunktion

(c) Liquiditätsgrößen und Vermögenswerte

Neue Variablen	Math.form. Hypothese	Tester[1]	Land	Periodenlänge	n	Bearb.d. Reihen	Berechnungsergebnis	Meth.
Liquiditätsgröße neben anderen Variablen	$C_t=a_o+a_1(W_1+W_2-T_w)_t + a_2(P-S_p-T_p)_t + a_3(A-T_A)_t + a_4C_{t-1} + a_5(L_1)_{t-1} + a_6(N_p)_t$ 2)	KLEIN-GOLDBERGER	USA	Jahresdat.	1929-1941; 1946-1950	preisber.	$C_t = -22.26+0.55(W_1+W_2-T_w)+ 0.41(P-S_p-T_p)_t+0.34(A-T_A)_t +0.26C_{t-1}+0.072(L_1)_t +0.26(N_p)_t$	red.f.
	$C_t=a_o+a_1Y_t+a_2L_{t-1}$	ZELLNER	USA	Vierteljahresdat.	1947III -1950II	preis-, bevölk., saison-berein.	$C_t = -21.91+0.708Y_t+0.368L_{t-1}$	l.sq.
	$C_t=a_o+a_1Y_t+a_2C_{t-1} + a_3L_{t-1}$ 3)	ZELLNER	USA	Vierteljahresdat.	1947III -1950II	preis-, bevölk., saison-berein.	$C_t = -18.96+0.375Y_t+0.489C_{t-1} +0.219L_{t-1}$	l.sq.
Vermögenswerte	$\frac{C_t}{L_t}=a_o+a_1\frac{G_t}{L_t}+ a_2\frac{E_t}{L_t}$ 4)	HAMBURGER	USA	Jahresdat.	1929-1941; 1947-1950	preis-u. bevölk. berein.	$\frac{C_t}{L_t} = 0.1906+0.097\frac{G_t}{L_t} + 1.291\frac{E_t}{L_t}$	l.sq.
	$\frac{C}{z} = g+h\frac{W_p}{z} + \frac{W_p^2}{z^2}$ 5)	MELVILLE	USA	Jahresdat.	1929-1940	unbereinigt	$\frac{C}{z} = 0.671+0.0629\frac{W_p}{z} - 0.00167\frac{W_p}{z^2}$	l.sq.

1. Bei den aufgeführten Arbeiten, in denen Liquiditätsgrößen und Vermögenswerte als Bestimmungsfaktoren des Konsums angesehen werden, handelt es sich um die wichtigsten Tests dieser Hypothese. Literaturangaben s. Anm.2-5 dieser Tabelle.
2. C = Konsumausgaben; W_1 = Private Lohn- und Gehaltseinkommen; W_2 = Lohn- und Gehaltseinkommen der Staatsbediensteten; $W_1+W_2-T_w$ = verfügbare Lohn- und Gehaltseinkommen insgesamt; P = Gewinneinkommen; S_p = unausgeschüttete Gewinne; $P-S_p-T_w$ = verfügbares Gewinneinkommen; A = landwirtschaftliches Einkommen; $A-T_A$ = verfügbares landwirtschaftliches Einkommen; L_1 = Liquiditätsgrößen am Beginn der Periode; N_p = Zahl der Bevölkerung. S. KLEIN-GOLDBERGER, An Econometric Model of the United States 1929-1952, Amsterdam 1955, S.10.
3. C = Konsumausgaben; Y = verfügbares Einkommen; C_{t-1} = Konsum der Vorperiode; L_{t-1} = Liquide Mittel am Beginn des Vierteljahres. S. ZELLNER, Arnold, Consumption and the Consumption Function in the US 1948/49 Recession, RevEcStat 39 (1957), S.304.
4. C = Konsumausgaben; L = durchschnittliche Lohnrate; G = meßbarer Teil des privaten Gesamtvermögens (alle Schulden des Staates an priv. Sektor, alle Auslandsschulden); E = Index für nicht direkt meßbaren Teil des privaten Gesamtvermögens. S. HAMBURGER, William, The Relation of Consumption to Wealth, Econometrica 23 (1955), S.3-5.
5. C = Konsum; z = verfügbares Einkommen; W_p = privates Vermögen. S. MELVILLE, L.G., Consumption, Income and Wealth, RevEcStat 36 (1954), S.222.

bei KLEIN-GOLDBERGER so gering[71], daß hiernach mit einem ständigen Einwirken dieser Faktoren über lange Jahre nicht zu rechnen ist.

Kurzfristig jedoch scheinen die liquiden Vermögenswerte nach einer 1957 durchgeführten Untersuchung von ZELLNER[72] den Verbrauch mit zu determinieren[73]. Bei dem Versuch, die Konsumbewegungen der "US-Recession" von 1948 bis 1949 mit Hilfe von Vierteljahresreihen zu erklären, benutzte ZELLNER neben dem "Habit-Persistence-Effekt" von BROWN auch die "liquid assets" der Konsumenten am Beginn der Periode.[74] Dabei fand er, daß der Rückgang der Konsumausgaben sowie ihr späteres Wiederansteigen den wechselnden Einflüssen des augenblicklichen Realeinkommens, des Konsums der Vorperiode und des Umfanges der liquiden Vermögensbestände zuzuschreiben war[75].

Ebenfalls einen engen Zusammenhang zwischen Konsum und Vermögen versuchte 1955 HAMBURGER[76] festzustellen. Er ging jedoch anders vor als KLEIN und ZELLNER. Im Gegensatz zu ihnen bezog er die Verbrauchsausgaben nicht auf verfügbares Einkommen sowie liquide Vermögensteile, sondern lediglich auf die Konsumkraftvorwegnahmen der Verbraucher aufgrund ihres Eigentums und ihrer Arbeitskraft.[77] Aus Mangel an statistischen Unterlagen ersetzte HAMBURGER die nicht direkt meßbare Arbeitskraft durch den Index der durch-

---

71. S. KLEIN-GOLDBERGER, a.a.O., S.90 sowie Tabelle 5.
72. ZELLNER, Arnold, Consumption and the Consumption Function in the US 1948/49 Recession, RevEcStat 39 (1957), S.303-311.
73. STÖWE, der die Arbeit ZELLNERs nicht erwähnt, geht wohl etwas zu weit, wenn er annimmt, daß die liquiden Aktiva nur in Fällen besonderer historischer Ereignisse oder in unterentwickelten Ländern die Verbrauchsentscheidungen beeinflussen können. S. STÖWE, Heinz, a.a.O., S.104.
74. S. ZELLNER, Arnold, a.a.O., S.304.
75. ZELLNER betrachtete a.a.O., S.310, insgesamt vier verschiedene Abschnitte während der Zeit von 1947 III bis 1950 II. 1. Zwischen 1947 III und 1948 III war der Rückgang der Konsumausgaben zurückzuführen auf eine starke Verminderung der liquid gehaltenen Mittel sowie auf eine Abnahme im Konsum der Vorperiode, was zusammen den Anstieg des Realeinkommens in dieser Zeit mehr als aufhob. 2. Die Zunahme der Konsumausgaben zwischen 1948 III und 1948 IV war teils das Ergebnis des steigenden Realeinkommens, teils das der wieder in größerem Umfang verfügbaren liquiden Mittel. 3. Das weitere Anwachsen des Konsums von 1949 I bis 1949 III trotz fallenden Realeinkommens war der Effekt höherer liquider Mittel und größeren Konsums der Vorperiode. 4. Das steigende Wachstum von 1949 III bis 1950 II konnte schließlich erklärt werden durch ein gleichzeitiges Anwachsen von Y_t, liquid assets und C_{t-1}.
76. HAMBURGER, William, The Relation of Consumption to Wealth and the Wage Rate, Econometrica 23 (1955), S.1-17.
77. HAMBURGER, William, a.a.O., S.3.

T a b e l l e   6

Einführung neuer Variabler in die Konsumfunktion

(d) Preisindex für Lebenshaltung und Bevölkerung explizit

Neue Variablen	Math.form. Hypothese	Tester[1)]	Land	Periodenlänge	n	Bearb.d. Reihen	Berechnungsergebnis	Meth.
Preisniveau explizit neben anderen Variablen	$C_t = a_1(L_w+L_s)+a_2E +a_3G+a_4\Delta pf+ +a_5P+a_6t$ 2)	TINBERGEN	USA	Jahresdat.	1919-1932	unberein.	$C_t = 0.95(L_w+L_s)+0.77E +0.28G+0.05\Delta pf +0.03P+0.37t$	l.sq. (auf jede Gl.des Systems)
	$C_t = a_o+a_1Y_t+a_2P$ 3)	LIU und CHANG	USA	"	1930-1940	unberein.	$C_t = -3.06+0.535Y_t+0.214P$	l.sq.
	$C_t = a_o+a_1Y_t+a_2P$	WAFFENSCHMIDT	Deutschland	"	1949-1955	unberein.	$C_t = -16.04+0.81Y_t+0.24P$	l.sq.
	$C_t = a_o+a_1Y_t+ a_2(P_t-P_{t-1})$	GEHRIG	"	Halbjahresdaten	1949I-1954II	unberein.	$C_t = 4.19+0.80Y_t+0.06(P_t-P_{t-1})$	l.sq.
Bevölkerung explizit neben anderen Variablen	$C_t = a_o+a_1Y_t+a_2B$	BASSIE	USA	Jahresdat.	1929-1940	preisber.	$C_t = -7.75+0.77Y_t+0.16B$	l.sq.
	$C_t = a_o+a_1(W_1+W_2-T_w)_t +a_2(P-S_p-T_p)_t+ a_3(A-T_A)_t+a_4C_{t-1} +a_5(L_1)_{t-1}+a_6(N_p)_t$ 4)	KLEIN-GOLDBERGER	USA	"	1929-1941; 1946-1950	preisber.	$C_t = -22.26+0.55(W_1+W_2-T_w)_t +0.41(P-S_p-T_p)_t+ 0.34(A-T_A)_t+0.26C_{t-1} +0.072(L_1)_t+0.26(N_p)_t$	red.f.
	$C_t = a_o+a_1Y_t+a_2B$	GEHRIG	Deutschland	Halbjahresdaten	1949I-1954II	unberein.	$C_t = -24.27+0.715Y_t+0.657B$	l.sq.

1. In der Tabelle sind nur die bekanntesten Arbeiten erfaßt, welche den Preisindex für Lebenshaltung und die Bevölkerung explizit in die Konsumfunktion einführten. Literaturangaben: TINBERGEN, Jan, s. diese Tabelle, Anm.2; LIU, Ta-Chung und Ching-Gwan CHANG, s.diese Tabelle, Anm.3; WAFFENSCHMIDT, W.G., s.S.280, Anm.81; GEHRIG, Gerhard, s.S.264,Anm.16 und S.276, Anm.63; BASSIE, V.L., s.S.266, Anm.25 und S.281,Anm.83; KLEIN-GOLDBERGER, S.Tabelle 5, Anm.2.
2. L_w+L_s = Lohn- und Gehaltseinkommen; G = Gewinneinkommen; E = sonstige Einkommen; Δpf = Preisanstieg landwirtsch. Lebensmittel; P = Lebenshaltungskosten; t = Faktor, der Entwicklung der Gewohnheiten, Bevölkerungswachstum und Bevölkerungsstruktur berücksichtigt. S. TINBERGEN, Jan, Les Cycles Economiques aux Etats-Unis d'Amérique, Genf 1939,S.39.
3. C = Private Konsumausgaben; Y = Bruttosozialprodukt; P = Lebenshaltungsindex. S. LIU, Ta-Chung und Ching-Gwan CHANG, US. Consumption and Investment Propensities: Prewar and Postwar, AER 40 (1950), S.577.
4. Erklärung der Symbole s. Tabelle 5, Anm. 2.

schnittlichen Lohnrate. Da für das gesamte Eigentum ebenfalls keine Reihen vorlagen, spaltete HAMBURGER die Vermögensvariable in seiner Konsumfunktion in zwei Teilvariablen. Während ihm für eine dieser Teilvariablen meßbare Werte (Staatsschulden und Auslandsschulden an den privaten Sektor) zur Verfügung standen, konstruierte HAMBURGER für den nicht direkt quantifizierbaren Vermögensanteil einen Index, der den Marktwert des privaten Landbesitzes, der Gebrauchsgüter und des Goodwill repräsentierte.[78]) Da ein solcher sehr allgemein gehaltener Index beim Verifizieren zum Sammelbecken aller möglichen Konsumeinflüsse werden kann, läßt das weitgehende Fehlen entsprechender Statistiken die Hypothese HAMBURGERs zur empirischen Überprüfung weniger geeignet erscheinen als die von KLEIN oder ZELLNER (s.Tab.5).

(d) Lebenshaltungskostenindex und Bevölkerung explizit

Weitere wichtige Bestimmungsgründe des Konsumentenverhaltens sind Konsumgüterpreise und Bevölkerungswachstum. Obwohl nie Zweifel an der These bestanden, daß beide einen Einfluß auf die Höhe der Konsumausgaben haben müssen, wurde dieser Einfluß selten direkt gemessen. Wie aus den Tabellen 1 bis 5 zu ersehen ist, begnügten sich die meisten Tester damit, ihn durch Preis- und Bevölkerungsbereinigung auszuschalten. Versuche, die unmittelbare Auswirkung der jeweiligen Schwankungen des Lebenshaltungskostenindex und der Bevölkerungsgröße auf den entsprechenden Konsum zu prüfen, traten daneben zurück.

Abgesehen von einem frühen Ansatz TINBERGENs[79]) findet sich der Lebenshaltungskostenindex erst nach 1950 als bestimmende Variable in einigen Konsumfunktionen (s.Tab.6). LIU und CHANG[80]) führten ihn 1950 absolut neben dem Einkommen ein. Ebenfalls in absoluter Form verwendete ihn 1959 WAFFENSCHMIDT[81]). In beiden Fällen waren Auswirkungen der Lebenshaltungskosten auf die Konsumausgabenhöhe festzustellen. Anders als LIU und CHANG sowie WAFFENSCHMIDT behandelte GEHRIG[82]) die Frage des Preiseinflusses. Da sich seiner Meinung nach weniger das absolute Preisniveau,

---

78. HAMBURGER, William, a.a.O., S.5.
79. TINBERGEN, Jan, Les Cycles Economiques aux Etats-Unis de l'Amérique de 1919 à 1932, Genève 1939, S.39.
80. LIU, Ta-Chung und Ching-Gwan CHANG, US. Consumption and Investment Propensities, Prewar and Postwar, AER 40 (1950), S.565-582.
81. WAFFENSCHMIDT, W.G., Deutsche volkswirtschaftliche Gesamtrechnung und ihre Lenkungsmodelle 1949-1955, Stuttgart 1959, S.42 ff.
82. GEHRIG, Gerhard, a.a.O., S.53 f.

sondern weit mehr dessen Änderungen auf die Ausgabenhöhe auswirken, korrelierte er die Änderungsraten des Lebenshaltungskostenindex mit dem Konsum.

Die Bevölkerung erscheint explizit zum ersten Mal 1946 in einer Konsumfunktion (s.Tab.6). BASSIE verwendete sie hier - wie schon erwähnt -[83] als Größe, die den Konsum neben dem Einkommen determiniert. Ebenso verfuhren 1955 FERBER[84] und 1958 GEHRIG[85]. KLEIN und GOLDBERGER führten 1955 die Bevölkerung als eine unter vielen bestimmenden Variablen in die Konsumfunktion ein.[86] Während FERBER und GEHRIG bei ihren Tests festzustellen suchten, ob die Einführung der Bevölkerung als zusätzliche bestimmende Variable der Verwendung von Pro-Kopf-Daten vorzuziehen sei (was FERBER negativ und GEHRIG positiv beantwortete), benutzten KLEIN-GOLDBERGER die Bevölkerung explizit, weil sie die Schwierigkeiten vermeiden wollten, die sich beim Aufstellen von Pro-Kopf-Daten für ihre drei Einkommenskategorien ergeben hätten.

Auf die spezielle Problematik der Preis- und Bevölkerungseinflüsse und ihrer Messung soll in Kapitel III der vorliegenden Arbeit in einem kritischen Vergleich der expliziten und impliziten Methode noch näher eingegangen werden.

(2) Aufspaltung einer Variablen in der Konsumfunktion

Bei der Suche nach wichtigen Bestimmungsfaktoren des Konsums beschäftigte man sich nach 1947 wiederholt mit dem Einfluß der Einkommensverteilung auf die Höhe der Verbrauchsausgaben[87].

Budgetuntersuchungen hatten in der Vergangenheit immer wieder gezeigt, daß bei verschiedenen Einkommensgruppen unterschiedliche Grenzneigungen zum Konsum bestehen. Auch modernere Arbeiten wie die von LUBELL[88] oder BRONFENBRENNER[89] wiesen darauf hin, daß die Unterschiede in den

83. Vgl. S. 266, Anm. 25.
84. FERBER, Robert, a.a.O., S.135 f. FERBER testete allerdings den Bevölkerungseinfluß im Rahmen einer Sparfunktion.
85. GEHRIG, Gerhard, a.a.O., S.49.
86. KLEIN, Lawrence R. und A.S. GOLDBERGER, a.a.O., S.9.
87. Früher war als maßgebliche Arbeit zu diesem Thema ein Artikel von Hans STAEHLE erschienen: Short Period Variations in the Distribution of Income, RevEcStat 19 (1937).
88. LUBELL, Harold, Effects of Redistribution of Income on Consumers' Expenditures, AER 37 (1947), S.157-170.
89. BRONFENBRENNER, M., Taro Yamane und C.H.LEE, A Study on Redistribution and Consumption, RevEcStat 37 (1955), S.149-159.

Grenzneigungen bei verschiedenen Einkommenskategorien signifikant sind[90]. Demnach war eine Einwirkung der Einkommensverteilung auf den gesamtwirtschaftlichen Verbrauch anzunehmen und bei Zeitreihenuntersuchungen zu beachten.

Um evtl. Änderungen in der Einkommensverteilung zu berücksichtigen, führten KLEIN und in seiner Nachfolge BROWN und GEHRIG einzelne Einkommensgruppen in ihre Konsumfunktionen ein (s.Tab.7). Sie spalteten die den Konsum erklärende Einkommensvariable in zwei oder drei Untervariablen auf und verwendeten diese als Bestimmungsgrößen des Gesamtverbrauchs. In seinem Modell von 1950[91] arbeitete KLEIN mit Lohn- und Nichtlohneinkommen. Auch BROWN brachte 1952[92] lediglich zwei Einkommenskategorien. In allen späteren Arbeiten jedoch erschienen vornehmlich drei Einkommenskomponenten in der Konsumfunktion. 1954 und 1955[93] verwendete KLEIN Lohn- und Gehaltseinkommen, Landwirtschaftseinkommen und sonstige Einkommen unter der Annahme, daß der Grenzhang zum Konsum bei den Lohneinkommen am höchsten und bei den Landwirtschaftseinkommen am geringsten sei[94]. GEHRIG nahm 1958 eine etwas andere Klassifizierung vor, indem er das verfügbare Einkommen in die Bestandteile Nettolöhne und -gehälter, Nettogewinnentnahmen und Sozialeinkommen + Ruhegehälter zerlegte[95].

Die Frage nach der zweckmäßigsten Aufspaltung des Gesamteinkommens konnte bis jetzt noch nicht befriedigend beantwortet werden. Alle Versuche der Zerlegung in Untergruppen hatten bisher nur einen begrenzten Erkennt-

---

90. Beide Autoren sagen jedoch, daß die Unterschiede nicht so kraß seien wie früher angenommen. S.hierzu BRONFENBRENNER, a.a.O., S.157. Unterschiedliche Grenzneigungen zum Konsum in landwirtschaftlichen und nichtlandwirtschaftlichen Familien zeigt BRONFENBRENNER, a.a.O., S.156, z.B. anhand STONEscher Funktionen (s. STONE, R., 1938, a.a.O., S.6). GEHRIG, a.a.O., S.18, irrt, wenn er diese Funktionen aus dem Jahr 1938 BRONFENBRENNER zuschreibt.
91. KLEIN, Lawrence R., Economic Fluctuations in the United States 1921 - 1941, CCMon 11, New York 1950, S.174 ff..
92. BROWN, T.M., a.a.O., S.361.
93. KLEIN, Lawrence R., The Empirical Foundations of Keynesian Economics in: Post-Keynesian Economics, 1954, S.314.KLEIN-GOLDBERGER,a.a.O.,S.10.
94. S. KLEIN-GOLDBERGER, a.a.O., S.7.
95. GEHRIG, Gerhard, a.a.O., S.58.

T a b e l l e 7

Aufspaltung der Einkommensvariable

	Math.form, Hypothese	Tester[1]	Land	Perioden-länge	n	Bearb.d. Reihen	Berechnungsergebnis	Meth.
Zwei Einkommensgruppen 2)	$C_t = a_o+a_1Y_w+a_2Y + a_3C_{t-1}+a_4A$ 3)	BROWN	Kanada	Jahresdat.	1926-1941; 1946-1949	preisber.	$C_t=0.9138+0.5929Y_w+0.3419Y +0.2C_{t-1}+0.6958A^c$	l.sq.
		BROWN	Kanada	"	s.oben	preisber.	$C_t=0.8962+0.6061Y_w+0.2828Y +0.217C_{t-1}+0.6910\ A^c$	red.f.
Drei Einkommensgruppen 4)	$C_t= a_o+a_1(W_1+W_2-T_w)_t +a_2(P-S_p-T_p)_t+ a_3(A-T_A)_t+a_4C_{t-1} +a_5(L)_{t-1}+a_6(N_p)_t$	KLEIN-GOLD-BERGER 5)	USA	"	1929-1941; 1946-1950	preisber.	$C_t=-22.26+0.55(W_1+W_2-T_w)_t +0.41(P-S_p-T_p)_t+ 0.34(A-T_A)_t+0.26C_{t-1} +0.072(L_1)_t+0.26(N_p)_t$	red.f.
	$C_t=a_o+a_1L_t+a_2Q_t+ a_3R_t$ 6)	GEHRIG	Deutschl.	Halbjahresdat.	1948II-1955I	unberein.	$C_t=4.65+1.11L_t+0.67Q_t+0.01R_t$	l.sq.

1. Literaturangaben: BROWN, T.M., s.Anm.3 dieser Tabelle und S.272, Anm.54; KLEIN-GOLDBERGER, s.Tabelle 5, Anm.2; GEHRIG, Gerhard, s.Anm.6 dieser Tabelle und S.264, Anm.16.
2. Im Rahmen von Investitionsuntersuchungen arbeiteten 1937 TINBERGEN und 1935 und 1954 KALECKI mit zwei Einkommensgruppen. Ihre Funktionen sind jedoch wegen der anders gesetzten Prämissen mit der oben stehenden nicht vergleichbar. S. TINBERGEN, Jan, Über die Sekundärwirkungen zusätzlicher Investitionen, WA 45 (1937), S.39-57, S.42; KALECKI, M., A Macrodynamic Theory of Business Cycles, Econometrica 3 (1935), S.327-344; ders., Theory of Economic Dynamics, London 1954, S.65. Als Vorläufer der BROWNschen Funktion muß vielmehr die Konsumfunktion in dem Modell II von KLEIN angesehen werden, die Lohn- und Nichtlohneinkommen als erklärende Variablen hat. S. KLEIN, Lawrence R., Economic Fluctuations in the United States 1921-1941, CCMon 11, New York 1950, S.174 ff.
3. Y_w = Lohneinkommen; Y = Nichtlohneinkommen. S. BROWN, T.M., a.a.O., S.361.
4. Mit ebenfalls drei Einkommenskategorien arbeiteten 1939 POLAK in "Fluctuations in the United States Consumption", RevEcStat 21, S.1-12 und TINBERGEN in seiner Studie für den Völkerbund, wobei er lediglich Budgetdaten städtischer Haushalte verwandte. Eine globale Untersuchung dieser Art erschien erst 1954. Sie stammte ebenfalls von KLEIN, der bereits ein Jahr vor dem KLEIN-GOLDBERGER-Modell in einer anderen Untersuchung drei Einkommensgruppen in seine Konsumfunktion einführte. S. KLEIN, Lawrence R., The Empirical Foundations of Keynesian Economics, in: Post-Keynesian Economics, 1954, S.277-319; S.314.
5. Erklärung der Symbole s. Tabelle 5, Anm.2.
6. C = Konsumausgaben; L = Nettolöhne und -gehälter; Q = Nettogewinnentnahmen; R = Sozialeinkommen und Ruhegehälter. S. GEHRIG, Gerhard, a.a.O., S.58.

niswert, da sich die Einkommensverteilung auch innerhalb der einzelnen Einkommenskategorien verschiebt und es nicht möglich ist, diese Mikrobewegungen mit den hoch aggregierten Untergruppen zu erfassen, solange keine weitergehende Aufspaltung vorgenommen wird.

Ta

Übersicht zur Geschichte d

1	2	3			
Jahr	Methode der kleinsten Quadrate (l.sq.) ohne Ergänzung angewandt bei isolierten Konsumfunktionen 2) :	Ergänzende Verfahren zur Methode der kleinsten Quadrate			
		a		b	
		Konfluenzanalyse: 4)		Differenzenmethode	
		(1)	(2)	(1)	(2
		Entwickelt von	Angewandt bei Konsum- u.Nachfragefunktionen	Entwickelt von	Angew bei K u.Nac funkt
1929				ANDERSON, O.	
1934		FRISCH			
1935					
1936					
1937					
1938	STONE 3)				
1939	POLAK		TINBERGEN		
1940				TINTNER	
1941	SAMUELSON				
1942	STONE EZEKIEL				
1943					
1944					

chen Schätzmethoden[1]

	5				
- ho- in- ate iven 6)	Maximum-Likelihood-Methode bei interdependenten Systemen 7)				
	a	b		c	
	Forderung der Interdependenz	Full-Information		Limited-Information	
		(1)	(2)	(1)	(2)
		Entwickelt von	Angewandt von	Entwickelt von	Angewandt bei Konsum- u.Nachfragefunkt.von
	HAAVELMO				
	HAAVELMO				

1945	MOSAK / PARADISO / SMITHIES		STONE		
1946	FRIEND / WOYTINSKY / BASSIE / BENNION				
1947					
1948	METZLER / MACK / DUESSENBERRY				STON
1949	MODIGLIANI		CLARK / PREST		PRES
1950					
1951	CHANG und LIU				
1952	BROWN+) / DAVIS				
1953	FERBER+)				
1954	ZIMMERMANN		STONE		STON
1955	HAMBURGER / FERBER+)				
1956					STONE
1957	FRIEDMANN / ZELLNER				
1958	GEHRIG+)				
1959	WAFFENSCHMIDT				

- USA
- Kanada
- Deutschland
- Holland
- Skandinavien
- England
- Australien

Die Literaturangaben zu Tabelle 9 befinden sich auf einem anderen Blatt.

Die mit +) bezeichneten Autoren verwenden zwar keine Ergänzungsverfahren, testen
BROWN und FERBER arbeiten dabei mit dem v.NEUMANN-Test.

				ANDERSON, T.W.	
					GIRSHIK u.HAAVELMO, KLEIN
				ANDERSON u.RUBIN	
		KOOPMANS, RUBIN,LEIPNIK		ANDERSON, T.W.	KLEIN
					BROWN
			CHERNOFFu. DIVINSKY	KOOPMANS u. HOOD	CHERNOFF und DIVINSKY
EL					
					KLEIN-GOLDBERGER HILDRETH u.JARETT
			MENGES		STÖWE MENGES

elation.

Literaturangaben zu Tabelle 8:

Literaturangaben zu Spalte 2: STONE, Richard und W.M., The Marginal Propensity to Consume and the Multiplier, RevEcStud 6 (1838) S.6 ff.; SAMUELSON, Paul A., Statistical Analysis of the Consumption Function, Appendix in: A.H. Hansen, Fiscal Policy and Business Cycles, New York 1941, S.250-260; MOSAK, Jacob L., Forecasting Postwar Demand III, Econometrica 13 (1945), S.25-53; BENNION, E.G., The Consumption Function: Cyclically Variable? RevEcStat 28 (1947), S.219-224; HAAVELMO, Trygve, Methods of Measuring the Marginal Propensity to Consume, JAStatAss 42 (1947), S.105-122; CHANG, Ching-Gwan und Ta-Chung LIU, Monthly Estimates of certain National Product Components 1946-1949, RecEcStat 33 (1951), S.219-227; DAVIS, Tom E., The Consumption Function as a Tool for Prediction, RevEcStat 34 (1952), S.270-277; HAAVELMO, Trygve, Methods of Measuring the Marginal Propensity to Consume, CCMon 14, New York, London 1953, S.75-91; FERBER, Robert, A Study of Aggregate Consumption Function, NatBurEcRes 1953; ZIMMERMANN, H., Privates Sparen und Einkommensentwicklung in der Zwischenkriegszeit, Konjunkturberichte des Rhein.-Westf.-Institutes für Wirtschaftsforschung, Essen 5 (1946), S.45-51; FRIEDMANN, Milton, A Theory of the Consumption Function, NatBurEcRes, New York 1957; GEHRIG, Gerhard, Bestimmungsfaktoren des Konsums in der Bundesrepublik, München 1958.

Literaturangaben zu Spalte 3: STONE, Richard, National Income in the U.K. and the U.S.A., RevEcStud 10 (1942), S.1-27; EZEKIEL, Mordecai, Statistical Investigations of Saving, Consumption and Investment, AER 32 (1942), S.22-49; SAMUELSON, Paul A., Postwar Economic Problems, New York 1943; SMITHIES, Arthur, Forecasting Postwar Demand I, Econometrica 13 (1945), S.1-14; PARADISO, L.J. in: National Budgets for Full Employment, National Planning Association 1945; FRIEND, Irwin, Relationship between Consumers Expenditures, Savings and Disposable Income, RevEcStat 28 (1946), S.208-215; WOYTINSKY, W.S., Relationships between Consumers Expenditures, Savings and Disposable Income, RevEcStat 28 (1946), S.1-12; KLEIN, Lawrence R., Econometric Models as a Guide to Economic Policy, Econometrica 15 (1947), S.11-151; ders., Economic Fluctuations in the United States 1921-1941, CCMon 11 (1950), S.88 ff.; FERBER, Robert, s.Sp.2; GEHRIG, Gerhard, s.Sp.2.

Literaturangaben zu Spalte 4: METZLER, Lloyd A., Three Lags in the Circular Flow of Income, in: Income, Employment and Public Policy, Essays in Honor of Alvin H. HANSEN, New York 1948, S.11-32; CHANG, Ching-Gwan und Ta-Chung LIU, s. Sp.2; FISHER, Gene H., A Simple Econometric Model for the United States 1947-1950, RevEcStat 39 (1957), S.46-48.

Literaturangaben zu Spalte 5: FRIEND, Irwin, S.Sp. 3; MACK, Ruth, The Direction of Change in Income and The Consumption Function, RevEcStat 30 (1948), S.239-258.

Literaturangaben zu Spalte 6: KLEIN, Lawrence R., s.Sp. 3; HAAVELMO, Trygve, s.Sp. 2; FERBER, Robert, s.Sp. 2; STÖWE, Heinz, Ökonometrie und makroökonomische Theorie, Stuttgart 1959.

Literaturangaben zu Spalte 7: DUESENBERRY, James, Income-Consumption Relations, in: Income, Employment and Public Policy, a.a.O., S.54-81; MODIGLIANI, Franco, Fluctuations in the Saving-Income Ratio - A Problem of Economic Forecasting, in: Studies in Income and Wealth 11, New York 1941, S.371-438; CLARK, Colin, A System of Equations Explaning the United States Trade Cycle, 1921-1941, Econometrica 17 (1949), S.93-124; DAVIS, Tom, s.Sp. 2; COHEN, Morris, Postwar Consumption Functions, RevEcStat 34 (1952), S.18-33; BROWN, T.M., Habit Persistence and Lags in Consumer Behaviour, Econometrica 20 (1952), S.355-371; FERBER, Robert, S.Sp. 2; ZIMMERMANN, Heinz, S.Sp. 2; FERBER, Robert, The Accuracy of Aggregate Saving Functions in the Postwar Years, RevEcStat 37 (1955), S.134-148.

Literaturangaben zu Spalte 8: DAVIS, Tom, s.Sp. 7.

Literaturangaben zu Spalte 9: BROWN, T.M., s.Sp. 7; KLEIN, Lawrence R. und A.S. GOLDBERGER, An Econometric Model of the United States 1929-1952, Amsterdam 1955; GEHRIG, Gerhard, s.Sp.2; STÖWE, Heinz, s.Sp. 6.

Literaturangaben zu Spalte 10: MELVILLE, L.G., Consumption, Income and Wealth, RevEcStat 36 (1954), S.220-225; KLEIN, Lawrence R., Statistical Estimation of Economic Relations from Survey Data, in: Contributions of Survey Methods to Economics, New York 1954; KLEIN-GOLDBERGER, s.Sp. 9; HAMBURGER, William, The Relation of Consumption to Wealth and the Wage Rate, Econometrica 23 (1955), S.1-17; ZELLNER, Arnold, Consumption and the Consumption Function in the US 1948/49 Recession, RevEcStat 39 (1957), S.303-311.

Literaturangaben zu Spalte 11: CHANG, Ching-Gwan und Ta-Chung LIU, US. Consumption and Investment Propensities, Prewar and Postwar, AER 40 (1950), S.565-582; GEHRIG, Gerhard, s.Sp. 2; WAFFENSCHMIDT, W.G. und Forschungsgruppe, Deutsche volkswirtschaftliche Gesamtrechnung und ihre Lenkungsmodelle 1949-1955, Stuttgart 1959; MENGES, Günther, Ein ökonometrisches Modell der Bundesrepublik Deutschland, Ifo 5 (1959), S.1-22.

Literaturangaben zu Spalte 12: BASSIE, V.L., Consumers' Expenditures in War and Transition, RevEcStat 28 (1946), S.117-130; FERBER, Robert, s.Sp. 2; KLEIN-GOLDBERGER, s.Sp. 9; GEHRIG, Gerhard, s.Sp. 2.

Literaturangaben zu Spalte 13: KLEIN, Lawrence R., s.Sp. 3; BROWN, T.M., s.Sp. 7; KLEIN, Lawrence R., The Empirical Foundations of Keynesian Economics, in: Post-Keynesian Economics, 1954; KLEIN-GOLDBERGER, s.Sp. 9; GEHRIG, Gerhard, s.Sp. 2.

Literaturangaben zu Spalte 14: DAVIS, Tom, s.Sp. 7; COHEN, Morris, s.Sp. 7; BROWN, T.M., s.Sp. 7; FERBER, Robert, s.Sp. 2; ZIMMERMANN, H., s.Sp. 2; FERBER, Robert, s.Sp. 7; FRIEDMANN, Milton, s.Sp. 2; GEHRIG, Gerhard, s.Sp. 2; STÖWE, Heinz, s.Sp. 6.

b) Die Rolle des statistischen Materials bei der Berechnung von Nachkriegsfunktionen

Aus der vorstehenden Übersichtstabelle zur Geschichte der Konsumfunktion geht hervor, daß in USA zwischen 1947 und 1950 zahlreiche ökonometrische Veröffentlichungen zur Konsumfunktion erschienen, die sich nur mit einem einzigen Bestimmungsfaktor des Gesamtverbrauchs beschäftigen. Die sachliche Anregung zu diesen Arbeiten kam durch die schon beschriebene theoretische Umorientierung und die damit verbundene Suche nach neuen Konsumeinflüssen. Praktisch ermöglicht wurden diese Untersuchungen durch das in USA bereits 1947 vorliegende neue statistische Material.[96)] Seit 1951 traten neben diese isolierten Analysen einzelner Einflußfaktoren des Verbrauchs sogenannte "Reihentests", in denen auf Vergleichsbasis die am besten arbeitenden Konsumfunktionen ermittelt werden sollten. Solche Auswahluntersuchungen konnten vorher nicht angestellt werden, da die einzelnen Hypothesen zu den Bestimmungsgründen des Konsums mit sehr heterogenen Reihen getestet worden waren. Einmal stammten die Zahlen aus verschiedenen Quellen, zum anderen arbeiteten die Tester mit Zeitreihen unterschiedlicher Periodenlänge. Es war also für die Reihenuntersuchungen eine geschlossene Neuberechnung der jeweils ausgewählten Konsumfunktionen nötig, d.h. die Originalvariablen der verschiedenen zu testenden Gleichungen mußten mit einheitlichem Zahlenmaterial noch einmal korreliert werden.

Die Auswahl und Aktualität des statistischen Materials begann so mit diesen Reihentests eine entscheidende Rolle bei der Verifikation von Konsumfunktionen zu spielen. Einzelne Autoren weisen auch ausdrücklich in ihren Untersuchungen darauf hin, welche Bedeutung sie neuerdings dem aktuellen und einheitlichen Charakter der von ihnen verwandten Zeitreihen beimessen. So sagt z.B. COHEN in einem Aufsatz von 1952[97)], daß ihn die Veröffentlichung der nochmals revidierten Statistiken aller volkswirtschaftlichen Größen[98)] zu seiner neuen Konsumfunktionsuntersuchung angeregt

96. Das US.Department of Commerce gab schon 1947 unter dem Titel "National Income and Product Statistics of the United States, 1929-1946, Washington 1947" eine Revision aller Basisaggregate heraus, die einen ziemlich radikalen Bruch mit der Statistik der Vergangenheit bedeutete. S. ABRAHAM, William I., The Comparability of National Income Statistics of English speaking Countries, RevEcStat 30 (1948), S.207.
97. COHEN, Morris, Postwar Consumption Functions, a.a.O., S.25.
98. Diese Statistiken wurden 1951 von G. JASZI und J.W. KENDRICK unter folgendem Titel veröffentlicht: Estimates of Gross National Product in Constant Dollars 1929-1940, Survey of Current Business (1951), S.6-11.

habe. Und DAVIS betont am Anfang der Studie von 1952[99], daß es Sinn seiner Arbeit sei, mit einheitlichen neuen Zeitreihen verschiedene Gruppen von Konsumfunktionen zu berechnen, um ihre Schätzqualitäten überprüfen zu können. Zur selben Zeit wie COHEN und DAVIS in USA suchte BROWN in Kanada mit Hilfe eines Reihentests nach einer geeigneten Funktion zur Erklärung von Konsum-Verzögerungen und entwickelte so seine "Habit-Persistence-Hypothese". In der Folge erschienen viele Arbeiten, die eine Anzahl von Annahmen zu den Bestimmungsgründen des makroökonomischen Konsums auf ihre Brauchbarkeit überprüften. Für USA sind dabei die Untersuchungen von FERBER[100] und FRIEDMANN[101], für Deutschland die von STÖWE und GEHRIG hervorzuheben. Charakteristisch für alle diese Analysen ist, daß sie mit einheitlichem Zahlenmaterial eine Reihe bereits bekannter Hypothesen und evtl. auch einige neue im Anschluß daran testeten mit dem Ziel, die Anwendungsmöglichkeit dieser Hypothesen zu untersuchen.

c) Fortschritte statistischer Methoden und ihr Vordringen in die Praxis

Die Übersichtstabelle zur Geschichte der Schätzmethoden (Tab. 9, Sp. 2) zeigt, daß die meisten Konsumfunktionen nach der Methode der kleinsten Quadrate (least squares method) errechnet wurden. Diese in der Praxis sehr beliebte Methode wurde seit Beginn der Dreißigerjahre wiederholt kritisch überprüft und in ihrer Aussagefähigkeit bei Zeitreihenanalysen in Frage gestellt. Sie kann jedoch bei isolierten Konsumfunktionen im allgemeinen dann ohne statistische Bedenken angewandt werden, wenn weder Multikollinearität noch Autokorrelation[102] vorliegen. In diesem Fall ist es möglich, zuverlässige Parameter zu schätzen.

Multikollinearität und Autokorrelation sind nicht ohne weiteres zu erkennen. FRISCH und v.NEUMANN entwickelten schon früh Verfahren, sie festzustellen. Diese Verfahren drangen jedoch nur allmählich in die Praxis vor und wurden auch lediglich von wenigen Forschern verwendet. Bei der Mehrzahl der Konsumfunktionsschätzungen nach der Methode der kleinsten Quadrate

---

99. DAVIS, Tom, The Consumption Function as a Tool for Prediction, a.a.O., S.217.
100. FERBER testete insgesamt 22 Funktionen in Form von Sparfunktionen. S. FERBER, Robert, A Study of Aggregate Consumption Functions, a.a.O., S.65-69.
101. S. FRIEDMANN, Milton und Gary S. BECKER, A Statistical Illusion in Judging Keynesian Models, JPolEc 65 (1957), S.64-75, S.67.
102. Die Begriffe Multikollinearität und Autokorrelation werden im methodischen Teil I dieses Berichtes näher erklärt.

sind die Bedingungen der Abwesenheit von Multikollinearität und Autokorrelation nicht oder nur ungenügend beachtet worden.

FRISCH wandte sich bereits 1934 gegen die mechanische und unkritische Benutzung der least-squares-Methode zum Berechnen von Nachfragefunktionen. Er wies auf die unsicheren Ergebnisse hin, zu denen ihre Verwendung bei Multikollinearität führt. Bei dem Versuch, mit Sicherheit zu zeigen, ob die bestimmenden Variablen der zu schätzenden Funktionen untereinander linear verbunden sind, entstand seine Konfluenzanalyse.[103] Sie ist ein Verfahren, in welchem mit Hilfe von sogenannten "Büschelkarten" (bunch maps, diagrammes en éventail) eine vermutete Multikollinearität graphisch festgestellt werden kann.

KOOPMANS kritisierte 1937 die Konfluenzanalyse und interpretierte das FRISCH-Modell stochastisch.[104] In einem 1950 erschienenen Aufsatz weist auch HAAVELMO noch einmal auf die Nichtberücksichtigung des stochastischen Charakters der Funktionszusammenhänge hin und beanstandet überdies die einseitige Verwendbarkeit der Konfluenzanalyse bei isolierten Funktionen.[105] Trotz dieser Einwände, welche den Kern des Verfahrens nicht berühren, ist die Konfluenzanalyse ein brauchbares Mittel zum Testen multikollinearer Situationen und eine gute Ergänzung zur Methode der kleinsten Quadrate.

Beschreibungen des Prinzips finden sich im Anschluß an FRISCH bei TINBERGEN[106], STONE[107], HAAVELMO[108], SCHMUCKER[109] und SEILER[110], eine weitere Darstellung wird in Teil I dieser Arbeit gegeben.[111]

---

103. FRISCH, Ragnar, Statistical Confluence Analysis by Means of Complete Regressions System, Universitetes Økonomiske Institutt, Publikasjon Nr. 5, Oslo 1934.
104. KOOPMANS, Tjalling C., Linear Regression Analysis of Economic Time Series, Haarlem 1937.
105. HAAVELMO, Trygve, Remarks on FRISCHs Confluence Analysis and its Use in Econometrics, CCMon 10, New York, London 1950, S.258-265.
106. TINBERGEN, Jan, Vérification statistique des théories des cycles économiques I, a.a.O., S.32 ff; ders. Einführung in die Ökonometrie, Wien-Stuttgart 1952, S.114 ff.
107. STONE, Richard, The Analysis of Market Demand, JRStatSoc 108 (1945), S.303 ff.
108. HAAVELMO, Trygve, Remarks on FRISCHs Confluence Analysis, Memorandum fra Universitetes Sozialøkonomiske Institutt, Februar 1951, ausgearbeitet nach einem Seminar an der Harvard Universität 1941.
109. SCHMUCKER, Helga, Zur methodischen Entwicklung der empirischen Nachfrageanalyse in den letzten zwanzig Jahren, WA 80 (1958), S.72 f.
110. SEILER, Gerhard, Ökonometrische Konjunkturmodelle, Stuttgart 1959, S.66 ff.
111. S. Teil I, Abschnitt 10.

Vor dem zweiten Weltkrieg wurde die Büschelkartenanalyse erstmals von TINBERGEN[112] benutzt. Nach dem Kriege arbeiteten STONE[113], PREST[114] und CLARK[115] mit bunchmaps (s.Tab.9, Sp. 3a). Mit seiner 1949 veröffentlichten Arbeit ist CLARK der bisher einzige Autor, der die Büschelkartenmethode bei einer volkswirtschaftlichen Konsumfunktion gebrauchte. Alle anderen bunch maps wurden im Rahmen von Nachfrageanalysen nach einzelnen Gütern verwandt.

Es gibt eine Reihe von Verfahren zum Feststellen von Autokorrelation.[116] Einen bekannten Test entwickelte v.NEUMANN in seinem Prüfverfahren auf Unabhängigkeit von aufeinanderfolgenden Beobachtungen.[117] Im Rahmen von Konsumfunktionsschätzungen arbeiteten 1952 BROWN[118], 1953 KLEIN und FERBER[119] und 1955 KLEIN-GOLDBERGER[120] mit diesem Verfahren.

Im Gegensatz zum Fall der Multikollinearität, bei dem die gegenseitigen Einflüsse der voneinander abhängigen bestimmenden Variablen statistisch nicht getrennt werden können, läßt sich eine bestehende Autokorrelation vermindern oder beseitigen.

Die Autokorrelation der Residuen, welche bei den Berechnungen der vorliegenden Arbeit in vielen Fällen auftrat, kann unter günstigen Bedingungen durch autoregressive Transformation ausgeschaltet werden.[121]

---

112. TINBERGEN, Jan, Vérification statistique des théories des cycles économiques I, a.a.O., S.95 ff.
113. STONE, Richard, The Analysis of Market Demand, JRStatSoc 108 (1945), S.286 ff.; ders., The Measurement of Consumer's Expenditure and Behaviour in the United Kingdom 1920-1938, Cambridge 1954, S.344 ff.
114. PREST, A.R., Some Experiments in Demand Analysis, RevEcStat 31 (1949), S.33 ff.
115. CLARK, Colin, A System of Equations Explaining the United States Trade Cycle, 1921-1941, a.a.O., S.105.
116. Zu ihnen gehört z.B. der Wald-Wolfowitz-Test. S. A. WALD und J. WOLFOWITZ, An Exact Test for Randomness in the Nonparametric Case Based on Serial Correlation, AMStat 14 (1943), S.378 ff.
117. HART, B.I. und J.v.NEUMANN, Tabulation of the Probability for the Ratio of the Mean Square Successive Difference to the Variance, AMStat 13 (1942), S.207-214.
118. BROWN, T.M., Habit Persistence and Lags in Consumer Behaviour, a.a.O., S.362.
119. FERBER, Robert, A Study of Aggregate Consumption Functions, a.a.O., S.29.
120. KLEIN-GOLDBERGER, An Econometric Model of the United States 1929-52, a.a.O., S.51-53.
121. Vgl. auch die Beschreibung dieser Methode in Teil I, Abschnitt 11 und die Berechnungsergebnisse des vorliegenden Teils in Kapitel III sowie Anm. 194. Siehe weiter TINTNER, Gerhard, Handbuch der Ökonometrie, Bln. 1960, S.305 ff.

Die Autokorrelation der Zeitreihen läßt sich nach der von ANDERSON[122)] entdeckten und 1940 von TINTNER[123)] weiterentwickelten Differenzenmethode reduzieren.[124)] Bei dieser Methode werden anstelle der Ursprungswerte die ersten Zeitdifferenzen dieser Werte in der Regressionsgleichung verwendet[125)], wodurch die Autokorrelation in den meisten Fällen verschwindet oder vermindert wird. Beschreibungen der Differenzenmethode finden sich, abgesehen von den schon erwähnten Arbeiten 1952 und 1960 bei TINTNER[126)] und 1954 bei ANDERSON[127)].

Im Rahmen von Nachfrageuntersuchungen wurde das Verfahren erst nach 1945 verwendet. Die Engländer STONE[128)] und PREST[129)] benutzten die Differenzenmethode in ihren zwischen 1948 und 1956 erschienenen Arbeiten zur Eliminierung von Autokorrelation (s.Tab.9, Sp. 3b).

Die bisher beschriebenen Ergänzungsverfahren zur Methode der kleinsten Quadrate sind in der Hauptsache entwickelt worden, um mathematisch-statistischen Einwänden gegen diese Methode zu begegnen. Eine ökonomisch fundierte Kritik wurde lange nicht geübt.

Die theoretische Schwäche einer Schätzung isolierter Funktionen erkannte als erster HAAVELMO. In zwei 1943 und 1944 veröffentlichten Aufsätzen[130)]

---

122. Oskar ANDERSON faßte eine Reihe von Aufsätzen zu diesem Thema in seinem Buch: Die Korrelationsrechnung in der Konjunkturforschung, Bonn 1929, zusammen.
123. TINTNER, Gerhard, The Variate Difference Method, CCMon 5, Bloomington 1940.
124. Wie in Teil I gezeigt, erübrigt sich bei den Berechnungen dieser Arbeit die Anwendung der Differenzenmethode.
125. Meist genügt die erste Differenzenbildung, um die Autokorrelation verschwinden zu lassen.
126. TINTNER, Gerhard, Econometrics, New York, London 1952, S. 308 ff.; Handbuch der Ökonometrie, a.a.O., S.279 ff.
127. ANDERSON, Oskar, Probleme der statistischen Methodenlehre, Würzburg 1954, S.229-238.
128. STONE, Richard, The Analysis of Market Demand, a.a.O., S.1 ff.; ders. Measurement, a.a.O., S.287 ff.; ders. und D.A. ROWE, Aggregate Consumption and Investment Functions for the Household Sector Considered in the Light of British Experience, Reprint Series No.117, Cambridge 1956, S.17.
129. PREST, A.R., Some Experiments in Demand Analysis, a.a.O.
130. HAAVELMO, Trygve, The Statistical Implications of a System of Simultaneous Equations, Econometrica 11 (1943) S.1-12; ders. The Probability Approach in Econometrics, Econometrica 12 (1944), S.118 ff.

wies er darauf hin, daß beim Aufstellen einzelner Gleichungen leicht die Gefahr besteht, die ausgewählten Variablen aus einem Systemzusammenhang herauszureissen, was wegen des Fehlens eines eindeutigen Kausalzusammenhanges zu verzerrten Schätzungen der Koeffizienten führen könne. Der mathematische Nachweis dieser Verzerrung und die daraus abgeleitete Forderung HAAVELMOs, der Interdependenz der wirtschaftlichen Erscheinungen durch Formulierung eines simultanen Gleichungssystems und durch simultane Bestimmung der Parameter Rechnung zu tragen, wirkte bahnbrechend für eine Reihe maßgeblicher methodischer Arbeiten in den USA, die zwischen 1947 und 1953 von Mitgliedern der Forschungsgruppe "Cowles Commission" veröffentlicht wurden.[131)]

Diese Arbeiten beschäftigen sich vornehmlich mit einer Methode, welche die Interdependenz der ökonomischen Größen durch Simultanschätzung berücksichtigt: der Maximum-Likelihood-Methode. Die Hauptvarianten dieses Schätzverfahrens sind die "full-information maximum-likelihood"-Schätzung und die "limited-information"-Methoden.

Bei der Full-Information-Methode handelt es sich um ein kompliziertes Verfahren, nach dem alle strukturellen Beziehungen eines Systems gleichzeitig zu schätzen sind. Die Methode wurde 1950 ausführlich dargestellt von KOOPMANS, RUBIN und LEIPNICK.[132)] Wegen des großen Rechenaufwandes, den sie erfordert, ist sie in der Praxis bisher kaum angewendet worden. CHERNOFF und DIVINSKY von der Cowles Commission veröffentlichten 1953 eine Full-Information-Berechnung[133)] und MENGES publizierte 1959[134)] ein mit diesem Verfahren geschätztes gesamtwirtschaftliches Modell, das auch eine Konsumfunktion einschloß (s.Tab.9, Sp. 5b).

Um den Rechenaufwand zu verringern, wurden Methoden zur Vereinfachung des Maximum-Likelihood-Verfahrens entwickelt. Mit Hilfe der "limited-information"-Methode oder der "reduced-form"-Methode ist es möglich, aus

---

131. Diese Arbeiten sind in den Cowles Commission Monographs (CCMon) Nr.10 (1950) und Nr.14 (1953) zusammengefaßt worden. Eine kritische Auseinandersetzung mit diesen Arbeiten findet sich in Teil I, Kapitel 17.
132. KOOPMANS, T.C., H. RUBIN und R.B. LEIPNIK, Measuring the Equations System of Dynamic Economics, CCMon 10, New York, London 1950, S.53-237.
133. CHERNOFF, Herman und Nathan DIVINSKY, The Computation of Maximum-Likelihood Estimates of Linear Structural Equations CCMon 14, New York, London 1953, S.236-302.
134. MENGES, Günther, Ein ökonometrisches Modell der Bundesrepublik Deutschland, Ifo 5 (1959), S.1-22.

einem simultanen Gleichungssystem eine isolierte Gleichung zu schätzen. Die "reduced-form"-Methode, bei der die Gleichungen der reduzierten Form einzeln nach der Methode der kleinsten Quadrate berechnet werden, ist weniger umfangreich als die Full-Information-Schätzung, setzt aber logisch voraus, daß das zu schätzende Gleichungssystem gerade identifiziert ist.[135)]

Die abgekürzte Variante der Maximum-Likelihood-Methode wurde von GIRSHIK vermutet[136)], anschließend von ANDERSON und RUBIN ausgearbeitet und 1949 veröffentlicht.[137)] 1950 gibt ANDERSON[138)] noch einmal eine zusammengefaßte Darstellung des Verfahrens. Eine weitere Beschreibung findet sich bei HOOD und KOOPMANS[139)].

Die Tabelle 9 (Sp. 5c,2) zeigt, daß nach 1947 eine Reihe von Modellen mit Konsum- oder Nachfragefunktionen nach der "reduced-form"-Methode geschätzt wurden. Die Systeme von GIRSHIK und HAAVELMO[140)] und von HILDRETH und JARETT[141)] enthalten Nachfragefunktionen nach einzelnen Gütern. Alle anderen Arbeiten, die im Umkreis der Cowles Commission entstandenen von HAAVELMO[142)], KLEIN[143)] und KLEIN-GOLDBERGER[144)] sowie die von BROWN[145)],

---

135. Die statistische Information und die a priori-Kenntnisse des Modells genügen nicht, um die Parameter zu identifizieren. Bei linearen Modellen gibt es Regeln, nach denen überprüft wird, ob ein System gerade identifiziert, ob es überidentifiziert ist oder ob es nicht identifiziert werden kann.
136. S. hierzu MARSHAK, Jacob, Statistical Inference in Economics CCMon 10 (1950), S.5 und KOOPMANS, RUBIN und LEIPNIK, a.a.O., S.111.
137. Bereits 1946 hielt ANDERSON einen Vortrag über die "methods of reduced forms" auf einem Treffen des Mathematisch-Statistischen Instituts in Ithaca. 1949 erschien: ANDERSON, T.W. und Herman RUBIN, Estimation of the Parameters of a Single Stochastic Difference Equation in a Complete System, AMStat 20 (1949), S.46-63.
138. S. ANDERSON, T.W., Estimation of the Parameters of a Single Equation by the Limited-Information Maximum-Likelihood Method, CCMon 10, 1950, S.311-325.
139. KOOPMANS, Tjalling C. und Wm.C.HOOD, The Estimation of Simultaneous Linear Economic Relationships, Kap.6, CCMon 14, London, New York 1953, S.162 ff.
140. GIRSHIK, M.A. und Trygve HAAVELMO, Statistical Analysis of the Demand for Food, Econometrica 15 (1947), S.79-110.
141. HILDRETH, C. und F.G. JARRET, A Statistical Study of Livestock Production and Marketing, CCMon 15, New York, London 1955.
142. HAAVELMO, Trygve, Methods of Measuring the Marginal Propensity to Consume, JAStatAss 42 (1947), S.105 ff. Der Aufsatz wurde nochmals abgedruckt in CCMon 14, a.a.O., S.75-91.
143. KLEIN, Lawrence R., The Use of Econometric Models as a Guide to Economic Policy, a.a.O., S.111-151; ders. Economic Fluctuations in the United States 1921-1941, CCMon 11, a.a.O.
144. KLEIN-GOLDBERGER, An Econometric Model of the United States 1929-1952, a.a.O.
145. BROWN, T.M., Habit Persistence and Lags in Consumer Behaviour, a.a.O., S.362 ff.

T a b

Übersicht zur Geschichte d

1	2	3			
Jahr	Methode der kleinsten Quadrate (l.sq.) ohne Ergänzung angewandt bei isolierten Konsumfunktionen 2) :	Ergänzende Verfahren zur Methode der kleinsten Quadrate			
		a		b	
		Konfluenzanalyse: 4)		Differenzenmethode	
		(1) Entwickelt von	(2) Angewandt bei Konsum- u.Nachfragefunktionen	(1) Entwickelt von	(2 Angew bei K u.Nac funkt
1929				ANDERSON, O.	
1934		FRISCH			
1935					
1936					
1937					
1938	STONE 3)				
1939	POLAK		TINBERGEN		
1940				TINTNER	
1941	SAMUELSON				
1942	STONE EZEKIEL				
1943					
1944					

...chen Schätzmethoden[1]

...	5				
- ho- in- ate iven 6)	Maximum-Likelihood-Methode bei interdependenten Systemen 7)				
	a	b		c	
	Forderung der Interdependenz	Full-Information		Limited-Information	
		(1) Entwickelt von	(2) Angewandt von	(1) Entwickelt von	(2) Angewandt bei Konsum- u.Nachfragefunkt.von
	HAAVELMO				
	HAAVELMO				

1945	MOSAK PARADISO SMITHIES		STONE		
1946	FRIEND WOYTINSKY BASSIE BENNION				
1947					
1948	METZLER MACK DUESSENBERRY				STO
1949	MODIGLIANI		CLARK PREST		PRES
1950					
1951	CHANG und LIU				
1952	BROWN+) DAVIS				
1953	FERBER+)				
1954	ZIMMERMANN		STONE		STO
1955	HAMBURGER FERBER+)				
1956					STONE
1957	FRIEDMANN ZELLNER				
1958	GEHRIG+)				
1959	WAFFENSCHMIDT				

- USA
- Kanada
- Deutschland
- Holland
- Skandinavien
- England
- Australien

Die Literaturangaben zu Tabelle 9 befinden sich auf einem anderen Blatt.

Die mit +) bezeichneten Autoren verwenden zwar keine Ergänzungsverfahren, testen
BROWN und FERBER arbeiten dabei mit dem v.NEUMANN-Test.

				ANDERSON, T.W.	
					GIRSHIK u.HAAVEL-MO, KLEIN
				ANDERSON u.RUBIN	
		KOOPMANS, RUBIN,LEIPNIK		ANDERSON, T.W.	KLEIN
					BROWN
			CHERNOFFu. DIVINSKY	KOOPMANS u. HOOD	CHERNOFF und DIVINSKY
EL					
					KLEIN-GOLDBERGER HILDRETH u.JARETT
			MENGES		STÖWE MENGES

elation.

Anmerkungen zu Tabelle 9:

1. Mit Hilfe dieser Tabelle sollen bestimmte Entwicklungstendenzen aufgezeigt werden. Ausgewählt wurden lediglich die bekanntesten Arbeiten. Die Tabelle erhebt keinen Anspruch auf Vollständigkeit.
2. In Spalte 2 werden lediglich die bekanntesten Arbeiten erwähnt, in denen Konsumfunktionen nach der Methode der kleinsten Quadrate getestet wurden. Darüber hinaus auch nur die wichtigsten der mit dieser Methode getesteten Nachfragefunktionen nach einzelnen Gütern zu erwähnen, würde im Rahmen einer Untersuchung über volkswirtschaftliche Konsumfunktionen zu weit führen. Allein in den USA wurden bis 1949 ca. 100 Konsum- und Nachfragefunktionen mit dieser Methode geschätzt. (Eine Liste dieser Funktionen findet sich bei ORCUTT, G.H. und A.D. ROY, A Bibliography of the Consumption Function, Cambridge University 1949.) In Spalte 3 sind die Nachfragefunktionen nur deshalb aufgeführt, weil gezeigt werden soll, wie selten die Ergänzungsmethoden Anwendung fanden.
3. Literaturangaben zu Spalte 2: STONE, Richard und W.M., The Marginal Propensity to Consume and the Multiplier, RevEcStud 6 (1938), S.6 ff.; POLAK, J.J., Fluctuations in the United States Consumption, 1919-1932, RevEcStat 21 (1939), S.1-12; SAMUELSON, Paul A., Statistical Analysis in the Consumption Function, Appendix in: A.H. HANSEN, Fiscal Policy and Business Cycles, New York 1941, S.250-260; STONE, Richard, National Income in the U.K. and the U.S.A., RevEcStud 10 (1942/43), S.1-27; EZEKIEL, Mordekai, Statistical Investigations of Saving, Consumption and Investment, AER 32 (1942), S.22-49; MOSAK, Jacob L., Forecasting Postwar Demand III, Econometrica 13 (1945), S.25-53; PARADISO, L.J., in: National Budgets for Full Employment, National Planning Association, 1945; SMITHIES, Arthur, Forecasting Postwar Demand I, Econometrica 13 (1945), S.1-14; FRIEND, Irwin, Relationship between Consumers Expenditures, Savings and Disposable Income, RevEcStat 28 (1946), S.208-215; WOYTINSKY, W.S., Relationship between Consumers Expenditures, Saving and Disposable Income, RevEcStat 28 (1946), S.1-12; BASSIE, V.L., Consumers Expenditures in War and Transition, RevEcStat 28 (1946), S.117-130; BENNION, E.G., The Consumption Function: Cyclically Variable?, RevEcStat 28 (1946), S.219-224; METZLER, Lloyd A., Three Lags in the Circular Flow of Income, in: Income, Employment andPublic Policy, Essays in Honor of Alvin H. HANSEN, New York 1948, S.11-32; MACK, Ruth, The Direction of Change in Income and the Consumption Function, RevEcStat 30 (1948), S.239-258; DUESENBERRY, James, Income-Consumption Relations, in: Income, Employment and Public Policy, a.a.O., S.54-81; MODIGLIANI, Franco, Fluctuations in the Saving-Income Ratio, in: Studies in Income and Wealth 11, New York 1949, S.371-438; CHANG, Ching-Gwan und Ta-Chung LIU, Monthly Estimates of certain National Product Components 1946-1949, RevEcStat 33 (1951), S.219-227; BROWN, T.M., Habit Persistence and Lags in Consumer Behaviour, Econometrica 20 (1952), S.355-371; DAVIS, Tom E., The Consumption Function as a Tool for Prediction, RevEcStat 34 (1952), S.270-277; FERBER, Robert, A Study of Aggregate Consumption Functions, NatBurEcRes 1953; ZIMMERMANN, Heinz, Privates Sparen und Einkommensentwicklung in der Zwischenkriegszeit. Konjunkturberichte des Rhein.-Westf. Institutes f. Wirtschaftsforschung, Essen, N.F., H.1 (1954), S.45-51; HAMBURGER, William, The Relation of Consumption to Wealth and the Wage Rate, Econometrica 23 (1955), S.1-17; FERBER, Robert, The Accuracy of Aggregate Saving Functions in the Postwar Years, RevEcStat 37 (1955), S.134-138; FRIEDMANN, Milton, A Statistical Illusion in Judging Keynesian Models, JPolEc 65 (1957), S.64-75; ZELLNER, Arnold, Consumption and the Consumption Function in the US 1948/49 Recession, RevEcStat 39 (1957), S.303-311; GEHRIG, Gerhard, Bestimmungsfaktoren des Konsums in der Bundesrepublik, Bln-München 1958. WAFFENSCHMIDT, W.G. und Forschungsgruppe, Deutsche Volkswirtschaftliche Gesamtrechnung und ihre Lenkungsmodelle, 1949-1955, Stuttgart 1959.
4. Literaturangaben zu Spalte 3a: FRISCH, Ragnar, Statistical Confluence Analysis by Means of Complete Regression Systems, Universitetes Økonomiske Institutt, Publikasjon Nr.5, Oslo 1934; CLARK, Colin, A System of Equations Explaining the United States Trade Cycle 1921 to 1941, Econometrica 17 (1949), S.93-124; TINBERGEN, Jan, Vérification statistique des théories des cycles économique I, Genève 1939; STONE, Richard, The Analysis of Market Demand, JRStatSoc 108 (1945), S.286 ff.; PREST, A.R., Some Experiments in Demand Analysis, RevEcStat 31 (1949), S.33 ff.; STONE, Richard, The Measurement of Consumer's Expenditure and Behaviour in the United Kingdom 1920-1938, Cambridge 1954.
5. Literaturangaben zu Spalte 3b: ANDERSON, Oskar, Die Korrelationsrechnung in der Konjunkturforschung, Frankfurter Gesellschaft für Konjunkturforschung, H.4, Bonn 1929; TINTNER, Gerhard, The Variate Difference Method, CCMon 5. Bloomington 1940; STONE, Richard, The Analysis of Market Demand, An Outline of Methods and Results, RevJStatJ 16 (1948), S.1 ff.; PREST, A.R., Experiments, a.a.O.; STONE, Richard, Measurements, a.a.O.
6. Literaturangaben zu Spalte 4: BENTZEL, R. und H. WOLD, On Statistical Demand Analysis from Viewpoint of Simultaneous Equations, Skandinavisk Aktuarietidskrift 29 (1946), S.95 ff.; WOLD, H. und L. JUREEN, Demand Analysis, New York, Stockholm 1952; BENTZEL, R. und B. HANSEN, On Recursiveness and Interdependency in Economic Models, Vortrag im Rahmen der 16. Tagung der Ökonometrischen Gesellschaft in Upsala 1954. Protokoll Econometrica 23 (1955), S.200-202; WOLD, H., The Possibilities and Limitations of Recursive Systems, Vortrag im Rahmen der 16.Tagung der Ökonometrischen Gesellschaft in Upsala 1954. Protokoll Econometrica 23 (1955), S.202; WOLD, H., Statistical Estimation of Economic Relationships, Econometrica 17 (Suppl. 1949), S.1-21.
7. Literaturangaben zu Spalten 5a bis 5c: HAAVELMO, Trygve, The Statistical Implications of a System of Simultaneous Equations, Econometrica 11 (1943), S.1-12; ders., The Prohability Approach in Econometrics, Econometrica 12 (1944), S.118 ff.; KOOPMANS, T.C., H. RUBIN und R.B. LEIPNIK, Measuring the Equations Systems of Dynamic Economics, CCMon 10, New York, London 1950, S.53-237; CHERNOFF, Herman und Nathan DIVINSKY, The Computation of Maximum-Likelihood Estimates of Linear Structural Equations, CCMon 14, New York, London 1953, S.236-302; MENGES, Günther, Ein ökonometrisches Modell der Bundesrepublik Deutschland, Ifo 5 (1959), S.1-22; ANDERSON, T.W., Vortrag über "Method of Reduced Forms" auf dem Treffen des Mathematisch-Statistischen Institutes in Ithaca, 1946; ANDERSON, T.W. und Herman RUBIN, Estimation of the Parameters of a Single Stochastic Difference Equation in a Complete System, AMStat 20 (1949), S.46-63; ANDERSON, T.W., Estimation of the Parameters of a Single Equation by the Limited Information Maximum Likelihood Method, CCMon 10, London, New York 1950, S.311-325; KOOPMANS, Tjalling C. und Wm.C.HOOD, The Estimation of Simultaneous Linear Economic Relationships, CCMon 14, a.a.O., S.112-199; GIRSHIK, M.A. und Trygve HAAVELMO, Statistical Analysis of the Demand for Food, Econometrica 15 (1947), S.79-110; (der Aufsatz wurde später noch einmal abgedruckt in CCMon 14, a.a.O., S.92-111); HAAVELMO, Trygve, Methods of Measuring the Marginal Propensity to Consume, JAStatAss 42 (1947), S.105 ff. (Wiederabdruck in CCMon 14, a.a.O., S.75-91); KLEIN, Lawrence R., The Use of Econometric Models as a Guide to economic Policy, Econometrica 15 (1947), S.111-151; ders., Economic Fluctuations in the United States 1921-1941, CCMon 11, London, New York 1950; BROWN, T.M. Habit Persistence, a.a.O., S.355-371; CHERNOFF und DIVINSKY, a.a.O.; KLEIN, Lawrence R., und A.S. GOLDBERGER, An Econometric Model of the United States 1929-1952, Amsterdam 1955; HILDRETH, C. und F.G. JARRET, A Statistical Study of Livestock Production and Marketing, CCMon 15, New York, London 1955; MENGES, Günther, a.a.O.; STÖWE, Heinz, Ökonometrie und makroökonomische Theorie, Stuttgart 1959, S.86 ff.

STÖWE[146] und MENGES[147] schliessen in ihren Modellen Konsumfunktionen ein.

Aus der Tabelle 9 ist weiter abzulesen, daß sich die Maximum-Likelihood-Schätzungen auf amerikanische Cowles Commission-Untersuchungen und auf kanadische und deutsche Arbeiten beschränken. Englische und skandinavische Ökonometriker sowie eine Gruppe im US-Landwirtschaftsdepartment[148] haben dieses Verfahren nicht aufgegriffen, sondern testeten bis heute mit der Methode der kleinsten Quadrate. Ihre Einwände gegen das Maximum-Likelihood-Verfahren sind teils praktisch und teils grundsätzlich. Sie beziehen sich sowohl auf den großen Rechenaufwand als auch auf mögliche Fehlerquellen der Simultanschätzmethode.[149]

In der Zeit zwischen 1946 und 1954 ist die Methode der kleinsten Quadrate mit Nachdruck vor allem von den schwedischen Ökonometrikern WOLD[150], BENTZEL und HANSEN[151] verteidigt worden. WOLD zeigte, daß diese Methode bei unilateralen Kausalbeziehungen in einzelnen Gleichungen und im Fall sogenannter "Rekursiver Systeme"[152] zu zuverlässigen Koeffizientenschätzungen führt. BENTZEL und HANSEN wiesen ebenfalls auf die statistischen Vorzüge der rekursiven Systeme hin und betonten dabei die Notwendigkeit, das Aufstellen von rekursiven oder interdependenten Systemen nicht allein von statistischen, sondern vor allem von wirtschaftstheoretischen Gesichtspunkten abhängig zu machen.

---

146. STÖWE, Heinz, a.a.O., S.89 ff.
147. MENGES, Günther, Ein ökonometrisches Modell der Bundesrepublik Deutschland, a.a.O., S.7 ff.
148. Zu ihr gehören FOOTE und FOX, die u.a. in einer Gemeinschaftsarbeit ihr methodisches Vorgehen begründen. S. FOOTE, R.J. und Karl A.FOX, Analytical Tools for Measuring Demand, US-Department of Agriculture, Agricultural Handbook 64, Washington 1954.
149. So erwähnt z.B. STONE bei seiner Rechtfertigung der Methode der kleinsten Quadrate den Nachweis von COCHRANE und ORCUTT, daß die Koeffizienten der "reduced-form" bei Verwendung von sehr kurzen Zeitreihen verzerrt werden.
150. S. BENTZEL, R. und H. WOLD, On Statistical Demand Analysis from Viewpoint of Simultaneous Equations, Skandinavisk Aktuarietidskrift 29 (1946), S.95 ff.; WOLD, H., Statistical Estimation of Economic Relationships, Econometrica 17 (Suppl.1949), S.1-21; WOLD, H. und L. JUREEN, Demand Analysis, New York, Stockholm 1952; WOLD, H,, Causality and Econometrics, Econometrica 22 (1954), S.162-177; ders., The Possibilities and Limitations of Recursive Systems, Vortrag im Rahmen der 16.Tagung der Ökonometrischen Gesellschaft in Upsala 1954. Protokoll Econometrica 23 (1955) S.202.
151. S. BENTZEL, R. und B. HANSEN, On Recursiveness and Interdependency in Economic Models, RevEcStud 22 (1954/55) sowie ihren gleichlautenden Vortrag im Rahmen der 16.Tagung der Ökonometrischen Gesellschaft in Upsala 1954, Protokoll a.a.O., S.200-202.
152. Rekursive Modelle bestehen aus Gleichungen, in denen eine eindeutige Kausalbeziehung zwischen erklärten und erklärenden Variablen innerhalb einer Periode nachzuweisen ist.

3. Zusammenfassende Darstellung der Ergebnisse

Der Rückblick auf die Geschichte der Konsumfunktionsschätzungen ergab, daß sich seit 1935 zwei Hauptperioden erkennen lassen.

In der ersten Periode von 1935 bis 1946 gelang es nicht, eine wirklichkeitsnahe Theorie der Konsumfunktion zu entwickeln. Weder mit der KEYNES-schen Version noch mit den Annahmen der Trendtheorie war es möglich, das Konsumverhalten im Zeitverlauf theoretisch ausreichend zu beschreiben.

Das Scheitern zahlreicher Erklärungs- und Prognoseversuche muß hauptsächlich den unzureichenden theoretischen Prämissen, jedoch auch in gewisser Hinsicht der unvollkommenen statistischen Behandlung der Funktionen zugeschrieben werden. Die den Funktionsberechnungen zugrundeliegenden Zeitreihen, deren Korrelation ausnahmslos nach der Methode der kleinsten Quadrate festgestellt wurde, untersuchte man im allgemeinen nicht darauf, ob sie hinreichende Informationen lieferten. Die Zeitreihen wurden auch nicht auf Abwesenheit von Multikollinearität und Autokorrelation geprüft, obwohl entsprechende Verfahren zur Verfügung standen.

In der darauf folgenden Periode ab 1947 wurde versucht, die Theorie der Konsumfunktion realistischer zu fassen. Man überprüfte die bisherigen Hypothesen und fragte darüber hinaus nach allen für die Höhe der Konsumausgaben wichtigen Faktoren. Dabei konnte eine Reihe neuer Konsumeinflüsse gefunden werden, die mit entsprechenden Variablen in der Konsumfunktion berücksichtigt wurden. Man erkannte das Einkommen der Vorperiode, die Einkommensänderungsrate, das Maximaleinkommen und den Konsum der Vorperiode als mögliche Bestimmungsgründe der Verbrauchsausgaben. Weiter wurde festgestellt, daß unter bestimmten Voraussetzungen Vermögensvariablen zur Erklärung des makroökonomischen Konsumverhaltens beitragen. Außerdem wurde der Einfluß der Konsumgüterpreise, des Bevölkerungswachstums sowie der Einkommensverteilung auf den Verbrauch gemessen.

Neben der Überprüfung der Hypothesen begann man nach 1947, das in den Berechnungen verwendete Zahlenmaterial sowie die bislang angewandte Methode - die Methode der kleinsten Quadrate - kritisch zu betrachten.
Der Auswahl des Zahlenmaterials schenkte man vor allem bei den "Reihentests" zur Ermittlung genau arbeitender Funktionen größere Beachtung.

Daß Bedenken gegen die ausschließliche Benutzung der Methode der kleinsten Quadrate bei praktischen Konsumfunktionsuntersuchungen erst zu Beginn der zweiten Periode erhoben wurden, verwundert insofern, als lange vor 1947 sowohl aus statistischer als auch aus ökonomischer Sicht Kritik an der mechanischen Verwendung dieser Methode geübt worden war. Um den statistischen Einwänden zu begegnen, hatte man bereits seit 1934 die Büschelkartenanalyse zum Entdecken von Multikollinearität, einige Autokorrelationstests und die Differenzenmethode zum Reduzieren von Reihenkorrelation entwickelt. Ab 1946 führte auch die ökonomische Kritik, d.h. der Einwand der Vernachlässigung wirtschaftlicher Interdependenz bei Verwendung der Methode der kleinsten Quadrate, zur Ausarbeitung eines neuen Simultanschätzverfahrens: der Maximum-Likelihood-Methode.

Als man nach 1947 in vielen Fällen begann, die Methode der kleinsten Quadrate mit Vorsicht zu verwenden, fanden ihre Ergänzungsverfahren sowie die Maximum-Likelihood-Methode allmählich Eingang in die Praxis. Im Zusammenhang damit bildeten sich im Laufe der Zeit unter den Konsumfunktionsforschern zwei gegensätzliche Gruppen heraus. Eine Gruppe von Forschern betonte die Interdependenz der wirtschaftlichen Erscheinungen und schätzte eine Reihe von Konsumfunktionen im Rahmen von simultanen Gleichungssystemen nach einer zeitsparenden, abgekürzten Variante der Maximum-Likelihood-Methode. Die andere Gruppe von Autoren behielt im Gegensatz hierzu die Methode der kleinsten Quadrate bei. Soweit sie diese nicht kritiklos benutzte, rechtfertigte sie ihr Vorgehen entweder statistisch durch Verwendung von Multikollinearitäts- und Autokorrelationstests oder ökonomisch durch Aufstellen von Funktionen mit eindeutigen unilateralen Kausalbeziehungen, welche interdependente Verflechtungen ausschließen.

Kapitel II:

Problemstellung. (Theoretische Begründung für die Neubearbeitung des Themas) Das statistische Material.

Ziel dieser Arbeit ist es, die Bestimmungsgründe der Verbrauchsausgaben in der Bundesrepublik im Zeitraum 1950 bis 1958 zu untersuchen. Obwohl in den letzten Jahren GEHRIG (1958)[153], WAFFENSCHMIDT (1959)[154], MENGES (1959)[155] Konsumfunktionen mit deutschen Nachkriegsdaten zwischen 1948 und 1957 verifizierten,[156] ist eine nochmalige Schätzung einiger Funktionen aus verschiedenen Gründen gerechtfertigt.

Einmal legte natürlich das seit 1957 zur Verfügung stehende aktuellere Zahlenmaterial[157] erneute Korrelationen zwischen den Konsumdaten und den sie bestimmenden Zeitreihen nahe. Das gab aber nicht den Ausschlag. Es waren vor allem theoretische Erwägungen, die Neuberechnungen interessant erscheinen ließen.

Die Ermittlung einer für die Bundesrepublik relevanten Konsumfunktion verlangt die empirische Prüfung mehrerer ausgewählter Hypothesen (Reihentests), wie sie in den letzten Jahren nur GEHRIG vorgenommen hat. WAFFENSCHMIDT und MENGES schätzten lediglich je eine Funktion im Rahmen eines Gesamtmodells[158].

Die Reihentests der vorliegenden Untersuchung unterscheiden sich in wesentlichen Punkten von denen GEHRIGs. GEHRIG überprüft annähernd alle in USA im Rahmen isolierter Funktionen getesteten Bestimmungsgründe des Verbrauchs[159] und interpretiert oder verwirft anschließend die rechnerischen Ergebnisse. Im Gegensatz hierzu werden in der vorliegenden Arbeit

153. GEHRIG, Gerhard, Bestimmungsfaktoren des Konsums in der Bundesrepublik, a.a.O.
154. WAFFENSCHMIDT, W.G. und Forschungsgruppe, Deutsche volkswirtschaftliche Gesamtrechnung und ihre Lenkungsmodelle, 1949-55, a.a.O., S.42 ff.
155. MENGES, Günther, Ein ökonometrisches Modell der Bundesrepublik Deutschland, a.a.O., S.15 ff.
156. Siehe Tabelle 8, S.285.
157. Siehe den anschließenden Abschnitt B, der Fragen zum statistischen Material behandelt.
158. Sie hatten also von vorneherein eine andere Zielsetzung als GEHRIG.
159. GEHRIG schließt allein den Vermögenseinfluß aus Mangel an geeignetem Zahlenmaterial und wegen ungenügender Konzeption der Theorie aus. S. GEHRIG, Gerhard, a.a.O., S.23.

nur diejenigen Funktionen geschätzt, welche von Anfang an aufgrund theoretischer Überlegungen für die Erklärung der Verbrauchsausgaben im gegebenen Beobachtungszeitraum geeignet erscheinen. Und zwar wird im Laufe der Untersuchung gefragt:

1. nach der ökonomischen Bedeutung der Konsumfunktionsvariablen an sich
2. nach der Wahl der Zeitreihen für die Variablen (Heraussuchen zutreffender Zeitreihen, Bearbeitung der Zeitreihen nach ökonomischen Gesichtspunkten)
3. nach der sinngemäßen Korrelation der gewählten Zeitreihen
   a) rein theoretisch aufgrund der ökonomischen Bedeutung der Variablen
   b) im Hinblick auf die Wahl des Beobachtungszeitraumes (Berücksichtigung konjunktureller und anderer zeitbedingter Einflüsse)
   c) im Hinblick auf die Wahl der Periodenlänge (Berücksichtigung kurz und länger anhaltender Konsumeinflüsse).

Unter Beachtung dieser Gesichtspunkte sollen in Kapitel III der Arbeit das Gegenwartseinkommen, das Einkommen der Vorperiode sowie der Verbrauch der Vorperiode als konsumbestimmende Variablen in deutsche Nachkriegsfunktionen eingeführt werden.

B) Fragen zum statistischen Material

In der Literatur wurde das Problem des geeigneten Zahlenmaterials bisher nicht genügend beachtet. Zwar war man seit ca. 1952 darauf bedacht, durch Gebrauch einheitlicher Zahlenreihen die Vergleichbarkeit verschiedener Konsumfunktionen herzustellen. Die Zahlenreihen selbst jedoch waren in vielen Fällen weder kritisch genug betrachtet[160)] noch mit ausreichenden Quellenangaben versehen worden.[161)] Da gerade das Zahlenmaterial Unzulänglichkeiten enthalten kann, welche u.U, die Brauchbarkeit der mit solchen Reihen getesteten Funktionen beeinträchtigen, werden in der Folge alle mit den statistischen Daten zusammenhängenden Fragen ausführlich behandelt.

---

160. So schreibt z.B. WAFFENSCHMIDT, W.G., in: Deutsche volkswirtschaftliche Gesamtrechnung und ihre Lenkungsmodelle, Stuttgart, 1959, S.38, zu den von ihm verwandten Zahlenreihen, daß eine kritische Beurteilung dieser Daten zu weit führe, und daß sie ohne eine solche übernommen wurden.
161. Selbst neueste Veröffentlichungen lassen Quellenangaben, die eine genaue Überprüfung der Zahlengewinnung ermöglichen, vermissen (z.B. STÖWE, Heinz, Ökonometrie und makroökonomische Theorie, a.a.O. Aus den hier S.93 angegebenen Quellen ist nicht zu erkennen, wie STOWE seine Zahlen im einzelnen berechnet hat). Eine Ausnahme bildet hierbei GEHRIG, der jede Fundstelle zitiert.

1. Auswahl der Reihen

Für die Funktionsberechnungen in Kapitel III dieser Arbeit werden für die Vorkriegszeit Jahresreihen für das Altreich und für die Nachkriegszeit Jahres-, Halbjahres- und Vierteljahresreihen für das Bundesgebiet für folgende Größen benötigt:

1.	Bruttosozialprodukt	Y^{BSP}
2.	Nettosozialprodukt zu Marktpreisen	Y^{M}
3.	Nettosozialprodukt zu Faktorkosten	Y^{F}
4.	Verfügbares Einkommen	Y^{v}
5.	Gesamtkonsum	C
6.	Privater Konsum	C_{pr}
7.	Preisindex für Lebenshaltung	P_{L}
8.	Gesamtinvestition	I
9.	Bevölkerung	B

2. Zahlen der Vorkriegszeit
(von Diplom-Volkswirt Günther LANGE)

a) Wahl des Zeitraumes

Geeignet für eine derartige Untersuchung erscheint der Zeitraum von 1925 bis 1934. Im Jahre 1925 war nach der Währungsumstellung ein neuer Anfang für die wirtschaftliche Entwicklung gegeben; 1935 wurde durch die Eingliederung der Saar in das Reichsgebiet der Wirtschaftsraum der deutschen Volkswirtschaft verändert. Das Herausrechnen des Saargebiets aus den statistischen Angaben für das Deutsche Reich bereitet aber für einige wesentliche Reihen erhebliche Schwierigkeiten. Außerdem erscheint eine Berechnung für einen längeren Zeitraum als bis 1935 auch wegen der zumindest seit 1936 beginnenden Transformation der Marktwirtschaft in eine stärker planwirtschaftlich orientierte Volkswirtschaft nicht sehr sinnvoll.

b) Quellen und Methoden der Reihengewinnung

Für den Zeitraum von 1925 bis 1935 liegen Berechnungen des Volkseinkommens durch das Statistische Reichsamt vor. Allerdings bestehen zwischen dem Begriff des Volkseinkommens, wie ihn das Statistische Reichsamt verwendet, und demjenigen, der den Berechnungen des Statistischen Bundesamtes nach dem 2. Weltkrieg zugrunde liegt (Nettosozialprodukt zu Faktorkosten), einige Unterschiede. Neben kleineren Abweichungen auf Grund unterschiedlicher Definitionen, (die aber vernachlässigt werden können) und der verschiedenen Berechnungsmethoden[162)] liegt der wesentliche

162. Anmerkung 162 siehe auf Seite 304.

Unterschied in der Position "In den Privateinkommen nicht enthaltene Steuern", die in den Berechnungen des Statistischen Reichsamtes im Volkseinkommen enthalten sind.

RAABE[163] hat für die Zeit von 1925 bis 1939 das Volkseinkommen (nach der Definition des Statistischen Reichsamtes) in das Nettosozialprodukt zu Faktorkosten umgerechnet und durch Addition der indirekten Steuern zu diesem das Nettosozialprodukt zu Marktpreisen errechnet.[164] Durch die Addition der Abschreibungen, die mit hinreichender Genauigkeit für den beobachteten Zeitraum geschätzt werden können, zum Nettosozialprodukt zu Marktpreisen bestimmte RAABE außerdem das Bruttosozialprodukt.[165] Diese Reihen RAABEs wurden auch in der vorliegenden Arbeit den Berechnungen zugrunde gelegt, darüber hinaus wurde auch die von RAABE mit Hilfe eines gemischten Index (Lebenshaltungskosten, Großhandelspreise, landwirtschaftliche Erzeugerpreise, Teilreihen für Rohstoffpreise) vorgenommene Preisbereinigung übernommen. Dieser Index wurde auf das Basisjahr 1934 umgerechnet.

Für das verfügbare Einkommen liegen für den beobachteten Zeitraum keine statistischen Angaben vor. Es wurde daher versucht, dieses mit Hilfe von Einkommensgleichungen zu bestimmen. Das Bruttosozialprodukt (Y^{BSP}) abzüglich der direkten und indirekten Steuern (T^{dir}; T^{ind}), der Abschreibungen (D) und der unverteilten Gewinne (U), zuzüglich der Transferzahlungen (Tr) und der Subventionen (Z) ergibt das verfügbare Einkommen. In einer Gleichung ausgedrückt:

$$Y^{BSP} - (T^{dir} + T^{ind}) - D - U + (Tr + Z) = Y^{v}$$

Für die in dieser Gleichung vorkommenden Größen liegt statistisches Material vor mit Ausnahme der Transferzahlungen und Subventionen, für die verläßliche Angaben fehlen[166]. Das verfügbare Einkommen wurde daher unter Nichtbeachtung der Transferzahlungen und Subventionen aus der Gleichung

$$Y^{BSP} - (T^{dir} + T^{ind}) - U - D = Y^{v}$$

162. Das Statistische Reichsamt bestimmte das Volkseinkommen durch Summierung der Einzeleinkommen, während die heutigen Berechnungen auf globalen Größen beruhen (Verbrauchs-, Produktions- und ähnlichen Statistiken).
163. RAABE, Karl-Heinz, Die langfristige Entwicklung des Sozialproduktes im Bundesgebiet, in: WuSt. N.F. 1954, S. 63 ff.
164. Die Subventionen konnten dabei wegen des Fehlens statistischen Materials nicht berücksichtigt werden.
165. RAABE, Karl-Heinz, a.a.O., S.64.
166. Vergl. auch RAABE, Karl-Heinz, a.a.O., S.63/64.

bestimmt. Von den nicht ausgeschütteten Gewinnen wurde die Körperschaftssteuer in voller Höhe abgesetzt, da diese aus den unverteilten Gewinnen gezahlt wird.

Nach der gleichen Methode wurde von STÖWE[167)] das verfügbare Einkommen für die Zeit von 1925 bis 1932 ermittelt. Er kommt zu nahezu den gleichen Ergebnissen. Differenzen liegen wahrscheinlich nur im unterschiedlichen statistischen Ausgangsmaterial begründet. Zu den von ZIMMERMANN[168)] geschätzten Zahlen für das verfügbare Einkommen für die Zeit von 1925 bis 1938 bestehen allerdings größere Unterschiede, da ZIMMERMANN als Y^v das von der Einkommensstatistik ausgewiesene "Privateinkommen (abzüglich aller Personalsteuern und steuerähnlicher Zwangsabgaben)"[169)] verwendet hat.

Für den privaten Konsum liegen für die Zeit von 1925 bis 1935 ebenfalls keine statistischen Angaben vor. STÖWE[170)] hat versucht, den privaten Konsum aus der Gleichung

$$C_t^{pr} = Y_t^{BSP} - (I_t^{pr} + A_t^{st} + A_t)$$ [171)]

zu bestimmen. Bei dieser Methode sind aber die Werte für A^{st}, also für die staatlichen Ausgaben, schwer zu bestimmen, da nur die einkommenschaffenden Größen (staatliche Investitionen, sächliche und persönliche Ausgaben des Staates) in die Berechnungen eingehen dürfen. Für die gewählte Zeit sind aber die statistischen Angaben darüber zu ungenau, um zu einigermaßen verläßlichen Ergebnissen zu kommen.

Eine andere Möglichkeit der Bestimmung des privaten Konsums besteht in der Subtraktion des privaten Sparens vom verfügbaren Einkommen.[172)] Die Restgröße stellt den privaten Konsum dar. Nach dieser Methode wurde in der vorliegenden Arbeit vorgegangen, da das statistische Ausgangsmaterial

---

167. STÖWE, Heinz, Ökonometrie und makroökonomische Theorie, Ökonomische Studien, Heft 3, Stuttgart 1959, S.89 ff.
168. ZIMMERMANN, Heinz, Privates Sparen und Einkommensentwicklung in der Zwischenkriegszeit. In: Konjunkturberichte des Rheinisch-Westfäl.-Instituts f. Wirtschaftsforschung, V.Jahrgang, N.F., 1.Heft, Essen 1954.
169. ZIMMERMANN, a.a.O., S.49.
170. STÖWE, Heinz, a.a.O., S.92/93.
171. A_t^{st} = Staatliche Ausgaben (Investitionen, sächliche und persönliche Ausgaben)
     A_t = Außenbeitrag.
172. Diese Berechnungsart wurde von ZIMMERMANN gewählt (ZIMMERMANN, a.a.O., S.47 ff.).

verläßlicher zu sein scheint, als dasjenige, das bei der erstgenannten Methode zur Verfügung steht.

Statistiken über das private Sparen liegen aber für die Zwischenkriegszeit nicht vor, die private Sparsumme mußte also geschätzt werden. Es wurde dabei von der Voraussetzung ausgegangen, daß ex post das Sparen (S) immer gleich der Investition (I) ist, d.h., daß der Investition einer bestimmten Periode eine entsprechende (freiwillige oder unfreiwillige) Konsumenthaltung gegenüberstehen muß.

Die Investitionen einer Volkswirtschaft setzen sich aus den Nettoinvestitionen (einschließlich Vorratsveränderungen) und dem Außenbeitrag (Nettoverkäufe von Gütern und Dienstleistungen an das Ausland) zusammen. Den Investitionen einer Periode steht die volkswirtschaftliche Sparsumme dieser Periode gegenüber, die sich aus dem privaten Sparen, den nicht ausgeschütteten Gewinnen der privaten Körperschaften und den Überschüssen der öffentlichen Hand zusammensetzt[173]. Das private Sparen ergibt sich als Saldo, wenn man von den gesamten Investitionen die Überschüsse der öffentlichen Hand und die nicht ausgeschütteten Gewinne der privaten Körperschaften (abzüglich der Körperschaftssteuer)[174] abzieht. Der private Konsum läßt sich dann durch Subtraktion des privaten Sparens vom verfügbaren Einkommen errechnen.

Allerdings ist das zugrunde gelegte statistische Material für die Zwischenkriegszeit unzulänglich, z.T. mußte auf Schätzungen zurückgegriffen werden. Die errechneten Werte müssen also mit großer Vorsicht betrachtet werden, da zu den Unvollkommenheiten der Berechnungsmethode noch die Unzulänglichkeiten des statistischen Ausgangsmaterials hinzukommen. Ein weiterer Nachteil liegt bei der gewählten Methode darin, daß mögliche Fehler bei der Berechnung des verfügbaren Einkommens in die Berechnung des privaten Konsums eingehen, da dieser als Differenz aus dem privaten Sparen und verfügbarem Einkommen ermittelt wurde.

Trotz der Unzulänglichkeiten der verschiedenen Berechnungmethoden und der geringen Zuverlässigkeit des statistischen Materials sind die Abweichungen gegenüber den Berechnungen STÖWEs und ZIMMERMANNs nicht sehr wesentlich[175]. Die Differenzen zu den Werten ZIMMERMANNs erklären sich

---

173. Das private Sparen in dieser Definition umfaßt also auch das Sparen der privaten Unternehmer, deren Sparmotive wesentlich andere sein werden als die der Nichtunternehmer.
174. Die Körperschaftssteuer muß in voller Höhe abgesetzt werden, da sie aus den unverteilten Gewinnen gezahlt wird.
175. Vgl. Abbildung 1.

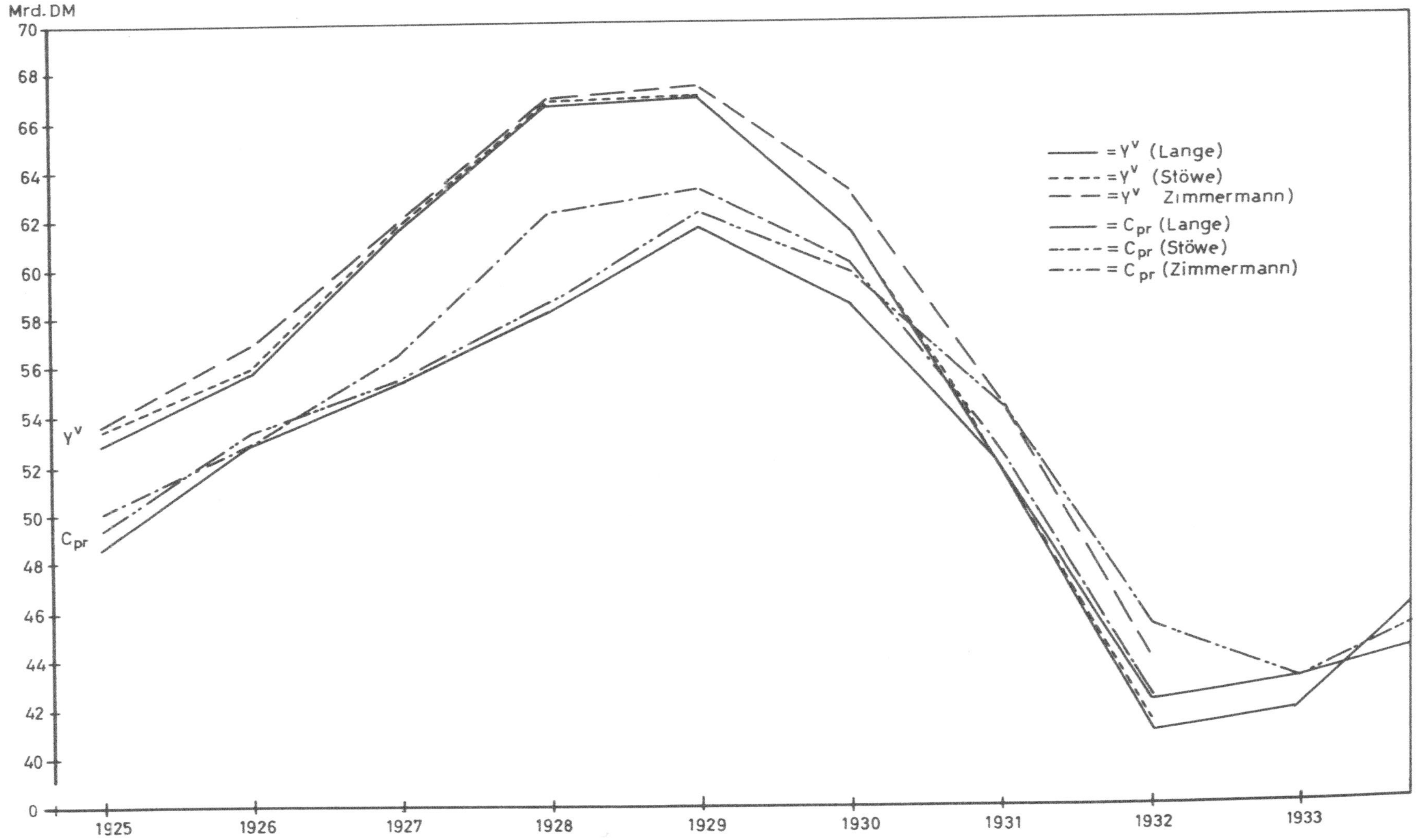

A b b i l d u n g 1

Berechnung des verfügbaren Einkommens und des privaten Konsums der Jahre 1925 bis 1934 nach ZIMMERMANN, STÖWE und LANGE vor allem dadurch, daß ZIMMERMANN als verfügbares Einkommen das von der Einkommensstatistik ausgewiesene Privateinkommen verwendet hat, zu einem geringen Teil auch aus unterschiedlichem Ausgangsmaterial.

c) Bearbeitung der Reihen

Das verfügbare Einkommen und der private Konsum wurden im Verlauf der Untersuchung mit Hilfe des Lebenshaltungskostenindex des Statistischen Reichsamtes (1913/14 = 100) preisbereinigt. Der Index wurde auf das Basisjahr 1934 umgerechnet.

3. Zahlen der Nachkriegszeit

a) Wahl des Zeitraumes

Als Beobachtungsperiode wurde für die Nachkriegszeit der Zeitraum von 1950 bis 1958 gewählt. Damit können bei Jahresreihen bestenfalls neun und bei Halbjahresreihen achtzehn Daten zur Berechnung herangezogen werden. Das ist wenig. Es mußte jedoch aus Gründen statistischer Zuverlässigkeit darauf verzichtet werden, Zahlen aus der Zeit zwischen 1948 und 1950 zu verwenden. In den ersten Jahren nach der Währungsreform gab es noch keine Möglichkeit, das Sozialprodukt aufgrund von Nachkriegsdaten zu schätzen. Deshalb wurde das in der Vorkriegszeit für das Reich ermittelte Volkseinkommen auf das Bundesgebiet umgerechnet und fortgeschrieben. Erst die Ergebnisse der totalen Umsatzsteuerstatistiken von 1950 und 1954 sowie der Kostenstrukturerhebungen von 1950 machten es zusammen mit verschiedenen anderen Nachkriegsstatistiken 1957 möglich, die Sozialproduktsberechnung von der Vorkriegsbasis zu lösen.[176] Zur gleichen Zeit wurden auch Konsum- und Investitionsberechnungen auf Nachkriegsdaten umgestellt und 1959 sämtliche Werte noch einmal korrigiert. Alle Neuberechnungen nahmen 1950 als Basisjahr. Die für die Zeit von 1948 bis 1955 publizierten Zahlen, die noch auf der Fortschreibung von Vorkriegsdaten beruhen und im Verhältnis zu den nach 1957 veröffentlichten

1. andere Größenrelationen zueinander haben,
2. im Niveau abweichen[177],

176. S. hierzu WuSt 1957 I, S.123 ff.
177. Nach der alten Berechnungsmethode liegen z.B. die Werte für das Bruttosozialprodukt um 4% bis 5,8%, die für den privaten Konsum um 8% bis 13% und die für die Gesamtinvestition um 9,7% bis 14% niedriger als nach der neuen, während der Staatskonsum wesentlich höher angesetzt ist. S. WuSt 1957, S.147.

konnten mit diesen neuen Zahlen nicht verglichen werden. Weil sich so eine Mitverwendung der Daten von 1948 und 1949 nicht vertreten ließ, blieb der den Nachkriegszeiten zugrunde gelegte Beobachtungszeitraum auf neun Jahre beschränkt.

b) Quellen und Methoden der Reihengewinnung

Um ein relativ einheitliches Zahlenmaterial zu gewährleisten, wurden den Reihen nach Möglichkeit Berechnungen des Statistischen Bundesamtes zugrunde gelegt. Alle Datenangaben - auch die nach Unterlagen aus anderen Quellen - sind dabei auf das Bundesgebiet ohne Saarland und ohne Westberlin bezogen.

(1) Jahreszahlen

Hier wurden die Reihen für das Bruttoszialprodukt (Y^{BSP}), das Nettosozialprodukt zu Marktpreisen (Y^{M}) und zu Faktorkosten (Y^{F}), den privaten Konsum (C_{pr}), den staatlichen Konsum (C_{st}), die Gesamtinvestition (I) und den Preisindex für Lebenshaltung (P_L) dem Statistischen Jahrbuch entnommen, die Reihe für den Gesamtkonsum (C) durch Addition von C_{pr} und C_{st} gewonnen. Unter den verschiedenen Preisindices für Lebenshaltung (P_L) fiel die Wahl auf den der mittleren Verbrauchergruppe[178], weil er für den größeren Teil der Konsumenten zutreffen dürfte. Ebenfalls auf Berechnungen des Statistischen Bundesamtes basieren die Angaben über die durchschnittliche Höhe der Jahresbevölkerung (B).

Bei der Festlegung der Werte für das verfügbare Einkommen (Y^{V}) boten sich zwei Berechnungsmethoden an: einmal die Bestimmung von Y^{V} als Restgröße und zum anderen die Errechnung von Y^{V} aus mehreren Teilgrößen. Bei dem ersten Verfahren sind von dem jeweiligen Y^{M} die direkten und indirekten Steuern sowie die unverteilten Gewinne abzuziehen und Subventionen und Transferzahlungen hinzuzuzählen.

178. Unter mittlerer Verbrauchergruppe werden 4-Personen-Arbeitnehmerhaushalte verstanden, die nach den Verbrauchs- und Preisverhältnissen von 1950 ein Haushaltseinkommen von ca. DM 360.-- und Lebenshaltungsausgaben von ca. DM 300.-- hatten. Siehe Stat.Jb.1958, S.427.

Y^M [179]	- indirekte Steuern
	+ Subventionen
Y^F	+ Transferzahlungen
	- unverteilte Gewinne
	- direkte Steuern
Y^V	als Restgröße

Bei dem zweiten Verfahren wird das zum Verbrauch verfügbare Einkommen aus seinen verschiedenen Entstehungsposten wie Lohneinkommen, Gehaltseinkommen etc. summiert.

Die erste, sehr globale Methode, wird immer nur dann anzuwenden sein, wenn für die Größen, aus denen Y^V entsteht, keine oder sehr unzuverlässige Reihen verfügbar sind. Gibt es jedoch hierfür relativ genaue Daten, sollte mit dem zweiten Verfahren gearbeitet werden, das Y^V mit Hilfe von Teilgrößen, also von seiner Entstehungsseite her bestimmt.

Zahlen des Deutschen Instituts für Wirtschaftsforschung erlaubten eine Anwendung des letztgenannten, theoretisch sinnvolleren Verfahrens. Hier lagen Reihen für das Masseneinkommen und für die sogenannten "Entnahmen" vor. In den Jahreswerten für das Masseneinkommen sind die Summen aller Nettolöhne und -gehälter und sämtlicher Sozialleistungen einschließlich der Beamtenpensionen enthalten. Die Entnahmen dagegen wurden als Differenz zwischen dem Nettoeinkommen der Selbständigen und Unternehmungen und den unverteilten Gewinnen, Steuerrückstellungen und Reserven errechnet.[180]

Die Zuverlässigkeit dieser Differenzwerte dürfte vor allem im Hinblick auf die schwer zu schätzende Höhe der unausgeschütteten Gewinne nicht so groß sein wie die der Masseneinkommensreihe. Da der Anteil der Entnahmen an der Gesamtsumme des verfügbaren Einkommens jedoch nicht ganz 25 % erreicht und die übrigen 75 % einen wesentlich kleineren Schätzfehler aufweisen, ist die Benutzung der Entnahmen und damit die Entstehungsrechnung bei der Festlegung von Y^V zu vertreten. Die Vorteile dieser Methode rechtfertigen auch die Verwendung der in einem anderen Institut errechneten

---

179. Es ist zweckmäßig, von Y^M und nicht von Y^F auszugehen, da sich die Gesamtsteuersumme für die einzelnen Jahre müheloser als die der direkten Steuern ermitteln läßt.
180. Zur Definition des Masseneinkommens s. VWforsch 1957, S.46. Zur Definition der Entnahmen s. VWforsch 1957, S.276.

Zahlenunterlagen. Eine Zusammenstellung der Jahresreihen sowie detaillierte Hinweise auf die Quellen finden sich im Anhang dieser Arbeit auf Tabelle 33.

(2) Halbjahreszahlen und Vierteljahreszahlen

Ausgangspunkt für die Ermittlung aller Halbjahreszahlen waren die nach dem neuesten Stand von 1959 zusammengestellten Jahresreihen, die - abgesehen von Y^{v} - auf Quellen des Statistischen Bundesamtes zurückgehen. Leider lagen hier für Y^{BSP}, Y^{F} und C, C_{pr} und I seit 1957 keine Halbjahreszahlen mehr vor.[181] Deshalb musste erneut auf Berechnungen des Deutschen Instituts für Wirtschaftsforschung zurückgegriffen werden, das seit 1952 laufend Vierteljahreswerte für die genannten Größen sowie für das Masseneinkommen und die Entnahmen veröffentlichte. Die neuen Vierteljahresreihen wurden von den alten Reihen abgeleitet, indem die neuen Jahreswerte entsprechend dem prozentualen Anteil der alten Vierteljahresposten an den alten Jahreszahlen aufgeteilt wurden. Die Halbjahresreihen ergaben sich dann durch Addition von jeweils zwei Vierteljahresdaten.

Bei der Zusammenstellung der restlichen Reihen für den Preisindex für Lebenshaltung (P_L) und die Bevölkerung(B) konnten im Gegensatz zu den eben behandelten Daten Monatszahlen des Statistischen Bundesamtes verwandt werden, aus denen die durchschnittlichen Viertel- und Halbjahreswerte errechnet wurden.

Die Halbjahresreihen und ausführliche Verweise auf die jeweiligen Fundstellen sind im Anhang auf Tabelle 35 wiedergegeben. Die Vierteljahresreihen befinden sich auf Tabelle 39.

c) Bearbeitung der Reihen

Die Halbjahresdaten wurden nach der Methode der gleitenden Durchschnitte, die Vierteljahresdaten nach der Methode von WALD[182] saisonbereinigt. Zusammengestellt sind die saisonbereinigten Halbjahreswerte im Anhang auf Tabelle 37, die Vierteljahreswerte auf Tabelle 40.

---

181. Die alten, auf der Fortschreibung von Vorkriegsdaten beruhenden Zahlen von 1948 bis 1955 wurden halbjährlich publiziert.
182. Diese Methode ist speziell für Schwankungen mit veränderlichen Amplituden geeignet. WALD zeigt an mehreren Beispielen, daß Saisonbewegungen mit stark zunehmender oder abnehmender Amplitude nicht mit Methoden starren Systems (z.B. Gleitende Durchschnitte, Bildung von Saisonindices nach dem Gliedzifferverfahren) ausgeschaltet werden können. Siehe WALD, A., Berechnung und Ausschaltung von Saisonschwankungen, Wien 1936, S.12 ff., S.28 ff.

Außerdem wurden die Halbjahresreihen sowie die Jahresreihen mit Hilfe des Preisindex für Lebenshaltung und der durchschnittlichen Einwohnerzahl der Bundesrepublik preis- und bevölkerungsbereinigt.

Da das Deflationieren genau so wie das Aufstellen von Pro-Kopf-Daten in erster Linie kein statistisches, sondern ein seit KEYNES umstrittenes ökonomisches Problem ist, soll auf die besondere theoretische Bedeutung dieser Maßnahme in Kapitel III der Arbeit noch näher eingegangen werden.

Die preis- und bevölkerungsbereinigten Jahresreihen befinden sich im Anhang auf Tabelle 34, die preis- und bevölkerungsbereinigten Halbjahresreihen auf Tabelle 36. Auf Tabelle 38 sind die saisonbereinigten sowie preis- und bevölkerungsbereinigten Halbjahresreihen zusammengestellt.

d) Kritische Beurteilung der Reihen

Alle Reihen befanden sich im Zeitpunkt der Funktionsberechnungen (1959) auf dem neuesten veröffentlichten Stand der Entwicklung. Das Statistische Bundesamt bereitete allerdings für das Jahr 1960 Revisionen der Basisaggregate aller volkswirtschaftlichen Größen vor, die noch nicht abgeschlossen und daher auch noch nicht einzusehen waren.

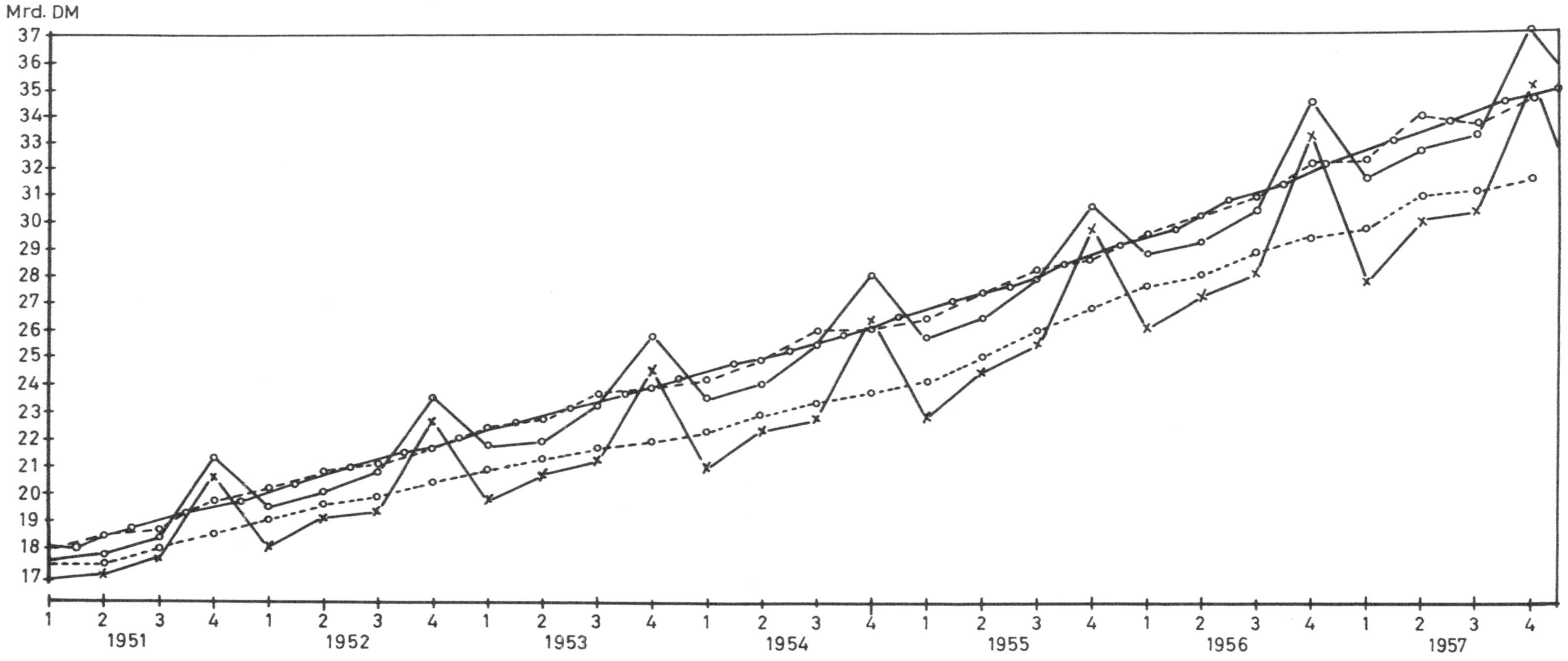

A b b i l d u n g 2

Saisonbereinigung der Vierteljahresreihen des verfügbaren Einkommens und des privaten Konsums von 1951 I bis 1958 I nach der Methode der gleitenden Durchschnitte und nach WALD

.——.——. Ursprungsreihe Y^v .——.——. Mittelwerte .--.--. Y^v nach WALD

x——x——x Ursprungsreihe C_{pr} .--.--. C_{pr} nach WALD

Kapitel III:

Funktionsberechnungen und ökonomische Interpretation der Resultate

Im Anschluß an die Überlegungen zur ökonomischen Problemstellung sind in dem nun folgenden, vorwiegend empirisch orientierten Teil dieser Arbeit eine Reihe von Annahmen zu den Bestimmungsgründen der Verbrauchsausgaben zu überprüfen, welche für den zugrunde gelegten Beobachtungszeitraum wirklichkeitsnah erscheinen. Es werden Funktionen getestet, in denen der Konsum der laufenden Periode als abhängig angenommen wird

A) von dem Gegenwartseinkommen

B) von dem Gegenwartseinkommen und dem Einkommen oder dem Verbrauch der Vorperiode sowie allein
von dem Einkommen der Vorperiode.

A) Einkommen als Bestimmungsgröße des Konsums

Das in den Jahren 1950 bis 1958 ständig ansteigende Einkommen muß als ein wichtiger Bestimmungsfaktor des Verbrauchs angesehen werden.

1. Wahl der Variablen

Soll der Einfluß des Einkommens auf die Verbrauchsausgaben gemessen werden, so ist zunächst zu entscheiden, welche statistischen Zeitreihen dieser beiden Größen auszuwählen sind.

a) Definition von Einkommens- und Konsumarten

Für das Einkommen stehen Zeitreihen des Bruttosozialprodukts (Y^{BSP}), des Nettosozialprodukts zu Marktpreisen (Y^{M}), des Nettosozialprodukts zu Faktorkosten (Y^{F}) und des verfügbaren Einkommens (Y^{V}) zur Verfügung. Bei dem Bruttosozialprodukt handelt es sich um das Bruttovolkseinkommen, bei dem Nettosozialprodukt zu Marktpreisen um das Bruttovolkseinkommen vermindert um die Abschreibungen. Das Nettosozialprodukt zu Faktorkosten oder Volkseinkommen unterscheidet sich von dem Einkommen zu Marktpreisen durch den Abzug der indirekten Steuern und das Hinzurechnen der Subventionen. Beim verfügbaren Einkommen schließlich sind im Gegensatz zum Volkseinkommen die Transferzahlungen als zusätzlicher Posten berücksichtigt, während unverteilte Gewinne und direkte Steuern abgezogen werden.[183)]

183. S. das Schema auf Seite 310.

Für die Verbrauchsausgaben gibt es Zeitreihen des Gesamtverbrauchs (C), des staatlichen Verbrauchs (C_{st}) und des privaten Verbrauchs (C_{pr}). Der Gesamtverbrauch setzt sich aus dem privaten und staatlichen Verbrauch zusammen.[184)]

b) Sinngemäße Korrelation der verschiedenen Einkommens- und Konsumarten

In den meisten Konsumfunktionsschätzungen wurde das verfügbare Einkommen verwendet. Eine Ausnahme bildete dabei CLARK[185)], der das Bruttosozialprodukt mit dem privaten Konsum korrelierte. COHEN unternahm 1952 als erster den Versuch, den Verbrauch im Rahmen eines Reihentests in Abhängigkeit von verschiedenen Einkommensarten zu messen[186)]. Ihm folgten 1958 GEHRIG[187)] und 1959 STÖWE[188)]. GEHRIG korrelierte den privaten Konsum mit dem Volkseinkommen und mit dem verfügbaren Einkommen. STÖWE dagegen setzte den privaten Konsum lediglich zum verfügbaren Einkommen in Beziehung, während er das Volkseinkommen und das Bruttosozialprodukt als Bestimmungsfaktoren des Gesamtkonsums interpretierte.

Die CLARKsche Version, d.h. die Korrelation von Bruttosozialprodukt und privatem Konsum ist abzulehnen[189)], da in dem Bruttosozialprodukt die Abschreibungen enthalten sind, die den privaten Verbrauch überhaupt nicht berühren, ferner die gesamten Steuern, welche ihn sogar negativ beeinflussen. Auch gegen die Kombination von GEHRIG, welcher das Volkseinkommen mit dem privaten Konsum in Verbindung bringt, lassen sich Einwände vorbringen. Einmal wirken die im Volkseinkommen fehlenden Transferzahlungen verbrauchsanregend, da sie im allgemeinen schnell und restlos zum Konsum verwendet werden; zum anderen richten die Konsumenten ihren Verbrauch an dem ihnen zur Verfügung stehenden Einkommen aus und nicht an dem Volkseinkommen, welches noch die direkten Steuern und die unausgeschütteten Gewinne einschließt.

---

184. S. hierzu auch Seite 309.
185. CLARK, Colin, A System of Equations Explaining the United States Trade Cycle, a.a.O., S.100, 102.
186. COHEN, Morris, Postwar Consumption Functions, a.a.O., S.18.
187. GEHRIG, Gerhard, Bestimmungsgründe des Konsums in der Bundesrepublik, a.a.O., S.40.
188. STÖWE, Heinz, Ökonometrie und makroökonomische Theorie, a.a.O., S.89 ff.
189. S. hierzu auch die Kritik von MALINVAUD, M., Le modèle prévisionnel de Colin CLARK et l'analyse de la conjoncture américaine. Etudes et Conjoncture 9 (1954), S.780-787, und von SEILER, Ökonometrische Konjunkturmodelle, a.a.O., S.90.

STÖWEs Anordnung der Konsum- und Einkommensvariablen dagegen erscheint sinnvoll. Trotz der vielfach in der Literatur geäußerten Bedenken, daß der Gesamtkonsum nicht vom Brutto- oder Nettosozialprodukt abhängen könne, da der in ihm enthaltene staatliche Verbrauch autonom sei und eigene Wege gehe, läßt sich STÖWEs Korrelation zwischen Sozialprodukt und Gesamtkonsum vertreten, und zwar aus folgendem Grunde. In normalen Zeiten werden die Staatsmittel vornehmlich bestimmt von der Höhe des Sozialprodukts. Dabei bedingen die bei steigendem Sozialprodukt anwachsenden Steuereinnahmen meist auch steigende Staatsausgaben. Vor allem für die in den folgenden Berechnungen zugrunde gelegte Periode von 1950 bis 1958 trifft dies augenfällig zu. Es ist für diese Jahre charakteristisch, daß der Staatskonsum dem allgemeinen Trend folgte und sich entsprechend dem wachsenden Volkseinkommen vermehrte.

Bei den anschließend behandelten unbereinigten Funktionen wird daher in Anlehnung an STÖWE der Gesamtkonsum mit dem Bruttosozialprodukt und dem Nettosozialprodukt zu Faktorkosten und der private Konsum mit dem verfügbaren Einkommen korreliert.

2. Berechnung unbereinigter Funktionen

a) Berechnungsergebnisse

Die nach der Methode der kleinsten Quadrate vorgenommene Einfachkorrelation vom Gesamtkonsum (C) und Bruttosozialprodukt (Y^{BSP}) in der Linearform

$$C_t = a_o + a_1 Y_t^{BSP} + u \,, \tag{1}$$

von Gesamtkonsum und Volkseinkommen (Y^F)

$$C_t = a_o + a_1 Y_t^F + u \,, \tag{2}$$

sowie von privatem Konsum (C_{pr}) und verfügbarem Einkommen (Y^v)

$$C_{pr_t} = a_o + a_1 Y_t^v + u \tag{3}$$

brachte die in Tabelle 10 zusammengestellten Informationen.

b) Sicherheit der Parameter

Die Funktionen (1) bis (3b) wurden nach der direkten Methode der kleinsten Quadrate geschätzt[190].

Die zusätzliche Anwendung der indirekten Methode der kleinsten Quadrate[191] bei zwei Konsumgleichungen[192] ergab, daß die Schätzfunktionen sich bei beiden Methoden nicht wesentlich unterscheiden. Parameter und Konfidenzintervalle stimmen annähernd überein (s.Tab.10, Gleichung (1), (1*), (3), (3*) in Spalte 6).

Für die mit der direkten Methode der kleinsten Quadrate errechneten Paramater ergaben sich bei den Funktionen (1) bis (3b) enge Konfidenzintervalle[193] (s.Tab.10, Spalte 6).

Bei den mit Ganzjahresdaten berechneten Funktionen (1), (2) und (3) war die Autokorrelation der Residuen nicht signifikant. Die Restwerte sind also normalverteilt; Korrelationskoeffizient, Parameter und Konfidenzintervalle sind zuverlässig. Für die Gleichungen (1a), (2a), (3a) und (3b) - d.h. für alle mit Halbjahres- und Vierteljahresdaten geschätzten Funktionen - ergab die Prüfung der Residuen eine über der Signifikanzgrenze liegende Autokorrelation (s. Tab.10, Spalte 8) so daß die Parameter dieser Funktionen nicht unbedingt als sicher zu betrachten sind.

---

190. Die ausführliche Begründung für die Anwendung dieser Methode findet sich in Teil I dieses Buches.

191. Bei der indirekten Methode der kleinsten Quadrate wird die Ausgangsgleichung (1) $C_t = a_o + a_1 Y_t + u$ umgeformt. Und zwar ist für Y_t einzusetzen $Y_t = C_t + \underbrace{I_t + (E-M)_t}_{I^*}$, wobei I* als exogen angenommen wird.

Die neue Gleichung lautet dann (2) $C_t = a_o + a_1 C_t + a_1 I^*_t$. Daraus wird über $C_t(1-a_1) = a_o + a_1 I^*$

$$C_t = \frac{a_o}{1 - a_1} + \frac{a_1}{1 - a_1} I^*$$

(3) $C_t = b_o + b_1 I^*_t$, wobei

$b_o = \frac{a_o}{1-a_1}$, $b_1 = \frac{a_1}{1-a_1}$. Die Werte für a_o und a_1 ergeben sich schließlich durch folgende Rückrechnung: $a_o = b_o(1-a_1)$.

$a_1 - b_1(1-a_1)$; $a_1 + b_1 a_1 = b_1$; $a_1(1+b_1) = b_1$; $a_1 = \frac{b_1}{1 + b_1}$.

192. Funktionen (1*) und 3*), vgl. Tabelle 10.

193. Die Konfidenzintervalle wurden für eine Wahrscheinlichkeit von 0,05 berechnet.

Es wurde darum versucht, die Autokorrelation der Residuen mit Hilfe einer autoregressiven Transformation auszuschalten[194]. Bei den Gleichungen (1a), (2a) und (3b) konnte so die Autokorrelation wesentlich verringert werden; bei der Gleichung (3a) hingegen gelang es nicht, die Autokorrelation der Residuen unter die Signifikanzgrenze zu drücken[195]. Das Berechnungsergebnis der Gleichung (3a) kann daher nur mit Vorbehalt verwertet werden, was jedoch nicht besagt, daß die der Funktion zugrundeliegende Theorie zu verwerfen ist. Es wurde daher hier wie in den folgenden Teilen der Arbeit auch bei statistisch problematischen Funktionen eine theoretische Ausdeutung der Ergebnisse vorgenommen.

3. Interpretation der Berechnungsergebnisse

a) Deutung der Parameter

Die Schätzungen der einzelnen Koeffizienten (s.Tab.10, Spalte 6) erscheinen bei den Gleichungen (1) bis (3) ökonomisch sinnvoll.

Die Werte der konstanten Glieder, welche die Höhe der autonomen Konsumausgaben angeben, entsprechen den Erwartungen; die zum Einkommen (Y) gehörigen Koeffizienten bewegen sich in vertretbaren Größenbereichen. Diese Parameter vor Y von ca. 0,7 bis 0,85 sind bei der Form der Funktionen (1) bis (3) als Grenzhang zum Verbrauch ($\frac{\Delta C}{\Delta Y}$) zu interpretieren[196]. Eine Erhöhung des Einkommens um eine Einheit ΔY wird die einkommensabhängigen

194. Diese Methode geht von der Hypothese aus, daß die Residuen linear voneinander abhängen und eliminiert diese Korrelation. Sind die Residuen anders als linear miteinander verbunden, führt das Verfahren zu keinem Erfolg.
Bei der autoregressiven Transformation wird der berechnete Autokorrelationskoeffizient zur Bildung transformierter Variablen benutzt. Und zwar sind dabei von den Werten der ursprünglichen Konsum- und Einkommensreihe jeweils die mit dem Autokorrelationskoeffizienten multiplizierten Konsum- und Einkommenswerte der Vorperiode abzuziehen. Die so bei der Konsum- und Einkommensreihe gewonnenen Differenzwerte werden nochmals nach der Methode der kleinsten Quadrate korreliert. Für die Residuen wird abermals ein Autokorrelationskoeffizient errechnet. Ist dieser statistisch nicht gesichert, d.h. liegt er unterhalb der Signifikanzgrenze (s. dazu die Tab. 10, 16, 21, Anm.2), so ist das Ziel erreicht und die Autokorrelation der Residuen beseitigt. Vgl. auch TINTNER, Gerhard, Handbuch der Ökonometrie, a.a.O., S.306 f.
195. Die umgerechnete Gleichung (3a*) mit dem trotz Transformation noch signifikanten Autokorrelationskoeffizienten hat Parameter, die nicht nur statistisch ungesichert, sondern auch ökonomisch unwahrscheinlich sind.
196. Diese Interpretation der Werte von a_1 gilt nur für die Einfachkorrelation zwischen C und Y. Bei Mehrfachkorrelationen erhält man verschiedene partielle Grenzhänge zum Konsum.

T a b e l l e 10

Berechnungsergebnisse der unbereinigten Funktionen
(bei allen mit Halbjahres- und mit Vierteljahresdaten berechneten Funktionen Saisonschwankungen ausgeschaltet)

1	2	3	4	5	6	7	8
Nr. der Glei-chung	Korrelierte Größen	Perioden-länge	n	Methode 1)	Berechnungsergebnisse	Korrelations-koeffizient r	Autokor-relation r* 2)
1	C, Y^{BSP}	Kalender jahr	1951-1958	(1)	$C_t = 9.77 + \begin{smallmatrix}0.721\\0.674\\0.626\end{smallmatrix} Y^{BSP}_t + u$	0.9993	- 0.1717
1*		"	1951-1958	(2)	$C_t = 10.09 + \begin{smallmatrix}0.695\\0.672\\0.649\end{smallmatrix} Y^{BSP}_t + u$	0.9936	- 0.1815
1a		Halbjahr	1951-1956	(1)	$C_t = 5.84 + \begin{smallmatrix}0.689\\0.660\\0.632\end{smallmatrix} Y^{BSP}_t + u$	0.9992	0.5375
1a*		Halbjahr	1951-1956	(3)	$C_t = 7.89 + \begin{smallmatrix}0.695\\0.638\\0.580\end{smallmatrix} Y^{BSP}_t + u$	0.9928	- 0.0901
2	C, Y^F	Kalender-jahr	1951-1958	(1)	$C_t = 10.46 + \begin{smallmatrix}0.927\\0.880\\0.832\end{smallmatrix} Y^F_t + u$	0.9986	- 0.0034
2a		Halbjahr	1951-1956	(1)	$C_t = 6.81 + \begin{smallmatrix}0.864\\0.851\\0.837\end{smallmatrix} Y^F_t + u$	0.9979	0.5998
2a*		Halbjahr	1951-1956	(3)	$C_t = 7.68 + \begin{smallmatrix}0.927\\0.838\\0.749\end{smallmatrix} Y^F_t + u$	0.9903	0.3604
3	C_{pr}, Y^V	Kalender-jahr	1951-1958	(1)	$C_{pr_t} = 6.66 + \begin{smallmatrix}0.902\\0.864\\0.826\end{smallmatrix} Y^V_t + u$	0.9990	0.1630
3*		Kalender-jahr	1951-1958	(2)	$C_{pr_t} = 7.76 + \begin{smallmatrix}0.885\\0.853\\0.797\end{smallmatrix} Y^V_t + u$	0.9504	0.2812
3a		Halbjahr	1951-1956	(1)	$C_{pr_t} = 2.96 + \begin{smallmatrix}0.912\\0.871\\0.830\end{smallmatrix} Y^V_t + u$	0.9977	0.6932
3a*		Halbjahr	1951-1956	(3)	$C_{pr_t} = -0.52 + \begin{smallmatrix}1.027\\0.936\\0.845\end{smallmatrix} Y^V_t + u$	0.9918	0.4006
3b		Viertel-jahr	1951-1956	(1)	$C_{pr_t} = 1.13 + \begin{smallmatrix}0.912\\0.883\\0.854\end{smallmatrix} Y^V_t + u$	0.9973	0.6026
3b*		Viertel-jahr	1951-1956	(3)	$C_{pr_t} = 1.61 + \begin{smallmatrix}0.924\\0.864\\0.805\end{smallmatrix} Y^V_t + u$	0.9886	0.0257

1. Direkte Methode der kleinsten Quadrate = (1)
   Indirekte Methode der kleinsten Quadrate = (2)
   Umrechnung (autoregressive Transformation) = (3)
2. Signifikanzgrenzen für den Autokorrelationskoeffizienten:
   Bei 8 Beobachtungen = + 0.371; - 0.625.
   Bei 12 Beobachtungen = + 0.348; - 0.516.
   Bei 24 Beobachtungen = + 0.276; - 0.356.
   Vgl. TINTNER, Gerhard, Hdb. der Ökonometrie, a.a.O., S.322.

Konsumausgaben desselben Jahres um 70 % bis 85 % von ΔY steigern. Die Verbrauchsausgaben eines Jahres setzen sich also nach den Annahmen, welche der Form der Funktionen (1) bis (3) zugrunde liegen, aus dem autonomen Konsum und dem vom Einkommen induzierten[197] Konsum zusammen[198].

b) Qualität der unbereinigten Einfachfunktionen

Wenn die Qualität der Funktionsformen, d.h. die Qualität der den Funktionen (1) bis (3) zugrunde liegenden ökonomischen Theorie ermittelt werden soll, muß

(1) untersucht werden, wie sich die Funktionen an die gegebenen Daten von 1950 bis 1958 anpassen und wie gut sie den Konsum für diesen Zeitraum erklären. Es ist also zu testen, ob der ökonomische Ansatz der Funktionen für die Beobachtungsperiode wirklichkeitsnah erscheint;

(2) geprüft werden, ob die Funktionen für Vorausschätzungen geeignet sind und auch den Konsum solcher Zeitabschnitte, für die sie nicht berechnet waren, zutreffend schätzen. Das heißt, es ist festzustellen, ob die der Gleichung zugrunde liegende Theorie lediglich auf die Beobachtungsperiode anwendbar ist oder auch darüber hinaus Gültigkeit hat.

(1) Die Anpassung der Funktionen (1) bis (3) ist gut. Wie sich aus Tabelle 10, Spalte 7 ergibt, ist die Korrelation der unbereinigten Zeitreihen der einzelnen Konsum- und Einkommensarten in allen Fällen sehr eng. Dasselbe läßt sich von den autoregressiv transformierten Funktionen sagen.

Um zu prüfen, wie gut die Funktionen (1) bis (3) den Konsum der Beobachtungsperiode erklären, werden mit Hilfe ihrer Parameter a_o und a_1 und der Einkommenswerte die entsprechenden Konsumgrößen für die einzelnen Jahre errechnet. Die Werte für a_1 sind dabei mit den für den Beobachtungszeitraum bekannten Einkommenswerten zu multiplizieren und zu den jeweiligen Werten von a_o zu addieren. Ein Vergleich der so ermittelten Schätzgrößen C^*, C^*_{pr} mit den gemessenen Größen für die Konsumausgaben C, C_{pr} läßt erkennen, daß die Funktionen (1) bis (3) den Konsum von 1951 bis 1958 bzw. von 1951 bis 1956 relativ genau bestimmen.

197. Definitionen des "autonomen und induzierten Konsums" finden sich ausführlich bei FRIEDMANN. Vgl. FRIEDMANN, Milton und Gary S. BECKER, A Statistical Illusion in Judging Keynesian Models, a.a.O., S.66 ff.

198. Zu bemerken ist, daß bei der Gleichung (3a) nach der autoregressiven Transformation das Absolutglied verschwindet (vgl.Tab.10, Spalte 6, Funktion (3a*)). Überhaupt ist festzustellen, daß die Parameter nach der Transformation häufig ökonomisch weniger sinnvoll erscheinen als vorher.

T a b e l l e 11

Qualität der unbereinigten Einfachfunktionen

Abweichung der errechneten von den gemessenen Konsumwerten bei den Funktionen (1) bis (3) in der Beobachtungsperiode (alle Konsumwerte in Mrd. DM)

Nr. der Gleichung	Beobachtungsjahre	Gemessener Konsumwert	Errechneter Konsumwert	Abweichung des errechneten von dem gemessenen Konsumwert absolut	Abweichung des errechneten von dem gemessenen Konsumwert in Prozent des gemessenen Konsumwertes
1		C	C*	C - C* = u	u in % von C
	1951	89.8	90.33	- 0.53	- 0.59
	1952	100.2	100.17	+ 0.03	+ 0.03
	1953	107.4	106.63	+ 0.77	+ 0.72
	1954	114.7	113.50	+ 1.20	+ 1.05
	1955	126.2	128.05	- 1.85	- 1.47
	1956	139.9	140.04	- 0.14	- 0.10
	1957	151.0	150.96	+ 0.04	+ 0.03
	1958	160.0	159.51	+ 0.49	+ 0.31
2		C	C*	C - C* = u	u in % von C
	1951	89.8	90.6	- 0.8	- 0.89
	1952	100.2	99.6	+ 0.6	+ 0.59
	1953	107.4	106.2	+ 1.2	+ 1.12
	1954	114.7	113,3	+ 1.4	+ 1.22
	1955	126.2	128.5	- 2.3	- 1.82
	1956	139.9	140.5	- 0.6	- 0.42
	1957	151.0	151.3	- 0.3	- 0.20
	1958	160.0	158.4	+ 1.6	+ 1.00
3		C_{pr}	C_{pr}^*	$C_{pr} - C_{pr}^* = u$	u in % von C_{pr}
	1951	72.1	71.5	+ 0.6	+ 0.83
	1952	79.1	79.1	± 0.0	± 0.00
	1953	86.0	86.6	∓ 0.6	∓ 0.69
	1954	92.3	93.8	- 1.5	- 1.62
	1955	102.4	102.0	- 0.4	- 0.39
	1956	114.5	112.8	+ 1.7	+ 1.48
	1957	123.0	122.9	+ 0.1	+ 0.08
	1958	130.0	130.7	- 0.7	- 0.53

T a b e l l e 12

Qualität der unbereinigten Einfachfunktion (1a)

(1) Abweichung der errechneten von den gemessenen Konsumwerten bei der Funktion (1a) und bei der autoregressiv umgeformten Gleichung (1a*) in der Beobachtungsperiode. (Alle Konsumwerte in Mrd. DM; Saisonschwankungen ausgeschaltet)

Nr. der Gleichung	Beobachtungs-halbjahre	Gemessener Konsumwert	Errechneter Konsumwert	Abweichung des errechneten von dem gemessenen Konsumwert absolut	Abweichung des errechneten von dem gemessenen Konsumwert in Prozent des gemessenen Konsumwertes
1a		C	C*	C - C* = u	u in % von C
	1951 I	44.90	45.30	- 0.4	- 0.89
	1951 II	47.15	47.98	- 0.83	- 1.76
	1952 I	50.10	50.12	- 0.02	- 0.04
	1952 II	51.90	51.44	+ 0.46	+ 0.88
	1953 I	53.70	53.29	+ 0.41	+ 0.76
	1953 II	55.35	54.68	+ 0.67	+ 1.21
	1954 I	57.35	56.66	+ 0.69	+ 1.20
	1954 II	59.90	60.02	- 0.12	- 0.20
	1955 I	63.10	63.78	- 0.68	- 1.08
	1955 II	66.20	66.62	- 0.42	- 0.63
	1956 I	69.95	69.66	+ 0.29	+ 0.41
	1956 II	72.80	72.43	+ 0.37	+ 0.50
1a*		C	C*'	C - C*' = u'	u' in % von C
	1951 I	44.90	46.01	- 1.11	- 2.47
	1951 II	47.15	48.60	- 1.45	- 3.08
	1952 I	50.10	50.67	- 0.57	- 1.14
	1952 II	51.90	51.94	- 0.04	- 0.08
	1953 I	53.70	53.73	- 0.03	- 0.06
	1953 II	55.35	55.07	+ 0.28	+ 0.51
	1954 I	57.35	56.98	+ 0.37	+ 0.65
	1954 II	59.90	60.23	- 0.33	- 0.55
	1955 I	63.10	63.86	- 0.76	- 1.20
	1955 II	66.12	66.60	- 0.40	- 0.60
	1956 I	69.95	69.54	- 0.41	- 0.59

(2) Abweichung der prognostizierten von den gemessenen Konsumwerten bei der Funktion (1a)

Nr. der Gleichung	Prognosehalb-jahre	Gemessener Konsumwert	Prognostizierter Konsumwert	Abweichung C** von C absolut	Abweichung C** von C in Prozent von C
1a		C	C**	(C - C**)	
	1957 I	75.5	75.00	+ 0.50	+ 0.66
	1957 II	77.9	77.08	+ 0.82	+ 1.05
	1958 I	80.0	79.19	+ 0.81	+ 1.01

Tabelle 13

Qualität der unbereinigten Einfachfunktion (2a)

(1) Abweichung der errechneten von den gemessenen Konsumwerten bei der Funktion (2a) und bei der autoregres siv umgeformten Gleichung (2a*) in der Beobachtungsperiode. (Alle Konsumwerte in Mrd. DM; Saisonschwankunge ausgeschaltet)

Nr. der Gleichung	Beobachtungs-halbjahre	Gemessener Konsumwert	Errechneter Konsumwert	Abweichung des errechneten von dem gemessenen Konsumwert absolut	Abweichung des errechneten von dem gemessenen Konsumwert in Prozent des gemessenen Konsumwertes
2a		C	C*	C - C* = u	u in % von C
	1951 I	44.90	45.57	- 0.67	- 1.49
	1951 II	47.15	47.65	- 0.50	- 1.06
	1952 I	50.10	49.90	+ 0.10	+ 0.39
	1952 II	51.90	51.39	+ 0.51	+ 0.98
	1953 I	53.70	53.09	+ 0.61	+ 1.13
	1953 II	55.35	54.62	+ 0.73	+ 1.31
	1954 I	57.35	56.53	+ 0.82	+ 1.42
	1954 II	59.90	60.10	- 0.20	- 0.33
	1955 I	63.10	63.84	- 0.74	- 1.17
	1955 II	66.20	66.60	- 0.40	- 0.60
	1956 I	69.95	69.66	+ 0.29	+ 0.41
	1956 II	72.80	72.51	+ 0.29	+ 0.39
2a*		C	C*'	C - C*' = u'	u' in % von C
	1951 I	44.90	45.89	- 0.99	- 2.20
	1951 II	47.15	47.95	- 0.80	- 1.70
	1952 I	50.10	50.17	- 0.07	- 0.14
	1952 II	51.90	51.64	+ 0.26	+ 0.50
	1953 I	53.70	53.31	+ 0.39	+ 0.73
	1953 II	55.35	54.82	+ 0.53	+ 0.96
	1954 I	57.35	56.71	+ 0.64	+ 1.12
	1954 II	59.90	60.23	- 0.33	- 0.55
	1955 I	63.10	63.91	- 0.81	- 1.28
	1955 II	66.20	66.64	- 0.44	- 0.66
	1956 I	69.95	69.65	+ 0.30	+ 0.43

(2) Abweichung der prognostizierten von den gemessenen Konsumwerten bei der Funktion (2a)

Nr. der Gleichung	Prognosehalb-jahre	Gemessener Konsumwert	Prognostizierter Konsumwert	Abweichung C** von C absolut	Abweichung C** von C in Prozent von C
2a		C	C**	(C - C**)	
	1957 I	75.5	74.89	+ 0.61	+ 0.80
	1957 II	77.9	76.72	+ 1.18	+ 1.51
	1958 I	80.0	78.33	+ 1.67	+ 2.08

Tabelle 14

Qualität der unbereinigten Einfachfunktion (3a)

(1) **Abweichung der errechneten von den gemessenen Konsumwerten bei der Funktion (3a) und bei der autoregressiv umgeformten Gleichung (3a*) in der Beobachtungsperiode.** (Alle Konsumwerte in Mrd. DM; Saisonschwankungen ausgeschaltet)

Nr. der Gleichung	Beobachtungs-halbjahre	Gemessener Konsumwert	Errechneter Konsumwert	Abweichung des errechneten von dem gemessenen Konsumwert absolut	Abweichung des errechneten von dem gemessenen Konsumwert in Prozent des gemessenen Konsumwertes
3a		C_{pr}	C_{pr}^{*}	$C_{pr} - C_{pr}^{*} = u$	u in % von C_{pr}
	1951 I	36.05	35.66	+ 0.39	+ 1.08
	1951 II	37.70	37.49	+ 0.21	+ 0.55
	1952 I	39.55	39.45	+ 0.10	+ 0.25
	1952 II	41.20	41.24	- 0.04	+ 0.09
	1953 I	43.00	43.24	- 0.24	- 0.55
	1953 II	44.40	44.89	- 0.49	- 1.10
	1954 I	46.15	46.90	- 0.75	- 1.62
	1954 II	48.15	48.94	- 0.79	- 1.64
	1955 I	51.15	51.03	+ 0.12	+ 0.23
	1955 II	54.15	53.60	+ 0.55	+ 1.01
	1956 I	57.20	56.48	+ 0.72	+ 1.25
	1956 II	59.45	59.22	+ 0.23	+ 0.38
3a*		C_{pr}	$C_{pr}^{*\prime}$	$C_{pr} - C_{pr}^{*\prime} = u'$	u' in % von C_{pr}
	1951 I	36.05	34.64	+ 1.41	+ 3.91
	1951 II	37.70	36.61	+ 1.09	+ 2.89
	1952 I	39.55	38.72	+ 0.83	+ 2.10
	1952 II	41.20	40.64	+ 0.56	+ 1.36
	1953 I	43.00	42.79	+ 0.21	+ 0.49
	1953 II	44.40	44.57	- 0.17	- 0.38
	1954 I	46.15	46.72	- 0.57	- 1.24
	1954 II	48.15	48.92	- 0.77	- 1.60
	1955 I	51.15	51.17	- 0.02	- 0.04
	1955 II	54.15	53.93	+ 0.22	+ 0.41
	1956 I	57.20	57.03	+ 0.17	+ 0.30

(2) **Abweichung der prognostizierten von den gemessenen Konsumwerten bei der Funktion (3a)**

Nr. der Gleichung	Prognosehalb-jahre	Gemessener Konsumwert	Prognostizierter Konsumwert	Abweichung C_{pr}^{**} von C_{pr} absolut	Abweichung C_{pr}^{**} von C_{pr} in Prozent von C_{pr}
		C_{pr}	C_{pr}^{**}	$(C_{pr} - C_{pr}^{**})$	
3a	1957 I	61.50	61.57	- 0.07	- 0.11
	1957 II	63.35	63.62	- 0.27	- 0.42
	1958 I	65.00	65.49	- 0.49	- 0.75

T a

Qualität der unbere

(1) Abweichung der errechneten von den gemessene siv umgeformten Gleichung (3b*) in der Beobachtu

au

Nr. der Gleichung	Beobachtungs-vierteljahre	Gemessener Konsumwert	Errechnet Konsumwer
3b		C_{pr}	C^*_{pr}
	1951 II	17.40	17.38
	1951 III	18.00	17.64
	1951 IV	18.60	18.52
	1952 I	19.10	18.96
	1952 II	19.60	19.49
	1952 III	19.90	19.76
	1952 IV	20.40	20.29
	1953 I	20.90	20.91
	1953 II	21.30	21.17
	1953 III	21.70	21.97
	1953 IV	21.90	22.14
	1954 I	22.20	22.41
	1954 II	22.90	23.11
	1954 III	23.30	24.00
	1954 IV	23.70	24.09
	1955 I	24.20	24.44
	1955 II	25.00	25.23
	1955 III	26.00	25.94
	1955 IV	26.80	26.38
	1956 I	27.60	27.18
	1956 II	28.00	27.19
	1956 III	28.80	28.41
	1956 IV	29.30	29.47
	1957 I	29.70	29.65
3b*		C_{pr}	$C^{*\prime}_{pr}$

15

achfunktion (3b)

en bei der Funktion (3b) und bei der autoregres-
(Alle Konsumwerte in Mrd. DM; Saisonschwankungen

ıng des errechneten gemessenen Konsum- wert absolut	Abweichung des errechneten von dem gemessenen Konsumwert in Prozent des gemessenen Konsumwertes
$_r - C^*_{pr} = u$	u in % von C_{pr}
+ 0.02	+ 0.11
+ 0.36	+ 2.00
+ 0.08	+ 0.43
+ 0.14	+ 0.73
+ 0.11	+ 0.56
+ 0.14	+ 0.70
+ 0.11	+ 0.54
- 0.01	- 0.05
+ 0.13	+ 0.61
- 0.27	- 1.24
- 0.24	- 1.10
- 0.21	- 0.95
- 0.21	- 0.92
- 0.70	- 3.00
- 0.39	- 1.65
- 0.24	- 0.99
- 0.23	- 0.92
+ 0.06	+ 0.23
+ 0.42	+ 1.57
+ 0.42	+ 1.52
+ 0.21	+ 0.75
+ 0.39	+ 1.35
- 0.17	- 0.58
+ 0.05	+ 0.17
$_r - C^{*\prime}_{pr} = u'$	u' in % von C_{pr}

1951 II	17.40	17.51
1951 III	18.00	17.77
1951 IV	18.60	18.64
1952 I	19.10	19.07
1952 II	19.60	19.59
1952 III	19.90	19.85
1952 IV	20.40	20.37
1953 I	20.90	20.97
1953 II	21.30	21.23
1953 III	21.70	22.01
1953 IV	21.90	22.18
1954 I	22.20	22.44
1954 II	22.90	23.13
1954 III	23.30	24.00
1954 IV	23.70	24.08
1955 I	24.20	24.43
1955 II	25.00	25.21
1955 III	26.00	25.90
1955 IV	26.80	26.33
1956 I	27.60	27.11
1956 II	28.00	27.71
1956 III	28.80	28.32
1956 IV	29.30	29.36
1957 I	29.70	29.53

(2) Abweichung der prognostizierten von

Nr. der Gleichung	Prognose-vierteljahre	Gemessener Konsumwert C_{pr}	Prognosti-ter Konsu C^{**}_{pr}
3b	1957 II	30.9	31.0
	1957 III	31.1	30.8
	1957 IV	31.6	31.7

- 0.11	- 0.63
+ 0.23	+ 1.28
- 0.04	- 0.22
+ 0.03	+ 0.15
+ 0.01	+ 0.05
+ 0.05	+ 0.25
+ 0.03	+ 0.15
- 0.07	- 0.33
+ 0.07	+ 0.33
- 0.31	- 1.43
- 0.28	- 1.28
- 0.24	- 1.08
- 0.23	- 1.00
- 0.70	- 3.00
- 0.38	- 1.60
- 0.23	- 0.95
- 0.21	- 0.84
+ 0.10	+ 0.38
+ 0.47	+ 1.75
+ 0.49	+ 1.78
+ 0.29	+ 1.04
+ 0.48	+ 1.67
- 0.06	- 0.20
+ 0.17	+ 0.57

n Konsumwerten bei der Funktion (3b)

ung C^{**}_{pr} von C_{pr} bsolut r $- C^{**}_{pr})$	Abweichung C^{**}_{pr} von C_{pr} in Prozent von C_{pr}
- 0.1	- 0.32
+ 0.3	+ 0.96
- 0.1	- 0.32

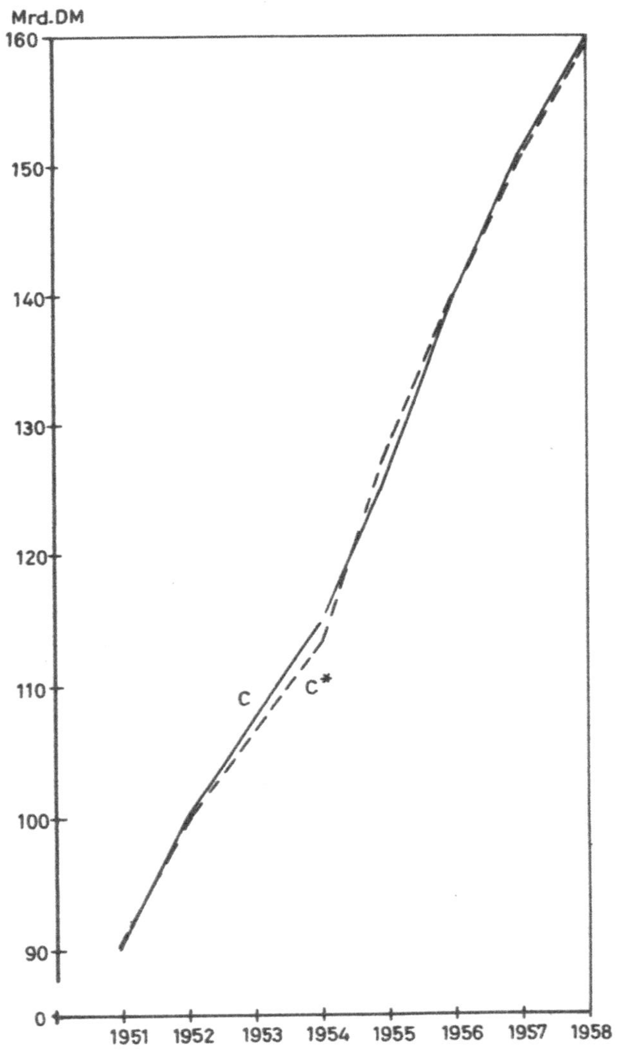

Funktion (1): $C_t = a_o + a_1 Y_t^{BSP} + u$

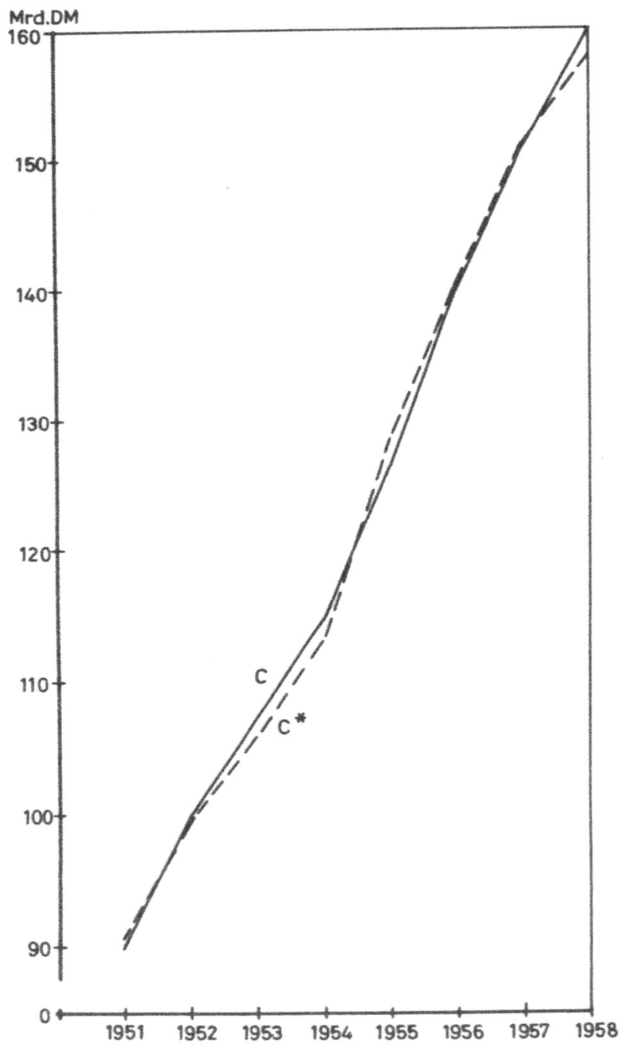

Funktion (2): $C_t = a_o + a_1 Y_t^{F} + u$

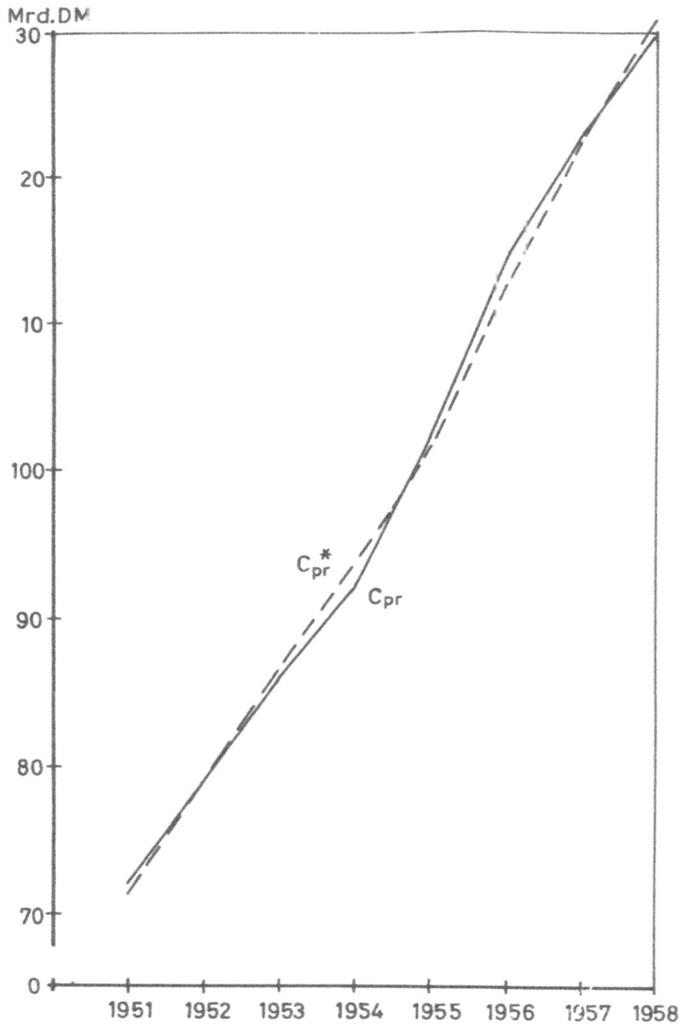

Funktion (3): $C_{pr_t} = a_o + a_1 Y^v_t + u$

Erklärung der Symbole:

C = gemessener Gesamtkonsum

C_{pr} = gemessener privater Konsum

C^* = errechneter Gesamtkonsum

C^*_{pr} = errechneter privater Konsum

A b b i l d u n g 3

Zeitbilder[1)] zu den mit Jahresdaten geschätzten Funktionen (1) bis (3)

1. Die Zeitbilder zeigen, wie genau die mit Jahresdaten geschätzten Funktionen (1) bis (3) den Gesamtkonsum sowie den privaten Konsum in der Beobachtungsperiode erklären.

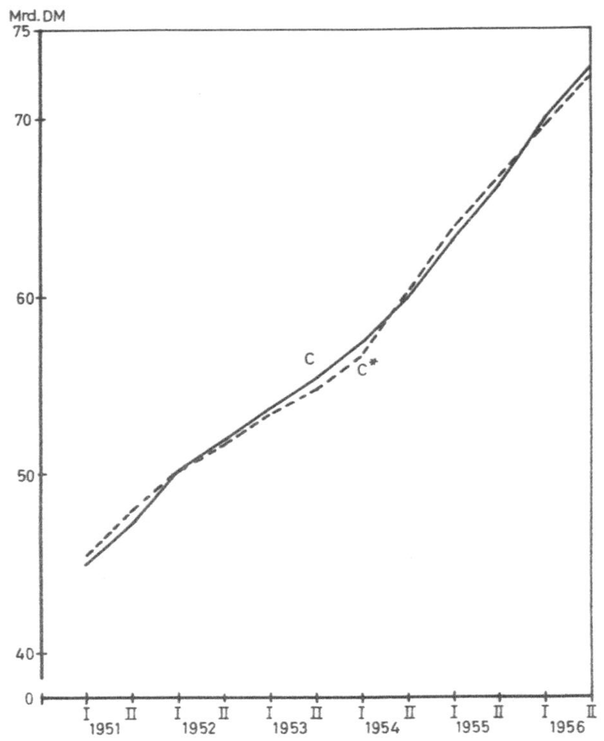

Funktion (1a)

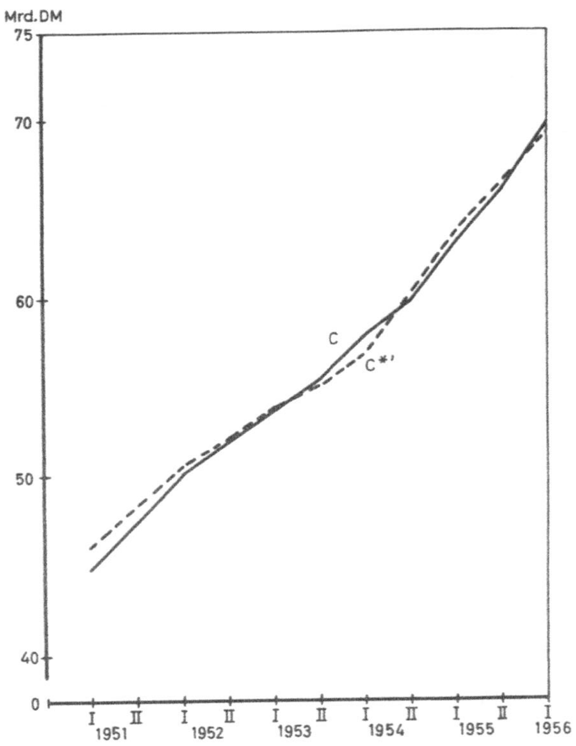

Funktion (1a*)
nach der autoregressiven Transformation

A b b i l d u n g 4

Zeitbilder[1] zu der mit Halbjahresdaten geschätzten Funktion (1a)

$$C_t = a_o + a_1 Y_t^{BSP} + u$$

Erklärung der Symbole:
C = gemessener Gesamtkonsum
C*= errechneter Gesamtkonsum
C*'= errechneter Gesamtkonsum nach der autoregressiven Transformation

1. Die Zeitbilder zeigen, wie gut die Funktion (1a) vor und nach der autoregressiven Transformation den Gesamtkonsum der Beobachtungsperiode erklärt.

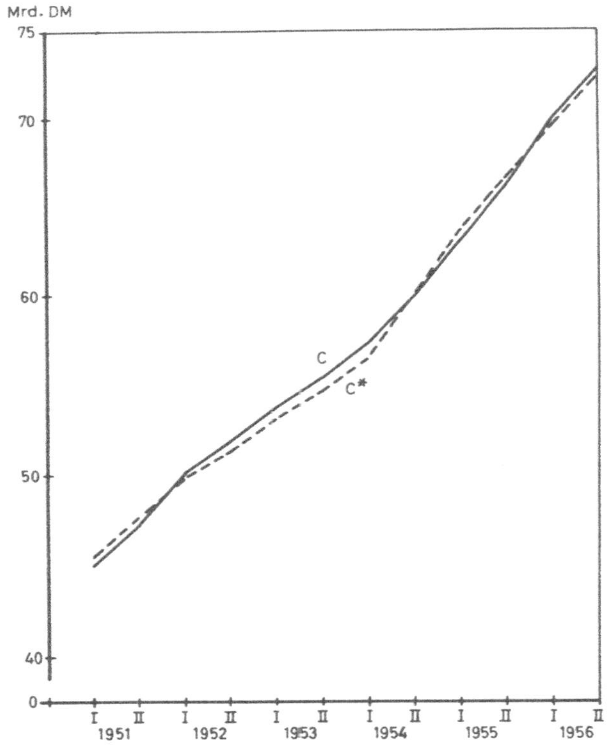

Funktion (2a)

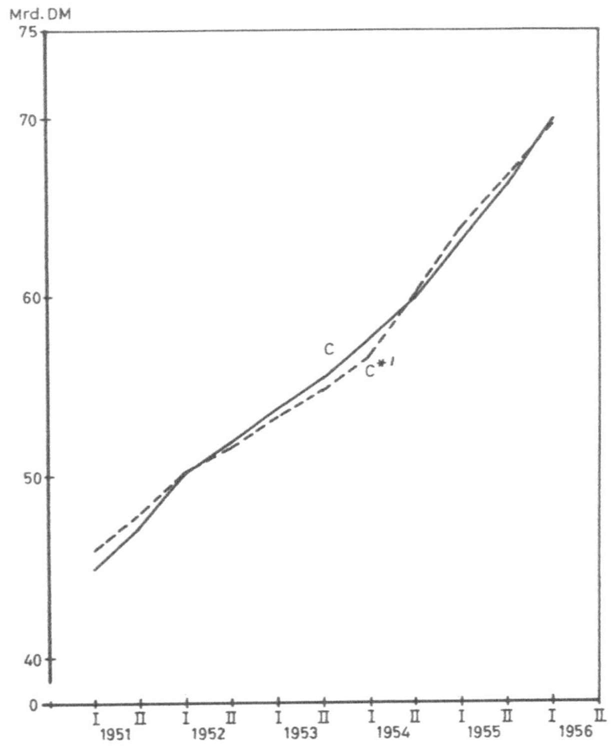

Funktion (2a*)

nach der autoregressiven Transformation

A b b i l d u n g 5

Zeitbilder[1)] zu der mit Halbjahresdaten geschätzten Funktion (2a)

$$C_t = a_o + a_1 Y_t^F + u$$

Erklärung der Symbole: C = gemessener Gesamtkonsum
C* = errechneter Gesamtkonsum
C*'= errechneter Gesamtkonsum nach der autoregressiven Transformation

1. Die Zeitbilder zeigen, wie gut die mit Halbjahresdaten geschätzte Funktion (2a) vor und nach der autoregressiven Transformation den Gesamtkonsum der Beobachtungsperiode erklärt.

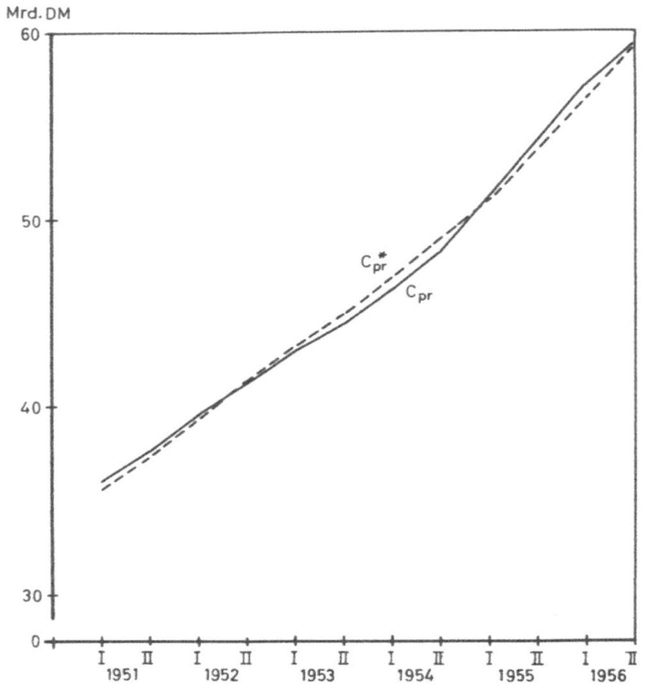

Funktion (3a)

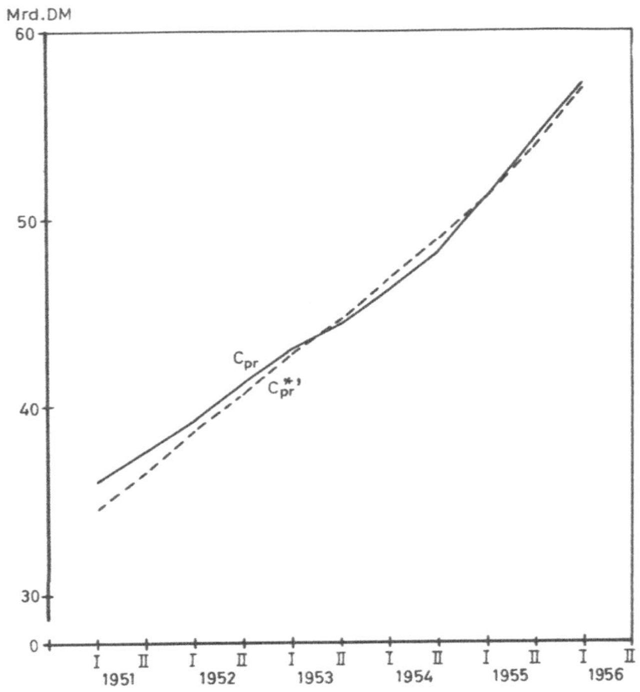

Funktion (3a*)

nach der autoregressiven Transformation

A b b i l d u n g 6

Zeitbilder[1] zu der mit Halbjahresdaten geschätzten Funktion (3a)

$$C_{pr_t} = a_o + a_1 Y_t^v + u$$

Erklärung der Symbole: C_{pr} = gemessener privater Konsum
C_{pr}^{*} = errechneter privater Konsum
$C_{pr}^{*\prime}$ = nach der autoregressiven Transformation errechneter privater Konsum

1. Die Zeitbilder zeigen, wie gut die mit Halbjahresdaten geschätzte Funktion (3a) vor und nach der autoregressiven Transformation den privaten Konsum der Beobachtungsperiode erklärt.

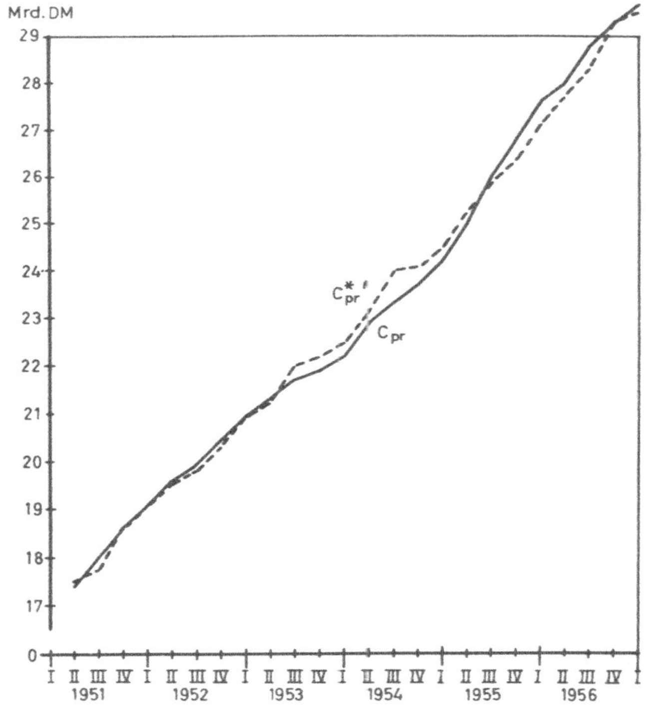

Funktion (3b)

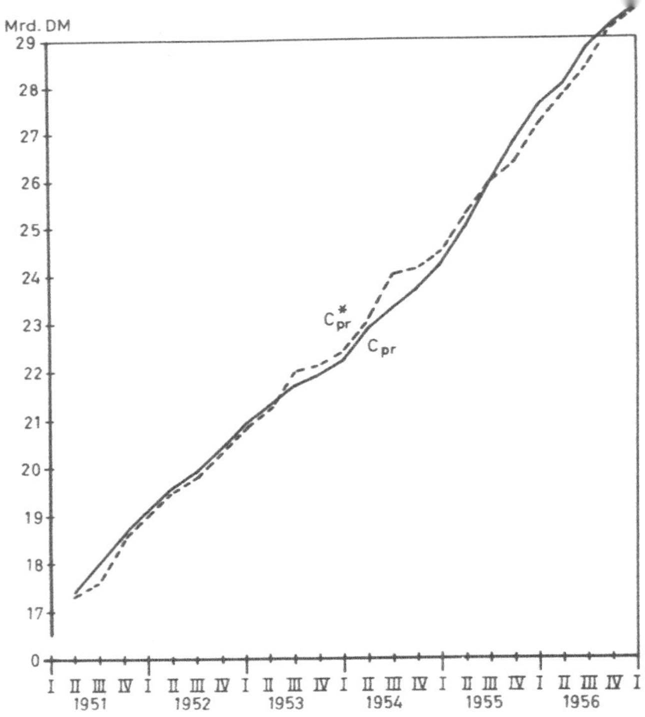

Funktion (3b*)

nach der autoregressiven Transformation

A b b i l d u n g 7

Zeitbilder[1] zu der mit Vierteljahresdaten geschätzten Funktion (3b)

$$C_{pr_t} = a_o + a_1 Y^v_t + u$$

Erklärung der Symbole: C_{pr} = gemessener privater Konsum

C^{*}_{pr} = errechneter privater Konsum

$C^{*\prime}_{pr}$ = nach der autoregressiven Transformation errechneter privater Konsum

1. Die Zeitbilder zeigen, wie gut die mit Vierteljahresdaten geschätzte Funktion (3b) vor und nach der autoregressiven Transformation den privaten Konsum der Beobachtungsperiode erklärt.

Die absoluten Abweichungen "u" der errechneten von den tatsächlichen Werten und die entsprechenden Prozentabweichungen finden sich zusammen mit den Zeitreihen für C und C* sowie für C_{pr} und C^*_{pr} auf den Tabellen 11 bis 15.

Die absoluten Abweichungen wurden errechnet:

$$C - C^* = u ,$$

die prozentualen folgendermaßen festgelegt:

$$\frac{C - C^*}{C} \cdot 100 = u \text{ in \% von } C.$$

Die in den einzelnen Jahren festgestellte Abweichung der errechneten Konsumwerte von den empirisch ermittelten beträgt in keinem Falle mehr als 2 Prozent.

Die Arbeitsweise der drei Funktionen läßt sich auch aus den in den Abbildungen 3 bis 7 wiedergegebenen Zeitbildern ablesen. Es ist hier an dem Verlauf von C und C*, bzw. C_{pr} und C^*_{pr} zu ersehen, daß die Funktionen (1) bis (3) die Konsumausgaben des ihrer Schätzung zugrunde gelegten Berechnungszeitraumes zufriedenstellend erklären.

Die durch autoregressive Transformation errechneten Parameter der Gleichungen (1a*) bis (3b*) erklären die Verbrauchsausgaben der Beobachtungsperiode etwas schlechter als die ursprünglichen Parameter (s. Abb. 4 bis 7, Zeichnung von C*'). Während die Funktionen durch die Umformung einerseits an statistischer Qualität gewinnen, verlieren sie andererseits etwas an Wirklichkeitsnähe[199)].

(2) Um festzustellen, ob die Funktionen (1) bis (3) für Vorausschätzungen geeignet sind, muß ihre "Voraussagequalität" geprüft werden. Dies geschieht am besten anhand der auf Halbjahres- und auf Vierteljahresbasis für die Periode 1951 bis 1956 geschätzten Gleichungen (1a) bis (3b). Mit Hilfe ihrer Koeffizienten und den für 1957 und 1958 bekannten Einkommensgrößen[200)] sind die Konsumausgaben dieser Zeit in der bereits beschriebenen Weise zu berechnen[201)].

---

199. Eine nochmalige autoregressive Transformation der Gleichungen erschien deshalb auch in solchen Fällen nicht zweckmäßig, in denen die Autokorrelation der Residuen nach der ersten Umrechnung noch etwas über der Signifikanzgrenze lag (z.B. bei 3a*).
200. Es handelt sich hier also um keine echte d.h. unbedingte Prognose, sondern lediglich um eine Bestimmung der Konsumausgaben unter Verwendung bekannter Einkommenswerte, also eine bedingte Prognose.
201. Siehe Seite 320.

Die so unter Verwendung der Gleichungen (1a) bis (3b) gewonnenen Prognosewerte für den Halbjahres- und den Vierteljahresverbrauch, die absoluten Abweichungen der geschätzten von den gemessenen Werten (u) und die Abweichungen der u in Prozent der gemessenen Halbjahresgröße finden sich unter Ziffer (2) in den Tabellen 12 bis 15. Es zeigt sich, daß die Gleichungen (1a) bis (3b) den Verbrauch in der Zeit von 1957 bis 1958, welche bei der Berechnung der Funktionen nicht berücksichtigt wurde, relativ genau schätzen.

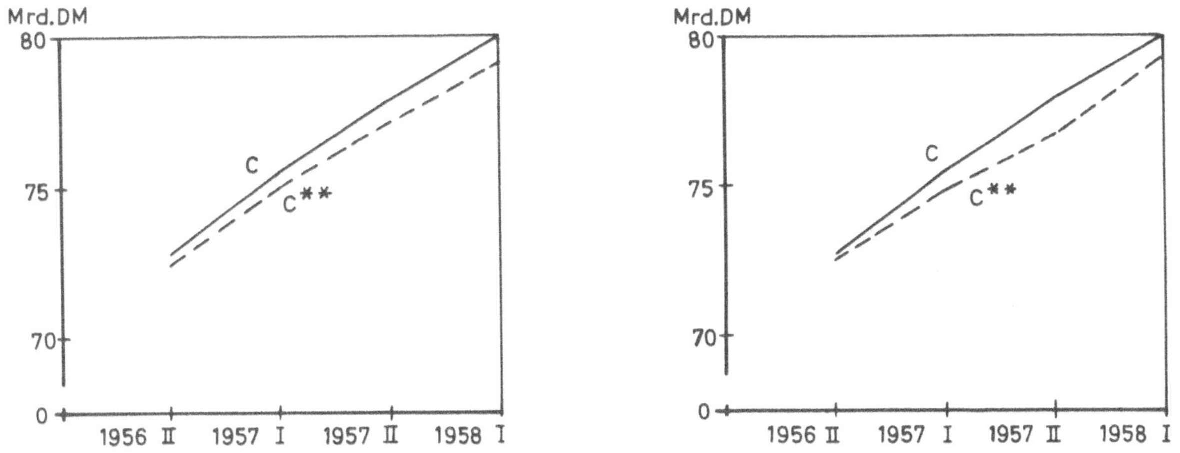

Funktion (1a): $C_t = a_o + a_1 Y_t^{BSP} + u$ (mit Halbjahreszahlen geschätzt)

Funktion (2a): $C_t = a_o + a_1 Y_t^F + u$ (mit Halbjahreszahlen geschätzt)

A b b i l d u n g 8

Voraussagequalität der Funktionen (1) und (2)
Zeitbilder des gemessenen Gesamtverbrauchs (C) und der mit Hilfe der Gleichungen (1a) und (2a) prognostizierten Konsumwerte (C**)

Die Abbildungen 8 und 9 bringen die graphische Darstellung des gemessenen und des aufgrund der Gleichung (1a) bis (3b) errechneten Verbrauchs für die Periode von 1957 bis 1958.

Bei den autoregressiv umgeformten Gleichungen (1a*), (2a*), (3a*) und (3b*) wurde auf die Prognose verzichtet.

Zusammenfassend läßt sich sagen, daß die unbereinigten Funktionen, bei deren Berechnung Zeitreihen für das Bruttosozialprodukt und für das Volkseinkommen mit dem Gesamtkonsum und für das verfügbare Einkommen mit dem privaten Konsum korreliert wurden, sowohl den Verbrauch der Periode, welche der Schätzung zugrunde gelegt war, als auch denjenigen der an-

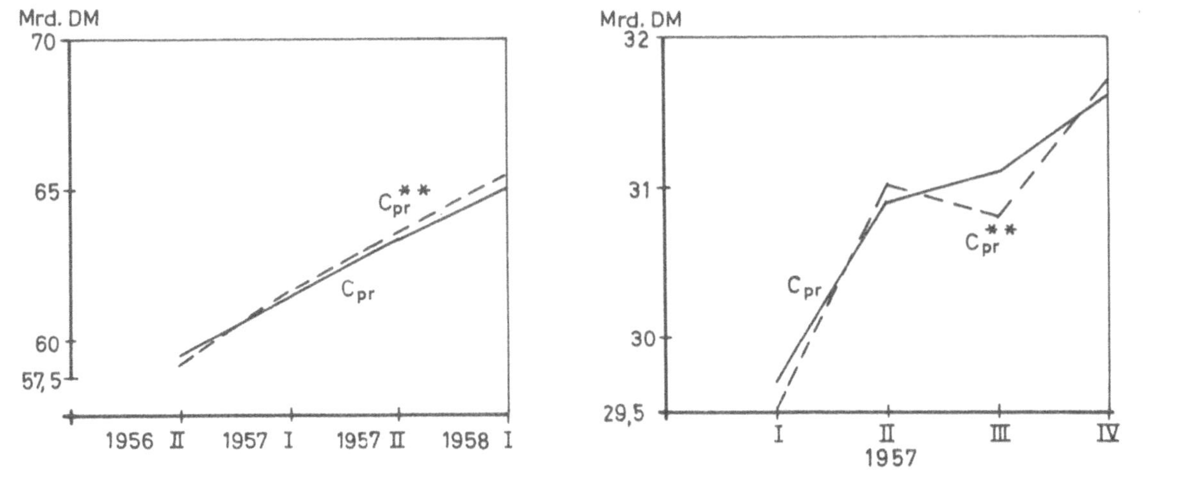

Funktion (3a): $C_{pr_t} = a_o + a_1 Y_t^v + u$ (mit Halbjahreszahlen geschätzt)

Funktion (3b): $C_{pr} = a_o + a_1 Y_t^v + u$ (mit Vierteljahreszahlen geschätzt)

A b b i l d u n g 9

Voraussagequalität der Funktion (3)

Zeitbilder des gemessenen privaten Verbrauchs (C_{pr}) und der mit Hilfe der Gleichungen (3a) und (3b) prognostizierten Konsumwerte (C^{**}_{pr})

schließenden Zeit zufriedenstellend erklären. Es zeigt sich, daß das Gesamteinkommen maßgebend den Gesamtkonsum und das verfügbare Einkommen den privaten Konsum beeinflußt. Die anfangs aus rein ökonomischen Überlegungen formulierte Annahme einer Abhängigkeit des Gesamtkonsums von der jeweiligen Höhe des Brutto- und Nettosozialprodukts trifft also - wie die statistische Prüfung beweist - für die Jahre 1950 bis 1958 zu.

4. Problem der Preis- und Bevölkerungsbereinigung

Bei den Berechnungen der Funktionen (1) bis (3), denen die These zugrunde liegt, daß das Einkommen als Hauptbestimmungsfaktor der Konsumausgaben wirkt, wurden ausschließlich unbereinigte Zeitreihen verwendet. Es ist jedoch sehr zu vermuten, daß Preisbewegungen neben dem Einkommen auf die Verbrauchsausgaben wirken. Seit BASSIEs Berechnungen wurden auch vielfach die Auswirkungen des Bevölkerungswachstums auf den Verbrauch diskutiert und gemessen.

a) Möglichkeiten, Preis- und Bevölkerungsbewegungen zu berücksichtigen

Preis- und Bevölkerungsbewegungen können im Rahmen von Konsumfunktionen einmal implizit zum anderen explizit[202] berücksichtigt werden. Bestimmte und bestimmende Variable sind im ersten Fall preisbereinigt oder bevölkerungsbereinigt oder bevölkerungs- sowie preisbereinigt zu verwenden. Im zweiten Fall wird eine zusätzliche, die Auswirkungen der Preis- oder Bevölkerungsbewegungen erklärende Variable in die Funktion eingeführt.

In mathematischen Symbolen ausgedrückt lassen sich die genannten Möglichkeiten[203] bei Verwendung des verfügbaren Einkommens und des privaten Konsums folgendermaßen schreiben:

Fall 1: Preisbereinigte, bevölkerungsbereinigte und preis- sowie bevölkerungsbereinigte Funktionen

$$\left(\frac{C_{pr}}{P_L}\right)_t = a_o + a_1 \left(\frac{Y^v}{P_L}\right)_t + u$$

$$\left(\frac{C_{pr}}{B}\right)_t = a_o + a_1 \left(\frac{Y^v}{B}\right)_t + u$$

$$\left(\frac{C_{pr}}{P_L \cdot B}\right)_t = a_o + a_1 \left(\frac{Y^v}{P_L \cdot B}\right)_t + u$$

Fall 2: Funktionen mit spezieller Preis- oder Bevölkerungsvariable

$$C_{pr_t} = a_o + a_1 Y_t + a_2 P_L + u$$

$$C_{pr_t} = a_o + a_1 Y_t + a_2 \Delta P_L + u$$

$$C_{pr_t} = a_o + a_1 Y_t + a_2 B + u$$

$$C_{pr_t} = a_o + a_1 Y_t + a_2 B + a_3 P_L + a_4 \Delta P_L + u$$

(Erklärung der Preis- und Bevölkerungssymbole: P_L = Preisindex für Lebenshaltung; ΔP_L = Änderung des Preisindex für Lebenshaltung; B = Bevölkerung)

202. Vgl. hierzu den entsprechenden Abschnitt in Kapitel I, S. 280 f.
203. Es gibt natürlich auch andere, den Preis- oder Bevölkerungsbewegungen Rechnung tragende Versionen. So benutzten z.B. KEYNES, J.M., Allgemeine Theorie der Beschäftigung, des Zinses und des Geldes, a.a.O., Kap. VIII, und CLARK, Colin, A System of Equations Explaining the United States Trade Cycle, a.a.O., S.100, "wage-units", d.h. Lohneinheiten, als Preisdeflator. Bei den oben genannten Formen handelt es sich lediglich um die gebräuchlichsten Arten, Einflüsse des Preisniveaus oder der Bevölkerung im Rahmen von Konsumuntersuchungen zu berücksichtigen.

b) Sinnvolle Verwendung der gegebenen Möglichkeiten, Preis- und Bevölkerungseinflüssen Rechnung zu tragen

Die Berücksichtigung von Preis- oder Bevölkerungseinflüssen sowie die Wahl einer impliziten oder expliziten Form wird bei vielen Konsumfunktionsschätzungen davon abhängig gemacht, welche Variable oder welche Verwendungsart die statistische Funktionsqualität und damit das rechnerische Ergebnis verbessern[204].

Derartige Überlegungen überspringen eine wesentliche Stufe des ökonometrischen Arbeitsprozesses. Es ist in einer ökonometrischen Untersuchung in erster Linie nicht nach den statistischen, sondern nach den ökonomischen Gründen für die Berücksichtigung von bestimmenden Faktoren - also hier von Preis- und Bevölkerungsbewegungen - zu fragen. Erst wenn die einer ausgewählten Funktionsform zugrunde liegende Theorie ökonomisch zu vertreten ist, können statistische Erwägungen ergänzend folgen.

(1) Ökonomische Bedeutung des Deflationierens und des Aufstellens von Pro-Kopf-Daten

Bei der Verwendung von preisbereinigten und bevölkerungsbereinigten Zeitreihen wird der Preis- und Bevölkerungseinfluß durch Ausschaltung aller Preis- und Bevölkerungsbewegungen berücksichtigt.

(a) Ökonomische Bedeutung der Preisbereinigung

Bei der Preisbereinigung sind die Geldwerte der Variablen durch einen Preisindex (z.B. den Preisindex für Lebenshaltung) zu dividieren. Nach Ausschluß der Preisbewegungen aus den Zeitreihen werden also reale Einkommens- und Konsumgrößen korreliert.

Die Verwendung realer Größen läßt sich durch die ökonomische Annahme begründen, daß die Konsumenten ihren Nominalkonsum nicht am Nominaleinkommen ausrichten. Bei dem Gebrauch preisbereinigter Zeitreihen wird also vom Theoretiker vermutet, daß die Masse der Konsumenten ihre Konsumentschlüsse auf der Basis realer Kalkulationen faßt.

Für diese These, daß das Realeinkommen als wichtiger Bestimmungsfaktor des Realkonsums zu betrachten ist, spricht die Erfahrung, daß die Verbraucher ihren Realkonsum bei steigendem Preisniveau nicht ohne weiteres einschränken, sondern versuchen, ihn aufrecht zu er-

---

204. So z.B. bei FERBER, Robert, The Accuracy of Aggregate Saving Functions in the Postwar Years, a.a.O., S.135.

halten, soweit dies im Rahmen ihres Realeinkommens möglich ist. Es erscheint daher ökonomisch sinnvoll, für die Schätzung von Konsumfunktionen preisbereinigte Zeitreihen zu verwenden.

(b) Ökonomische Bedeutung der Ausschaltung der Bevölkerungsbewegung

Bei der Bereinigung der Zeitreihen von Bevölkerungsveränderungen werden die jeweiligen Konsum- und Einkommenswerte durch die ihnen entsprechende Bevölkerungszahl dividiert. Dadurch erhält man Pro-Kopf-Daten.

Der Gebrauch von Pro-Kopf-Daten erfolgt aufgrund der ökonomischen Überlegung, daß die Bevölkerungszahl auf die Höhe der Konsumausgaben einwirkt und daher im Sinne einer gleichbleibenden Beziehung zwischen dem Konsum und den theoretisch als bestimmend angenommenen Variablen Veränderungen in der Bevölkerungsgröße auszuschließen sind.

Es empfiehlt sich, aufgrund der ökonomischen Bedeutung der Preis- und Bevölkerungsbereinigung bei Konsumfunktionen mit deflationierten Pro-Kopf-Daten zu arbeiten.

(2) Ökonomische Bedeutung der Einführung expliziter Preis- oder Bevölkerungsvariabler in die Konsumfunktion

Mit Hilfe expliziter Preis- oder Bevölkerungsvariablen wird der Einfluß von Preis- und Bevölkerungsbewegungen im Rahmen der Konsumfunktion <u>direkt</u> gemessen.

(a) Ökonomische Bedeutung der expliziten Preisvariablen

Als explizite Preisvariablen sind bisher entweder der Preisindex für Lebenshaltung[205] oder auch die Änderungsrate dieses Index[206] verwandt worden.

Mit derartigen Preisvariablen ist mit Vorzug dann zu arbeiten, wenn ökonomisch erwartet werden kann, daß ein stark in Bewegung geratenes Preisniveau die Konsumausgaben maßgeblich beeinflußt. Die Verwendung einer expliziten Preisvariablen ist also nur sinnvoll, wenn die Preisbewegung für die der Funktionsberechnung zugrunde gelegte Beobachtungsperiode eine konsumbestimmende Variable ist, deren ausdrückliche Messung die ökonomische Interpretation erleichtert.

---

205. So bei LIU und CHANG sowie bei WAFFENSCHMIDT. Siehe hierzu Kapitel I, S.280 f. und Tabelle 6.
206. Zum Beispiel bei GEHRIG.

Für die Zeit von 1950 bis 1958 war nicht zu erwarten, daß neben dem Einkommen das Preisniveau eine solche entscheidende Einwirkung auf die Konsumausgaben hatte. Abgesehen davon, daß die Verbraucher ihren Bedarf bei leicht anziehenden Preisen nicht sofort einschränken, stieg der Preisindex für Lebenshaltung in dieser Zeit noch nicht einmal um 20 %, während sich das Realeinkommen in derselben Periode annähernd verdoppelte. Eine ausdrückliche Einbeziehung der Preisverschiebungen ist also für den dieser Arbeit zugrunde gelegten Beobachtungszeitraum nicht erforderlich[207]. Vielmehr genügt für die Zeit von 1950 bis 1958 die Verwendung preisbereinigter Reihen.

(b) Ökonomische Bedeutung der expliziten Bevölkerungsvariablen

Als explizite Bevölkerungsvariable dient die Gesamteinwohnerzahl. Mit der Bevölkerungsvariable soll der Einfluß des Bevölkerungswachstums auf den Verbrauch gemessen werden. Wo dies bisher geschah, wurde die Bevölkerung neben dem Einkommen[208] in die Konsumfunktion eingeschlossen. Das ist ökonomisch lediglich in bestimmten Fällen sinnvoll. Und zwar wird die Einführung der Bevölkerungsvariable neben der Einkommensvariable dann zu rechtfertigen sein, wenn das Bevölkerungswachstum Verbrauch und Einkommen nicht in gleicher Weise beeinflußt[209].

Dagegen erübrigt sich die Verwendung einer expliziten Bevölkerungsvariable immer dann, wenn das Bevölkerungswachstum Verbrauch und Einkommen in gleichem Umfang steigert, das Verhältnis von Pro-Kopf-Einkommen zu Pro-Kopf-Verbrauch also relativ unverändert bleibt.

---

207. Eine Testkorrelation mit Jahresdaten des privaten Konsums, des verfügbaren Einkommens und der expliziten Preisgröße ergab einen sehr geringen Einfluß des Preisindex für Lebenshaltung ($C_{pr} = 1.36 + 0.85\ Y^{v} + 0.052\ P_{L} + u$).

208. So bei BASSIE, FERBER und GEHRIG. Siehe hierzu auch S.280 f. und Tabelle 6.

209. In Indien z.B., wo die Bevölkerung wesentlich rascher wächst als das Volkseinkommen, ist die Bevölkerungszunahme wichtigster Bestimmungsfaktor der gesamtwirtschaftlichen Konsumausgaben. Diese vermehren sich notwendig mit dem Bevölkerungswachstum. Die zunehmende Bevölkerung steigert jedoch nur den Verbrauch insgesamt. Der Pro-Kopf-Verbrauch sinkt. Das Verhältnis Pro-Kopf-Verbrauch zu Pro-Kopf-Einkommen kann sich verschieben, weil für die Einkommensbildung in einem Land wie Indien neben dem Einfluß des Bevölkerungswachstums noch andere und wichtigere Bestimmungsfaktoren maßgebend sind (z.B. Regierungsprogramme für Industrialisierung etc.). Es wäre also in einer indischen Konsumfunktion unbedingt erforderlich, Bevölkerung und Einkommen als verbrauchsbeeinflussende Faktoren einzuschließen.

In dem betrachteten Beobachtungszeitraum von 1950 bis 1958 vermehrte das Bevölkerungswachstum, dessen wichtigste Komponente der Zustrom an arbeitsfähigen Sowjetzonenflüchtlingen war, nicht nur den gesamtwirtschaftlichen Verbrauch, sondern in gleicher Weise auch das Einkommen. Deswegen erscheint es nicht ratsam, diesen auf Sozialprodukt und Konsum gleichermaßen wirkenden Bevölkerungseinfluß neben dem des Einkommens in der Konsumfunktion direkt zu messen. Vielmehr genügt es, Pro-Kopf-Daten zu verwenden.

Abgesehen von den obigen Überlegungen hat die Benutzung preis- und bevölkerungsbereinigter Reihen gegenüber der Verwendung expliziter Größen den weiteren ökonomischen Vorzug[210)], daß hierdurch eine konsumbestimmende Variable in der Funktion eingespart und an ihrer Stelle ein anderer mutmaßlicher Konsumeinfluß geschätzt werden kann.

5. Berechnung bereinigter Funktionen

Die bereinigten Funktionen wurden ebenfalls nach der direkten Methode der kleinsten Quadrate geschätzt[211)].

a) Berechnungsergebnisse der bereinigten Funktionen

Die Einfachkorrelation der bereinigten Zeitreihen des privaten Konsums (C_{pr}) und des verfügbaren Einkommens (Y^v) in der Linearform (4) bis (6)

$$\left(\frac{C_{pr}}{P_L}\right)_t = a_o + a_1 \left(\frac{Y^v}{P_L}\right)_t + u \qquad (4)$$

$$\left(\frac{C_{pr}}{B}\right)_t = a_o + a_1 \left(\frac{Y^v}{B}\right)_t + u \qquad (5)$$

$$\left(\frac{C_{pr}}{P_L \cdot B}\right)_t = a_o + a_1 \left(\frac{Y^v}{P_L \cdot B}\right)_t + u \qquad (6)$$

brachte die in Tabelle 16 zusammengestellten Informationen.

---

210. Auch statistisch gesehen sind preis- und bevölkerungsbereinigte Reihen den entsprechenden expliziten Variablen vorzuziehen, da durch den Wegfall einer zweiten bestimmenden Größe Multikollinearität ausgeschlossen wird.
211. Zur Begründung vgl. wieder Teil I der vorliegenden Arbeit.

b) Sicherheit der Parameter der bereinigten Funktionen

Auch bei den bereinigten Funktionen sind die Konfidenzintervalle durchweg sehr eng (s. Tab.16, Spalte 6).

Die Autokorrelation der Residuen war wiederum bei den mit Ganzjahresdaten geschätzten Gleichungen (4), (5) und (6) gering; die Parameter dieser Funktionen sind statistisch gesichert.

Bei den mit Halbjahresdaten berechneten Gleichungen (4a), (5a) und (6a) ergab sich - wie bei den unbereinigten Halbjahresfunktionen - eine über der Signifikanzgrenze liegende Autokorrelation der Residuen (s.Tab.16, Spalte 8). Die autoregressive Transformation konnte die Autokorrelation der Residuen nicht beseitigen, so daß die Parameter dieser Gleichungen statistisch nicht gesichert sind[212].

Die Berechnungsergebnisse der unbereinigten und bereinigten Einfachkorrelationen unterscheiden sich in statistischer Hinsicht nicht wesentlich. Daß bei den im weiteren Verlauf dieser Arbeit berechneten multiplen Korrelationen bereinigte Daten verwendet werden, hat darum nicht statistische, sondern ökonomische Gründe[213].

212. Wie bei der unbereinigten Funktion (3a*) sind die Parameter der umgerechneten Gleichungen (4a*), (5a*) und (6a*) aber auch ökonomisch unwahrscheinlich. Es zeigt sich, daß die autoregressive Transformation dort, wo sie die Autokorrelation der Residuen beseitigt, ökonomisch sinnvolle Parameter ergibt. Kann die Autokorrelation dagegen nicht unter die Signifikanzgrenze gedrückt werden (vgl. (3a*), (4a*), (5a*) und (6a*)), so verlieren die Parameter durch die Umrechnung auch den ökonomischen Aussagewert.

213. Siehe hierzu auch S. 336.

Tabelle 16

Berechnungsergebnisse der preisbereinigten, der bevölkerungsbereinigten sowie der preis- und bevölkerungsbereinigten Funktionen

(bei 4a, 5a und 6a Saisonschwankungen ausgeschaltet)

1	2	3	4	5	6	7	8
Nr. der Gleichung	Korrelierte Größen	Periodenlänge	n	Methode 1)	Berechnungsergebnisse	Korrelationskoeffizient r	Autokorrelation r* 2)
4	$\frac{C_{pr}}{P_L}, \frac{Y^v}{P_L}$	Kalenderjahr	1951-1958	(1)	$\left(\frac{C_{pr}}{P_L}\right)_t = 6.91 + \begin{matrix}0.896\\0.854\\0.812\end{matrix} \left(\frac{Y^v}{P_L}\right)_t + u$	0.9987	0.166
4a		Halbjahr	1951-1956	(1)	$\left(\frac{C_{pr}}{P_L}\right)_t = 3.15 + \begin{matrix}0.908\\0.861\\0.814\end{matrix} \left(\frac{Y^v}{P_L}\right)_t + u$	0.9972	0.691
4a*		Halbjahr	1951-1956	(3)	$\left(\frac{C_{pr}}{P_L}\right)_t = 0.064 + \begin{matrix}1.024\\0.925\\0.826\end{matrix} \left(\frac{Y^v}{P_L}\right)_t + u$	0.9902	0.445
5	$\frac{C_{pr}}{B}, \frac{Y^v}{B}$	Kalenderjahr	1951-1958	(1)	$\left(\frac{C_{pr}}{B}\right)_t = 153.75 + \begin{matrix}0.963\\0.856\\0.749\end{matrix} \left(\frac{Y^v}{B}\right)_t + u$	0.9987	0.166
5a		Halbjahr	1951-1956	(1)	$\left(\frac{C_{pr}}{B}\right)_t = 70.90 + \begin{matrix}0.907\\0.861\\0.815\end{matrix} \left(\frac{Y^v}{B}\right)_t + u$	0.9927	0.782
5a*		Halbjahr	1951-1956	(3)	$\left(\frac{C_{pr}}{B}\right)_t = -53.08 + \begin{matrix}1.101\\0.969\\0.837\end{matrix} \left(\frac{Y^v}{B}\right)_t + u$	0.9841	0.382
6	$\frac{C_{pr}}{P_L \cdot B}, \frac{Y^v}{P_L \cdot B}$	Kalenderjahr	1951-1958	(1)	$\left(\frac{C_{pr}}{P_L \cdot B}\right)_t = 162.54 + \begin{matrix}0.894\\0.843\\0.792\end{matrix} \left(\frac{Y^v}{P_L \cdot B}\right)_t + u$	0.9982	0.154
6a		Halbjahr	1951-1956	(1)	$\left(\frac{C_{pr}}{P_L \cdot B}\right)_t = 75.37 + \begin{matrix}0.903\\0.850\\0.797\end{matrix} \left(\frac{Y^v}{P_L \cdot B}\right)_t + u$	0.9963	0.704
6a*		Halbjahr	1951-1956	(3)	$\left(\frac{C_{pr}}{P_L \cdot B}\right)_t = -11.00 + \begin{matrix}1.053\\0.937\\0.821\end{matrix} \left(\frac{Y^v}{P_L \cdot B}\right)_t + u$	0.9868	0.464

1. Direkte Methode der kleinsten Quadrate = (1)
   Umrechnung (autoregressive Transformation) = (3)
2. Signifikanzgrenzen für den Autokorrelationskoeffizienten:
   Bei 8 Beobachtungen = + 0.371; - 0.625.
   Bei 12 Beobachtungen = + 0.348; - 0.516.
   Bei 24 Beobachtungen = + 0.276; - 0.356.
   Vgl. TINTNER, Gerhard, Hdb. der Ökonometrie, a.a.O., S.322.

6. Interpretation der Berechnungsergebnisse

a) Deutung der Parameter

Die Koeffizienten der Funktionen (4) bis (6) sind ökonomisch sinnvoll (s.Tab.16, Spalte 6). Bei den Werten der konstanten Glieder, die in der Höhe stark differieren, ist zu beachten, daß es sich bei der Funktion (4) um den gesamten autonomen Konsum, ausgedrückt in Mrd. DM, handelt, während bei den Funktionen (5) bis (6) Pro-Kopf-Werte erscheinen, die in DM angegeben werden. Die Parameter bei Y^v, welche wie im Fall der unbereinigten Einfachfunktionen den Grenzhang zum Verbrauch wiedergeben, bewegen sich in derselben Größenordnung wie die entsprechenden Parameter bei der Funktion (3), in der ebenfalls privater Konsum und verfügbares Einkommen korreliert wurde. Sie besagen wiederum, daß eine Erhöhung des verfügbaren Einkommens um eine Einheit ΔY^v die einkommensabhängigen privaten Konsumausgaben um ca. 85 % von ΔY^v steigern wird.

b) Qualität der bereinigten Funktionen

(1) Anpassung der Funktionen und Wirklichkeitsnähe ihres ökonomischen Ansatzes für die Beobachtungsperiode

Die Anpassung der Funktionen (4) bis (6) ist gut; in der Tabelle 16, Spalte 7, zeigen sich in allen Fällen hohe Korrelationskoeffizienten.

Das gilt auch für die autoregressiv transformierten Halbjahresfunktionen (4a*), (5a*) und (6a*).

Wie ein Vergleich der rechnerisch ermittelten Größen C^*_{pr} mit den gemessenen Größen C_{pr} für die Konsumausgaben ergibt (s. die Tab. 17 bis 20) sind bei den Funktionen (4) bis (6) die Abweichungen[214] der geschätzten von den tatsächlichen Werten gering. Sie überschreiten bei keiner bereinigten Funktion 2 Prozent.

Die Funktionen (4) bis (6) erklären also den Konsum des den Berechnungen zugrunde gelegten Beobachtungszeitraumes ebenso gut wie die Funktionen (1) bis (3). Wegen der vergleichbaren Ergebnisse wurde für die Funktionen (4) bis (6) auf die Wiedergabe von Zeitbildern, die nicht wesentlich von denen der Abbildungen 3 bis 6 differieren würden, verzichtet.

---

214. Zur Errechnung der Schätzgrößen sowie der Abweichungen siehe die Beschreibung auf S. 320, 332.

Tabelle 17

Qualität der bereinigten Einfachfunktionen

Abweichung der errechneten von den gemessenen Konsumwerten bei den Funktionen (4) bis (6) in der Beobachtung periode (Konsumwerte bei (4) in Mrd. DM, bei (5) und (6) in DM)

Nr. der Gleichung	Beobachtungs-jahre	Gemessener Konsumwert	Errechneter Konsumwert	Abweichung des errechneten von dem gemessenen Konsumwert absolut	Abweichung des errechneten von dem gemessenen Konsumwert in Prozent des gemessenen Konsumwertes
4		$\frac{C_{pr}}{P_L}$	$\frac{C^*_{pr}}{P_L}$	$\frac{C_{pr}}{P_L} - \frac{C^*_{pr}}{P_L} = u$	u in % von $\frac{C_{pr}}{P_L}$
	1951	61.8	61.7	+ 0.1	+ 0.16
	1952	66.8	66.3	+ 0.5	+ 0.75
	1953	71.9	72.0	- 0.1	- 0.14
	1954	79.7	80.0	- 0.3	- 0.38
	1955	85.5	86.7	- 1.2	- 1.40
	1956	93.0	92.6	+ 0.4	+ 0.43
	1957	101.3	99.8	+ 1.5	+ 1.48
	1958	107.0	106.8	+ 0.2	+ 0.19
5		$\frac{C_{pr}}{B}$	$\frac{C^*_{pr}}{B}$	$\frac{C_{pr}}{B} - \frac{C^*_{pr}}{B} = u$	u in % von $\frac{C_{pr}}{B}$
	1951	1521	1508	+ 13	+ 0.85
	1952	1658	1655	+ 3	+ 0.18
	1953	1787	1796	- 9	- 0.50
	1954	1895	1925	- 30	- 1.58
	1955	2080	2073	+ 7	+ 0.32
	1956	2298	2264	+ 34	+ 1.48
	1957	2437	2434	+ 3	+ 0.12
	1958	2543	2556	- 13	- 0.51
6		$\frac{C_{pr}}{P_L \cdot B}$	$\frac{C^*_{pr}}{P_L \cdot B}$	$\frac{C_{pr}}{P_L \cdot B} - \frac{C^*_{pr}}{P_L \cdot B} = u$	u in % von $\frac{C_{pr}}{P_L \cdot B}$
	1951	1408	1400	+ 8	+ 0.57
	1952	1507	1508	- 1	- 0.07
	1953	1654	1662	- 8	- 0.48
	1954	1755	1780	- 25	- 1.42
	1955	1891	1883	+ 8	+ 0.42
	1956	2034	2004	+ 30	+ 1.47
	1957	2119	2118	+ 1	+ 0.05
	1958	2137	2152	- 15	- 0.70

T

Qualität der prei

(1) Abweichung der errechne
Funktion (4a) und bei der a
der Beobachtungsperiode. (A

Nr. der Gleichung	Beobachtungshalbjahre	Gemessener Konsumwert	Erre Kons
4a		$\frac{C_{pr}}{P_L}$	$\frac{C}{P}$
	1950 II	32.7	3
	1951 I	33.4	3
	1951 II	34.3	3
	1952 I	36.1	3
	1952 II	37.8	3
	1953 I	39.9	4
	1953 II	41.3	4
	1954 I	42.5	4
	1954 II	44.2	4
	1955 I	46.5	4
	1955 II	48.4	4
	1956 I	50.7	5
4a*		$\frac{C_{pr}}{P_L}$	$\frac{C}{P}$
	1950 II	32.70	3
	1951 I	33.35	3
	1951 II	34.25	3
	1952 I	36.10	3
	1952 II	37.80	3
	1953 I	39.85	3
	1953 II	41.30	4
	1954 I	42.50	4
	1954 II	44.15	4
	1955 I	46.45	4
	1955 II	48.35	4
	1956 I	50.65	5

(2) Abweichung der prognostizierte

Nr. der Gleichung	Prognosehalbjahre	Gemessener Konsumwert	Progn ter K
4a		$\frac{C_{pr}}{P_L}$	$\frac{C}{P}$
	1956 II	52.4	5
	1957 I	53.2	5
	1957 II	53.7	5

e 18

n Einfachfunktion (4a)

gemessenen Konsumwerten bei der
r umgeformten Gleichung (4a*) in
erte in Mrd. DM; Saisonschwankungen
tet)

eichung des errechneten n dem gemessenen Konsum- wert absolut	Abweichung des errechneten von dem gemessenen Konsum- wert in Prozent des gemes- senen Konsumwertes
$\frac{C_{pr}}{P_L} - \frac{C^*_{pr}}{P_L} = u$	u in % von $\frac{C_{pr}}{P_L}$
+ 0.3	+ 0.92
+ 0.2	+ 0.60
0.0	0.00
- 0.1	- 0.28
- 0.1	- 0.26
- 0.2	- 0.50
- 0.5	- 1.21
- 0.7	- 1.65
- 0.8	- 1.81
+ 0.1	+ 0.22
+ 0.5	+ 1.03
+ 0.7	+ 1.38
$\frac{C_{pr}}{P_L} - \frac{C^{*\prime}_{pr}}{P_L} = u'$	u' in % von $\frac{C_{pr}}{P_L}$
+ 1.32	+ 4.04
+ 1.14	+ 3.42
+ 0.83	+ 2.42
+ 0.65	+ 1.80
+ 0.45	+ 1.19
+ 0.14	+ 0.35
- 0.21	- 0.51
- 0.59	- 1.39
- 0.74	- 1.68
- 0.01	- 0.02
+ 0.27	+ 0.56
+ 0.30	+ 0.59
ssenen Konsumwerten bei der Funktion (4a)	
bweichung $\frac{C^{**}_{pr}}{P_L}$ von $\frac{C_{pr}}{P_L}$ absolut	Abweichung $\frac{C^{**}_{pr}}{P_L}$ von $\frac{C_{pr}}{P_L}$ in Prozent von $\frac{C_{pr}}{P_L}$
$\frac{C_{pr}}{P_L} - \frac{C^{**}_{pr}}{P_L}$	
+ 0.2	+ 0.38
- 0.2	- 0.38
- 0.4	- 0.74

T a

Qualität der bevölkerun

(1) Abweichung der errechneten
Funktion (5a) und bei der auto
der Beobachtungsperiode. (Alle

Nr. der Gleichung	Beobachtungs-halbjahre	Gemessener Konsumwert	Errechnet Konsumwer
5a		$\frac{C_{pr}}{B}$	$\frac{C^*_{pr}}{B}$
	1950 II	713	706
	1951 I	760	753
	1951 II	792	788
	1952 I	829	827
	1952 II	860	860
	1953 I	892	897
	1953 II	916	927
	1954 I	947	963
	1954 II	984	1000
	1955 I	1039	1037
	1955 II	1094	1083
	1956 I	1148	1133
5a*		$\frac{C_{pr}}{B}$	$\frac{C^{*'}_{pr}}{B}$
	1950 II	713	662.3
	1951 I	760	714.7
	1951 II	792	754.4
	1952 I	829	798.1
	1952 II	860	835.9
	1953 I	892	877.6
	1953 II	916	910.5
	1954 I	947	951.2
	1954 II	984	992.9
	1955 I	1039	1034.6
	1955 II	1094	1086.0
	1956 I	1148	1143.2

(2) Abweichung der prognostizierten von d

Nr. der Gleichung	Prognosehalb-jahre	Gemessener Konsumwert	Prognostiz ter Konsum
5a		$\frac{C_{pr}}{B}$	$\frac{C^{**}_{pr}}{B}$
	1956 II	1186	1181
	1957 I	1218	1219
	1957 II	1247	1251

e 19
igten Einfachfunktion (5a)
gemessenen Konsumwerten bei der
v umgeformten Gleichung (5a*) in
erte in DM; Saisonschwankungen aus-
et)

eichung des errechneten dem gemessenen Konsumwert absolut	Abweichung des errechneten von dem gemessenen Konsumwert in Prozent des gemessenen Konsumwertes
$\frac{C_{pr}}{B} - \frac{C^*_{pr}}{B} = u$	u in % von $\frac{C_{pr}}{B}$
+ 7	+ 0.98
+ 7	+ 0.92
+ 4	+ 0.51
+ 2	+ 0.24
0	0.00
- 5	- 0.56
- 11	- 1.20
- 16	- 1.69
- 16	- 1.63
+ 2	+ 0.19
+ 11	+ 1.01
+ 15	+ 1.31
$\frac{C_{pr}}{B} - \frac{C^{*\prime}_{pr}}{B} = u'$	u' in % von $\frac{C_{pr}}{B}$
+ 50.7	+ 7.11
+ 45.3	+ 5.96
+ 37.6	+ 4.75
+ 30.9	+ 3.73
+ 24.1	+ 2.80
+ 14.4	+ 1.61
+ 5.5	+ 0.60
- 4.2	- 0.44
- 8.9	- 0.90
+ 4.4	+ 0.42
+ 8.0	+ 0.73
+ 4.8	+ 0.42
nen Konsumwerten bei der Funktion (5a)	
Abweichung $\frac{C^{**}_{pr}}{B}$ von $\frac{C_{pr}}{B}$ absolut	Abweichung $\frac{C^{**}_{pr}}{B}$ von $\frac{C_{pr}}{B}$ in Prozent von $\frac{C_{pr}}{B}$
$\frac{C_{pr}}{B} - \frac{C^{**}_{pr}}{B}$	
+ 5	+ 0.42
- 1	- 0.08
- 4	- 0.32

Qualität der preis- und b

(1) Abweichung der errechn
Funktion (6a) und bei der
in der Beobachtungsperiode

Nr. der Gleichung	Beobachtungs-halbjahre	Gemessener Konsumwert	Err Kon
6a		$\frac{C_{pr}}{P_L \cdot B}$	
	1950 II	693	
	1951 I	703	
	1951 II	720	
	1952 I	756	
	1952 II	789	
	1953 I	827	
	1953 II	852	
	1954 I	872	
	1954 II	902	
	1955 I	944	
	1955 II	977	
	1956 I	1017	1
6a*		$\frac{C_{pr}}{P_L \cdot B}$	
	1950 II	693	
	1951 I	703	
	1951 II	720	
	1952 I	756	
	1952 II	789	
	1953 I	827	
	1953 II	852	
	1954 I	872	
	1954 II	902	
	1955 I	944	
	1955 II	977	
	1956 I	1017	1

(2) Abweichung der prognostizierten

Nr. der Gleichung	Prognosehalb-jahre	Gemessener Konsumwert	Pro ter
6a		$\frac{C_{pr}}{P_L \cdot B}$	
	1956 II	1046	1
	1957 I	1054	1
	1957 II	1057	1

…e 20

…ereinigten Einfachfunktion (6a)

… gemessenen Konsumwerten bei der
…iv transformierten Gleichung (6a*)
…umwerte in DM; Saisonschwankungen
…tet)

…weichung des errechneten …n dem gemessenen Konsumwert absolut	Abweichung des errechneten von dem gemessenen Konsumwert in Prozent des gemessenen Konsumwertes
$\frac{C_{pr}}{P_L \cdot B} - \frac{C^*_{pr}}{P_L \cdot B} = u$	u in % von $\frac{C_{pr}}{P_L \cdot B}$
+ 11	+ 1.59
+ 5	+ 0.71
+ 1	+ 0.14
0	0.00
- 1	- 0.13
- 4	- 0.48
- 9	- 1.06
- 15	- 1.72
- 14	- 1.55
+ 3	+ 0.32
+ 10	+ 1.02
+ 15	+ 1.47
$\frac{C_{pr}}{P_L \cdot B} - \frac{C^{*\prime}_{pr}}{P_L \cdot B} = u'$	u' in % von $\frac{C_{pr}}{P_L \cdot B}$
+ 32	+ 4.62
+ 27	+ 3.84
+ 21	+ 2.92
+ 16	+ 2.12
+ 12	+ 1.52
+ 5	+ 0.60
- 4	- 0.47
- 12	- 1.38
- 15	- 1.66
± 0	± 0.00
∓ 5	∓ 0.51
+ 6	+ 0.59
…senen Konsumwerten bei der Funktion (6a)	
Abweichung $\frac{C^{**}_{pr}}{P_L \cdot B}$ von $\frac{C_{pr}}{P_L \cdot B}$ absolut	Abweichung $\frac{C^{**}_{pr}}{P_L \cdot B}$ von $\frac{C_{pr}}{P_L \cdot B}$ in Prozent von $\frac{C_{pr}}{P_L \cdot B}$
$\frac{C_{pr}}{P_L \cdot B} - \frac{C^{**}_{pr}}{P_L \cdot B}$	
+ 6	+ 0.57
- 2	- 0.19
- 6	- 0.57

Die Parameter der autoregressiv transformierten Halbjahresfunktionen (4a*),(5a*) und (6a*) (s. die Tab. 18 bis 20) erklären die Verbrauchsausgaben der Beobachtungsperiode wesentlich schlechter als die ursprünglichen Parameter (vgl. hierzu auch die Berechnungsergebnisse der unbereinigten Funktionen (1a*) bis (3a*) in den Tab. 12 bis 15 sowie die Abb. 4 bis 7).

(2) Voraussagequalität der Funktionen, d.h. Wirklichkeitsnähe ihres ökonomischen Ansatzes in einem Zeitraum, für welchen sie nicht berechnet waren.

Die prognostizierten Konsumwerte[215] wurden mit Hilfe der für die Periode 1951 bis 1956 geschätzten Gleichungen (4a) bis (6a) gewonnen. Sie finden sich zusammen mit den bereits bekannten Konsumgrößen sowie den Abweichungen der errechneten von den gemessenen Werten unter Ziffer (2) in den Tabellen 18, 19 und 20. An den geringen Abweichungen der prognostizierten von den gemessenen Konsumausgaben ist zu ersehen, daß die Funktionen (4) bis (6) auch 1957 - also außerhalb ihres Berechnungszeitraumes - gut arbeiten.

Dies zeigen ebenfalls die graphischen Darstellungen der Abbildung 10, in denen die prognostizierten und die gemessenen Halbjahreswerte einander vergleichend gegenübergestellt sind.

Auf Prognose mit Hilfe der autoregressiv transformierten Halbjahresfunktionen (Gl. (4a*), (5a*) und (6a*)) wurde wegen des mangelhaften ökonomischen Aussagewertes der Parameter verzichtet.

Abschließend ist festzustellen, daß die Funktionen (4) bis (6) etwa gleiche statistische Eigenschaften haben. Ökonomisch ist jedoch die Funktion (6) vorzuziehen, bei der preis- und bevölkerungsbereinigte Reihen Verwendung fanden. Es hat darum vorwiegend ökonomische Gründe, wenn in den nun folgenden multiplen Korrelationen, in denen neben dem Einkommen weitere Bestimmungsgründe der Konsumausgaben zu berücksichtigen sind, nach Möglichkeit deflationierte Pro-Kopf-Daten benutzt werden.

215. Siehe Seite 332, Anmerkung 200.

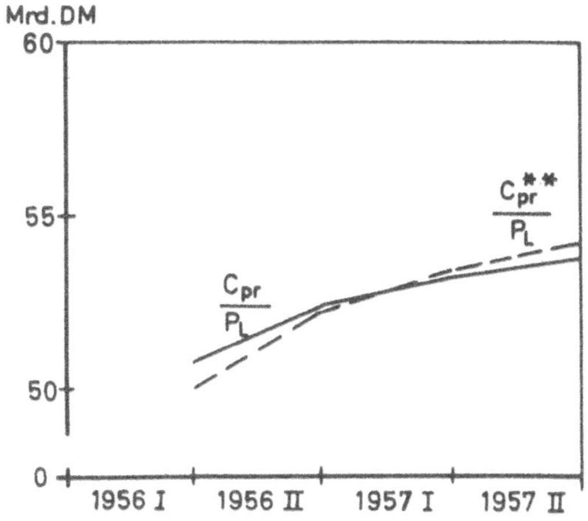

Funktion (4a):

$$\left(\frac{C_{pr}}{P_L}\right)_t = a_o + a_1\left(\frac{Y^v}{P_L}\right)_t + u$$

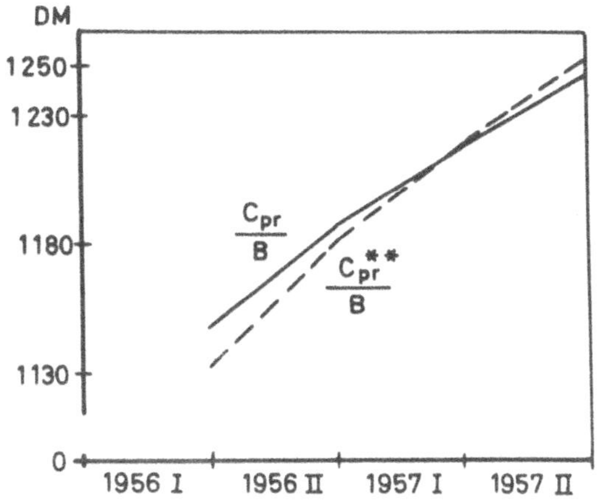

Funktion (5a):

$$\left(\frac{C_{pr}}{B}\right)_t = a_o + a_1\left(\frac{Y^v}{B}\right)_t + u$$

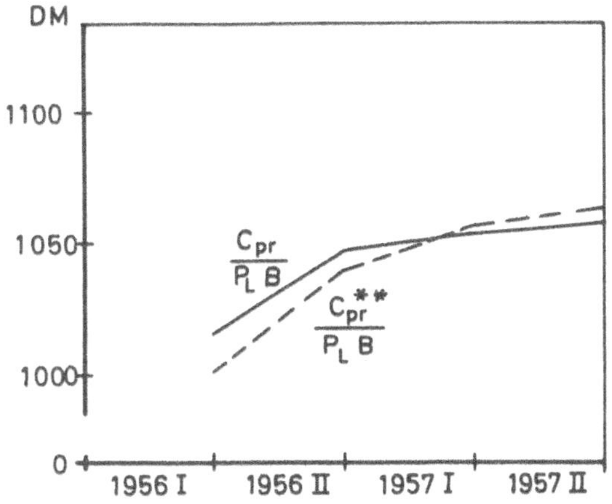

Funktion (6a): $\left(\frac{C_{pr}}{P_L \cdot B}\right)_t = a_o + a_1\left(\frac{Y^v}{P_L \cdot B}\right)_t + u$

A b b i l d u n g 10

Voraussagequalität der Funktionen (4) bis (6)

Zeitbilder der gemessenen (C_{pr}/P_L, C_{pr}/B, C_{pr}/P_LB) und der mit Hilfe der Gleichung (4a) bis (6a) prognostizierten Konsumwerte (C^{**}_{pr}/P_L, C^{**}_{pr}/B, C^{**}_{pr}/P_LB)

B) Einkommen der Vorperiode und Verbrauch der Vorperiode als Bestimmungsfaktoren des Konsums

1. Wahl der Variablen

Ein maßgeblicher Einfluß der Einkommens- und Konsumgrößen vergangener Perioden auf den Verbrauch der laufenden Periode ist unbestritten[216)], sofern die Periodenlänge nicht zu groß ist. Will man diesen Einfluß testen, so muß zunächst aufgrund theoretischer Überlegungen entschieden werden, in welcher Form er zu messen ist, d.h. welche "Verzögerungs-Variablen" in der Konsumfunktion verwendet werden sollen. Dabei sind die allgemeinen Umstände zu beachten, unter denen die Funktion aufgestellt wird. Das bedeutet, daß nicht nur die Wirklichkeitsnähe der jeweils gewählten Theorie an sich, sondern auch ihre spezielle Bedeutung und Gültigkeit im Hinblick auf

1. Besonderheiten des Beobachtungszeitraumes
2. Verwendung einer bestimmten Periodenlänge (z.B. vierteljährliche, halbjährliche, jährliche Daten)

zu überprüfen ist. Eine Funktion also, deren Berechnung Daten einer Periode schnell und heftig schwankender Konsum- und Einkommgrößen zugrunde gelegt werden, kann anders aussehen als eine Konsumgleichung, die mit ständig wachsenden Daten geschätzt wurde. Ferner muß eine Konsumfunktion, die vierteljährliche Veränderungen erklären oder voraussagen soll, u.U. andere Vergangenheitsvariablen (oder die gleichen Variablen in anderer Weise) einschließen als eine Funktion, mit der Jahresdaten zu interpretieren und zu prognostizieren sind.

a) Möglichkeiten, das Einkommen und den Verbrauch der Vergangenheit zu berücksichtigen

"Verzögerungs-Variablen" können entweder als einzige konsumbestimmende Variablen in der Konsumfunktion erscheinen oder zusammen mit einer Gegenwartsvariablen in sie eingeführt werden.

Im ersten Fall werden lediglich die augenblicklichen Konsumausgaben mit dem Einkommen der Vorperiode korreliert. Im zweiten Fall dagegen kann die Konsumfunktion verschiedene Formen annehmen. Das Gegenwartseinkommen

---

126. Siehe hierzu die grundlegenden Arbeiten von DUESENBERRY (1948),216. MODIGLIANI (1949), LIU und CHANG (1951), DAVIS (1952) und BROWN (1952); ferner auch S.269 ff. und die Tabellen 3, 4 und 8.

läßt sich zusammenmit dem Einkommen der Vorperiode oder zusammen mit dem Maximaleinkommen aller vergangenen Perioden als konsumbestimmender Faktor verwenden. Ebenso ist es möglich, das Gegenwartseinkommen mit dem Konsum der Vorperiode oder mit dem Maximalkonsum als verbrauchsbeeinflussende Variable in der Konsumfunktion zu testen.

Die genannten theoretischen Ansätze können - in mathematische Symbole ausgedrückt - folgendermaßen geschrieben werden:

Fall 1: Vergangenheitsvariable als einzige konsumbestimmende Variable

$$(C_{pr})_t = a_o + a_1(Y^v)_{t-1} + u$$

Fall 2: Gegenwartsvariablen und Vergangenheitsvariablen als verbrauchsbeeinflussende Größen

$$(C_{pr})_t = a_o + a_1(Y^v)_t + a_2(Y^v)_{t-1} + u$$

$$(C_{pr})_t = a_o + a_1(Y^v)_t + a_2(Y^v)_{max} + u$$

$$(C_{pr})_t = a_o + a_1(Y^v)_t + a_2(C_{pr})_{t-1} + u$$

$$(C_{pr})_t = a_o + a_1(Y^v)_t + a_2(C_{pr})_{max} + u$$

(Erklärung der Symbole: $(Y^v)_{max}$ = höchstes bisher erzieltes verfügbares Einkommen; $(C_{pr})_{max}$ = größter privater Verbrauch der Vergangenheit)

b) <u>Sinnvolle Verwendung der gegebenen Möglichkeiten, Vergangenheitseinflüsse zu testen</u>

(1) Ökonomische Bedeutung der Einfachkorrelation

Bei einer Einfachkorrelation zwischen Gegenwartskonsum und Einkommen der Vorperiode wird ein überragender Einfluß der verzögerten Einkommensvariablen auf den Konsum vorausgesetzt. Da jedoch der Gegenwartsverbrauch normalerweise nicht ausschließlich von Größen der Vorperiode, sondern außerdem noch von anderen Faktoren abhängt, kann eine solche Annahme nur unter bestimmten Umständen getroffen werden. Sie dürfte aber dann zu rechtfertigen sein, wenn die Periodenlänge kurz genug gewählt wird, um eine enge Beziehung zwischen dem augenblicklichen Verbrauch und seinem zeitlich nur wenig zurückliegenden Bestimmungsfaktor zu gewährleisten.

Günstig wäre es, eine derartige Untersuchung mit Monatsdaten durchzuführen[217]. Monatsdaten aber standen in der Bundesrepublik für die Zeit von 1950 bis 1958 nicht zur Verfügung. Daher wurden in der vorliegenden Arbeit bei der Einfachkorrelation von gegenwärtigem Konsum und Einkommen der Vorperiode Vierteljahresreihen verwendet.

(2) Ökonomischer Sinn der Vergangenheitsvariablen im Rahmen multipler Korrelationen

Beim Aufstellen einer Konsumfunktion, in der gegenwärtiges Einkommen und eine "Verzögerungs-Variable" als bestimmende Größen erscheinen, wird angenommen, daß sowohl Gegenwarts- als auch Vergangenheitsvariablen auf den Konsum einwirken. Welche spezielle"Verzögerungs-Variable" dabei in die Funktion aufzunehmen ist, bestimmen im einzelnen die genaueren theoretischen Prämissen.

Bei der Einführung des Maximaleinkommens neben dem Gegenwartseinkommen wird z.B. vermutet, daß die Konsumenten ihren Verbrauch sowohl an ihrem augenblicklichen Verdienst als auch an ihrem einmal erzielten Gipfeleinkommen ausrichten, d.h. es wird in Zeiten fallenden Einkommens ein stabilisierender Einfluß des Gipfeleinkommens und der mit diesem Gipfeleinkommen verbundenen Lebensgewohnheiten auf den Konsum angenommen. Analog hierzu setzt die Verwendung des Maximalverbrauchs die Annahme voraus, daß neben der Höhe des augenblicklichen Einkommens die in Zeiten des Maximalkonsums ausgebildeten Verbrauchsgewohnheiten den gegenwärtigen Konsum bestimmen.

Dagegen bedeutet der Einschluß von Einkommen oder Verbrauch der Vorperiode, daß diese beiden Größen neben dem Gegenwartseinkommen auf den augenblicklichen Konsum einwirken, daß also der vom jeweiligen Einkommen induzierte Lebensstandard und gewisse aus dem vergangenen Konsum resultierende Verbrauchsgewohnheiten sich nicht sofort ändern und daher noch ausschlaggebend in der nächsten Periode in Erscheinung treten.

Die Thesen, welche der Benutzung des Maximaleinkommens oder des Maximalkonsums zugrunde liegen, lassen sich ebenso wie die Prämissen zur

217. S. in diesem Zusammenhang die Arbeit von CHANG, Ching-Gwan, und Ta-Chung LIU, Monthly Estimates of Certain National Product Components 1946-1949, a.a.O., S.219-227, in welcher die Verwendung von Monatsdaten bei Einfachkorrelation von Konsum und Einkommen der Vorperiode gefordert und realisiert wird.

zur Einfachkorrelation von Konsum und Einkommen der Vorperiode lediglich unter gewissen Bedingungen vertreten. Der Einfluß der Maximalvariablen wird bei fallendem Einkommen sicherlich am Anfang spürbar sein. Er muß jedoch mit der Zeit schwächer werden, da die Konsumenten ihre Lebensgewohnheiten im Laufe der Jahre ändern, wenn die Verhältnisse sie dazu zwingen[218]. Es ist also nur dann sinnvoll, eine der beiden Maximalgrößen in die Konsumfunktion einzuführen, wenn die der Berechnung zugrunde gelegten Zeitreihen starke und schnell hintereinanderfolgende Schwankungen nach oben und unten aufweisen, die sich über zwei, drei Perioden von höchstens Jahreslänge erstrecken. Ein länger anhaltender Einfluß der Maximalvariablen ist unwahrscheinlich.

Mit deutschen Daten läßt sich die These vom Einfluß der Gipfelgrößen auf den Verbrauch nicht verifizieren. Die für das Deutsche Reich von 1925 bis 1934 und die für die Bundesrepublik von 1950 bis 1958 zur Verfügung stehenden Zeitreihen von privatem Konsum und verfügbaren Einkommen eignen sich nicht für eine derartige Untersuchung. Die Daten von 1925 bis 1934 weisen zwar größere Schwankungen auf. Die durch die Weltwirtschaftskrise ausgelöste Bewegung der Einkommens- und Konsumreihen nach unten dauerte jedoch so lange an, daß ein eventueller Einfluß der Maximalgrößen auf den Verbrauch ausgeschlossen ist. Und die ständig ansteigenden Zeitreihen von 1950 bis 1958, bei denen die Gegenwartsvariablen jeweils größer sind als die der vorangegangenen Perioden[219], kommen für eine Schätzung mit Maximalvariablen überhaupt nicht infrage.

Während die These vom Einfluß der Maximalvariablen nur unter den geschilderten speziellen Umständen zu vertreten ist, läßt sich die Annahme von einer Einwirkung der Variablen der Vorperiode bei Verwendung ganz verschieden aussehender statistischer Reihen verifizieren. Es erscheint theoretisch durchaus wirklichkeitsnah und sinnvoll, sowohl für eine Zeit stark schwankender Beobachtungsdaten als auch für Jahre stetig anwachsender Konsum- und Einkommensgrößen ein leicht verzögertes Reagieren der Konsumenten auf Einkommensänderungen anzunehmen. Zu beachten ist lediglich dabei, daß sich diese verzögerte Reak-

---

218. S. die Ausführungen auf S.274 sowie die dort aufgeführten Anm.59 und 60.
219. Die Maximalgrößen entfallen hier also; d.h. sie sind mit den Größen der Vorperiode identisch. Vgl. auch GEHRIG, Gerhard, Die Bestimmungsfaktoren des Konsums in der Bundesrepublik, a.a.O., S.47.

tion je nach der Beschaffenheit der allgemeinen wirtschaftlichen Verhältnisse verschieden auswirken wird. Für die Jahre schwankender und vorwiegend in der Abwärtsbewegung befindlicher Konsum- und Einkommensgrößen ist ein länger andauernder Einfluß gewisser Lebens- und Konsumgewohnheiten zu erwarten als für die Zeit der ständigen Aufwärtsbewegung aller wirtschaftlichen Größen. Und zwar deshalb, weil der Konsument in der Regel schneller bereit und in der Lage sein wird, einen niedrigeren Lebensstandard bei steigendem Einkommen gegen einen höheren einzutauschen als eine gewohnte Lebensweise aufgrund schlechter werdender Einkommensverhältnisse aufzugeben. Abgesehen von psychologischen Hemmnissen (z.B. soziales Prestige) lassen sich eine Reihe von praktischen Gründen finden, welche eine sofortige Anpassung des Verbrauchs an fallendes Einkommen unmöglich machen. Während z.B. die Ausgaben für Kleider und Nahrung relativ leicht einzuschränken sind, laufen Wohnungskosten, in Raten zu zahlende Beträge aller Art, Ausbildungskosten etc. eine geraume Zeit, im allgemeinen 1 bis 2 Jahre weiter. Die Anpassung nach oben jedoch kann gegebenenfalls (vor allem, wenn sie durch Reklame und sonstige, den Massenkonsum anregende Erscheinungen unterstützt wird) wesentlich rascher erfolgen.

Ausgehend von diesen Überlegungen soll im Anschluß die These vom Einfluß der Variablen der Vorperiode nicht nur mit Hilfe der in steter Aufwärtsentwicklung befindlichen Nachkriegsdaten von 1950 bis 1958, sondern darüber hinaus auch noch mit den stark fluktuierenden Vorkriegszeitreihen von 1925 bis 1934 getestet werden.

Zu prüfen ist zunächst kurz die Annahme, daß Gegenwartseinkommen und Einkommen der Vorperiode den augenblicklichen Verbrauch bestimmen. Da jedoch angenommen werden muß, daß weniger das Einkommen als der Konsum der Vorperiode - also gewisse Verbrauchsgewohnheiten der jüngeren Vergangenheit - die Gegenwartsausgaben der Konsumenten beeinflussen, wird in der Folge vorwiegend zu untersuchen sein, in welcher Weise der Gegenwartskonsum von diesen Verbrauchsgewohnheiten abhängt.

T a b e l l e 21

Berechnungsergebnisse der multiplen Korrelationen mit einer Vergangenheitsvariablen (bei 9 (2a) und 9 (2b) Saisonschwankungen ausgeschaltet)

1 Nr.der Gleichung	2 Korrelierte Größen	3 Perioden-länge	4 n	5 Methode 1)	6 Berechnungsergebnisse	7 Korrelations-koeffizient R	8 Autokorre-lation r*2)
8(1)	$\left(\frac{C_{pr}}{P_L \cdot B}\right)_t, \left(\frac{Y^v}{P_L \cdot B}\right)_t, \left(\frac{Y^v}{P_L \cdot B}\right)_{t-1}$	Kalender-jahr	1926-1934	(1)	$\left(\frac{C_{pr}}{P_L \cdot B}\right)_t = 362.02 + \underset{0.031}{\overset{0.531}{0.281}} \left(\frac{Y^v}{P_L \cdot B}\right)_t \underset{-0.074}{\overset{+0.444}{+0.185}} \left(\frac{Y^v}{P_L \cdot B}\right)_{t-1} + u$	0.9257	- 0.299
8(2)		Kalender-jahr	1950-1958	(1)	$\left(\frac{C_{pr}}{P_L \cdot B}\right)_t = 147.68 + \underset{0.437}{\overset{1.411}{0.924}} \left(\frac{Y^v}{P_L \cdot B}\right)_t \underset{-0.585}{\overset{+0.429}{-0.079}} \left(\frac{Y^v}{P_L \cdot B}\right)_{t-1} + u$	0.9982	0.179
9(1)	$\left(\frac{C_{pr}}{P_L \cdot B}\right)_t, \left(\frac{Y^v}{P_L \cdot B}\right)_t, \left(\frac{C_{pr}}{P_L \cdot B}\right)_{t-1}$	Kalender-jahr	1926-1934	(1)	$\left(\frac{C_{pr}}{P_L \cdot B}\right)_t = 294.68 + \underset{0.056}{\overset{0.810}{0.377}} \left(\frac{Y^v}{P_L \cdot B}\right)_t \underset{-0.030}{\overset{0.407}{+0.189}} \left(\frac{C_{pr}}{P_L \cdot B}\right)_{t-1} + u$	0.9048	0.256
9(2)		Kalender-jahr	1950-1958	(1)	$\left(\frac{C_{pr}}{P_L \cdot B}\right)_t = 161.75 + \underset{0.403}{\overset{1.379}{0.891}} \left(\frac{Y^v}{P_L \cdot B}\right)_t \underset{-0.604}{\overset{+0.496}{-0.054}} \left(\frac{C_{pr}}{P_L \cdot B}\right)_{t-1} + u$	0.9982	0.180
9(2a)		Halbjahr	1950-1956	(1)	$\left(\frac{C_{pr}}{P_L \cdot B}\right)_t = 31.34 + \underset{-0.139}{\overset{0.933}{0.397}} \left(\frac{Y^v}{P_L \cdot B}\right)_t \underset{0.119}{\overset{0.995}{+0.557}} \left(\frac{C_{pr}}{P_L \cdot B}\right)_{t-1} + u$	0.9977	0.279
9(2b)		Viertel-jahr	1951-1956	(1)	$\left(\frac{C_{pr}}{T_L \cdot B}\right)_t = 0.290 + \underset{0.037}{\overset{0.597}{0.280}} \left(\frac{Y^v}{P_L \cdot B}\right)_t \underset{0.428}{\overset{0.976}{+0.702}} \left(\frac{C_{pr}}{P_L \cdot B}\right)_{t-1} + u$	0.9987	0.310
9(2b)*		Viertel-jahr	1951-1956	(3)	$\left(\frac{C_{pr}}{P_L \cdot B}\right)_t = 0.45 + \underset{0.146}{\overset{0.698}{0.276}} \left(\frac{Y^v}{P_L \cdot B}\right)_t \underset{0.323}{\overset{1.076}{+0.695}} \left(\frac{C_{pr}}{P_L \cdot B}\right)_{t-1} + u$	0.9975	0.136

1. Direkte Methode der kleinsten Quadrate = (1)
   Umrechnung (autoregressive Transformation) = (3)
2. Signifikanzgrenzen für den Autokorrelationskoeffizienten:
   Bei 8 Beobachtungen = + 0.371; - 0.625.
   Bei 12 Beobachtungen = + 0.348; - 0,516.
   Bei 24 Beobachtungen = + 0.276; - 0.356.
   Vgl. TINTNER, Gerhard, Hdb. der Ökonometrie, a.a.O., S.322.

2. Berechnung von Funktionen mit Vergangenheitsvariablen

a) Berechnungsergebnisse

Die Einfachkorrelation [220] von gegenwärtigem Konsum und Einkommen der Vorperiode in der Linearform

$$(C_{pr})_t = a_o + a_1(Y^v)_{t-1} + u \tag{7}$$

brachte folgendes Ergebnis:

$$(C_{pr})_t = 1.371 + \underset{0.857}{\overset{0.937}{0.895}}(Y^v)_{t-1} + u \qquad r = 0.9954 \quad r_1^* = 0.550 \tag{7}$$

Die autoregressive Transformation veränderte dieses Ergebnis kaum:

$$(C_{pr})_t = 1.84 + \underset{0.799}{\overset{0.952}{0.876}}(Y^v)_{t-1} + u \qquad r' = 0.9840 \quad r_1^{**} = -0.018 \tag{7*}$$

Die Berechnung von multiplen Korrelationen mit einer bestimmenden Gegenwarts- und einer bestimmenden Vergangenheitsvariablen in der Linearform (8) bis (9)

$$\left(\frac{C_{pr}}{P_L \cdot B}\right)_t = a_o + a_1\left(\frac{Y^v}{P_L \cdot B}\right)_t + a_2\left(\frac{Y^v}{P_L \cdot B}\right)_{t-1} + u \tag{8}$$

$$\left(\frac{C_{pr}}{P_L \cdot B}\right)_t = a_o + a_1\left(\frac{Y^v}{P_L \cdot B}\right)_t + a_2\left(\frac{C_{pr}}{P_L \cdot B}\right)_{t-1} + u \tag{9}$$

ergab die in Tabelle 21 zusammengestellten Informationen.

b) Sicherheit der Parameter

Die Parameter der Einfachkorrelation (7) konnten zunächst trotz enger Konfidenzintervalle wegen zu hoher Autokorrelation der Residuen nicht als gesichert angesehen werden. Die autoregressive Transformation, bei der die Autokorrelation voll ausgeschaltet wurde, veränderte jedoch die Parameter nur unerheblich. Die statistischen Eigenschaften der Funktion (7) sind befriedigend.

---

220. Durchgeführt mit Vierteljahresreihen. Vgl. die Tabellen 22 und 23.

Wie die Ausführungen der Seiten 352 ff. zeigten, war es aus theoretischen Gründen wünschenswert, neben den bereits berechneten Einfachkorrelationen auch multiple Korrelationen durchzuführen. Statistisch ergeben sich dabei allerdings große Schwierigkeiten. Die als Bestimmungsgründe des Konsums in Frage kommenden Größen sind mit Sicherheit miteinander korreliert, so daß in allen Fällen Multikollinearität zu befürchten ist.

Trotz der statistischen Bedenken wurden die Mehrfachkorrelationen wegen ihrer theoretischen Wichtigkeit durchgeführt. Die Berechnungsergebnisse mußten dann aber nicht nur auf Autokorrelation der Residuen, sondern auch auf Multikollinearität geprüft werden, was mit Hilfe der Büschelkartenanalyse geschah.[221)]

Im Gegensatz zu den Ergebnissen der Einfachkorrelationen[222)] war bei den multiplen Korrelationen - abgesehen von der mit Vierteljahresreihen berechneten Gleichung 9 (2b) - die Autokorrelation der Residuen nicht signifikant, so daß sich eine autoregressive Transformation der Gleichungen erübrigte (s. Tab. 21, Spalte 8). Die Umrechnung der Gleichung 9 (2b) ließ die Autokorrelation verschwinden, ohne das Ergebnis im übrigen wesentlich zu verändern.

Die Konfidenzintervalle sind bei den multiplen Korrelationen - wiederum im Gegensatz zu den Ergebnissen der Einfachkorrelationen - recht weit (s. Tab. 21, Spalte 6). Sie erlauben aber doch gewisse theoretische Aussagen über die Bedeutung und über das relative Gewicht der Variablen in den verschiedenen Gleichungen, ohne daß es im einzelnen möglich ist, die genaue Höhe der Parameter zuverlässig festzustellen.

Die Büschelkartenanalyse brachte unterschiedliche Ergebnisse. Bei den mit Daten aus den Jahren 1926 bis 1934 geschätzten Funktionen 8 (1) und 9 (1) (vgl. Abb.11) erlaubten die Büschelkarten multiple Korrelationen. Nach den Interpretationsregeln für Büschelkarten erwies sich die Hinzunahme einer Verzögerungsvariablen in beiden Fällen zwar nicht als nützlich, aber auch nicht als schädlich. Die hinzugenommene Variable ist statistisch überflüssig. Das besagt jedoch nicht, daß die Verzögerungsvariable ökonomisch bedeutungslos ist. Die Büschelkarten zeigen nur, ob eine Variable vom statistischen Standpunkt aus nützlich, überflüssig oder

---

221. Zur bisherigen Anwendung und zum Prinzip der Büschelkarten s. den methodischen Teil I der vorliegenden Arbeit sowie Kapitel I, S.290 f.
222. Vgl. die Gleichungen Nr. (1a), (2a), (3a), (3b), (4a), (5a), (6a) und (7).

schädlich[223] ist, nicht, welchen ökonomischen Sinn sie hat. Solange statistische Erwägungen die Hinzunahme einer Variablen nicht verbieten, kann eine statistisch überflüssige und ökonomisch wichtige Variable unbedenklich in die Konsumfunktion eingeschlossen werden. Die statistischen Eigenschaften der Funktionen 8 (1) und 9 (1) sind für eine multiple Korrelation gerade hinreichend.

Bei den übrigen multiplen Korrelationen, also bei allen mit Daten aus den Jahren 1950 bis 1958 geschätzten Funktionen, zeigt die Büschelkartenanalyse eine starke Konfluenz (vgl. Abb. 12 bis 14). Für diese Funktionen[224] konnten daher keine zuverlässigen Ergebnisse ermittelt werden. Die angegebenen Werte sind statistisch nicht gesichert. Da sie aber ökonomisch sinnvoll erscheinen und den Konsum des Beobachtungszeitraumes gut erklären, wurden sie dennoch zur Interpretation herangezogen. Eine solche Interpretation kann allerdings nur unter Vorbehalten gegeben werden.

---

223. Hierüber schreibt TINBERGEN, Jan, in: Verification statistique des théories des cycles économiques, a.a.O., S.35.
224. Funktionen 8 (2), 9 (2), 9 (2a) und 9 (2b).

1. Büschelkarten zu der mit preis- und bevölkerungsbereinigten Jahresreihen geschätzten Funktion 8 (1) =

$$C_{pr_t} = a_o + a_1 Y_t^v + a_2 Y_{t-1}^v + u$$

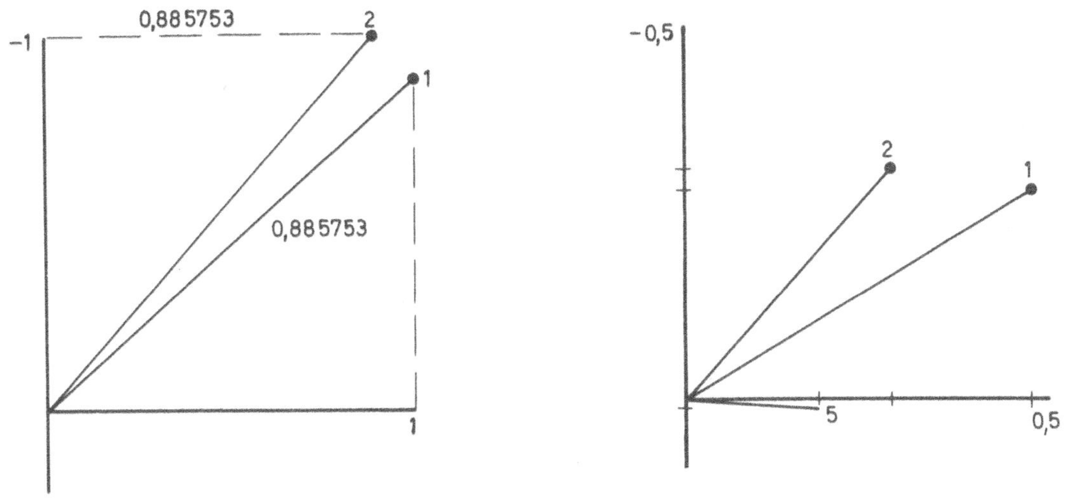

$x_1 = C_{pr_t}$ $x_2 = Y_t^v$ $x_5 = Y_{t-1}^v$

2. Büschelkarten zu der mit preis- und bevölkerungsbereinigten Jahresreihen geschätzten Funktion 9 (1) =

$$C_{pr_t} = a_o + a_1 Y_t^v + a_2 C_{pr_{t-1}} + u$$

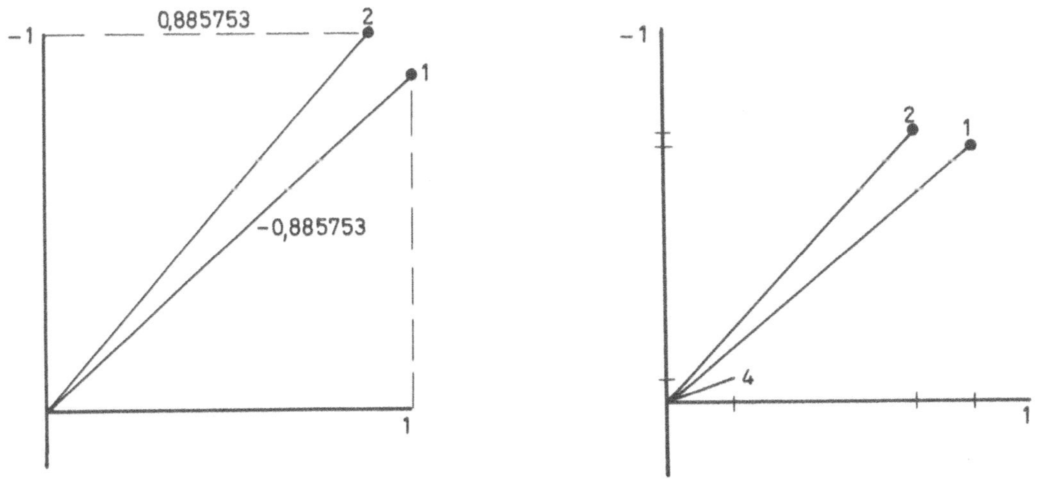

$x_1 = C_{pr_t}$ $x_2 = Y_t^v$ $x_4 = C_{pr_{t-1}}$

A b b i l d u n g 11

Büschelkarten zu den Funktionen 8 (1), 9 (1)

1. Büschelkarten zu der mit preis- und bevölkerungsbereinigten Jahresreihen geschätzten Funktion 8 (2) =

$$C_{pr_t} = a_o + a_1 Y_t^v + a_2 Y_{t-1}^v + u$$

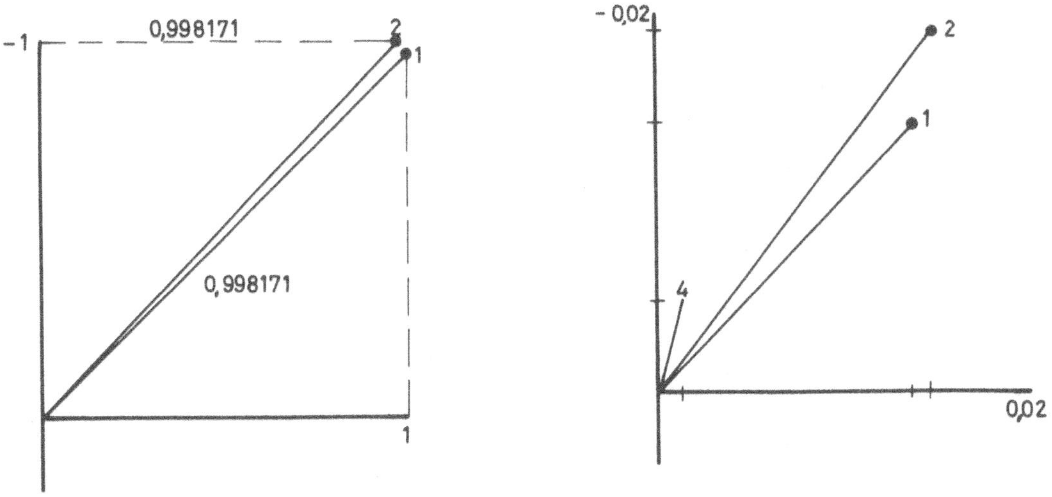

$x_1 = C_{pr_t}$ $x_2 = Y_t^v$ $x_4 = Y_{t-1}^v$

2. Büschelkarten zu der mit preis- und bevölkerungsbereinigten Jahresreihen geschätzten Funktion 9 (2) =

$$C_{pr_t} = a_o + a_1 Y_t^v + a_2 C_{pr_{t-1}} + u$$

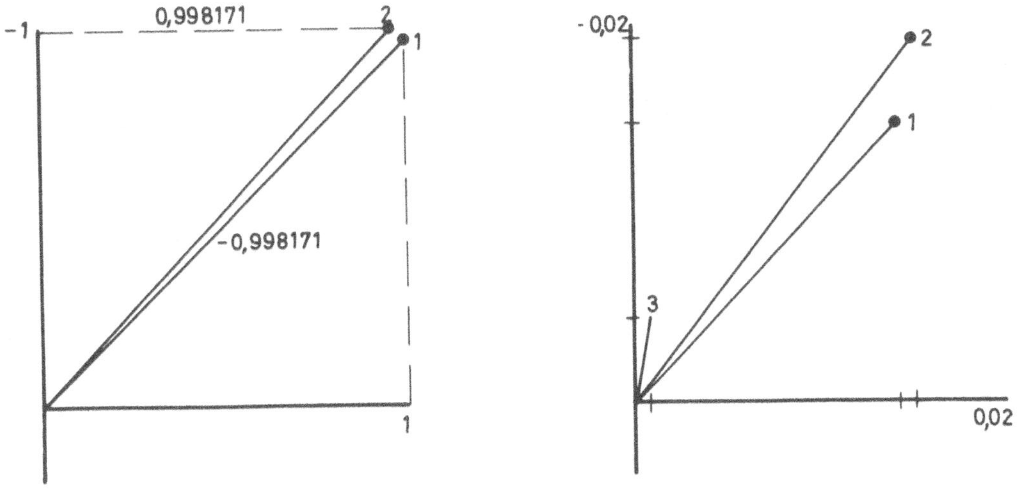

$x_1 = C_{pr_t}$ $x_2 = Y_t^v$ $x_3 = C_{pr_{t-1}}$

A b b i l d u n g 12

Büschelkarten zu den Funktionen 8 (2), 9 (2)

Büschelkarten zu der mit preis- und bevölkerungsbereinigten Halbjahresreihen geschätzten Funktion 9 (2a)

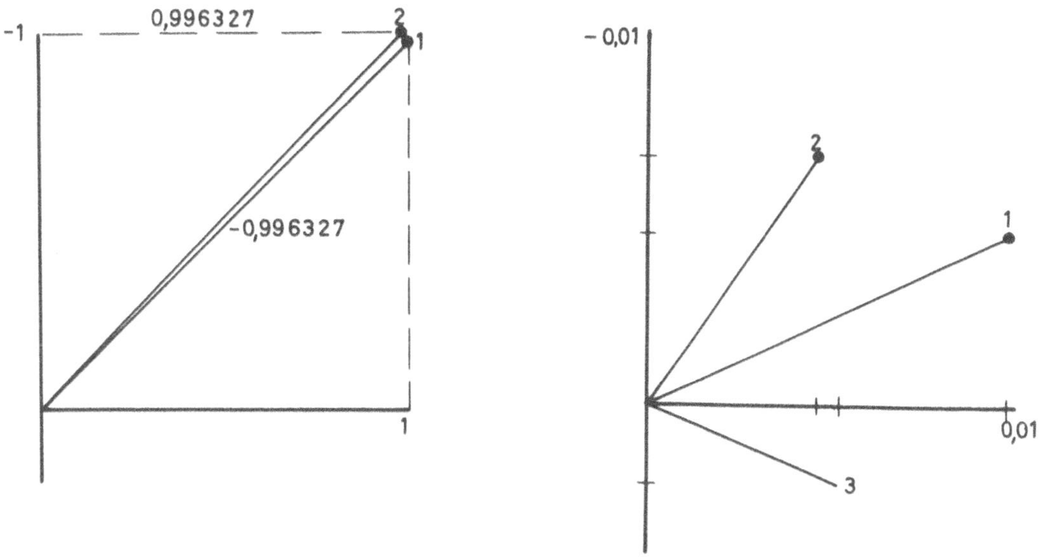

$x_1 = C_{pr_t}$ $x_2 = Y_t^v$ $x_3 = C_{pr_{t-1}}$

A b b i l d u n g 13

Büschelkarten zu der Funktion 9 (2a)

$$C_{pr_t} = a_o + a_1 Y_t^v + a_2 C_{pr_{t-1}} + u$$

1. Büschelkarten zu der mit unbereinigten Vierteljahresreihen geschätzten Funktion 9 (2b)

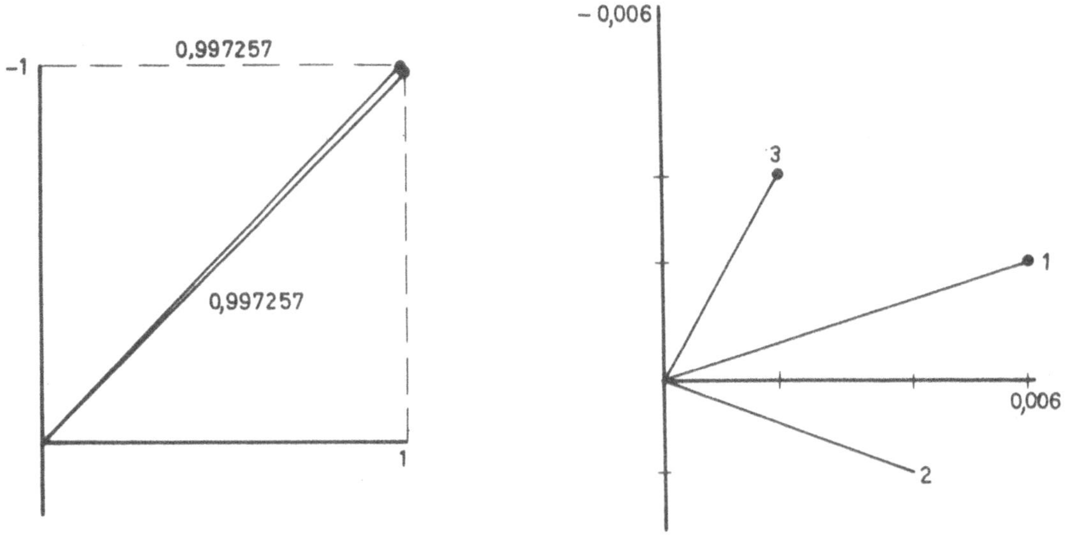

$x_1 = C_{pr_t}$ $x_3 = Y_t^v$ $x_2 = C_{pr_{t-1}}$

2. Büschelkarten zu der Funktion 9 (2b)* nach der autoregressiven Transformation

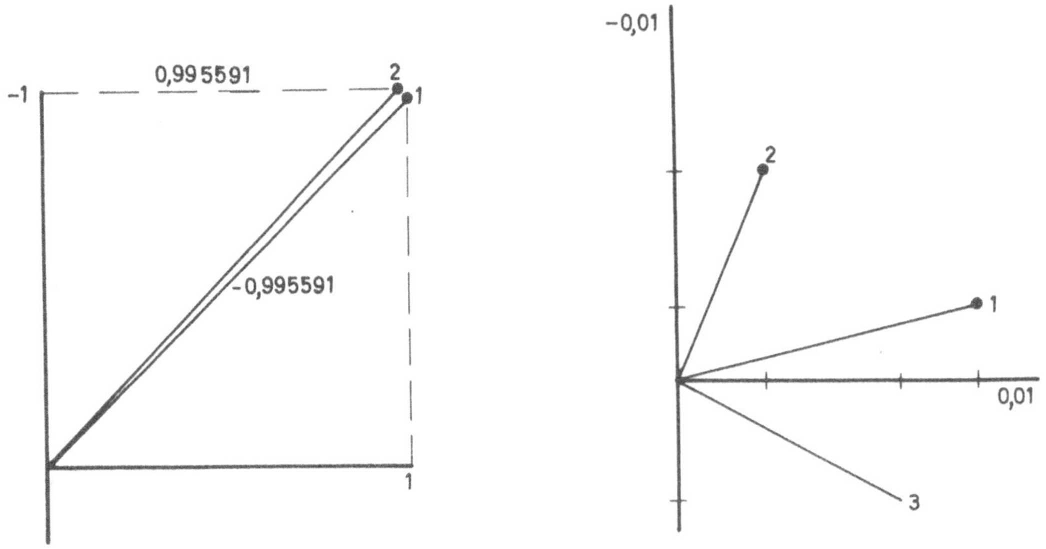

$x_1 = C_{pr_t}$ $x_2 = Y_t^v$ $x_3 = C_{pr_{t-1}}$

A b b i l d u n g 14

Büschelkarten zu der Funktion 9 (2b)

$$C_{pr_t} = a_o + a_1 Y_t^v + a_2 C_{pr_{t-1}} + u$$

3. Interpretation der Berechnungsergebnisse

a) Deutung der Parameter

Die Schätzungen der einzelnen Koeffizienten (s.S.358 und Tab.21, Spalte 6) sind ökonomisch interessant und aufschlußreich.

Bei Funktion (7) zeigt sich ein bedeutender Einfluß des Einkommens der Vorperiode auf den gegenwärtigen Konsum (s.S.358). Dieser setzt sich nach den für die Funktion (7) berechneten Parametern aus dem autonomen und dem induzierten Konsum zusammen, welcher ca. 90 % des verzögerten Einkommens beträgt. Ein solches Ergebnis ist theoretisch durchaus sinnvoll. Bei den sehr kurzen Beobachtungsintervallen von je einem Vierteljahr konnte eine ausnehmend starke Einwirkung der Vergangenheitsvariable erwartet werden.

Die Schätzungsergebnisse der Funktion (8) differieren. Bei der Gleichung 8 (1) erklären Gegenwartseinkommen und verzögertes Einkommen den induzierten gegenwärtigen Konsum, welcher ungefähr 30 % des augenblicklichen Einkommens und ca. 20 % des vergangenen Einkommens ausmacht.

Bei der Gleichung 8 (2) tragen zwar auch gegenwärtiges und vergangenes Einkommen zur Erklärung der Konsumausgaben der laufenden Periode bei - jedoch in völlig unterschiedlicher Weise. Hatte bei 8 (1) das Einkommen der Vorperiode einen positiven, die Verbrauchsausgaben erhöhenden Effekt, so zeichnet sich bei Funktion 8 (2) eher ein negativer Einfluß derselben Vergangenheitsvariable ab[225]. Die vom Einkommen der Vorperiode abhängenden Lebensgewohnheiten erhöhen hier nicht den Konsum, sondern stoppen ihn in gewissem Umfang, d.h. sie schwächen den sehr starken Einfluß des Gegenwartseinkommens etwas ab. Das ständig wachsende Einkommen würde den Konsum um ca. 90 % der jährlichen Einkommenszunahme steigern, wenn nicht die in der Vorperiode realisierte Lebensweise leicht stabilisierend wirkte. Die gesamten induzierten Konsumausgaben liegen daher niedriger als der allein vom Gegenwartseinkommen induzierte Verbrauch. Sie bestehen bei 8 (2) aus 90 % des Gegenwartseinkommens vermindert um ca. 8 % des vergangenen Einkommens.

---

225. Trotz der weiten Konfidenzintervalle ist bei den mit Daten aus den Jahren 1926 bis 1934 geschätzten Funktionen 8 (1) und 9 (1) ein positiver Einfluß der Verzögerungsvariablen deutlich zu erkennen (vgl. Tab.21). Bei den mit Jahresdaten aus der Zeit von 1950 bis 1958 geschätzten Funktionen 8 (2) und 9 (2) lassen die Konfidenzintervalle dagegen eher einen negativen als einen positiven Einfluß der Verzögerungsvariablen vermuten.

Ein ähnliches Ergebnis zeigt sich bei Funktion (9), in welcher anstelle der verzögerten Einkommensvariable eine verzögerte Konsumvariable steht, mit deren Hilfe der Einfluß der Konsumgewohnheiten gemessen werden kann. Bei Funktion 9 (1) setzen sich die induzierten Konsumausgaben aus 40 % des gegenwärtigen Einkommens und aus rund 20 % des vergangenen Verbrauchs zusammen, während bei Funktion 9 (2) der dominierende Einfluß des Gegenwartseinkommens wiederum durch Konsumgewohnheiten gebremst wird. Der induzierte Konsum beträgt bei 9 (2) etwa 90 % des gegenwärtigen Einkommens abzüglich eines geringen Prozentsatzes der Höhe des vergangenen Verbrauchs (s. Tab.21).

Dieses bei der Berechnung der Funktionen (8) und (9) gewonnene Resultat stützt nicht nur die theoretische Annahme einer gewissen Beharrungstendenz bestimmter Lebensgewohnheiten, sondern ist darüber hinaus interessant, weil es die Dauer dieser Beharrungstendenz in verschiedenen wirtschaftlichen Situationen beleuchtet.

In der Vorkriegsperiode von 1925 bis 1934 mit schwankenden und über längere Zeiträume fallenden Konsum- und Einkommensgrößen hatten das verzögerte Einkommen oder genauer die Konsumgewohnheiten noch nach einem Jahr einen maßgeblichen verbrauchsanregenden Einfluß. Daraus ist zu entnehmen, daß in wirtschaftlich kritischen Zeiten bestimmte Verbrauchsgewohnheiten zwar nach und nach, im ganzen jedoch nur langsam aufgegeben werden.

In den Jahren wirtschaftlicher Hochkonjunktur dagegen verläuft der Angleichungsprozeß an das jeweilige Einkommen wesentlich schneller. So spielen bei den Jahresanalysen der Zeit von 1950 bis 1958 die Verbrauchsgewohnheiten keine wichtige Rolle. Konsumbestimmend ist hier vornehmlich das Gegenwartseinkommen, an dessen ständige Bewegung nach oben sich der "Lebens- und Konsumstandard" - unterstützt von Reklamewirkung und sozialem Geltungsstreben - erstaunlich rasch anpaßt. Der leicht ausgabenabschwächende Effekt gewisser Konsumgewohnheiten (z.B. vorläufige Beibehaltung der alten Wohnung, derselben Automarke etc.) fällt dagegen kaum ins Gewicht.

Ist somit bei Verwendung von Jahresperioden für die Zeit von 1950 bis 1958 lediglich ein minimaler und retardierender Einfluß des vergangenen Konsums auf den Gegenwartskonsum festzustellen, so zeigen die Berechnungsergebnisse der Funktionen 9 (2a) und 9 (2b), daß dieser Einfluß bei Betrachtung kürzerer Zeitintervalle an Bedeutung gewinnt - und zwar um so mehr, je kleiner die Periodenabstände gewählt werden. Bei Benutzung von Halbjahresreihen bestehen die induzierten Konsumausgaben bereits aus 40 % des Gegenwartseinkommens und etwa 55 % des vergangenen Verbrauchs. Bei der Korrelation mit Vierteljahresreihen ist die Nachwirkung der Konsumgewohnheiten noch stärker.

Zusammenfassend läßt sich aufgrund der Berechnungsergebnisse der Tabelle 21 annehmen, daß es von der jeweiligen wirtschaftlichen Situation abhängt, wie lange die Konsumgewohnheiten nachwirken. In Zeiten wirtschaftlichen Aufschwungs dürfte im allgemeinen mit einer Nachwirkungsdauer von 1 bis 8 Monaten, in wirtschaftlich weniger günstigen Zeiten mit einer Nachwirkungsdauer von 1 bis 2 Jahren zu rechnen sein.

b) Qualität der Funktionen mit Vergangenheitsvariablen

(1) Anpassung der Funktionen und Wirklichkeitsnähe ihres ökonomischen Ansatzes in der Beobachtungsperiode.

Die Anpassung der Funktionen (7) bis (9) ist gut (s.S.358 sowie Tab. 21, Spalte 7).

Den Konsum der Beobachtungsperiode erklären die Funktionen (8) und (9) besser als die Funktion (7). Ein Vergleich der geschätzten Konsumgrößen C^*_{pr} mit den gemessenen Werten für die Verbrauchsausgaben C_{pr} ergibt bei der mit Vierteljahresdaten berechneten Funktion (7) Abweichungen bis zu 3,6 % (s.Tab.22, Ziffer (1)).

Bei der ebenfalls mit Vierteljahresreihen geschätzten Funktion (9) (2b) dagegen überschreiten die Prozentabweichungen der rechnerisch ermittelten von den bekannten Konsumgrößen nicht 1,8 % (s.Tab.27, Ziffer (1)). Die autoregressive Transformation brachte bei den beiden mit Vierteljahresdaten geschätzten Funktionen (7)* und 9 (2b)* keine wesentliche Veränderung der Funktionsqualität (vgl. die Tab. 22, 23 sowie 27). Auf eine graphische Darstellung der umgerechneten Funktionen wurde deswegen verzichtet.

Bei den restlichen mit den Funktionen (8) und (9) vorgenommenen Schätzungen bewegen sich die höchsten Abweichungen der errechneten von den tatsächlichen Konsumwerten zwischen 1,4 und 2,5 % (s. Tab. 24,25 und Tab. 26, Ziffer (1)).

Aus den Abbildungen 15 bis 19 und den Tabellen 23 bis 27 kann abgelesen werden, wie gut die Funktionen (7) bis (9) den Verbrauch des ihrer Berechnung zugrunde gelegten Beobachtungszeitraumes erklären. Darüber hinaus ist aus den Abbildungen 16 bis 19 zu ersehen, in welchem Umfang das Gegenwartseinkommen und die jeweilige Vergangenheitsgröße zur Bestimmung der Konsumausgaben beitragen[226].

(2) Voraussagequalität der Funktionen, d.h. Wirklichkeitsnähe ihres ökonomischen Ansatzes in einem Zeitraum, für welchen sie nicht berechnet waren.

Die prognostizierten Konsumwerte wurden mit Hilfe der Gleichungen (7), 9 (2b) und 9 (2a) gewonnen. Sie sind zusammen mit den gemessenen Konsumwerten und den Abweichungen der errechneten von den tatsächlichen Größen auf den Tabellen 22, 26 und 27 unter Ziffer (2) aufgeführt.

Wie gut die Funktionen (7) und (9) außerhalb ihres Berechnungszeitraumes arbeiten, läßt sich aus der Abbildung 20 ablesen. Hier zeigt sich, daß bei Vierteljahresvorausschätzungen die Funktion (9) der Funktion (7) überlegen ist. Die unter Benutzung der Gleichung 9 (2b) prognostizierten Konsumwerte sind auffallend genau im Verhältnis zu den mit der Funktion (7) errechneten Prognoswerten. Dieses Ergebnis war zu erwarten, weil die Funktion 9 (2b) die Konsumausgaben der Beobachtungsperiode bereits vorzüglich erklärte. Auch die Prognosequalität der Funktion 9 (2a) fällt im Vergleich zu der Funktion 9 (2b) etwas ab.

---

226. Diese Art der zeichnerischen Interpretation findet sich bereits bei TINBERGEN in Band I und II seiner 1939 für den Völkerbund geschriebenen Studie "Vérification statistique des théories des cycles économiques". Später verwandte KLEIN dieselbe graphische Interpretationsmethode. S. KLEIN-GOLDBERGER, An Econometric Model of the Unites States, a.a.O., S.54 ff.

T a b e l l e 22

Qualität der Funktion (7): $C_{pr_t} = a_o + a_1 Y^v_{t-1} + u$

(1) Abweichung der errechneten von den gemessenen Konsumwerten in der Beobachtungsperiode (Alle Konsumwerte in Mrd. DM, unbereinigt; Saisonschwankungen ausgeschaltet)

Nr. der Gleichung	Beobachtungs-vierteljahre	Gemessener Konsumwert	Errechneter Konsumwert	Abweichung C^*_{pr} von C_{pr} absolut	Abweichung C^*_{pr} von C_{pr} in Prozent von C_{pr}
7		C_{pr}	C^*_{pr}	$C_{pr} - C^*_{pr} = u$	u in % von C_{pr}
	1951 II	17.4	17.39	+ 0.01	+ 0.57
	1951 III	18.0	17.83	+ 0.17	+ 0.94
	1951 IV	18.6	18.10	+ 0.50	+ 2.69
	1952 I	19.1	19.00	+ 0.10	+ 0.52
	1952 II	19.6	19.44	+ 0.16	+ 0.82
	1952 III	19.9	19.98	- 0.08	- 0.40
	1952 IV	20.4	20.25	+ 0.15	+ 0.74
	1953 I	20.9	20.78	+ 0.12	+ 0.57
	1953 II	21.3	21.41	- 0.11	- 0.52
	1953 III	21.7	21.68	+ 0.02	+ 0.09
	1953 IV	21.9	22.48	- 0.58	- 2.65
	1954 I	22.2	22.66	- 0.46	- 2.07
	1954 II	22.9	22.93	- 0.03	- 0.13
	1954 III	23.3	23.65	- 0.35	- 1.50
	1954 IV	23.7	24.54	- 0.84	- 3.54
	1955 I	24.2	24.63	- 0.43	- 1.78
	1955 II	25.0	24.99	+ 0.01	+ 0.04
	1955 III	26.0	25.80	+ 0.20	+ 0.77
	1955 IV	26.8	26.51	+ 0.29	+ 1.08
	1956 I	27.6	26.96	+ 0.64	+ 2.32
	1956 II	28.0	27.76	+ 0.24	+ 0.86
	1956 III	28.8	28.39	+ 0.41	+ 1.42
	1956 IV	29.3	29.02	+ 0.28	+ 0.96
	1957 I	29.7	30.09	- 0.39	- 1.31

(2) Abweichung der prognostizierten von den gemessenen Konsumwerten bei (7)

Nr. der Gleichung	Prognoseviertel-jahr	Gemessener Konsumwert	Prognostizierter Konsumwert	Abweichung C^{**}_{pr} von C_{pr} absolut	Abweichung C^{**}_{pr} von C_{pr} in Prozent von C_{pr}
7		C_{pr}	C^{**}_{pr}	$C_{pr} - C^{**}_{pr} = u$	u in % von C_{pr}
	1957 II	30.9	30.27	+ 0.63	+ 2.04
	1957 III	31.1	31.61	- 0.51	- 1.64
	1957 IV	31.6	31.43	+ 0.17	+ 0.54

T a b e l l e 23

Qualität der Funktion (7): $C_{pr_t} = a_o + a_1 \, Y^v_{t-1} + u$

Abweichung der errechneten von den gemessenen Konsumwerten bei der autoregressiv transformierten Gleichung (7*) in der Beobachtungsperiode. (Alle Konsumwerte in Mrd. DM, unbereinigt; Saisonschwankungen ausgeschaltet)

Nr. der Gleichung	Beobachtungs-vierteljahr	Gemessener Konsumwert	Errechneter Konsumwert	Abweichung $C^{*\prime}_{pr}$ von C_{pr} absolut	Abweichung $C^{*\prime}_{pr}$ von C_{pr} in Prozent von C_{pr}
7*		C^*_{pr}	$C^{*\prime}_{pr}$	$C_{pr} - C^{*\prime}_{pr} = u'$	u' in % von C_{pr}
	1951 II	17.4	17.5	- 0.1	- 0.57
	1951 III	18.0	17.9	+ 0.1	+ 0.56
	1951 IV	18.6	18.2	+ 0.4	+ 2.15
	1952 I	19.1	19.1	± 0.0	± 0.00
	1952 II	19.6	19.5	+ 0.1	+ 0.51
	1952 III	19.9	20.0	- 0.1	- 0.50
	1952 IV	20.4	20.3	+ 0.1	+ 0.49
	1953 I	20.9	20.8	+ 0.1	+ 0.48
	1953 II	21.3	21.4	- 0.1	- 0.47
	1953 III	21.7	21.7	± 0.0	± 0.00
	1953 IV	21.9	22.5	- 0.6	- 2.74
	1954 I	22.2	22.6	- 0.4	- 1.80
	1954 II	22.9	22.9	± 0.0	± 0.00
	1954 III	23.3	23.6	- 0.3	- 1.29
	1954 IV	23.7	24.5	- 0.8	- 3.38
	1955 I	24.2	24.6	- 0.4	- 1.65
	1955 II	25.0	24.9	+ 0.1	+ 0.40
	1955 III	26.0	25.7	+ 0.3	+ 1.15
	1955 IV	26.8	26.4	+ 0.4	+ 1.49
	1956 I	27.6	26.9	+ 0.7	+ 2.54
	1956 II	28.0	27.6	+ 0.4	+ 1.43
	1956 III	28.8	28.3	+ 0.5	+ 1.74
	1956 IV	29.3	28.9	+ 0.4	+ 1.37
	1957 I	29.7	29.9	- 0.2	- 0.67

Tabelle 24

Qualität der Funktion (8): $\left(\frac{C_{pr}}{P_L \cdot B}\right)_t = a_o + a_1 \left(\frac{Y^v}{P_L \cdot B}\right)_t + a_2 \left(\frac{Y^v}{P_L \cdot B}\right)_{t-1} + u$

Abweichung der errechneten von den gemessenen Konsumwerten bei 8 (1) und 8 (2) in den Beobachtungsperioden 1926 bis 1934 und 1951 bis 1958. (Alle Konsumwerte in DM, preis- und bevölkerungsbereinigt)

Nr. der Gleichung	Beobachtungs-jahre	Gemessener Konsumwert	Errechneter Konsumwert	Abweichung $\frac{C^*_{pr}}{P_L \cdot B}$ von $\frac{C_{pr}}{P_L \cdot B}$ absolut	Abweichung $\frac{C^*_{pr}}{P_L \cdot B}$ von $\frac{C_{pr}}{P_L \cdot B}$ in Prozent von $\frac{C_{pr}}{P_L \cdot B}$
8 (1)		$\frac{C_{pr}}{P_L \cdot B}$	$\frac{C^*_{pr}}{P_L \cdot B}$	$\frac{C_{pr}}{P_L \cdot B} - \frac{C^*_{pr}}{P_L \cdot B} = u$	u in % von $\frac{C_{pr}}{P_L \cdot B}$
	1926	715	707.6	+ 7.4	+ 1.04
	1927	716	725.7	- 9.7	- 1.35
	1928	729	744.2	- 15.2	- 2.09
	1929	757	747.4	+ 9.6	+ 1.27
	1930	744	733.2	+ 10.8	+ 1.45
	1931	711	706.6	+ 4.4	+ 0.62
	1932	653	672.3	- 19.3	- 2.95
	1933	680	664.3	+ 15.7	+ 2.30
	1934	683	686.6	- 3.6	- 0.52
8 (2)	1951	1408.20	1395.78	+ 12.42	+ 0.88
	1952	1506.86	1507.83	- 0.97	- 0.06
	1953	1654.31	1665.66	- 11.35	- 0.69
	1954	1755.06	1781.84	- 26.78	- 1.53
	1955	1890.86	1882.40	+ 8.46	+ 0.45
	1956	2033.96	2006.07	+ 27.89	+ 1.37
	1957	2119.43	2119.86	- 0.43	- 0.02
	1958	2136.70	2147.05	- 10.35	- 0.48

Tabelle 25

Qualität der Funktion (9): $\left(\frac{C_{pr}}{P_L \cdot B}\right)_t = a_o + a_1\left(\frac{Y^v}{P_L \cdot B}\right)_t + a_2\left(\frac{C_{pr}}{P_L \cdot B}\right)_{t-1} + u$

Abweichung der errechneten von den gemessenen Konsumwerten bei 9 (1) und 9 (2) in den Beobachtungsperioden 1926 bis 1934 und 1951 bis 1958. (Alle Konsumwerte in DM, preis- und bevölkerungsbereinigt).

Nr. der Gleichung	Beobachtungs-jahre	Gemessener Konsumwert	Errechneter Konsumwert	Abweichung $\frac{C^*_{pr}}{P_L \cdot B}$ von $\frac{C_{pr}}{P_L \cdot B}$ absolut	Abweichung $\frac{C^*_{pr}}{P_L \cdot B}$ von $\frac{C_{pr}}{P_L \cdot B}$ in Prozent von $\frac{C_{pr}}{P_L \cdot B}$
9(1)		$\frac{C_{pr}}{P_L \cdot B}$	$\frac{C^*_{pr}}{P_L \cdot B}$	$\frac{C_{pr}}{P_L \cdot B} - \frac{C^*_{pr}}{P_L \cdot B} = u$	u in % von $\frac{C_{pr}}{P_L \cdot B}$
	1926	715	704.5	+ 10.5	+ 1.47
	1927	716	730.7	- 14.7	- 2.05
	1928	729	744.9	- 15.9	- 2.17
	1929	757	742.4	+ 14.6	+ 1.93
	1930	744	731.8	+ 12.2	+ 1.64
	1931	711	704.1	+ 6.9	+ 0.97
	1932	653	668.4	- 15.4	- 2.36
	1933	680	666.2	+ 13.8	+ 2.03
	1934	683	695.4	- 12.4	- 1.82
9(2)	1951	1408	1419.3	- 11.3	- 0.80
	1952	1507	1506.4	+ 0.6	+ 0.04
	1953	1654	1644.3	+ 9.7	+ 0.59
	1954	1755	1729.2	+ 25.8	- 0.37
	1955	1891	1898.0	- 7.0	- 0.37
	1956	2034	2063.0	- 29.0	- 1.43
	1957	2119	2120.7	- 1.7	- 0.08
	1958	2134	2121.1	+ 12.9	+ 0.60

Tabelle 26

$$\text{Qualität der Funktion (9): } \left(\frac{C_{pr}}{P_L \cdot B}\right)_t = a_o + a_1 \left(\frac{Y^v}{P_L \cdot B}\right)_t + a_2 \left(\frac{C_{pr}}{P_L \cdot B}\right)_{t-1} + u$$

(1) Abweichung der errechneten von den gemessenen Konsumwerten bei 9 (2a) in der Beobachtungsperiode.
(Alle Konsumwerte in DM, bevölkerungs- und preisbereinigt; Saisonschwankungen ausgeschaltet).

Nr. der Gleichung	Beobachtungsjahre	Gemessener Konsumwert	Errechneter Konsumwert	Abweichung $\frac{C^*_{pr}}{P_L \cdot B}$ von $\frac{C_{pr}}{P_L \cdot B}$ absolut	Abweichung $\frac{C^*_{pr}}{P_L \cdot B}$ von $\frac{C_{pr}}{P_L \cdot B}$ in Prozent von $\frac{C_{pr}}{P_L \cdot B}$
9 (2a)		$\frac{C_{pr}}{P_L \cdot B}$	$\frac{C^*_{pr}}{P_L \cdot B}$	$\frac{C_{pr}}{P_L \cdot B} - \frac{C^*_{pr}}{P_L \cdot B} = u$	u in % von $\frac{C_{pr}}{P_L \cdot B}$
	1950 II	693	683.0	+ 10.0	+ 1.44
	1951 I	703	708.3	- 5.3	- 0.75
	1951 II	720	723.8	- 3.8	- 0.53
	1952 I	756	750.3	+ 5.7	+ 0.75
	1952 II	789	786.3	+ 2.7	+ 0.34
	1953 I	827	823.7	+ 3.3	+ 0.40
	1953 II	852	859.1	- 7.1	- 0.83
	1954 I	872	885.0	- 13.0	- 1.49
	1954 II	902	910.0	- 8.0	- 0.89
	1955 I	944	938.2	+ 5.8	+ 0.61
	1955 II	977	973.6	+ 3.4	+ 0.35
	1956 I	1017	1008.6	+ 8.4	+ 0.83

(2) Abweichung der prognostizierten von den gemessenen Konsumwerten bei 9 (2a)

Nr. der Gleichung	Prognosehalbjahr	Gemessener Konsumwert	Prognostizierter Konsumwert	Abweichung $\frac{C^{**}_{pr}}{P_L \cdot B}$ von $\frac{C_{pr}}{P_L \cdot B}$ absolut	Abweichung $\frac{C^{**}_{pr}}{P_L \cdot B}$ von $\frac{C_{pr}}{P_L \cdot B}$ in Prozent von $\frac{C_{pr}}{P_L \cdot B}$
9 (2a)		$\frac{C_{pr}}{P_L \cdot B}$	$\frac{C^{**}_{pr}}{P_L \cdot B}$	$\frac{C_{pr}}{P_L \cdot B} - \frac{C^{**}_{pr}}{P_L \cdot B}$	
	1956 II	1046	1048.4	- 2.4	- 0.23
	1957 I	1054	1072.0	- 18.0	- 1.71
	1957 II	1057	1079.7	- 22.7	- 2.15

T a

Qualität der Funktion

(1) Abweichung der errechneten von de
transformierten Gleichung 9 (2b)*
bereinigt; Saisonschwankungen aus

Nr. der Gleichung	Beobachtungs-vierteljahre	Gemessener Konsumwert	Errech Konsum
9 (2b)		C_{pr}	C^*_{p}
	1951 II	17.4	17.
	1951 III	18.0	17
	1951 IV	18.6	18
	1952 I	19.1	18
	1952 II	19.6	19
	1952 III	19.9	19
	1952 IV	20.4	20
	1953 I	20.9	20
	1953 II	21.3	21
	1953 III	21.7	21
	1953 IV	21.9	22
	1954 I	22.2	22
	1954 II	22.9	22
	1954 III	23.3	23
	1954 IV	23.7	23
	1955 I	24.2	24
	1955 II	25.0	24
	1955 III	26.0	25
	1955 IV	26.8	26
	1956 I	27.6	27
	1956 II	28.0	28
	1956 III	28.8	28

27

$_o + a_1 Y_t + a_2 C_{pr_{t-1}} + u$

Konsumwerten bei 9 (2b) und bei der autoregressiv
chtungsperiode. (Alle Konsumwerte in Mrd. DM, un-

weichung C^*_{pr} von C_{pr} solut	Abweichung C^*_{pr} von C_{pr} in Prozent von C_{pr}
$C_{pr} - C^*_{pr} = u$	u in % von C_{pr}
- 0.31	- 1.78
+ 0.27	+ 1.50
+ 0.17	+ 0.91
+ 0.11	+ 0.58
+ 0.09	+ 0.46
- 0.04	- 0.20
+ 0.08	+ 0.39
+ 0.04	+ 0.19
± 0.00	± 0.00
- 0.13	- 0.60
- 0.26	- 1.19
- 0.20	- 0.90
+ 0.07	+ 0.31
- 0.30	- 1.29
- 0.24	- 1.01
- 0.10	- 0.41
+ 0.10	+ 0.40
+ 0.31	+ 1.19
+ 0.27	+ 1.01
+ 0.26	+ 0.94
- 0.09	- 0.32
+ 0.23	+ 0.80

	1956 IV	29.3	29
	1957 I	29.7	29
9 (2b)*		C_{pr}	C^*_{p}
	1951 II	17.4	17
	1951 III	18.0	17
	1951 IV	18.6	18
	1952 I	19.1	19
	1952 II	19.6	19
	1952 III	19.9	19
	1952 IV	20.4	20
	1953 I	20.9	20
	1953 II	21.3	21
	1953 III	21.7	21
	1953 IV	21.9	22
	1954 I	22.2	22
	1954 II	22.9	22
	1954 III	23.3	23
	1954 IV	23.7	23
	1955 I	24.2	24
	1955 II	25.0	24
	1955 III	26.0	25
	1955 IV	26.8	26
	1956 I	27.6	27
	1956 II	28.0	28
	1956 III	28.8	28
	1956 IV	29.3	29
	1957 I	29.7	29

(2) Abweichung der prognostizierten

Nr. der Gleichung	Prognosevierteljahr	Gemessener Konsumwert	Prog Ko
9 (2b)		C_{pr}	
	1957 II	30.9	3
	1957 III	31.1	3
	1957 IV	31.6	3

- 0.18	- 0.61
- 0.18	- 0.61

$C_{pr} - C^{*'}_{pr} = u'$	u' in % von C_{pr}
- 0.4	- 2.30
+ 0.2	+ 1.11
+ 0.2	+ 1.08
+ 0.1	+ 0.52
+ 0.1	+ 0.51
± 0.0	± 0.00
- 0.1	+ 0.49
± 0.0	± 0.00
± 0.0	± 0.00
- 0.1	- 0.46
- 0.3	- 1.37
- 0.2	- 0.90
+ 0.1	+ 0.44
- 0.2	- 0.86
- 0.2	- 0.84
- 0.1	- 0.41
+ 0.2	+ 0.80
+ 0.3	+ 1.15
+ 0.3	+ 1.12
+ 0.4	+ 1.45
± 0.0	± 0.00
+ 0.3	+ 1.04
- 0.1	- 0.34
- 0.1	- 0.34

senen Konsumwerten bei 9 (2b)

bweichung C^{**}_{pr} von C_{pr} absolut	Abweichung C^{**}_{pr} von C_{pr} in Prozent von C_{pr}
$(C_{pr} - C^{**}_{pr} = u)$	u in % von C_{pr}
+ 0.32	+ 1.04
- 0.26	- 0.84
- 0.18	- 0.57

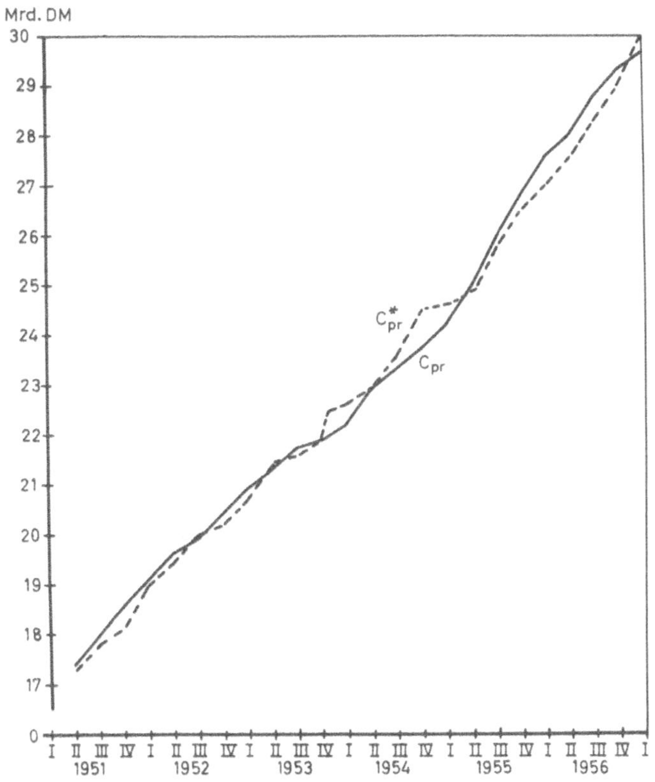

A b b i l d u n g 15

Zeitbild der mit Vierteljahresdaten geschätzten Funktion (7)

$$C_{pr_t} = a_o + a_1 Y^v_{t-1} + u$$

Erklärung der Symbole:

C_{pr_t} = gemessener privater Konsum der laufenden Periode

$C^*_{pr_t}$ = errechneter privater Konsum der laufenden Periode

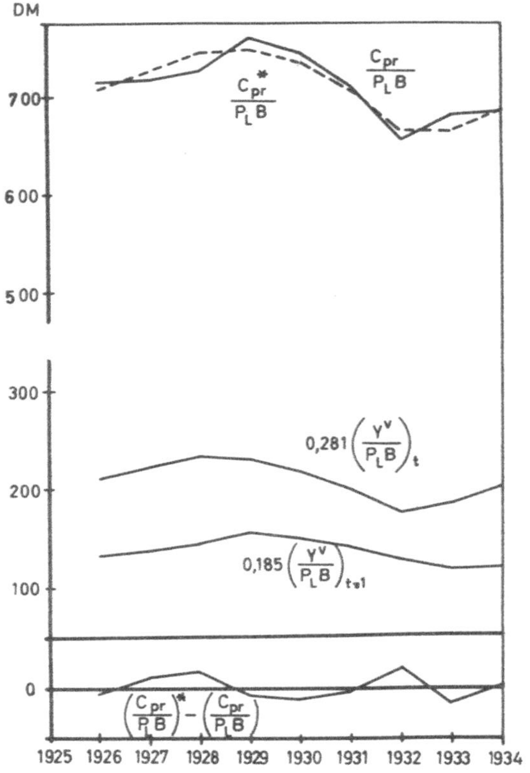

Funktion 8 (1): 1925 bis 1934

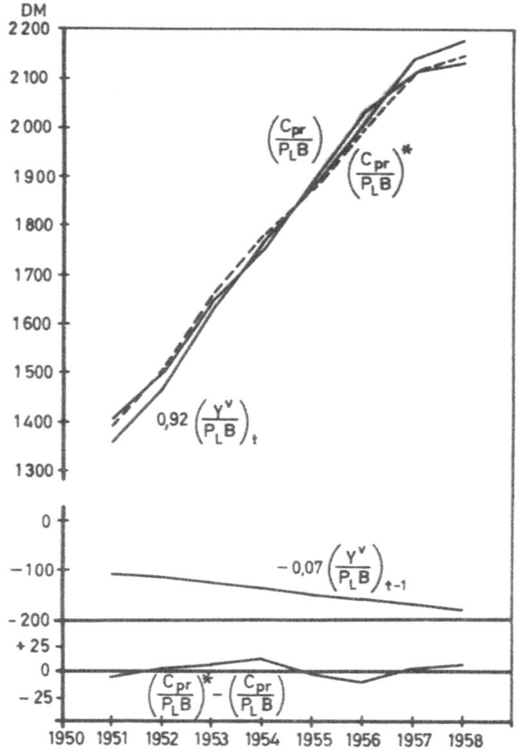

Funktion 8 (2): 1950 bis 1958

A b b i l d u n g 16

Zeitbilder[1)] zu der mit Jahresdaten geschätzten Funktion (8):

$$\left(\frac{C_{pr}}{P_L \cdot B}\right)_t = a_o + a_1\left(\frac{Y^v}{P_L \cdot B}\right)_t + a_2\left(\frac{Y^v}{P_L \cdot B}\right)_{t-1} + u$$

Erklärung der Symbole:

$\left(\frac{C_{pr}}{P_L \cdot B}\right)_t$ = gemessener privater Konsum der laufenden Periode, preis- und bevölkerungsbereinigt

$\left(\frac{C^*_{pr}}{P_L \cdot B}\right)_t$ = errechneter privater Konsum der laufenden Periode

$\left(\frac{Y^v}{P_L \cdot B}\right)_t$ = gemessenes verfügbares Einkommen der laufenden Periode, preis- und bevölkerungsbereinigt

$\left(\frac{Y^v}{P_L \cdot B}\right)_{t-1}$ = gemessenes verfügbares Einkommen der Vorperiode, preis- und bevölkerungsbereinigt

1. Die Zeitbilder zeigen, wie genau die mit Jahresdaten geschätzte Funktion (8) den privaten Konsum in den Beobachtungsperioden 1925 bis 1934 und 1950 bis 1958 erklärt und in welchem Umfang Gegenwartseinkommen und Einkommen der Vorperiode zur Bestimmung der Konsumausgaben beitragen.

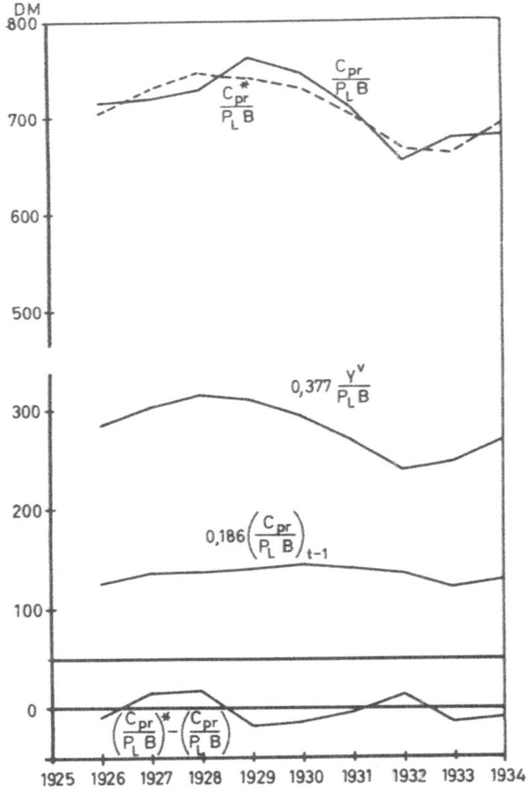

Funktion 9 (1): 1925 bis 1934

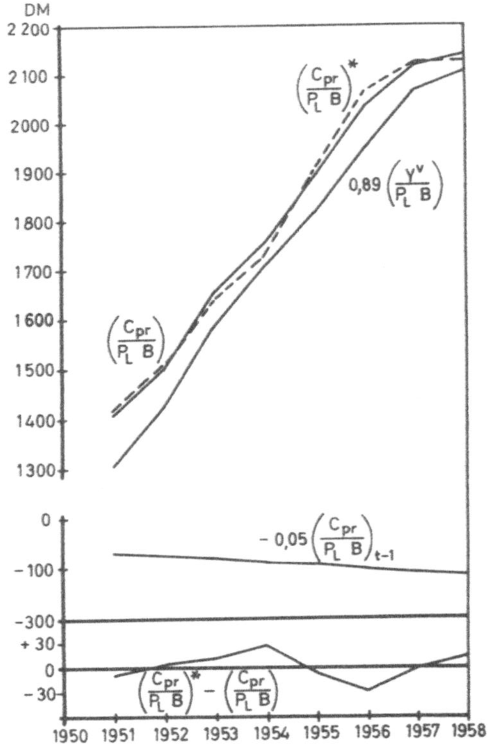

Funktion 9 (2): 1950 bis 1958

A b b i l d u n g 17

Zeitbilder[1] zu der mit Jahresdaten geschätzten Funktion (9):

$$\left(\frac{C_{pr}}{P_L \cdot B}\right)_t = a_o + a_1 \left(\frac{Y^v}{P_L \cdot B}\right)_t + a_2 \left(\frac{C_{pr}}{P_L \cdot B}\right)_{t-1} + u$$

Erklärung der Symbole:

$\left(\frac{C_{pr}}{P_L \cdot B}\right)_t$ = **gemessener privater Konsum der laufenden Periode, preis- und bevölkerungsbereinigt**

$\left(\frac{C^*_{pr}}{P_L \cdot B}\right)_t$ = **errechneter privater Konsum der laufenden Periode**

$\left(\frac{C_{pr}}{P_L \cdot B}\right)_{t-1}$ = **gemessener privater Konsum der Vorperiode, preis- und bevölkerungsbereinigt**

$\left(\frac{Y^v}{P_L \cdot B}\right)_t$ = **gemessenes oder verfügbares Einkommen der laufenden Periode, preis- und bevölkerungsbereinigt**

1. **Die Zeitbilder zeigen, wie genau die mit Jahresdaten geschätzte Funktion (9) den privaten Konsum in den Beobachtungsperioden 1925 bis 1934 und 1950 bis 1958 erklärt und in welchem Umfang das Gegenwartseinkommen und der Konsum der Vorperiode zur Bestimmung der Konsumausgaben beitragen**

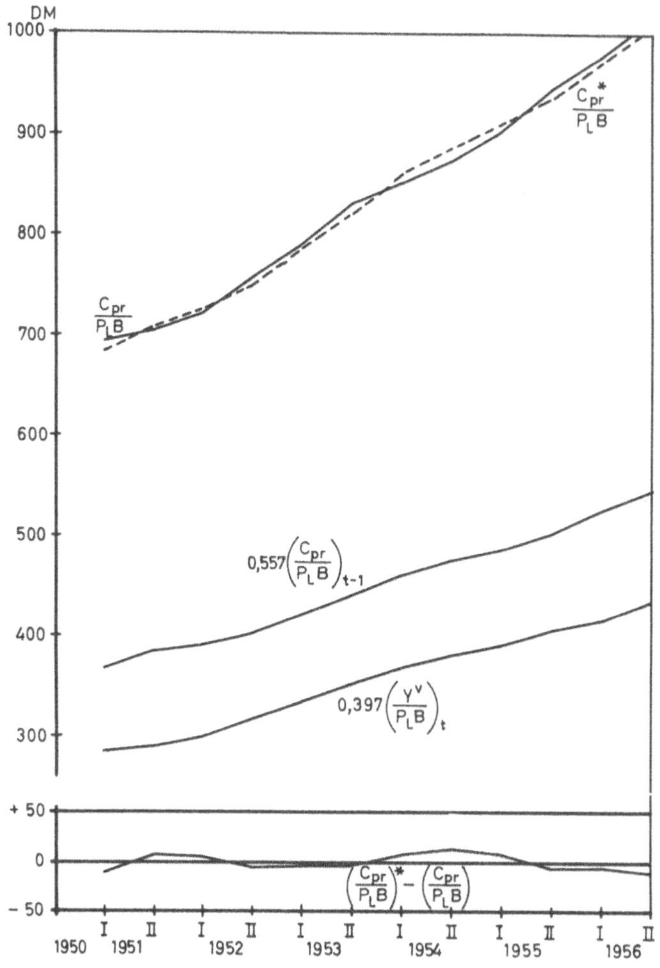

1950 bis 1956

Abbildung 18

Zeitbild der mit Halbjahresdaten geschätzten Funktion 9 (2a)

$$\left(\frac{C_{pr}}{P_L \cdot B}\right)_t = a_o + a_1 \left(\frac{Y^v}{P_L \cdot B}\right)_t + a_2 \left(\frac{C_{pr}}{P_L \cdot B}\right)_{t-1} + u$$

Rrklärung der Symbole: vgl. Abbildung 17

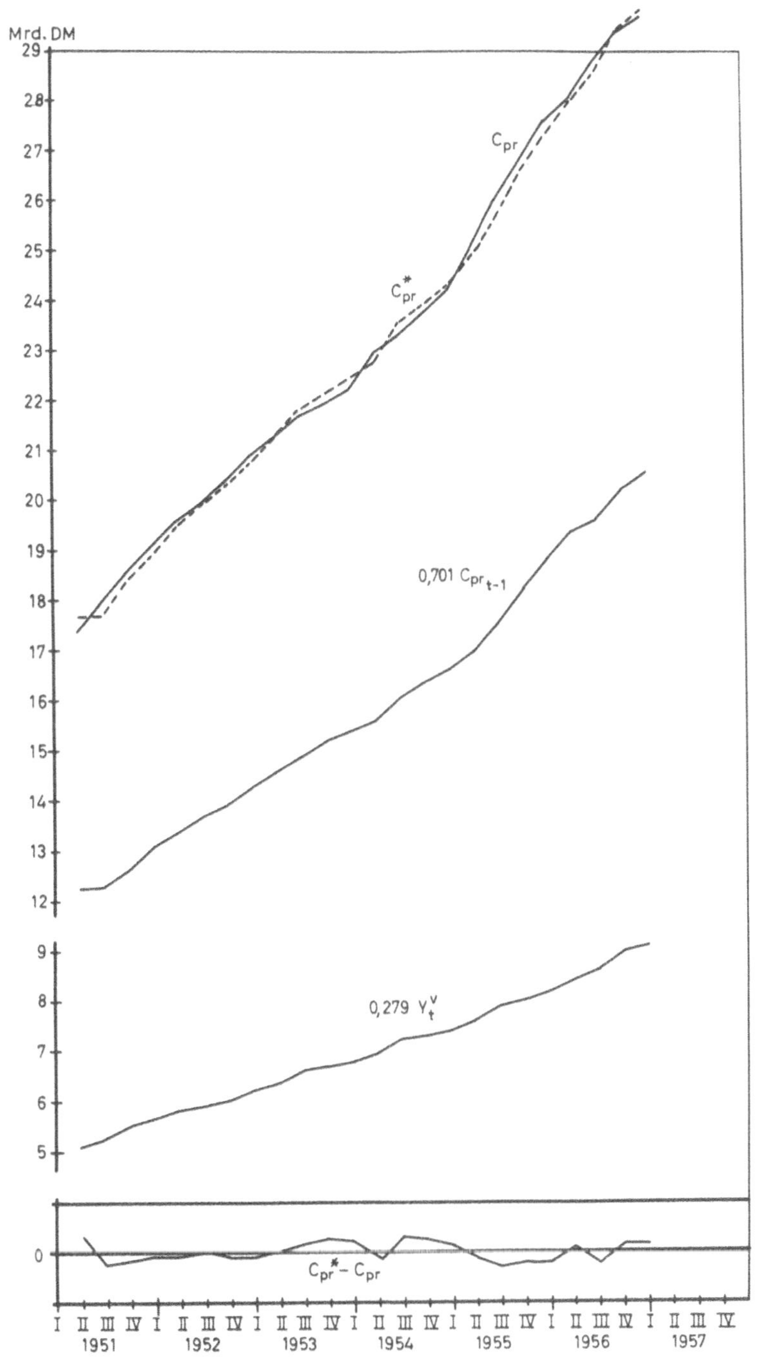

A b b i l d u n g 19

Zeitbild zu der mit Vierteljahresdaten geschätzten Funktion 9 (2b)

$$C_{pr_t} = a_o + a_1 Y_t^v + a_2 C_{pr_{t-1}} + u$$

C_{pr_t} = gemessener privater Konsum der laufenden Periode

$C_{pr_t^*}$ = errechneter privater Konsum der laufenden Periode

$C_{pr_{t-1}}$ = gemessener privater Konsum der Vorperiode

Y_t^v = gemessenes verfügbares Einkommen der laufenden Periode

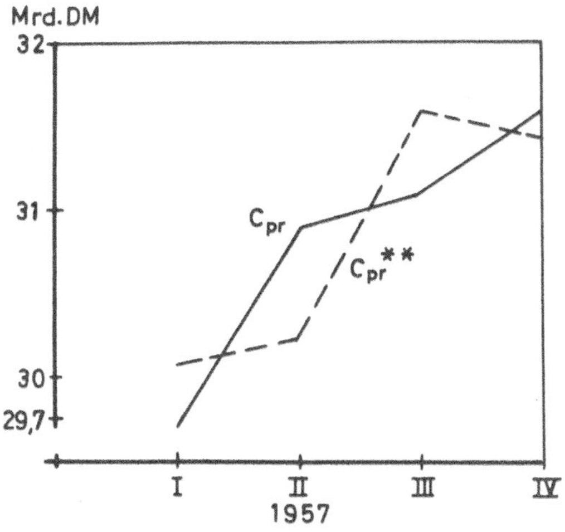

Funktion (7):

$$C_{pr_t} = a_o + a_1 Y^v_{t-1} + u$$

(mit Vierteljahresdaten geschätzt)

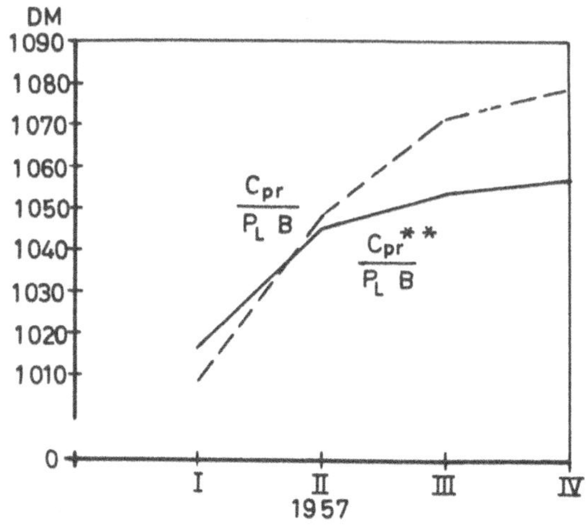

Funktion 9 (2a):

$$\left(\frac{C_{pr}}{P_L \cdot B}\right)_t = a_o + a_1\left(\frac{Y^v}{P_L \cdot B}\right)_t + a_2\left(\frac{C_{pr}}{P_L \cdot B}\right)_{t-1} + u$$

(mit Halbjahresdaten geschätzt)

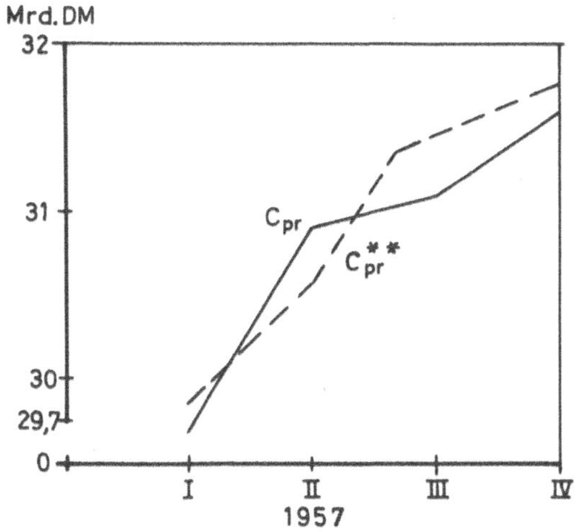

Funktion 9 (2b):

$$\left(\frac{C_{pr}}{P_L \cdot B}\right)_t = a_o + a_1\left(\frac{Y^v}{P_L \cdot B}\right)_t + a_2\left(\frac{C_{pr}}{P_L \cdot B}\right)_{t-1} + u$$

(mit Vierteljahresdaten geschätzt)

A b b i l d u n g 20

Voraussagequalität der Funktionen (7), 9 (2a) und 9 (2b)

Zeitbilder des gemessenen privaten Verbrauchs und der mit Hilfe der Gleichungen (7), 9 (2a) und 9 (2b) prognostizierten Konsumwerte

Kapitel IV:

Zusammenfassung der Ergebnisse

In der vorliegenden Arbeit waren die einzelnen Bestimmungsgründe des gesamtwirtschaftlichen Nachkriegsverbrauchs in der Bundesrepublik zu analysieren und ihre jeweilige Einwirkung auf die Konsumausgaben mit Hilfe von Konsumfunktionen zu berechnen. Aus dieser Zielsetzung ergab sich der Aufbau der Untersuchung.

Der einleitende Rückblick auf die Geschichte der Konsumfunktion und ihre Schätzung sollte eine Vorstellung von den verschiedenen Möglichkeiten vermitteln, Konsumfunktionen in der Praxis zu verifizieren. Es zeigte sich, daß nach dem Kriege eine Fülle von Konsumfunktionen getestet worden war, deren Form im wesentlichen die Annahmen bestimmten, daß der Verbrauch abhängig sei[227)]

1. von dem Gegenwartseinkommen
2. von dem Gegenwartseinkommen und der Zeit
3. von dem Einkommen der Vorperiode
4. von dem Gegenwartseinkommen und dem Einkommen der Vorperiode
5. von dem Gegenwartseinkommen und der Einkommensänderungsrate
6. von dem Gegenwartseinkommen und dem Maximaleinkommen
7. von dem Gegenwartseinkommen und dem Maximalkonsum
8. von dem Gegenwartseinkommen und dem Konsum der Vorperiode
9. von dem Gegenwartseinkommen und Liquiditätsgrößen
10. von dem Gegenwartseinkommen und dem Preisniveau
11. von dem Gegenwartseinkommen und der Bevölkerung
12. von dem Gegenwartseinkommen und der Einkommensverteilung.

Das Thema der Arbeit erforderte unter diesen vielen möglichen Bestimmungsgründen des Verbrauchs die für die Bundesrepublik charakteristischen herauszuarbeiten.

In beschränktem Umfang erlaubten die nach 1952 üblich gewordenen Reihentests, in denen stets mehrere Konsumfunktionen mit einheitlichem Zahlenmaterial berechnet und unter ihnen eine oder zwei als besonders geeignet herausgestellt wurden, eine kritische Beurteilung und einen Vergleich der einzelnen Annahmen. So betrachtete z.B. DAVIS den Maximalkonsum[228)] und BROWN den Konsum der Vorperiode[229)] als beste konsumerklärende Variable,

227. S. in diesem Zusammenhang Tabelle 8 der Einleitung.
228. S. DAVIS, Tom, a.a.O., S.275.
229. BROWN, Robert, a.a.O., S.361.

während KLEIN eine in Gruppen aufgespaltene Einkommensvariable[230] und GEHRIG eine explizite Bevölkerungsvariable[231] vorzog. Für uns war jedoch bei diesen im einzelnen sehr interessanten Ergebnissen und Vergleichen zu beachten, daß sie nicht ohne weiteres als Ausgangspunkt der vorliegenden Untersuchung verwertet werden durften: aus den Resultaten der Reihentests ergab sich bestenfalls, welche speziellen Funktionen in einem bestimmten Land während eines gewissen Beobachtungszeitraumes den Konsum gut schätzten; "Patentrezepte" für spätere Arbeiten konnten diese Reihenuntersuchungen nicht bieten. Vielmehr mußte gerade aus der Tatsache, daß die unterschiedlichsten Funktionen als besonders geeignet erklärt wurden, der Schluß gezogen werden, daß es keine Idealform der Konsumfunktion gibt, die überall und zu jeder Zeit benutzt werden kann. Funktionen, die z.B. in USA den Konsum nach 1950 vorzüglich erklärten (s. die KLEIN-GOLDBERGER-Funktion, welche vornehmlich die Einkommensverteilung berücksichtigte), hätten u.U. zu derselben Zeit in einem europäischen Land weniger gut und in einem unterentwickelten Land schlecht gearbeitet.

Im Sinne einer überzeugenden Analyse war also zu klären, welche Faktoren den deutschen Nachkriegskonsum vornehmlich bestimmten. Daher wurde in Kapitel II der vorliegenden Arbeit der richtigen Auswahl der Funktionen und der ihrer Berechnung zugrunde liegenden Zeitreihen große Bedeutung zugemessen. Als Auswahlkriterium einer bestimmten Funktionsform sollte nicht etwa der Gesichtspunkt dienen, ob diese Funktion schon irgendwo bei einem Test der jüngeren oder jüngsten Vergangenheit den Konsum gut erklärte. Allein ausschlaggebend für die Verwendung bestimmter Variablen mußten vielmehr die gerade herrschenden wirtschaftlichen Verhältnisse sein. Entscheidend war also, ob die einer Funktionsform zugrunde liegenden theoretischen Annahmen in dem zu betrachtenden Zeitraum wirklichkeitsnah erschienen. Darüber hinaus ergab sich in Kapitel II, daß die für die Jahre 1950 bis 1958 theoretisch herausgestellten Bestimmungsgründe des Verbrauchs auf ihre mutmaßliche Einwirkungsdauer zu untersuchen waren; es mußte demnach beachtet werden, ob eine gewählte Funktionsform mit Jahres-. Halbjahres- oder Vierteljahresdaten zu berechnen sei.

Das in Kapitel II beschriebene Vorgehen, erst das theoretische Feld abzustecken und dann zu schätzen, erwies sich bei der vorwiegend empirisch orientierten Untersuchung des Kapitels III als nützlich und sinnvoll.

---

230. KLEIN, Lawrence und A.S. GOLDBERGER, a.a.O., S.5 ff.
231. GEHRIG, Gerhard, a.a.O., S.81.

Einmal konnte der Umfang der Berechnungen erheblich reduziert werden, weil nur ökonomisch wichtig erscheinende Thesen getestet wurden. Zum anderen führten die theoretischen Überlegungen dazu, wenig verifizierte Annahmen mit Erfolg zu überprüfen und überdies eine sehr bekannte Annahme erstmals mit Vierteljahresdaten zu schätzen[232].

Aufgrund des seit 1950 ständig wachsenden Einkommens war zunächst in der Zeit von 1950 bis 1958 ein maßgeblicher Einfluß des Gegenwartseinkommens auf den Konsum anzunehmen. Weiter konnte vermutet werden, daß dieser Einkommenseinfluß gleichermaßen auf den privaten wie auf den staatlichen Verbrauch wirkte, welcher keine autonomen Tendenzen zeigte und zusammen mit dem Einkommen stieg. Solche theoretischen Annahmen führten zur Einfachkorrelation von Bruttosozialprodukt und Gesamtverbrauch sowie von verfügbarem Einkommen und privatem Verbrauch.

Diese einfachste Form der Konsumfunktion war nicht in der Lage gewesen, den frühen Nachkriegsverbrauch der USA auch nur einigermaßen zufriedenstellend zu erklären (dort wurde sie deshalb nach 1946 höchstens im Rahmen von Reihenuntersuchungen getestet und kritisiert); bei Schätzung mit deutschen Nachkriegsdaten arbeitete sie jedoch einwandfrei. Die anfangs aus rein ökonomischen Erwägungen formulierte Abhängigkeit des gesamten und des privaten Konsums von Bruttosozialprodukt und verfügbarem Einkommen ließ sich also mit überraschend gutem Erfolg statistisch verifizieren (s. Funktion (1) bis (3) in Tabelle 41).

Im Anschluß an diese Einfachkorrelationen war zu fragen, welche Variablen zusätzlich in eine mit Nachkriegsdaten zu schätzende Konsumfunktion eingeschlossen werden konnten. Es boten sich an: Preisvariable, Bevölkerungsvariable und verschiedene Arten von Vergangenheitsvariablen.

Auf die Einführung einer Preisvariablen wurde verzichtet, weil für die Zeit von 1950 bis 1958 nicht zu erwarten war, daß der in diesen Jahren nur um 19 % gestiegene Preisindex für Lebenshaltung neben dem wesentlich rascher wachsenden Einkommen eine konsumentscheidende Einwirkung haben würde. Die relativ unbedeutenden Preisbewegungen ließen sich leicht durch Benutzung preisbereinigter Reihen ausschalten (s. Funktion (4) und (6) in Tab. 41 sowie die Funktionen (8) bis 9 (2a) in Tab. 42).

Eine explizite Bevölkerungsvariable wurde ebenfalls nicht verwendet. Der seit Jahren andauernde Zustrom an arbeitsfähigen Sowjetzonenflüchtlingen

---

232. Funktion 9 (2b). Vgl. Tabellen 21 und 27.

- eine wichtige Komponente des bundesdeutschen Bevölkerungswachstums - vermehrte von 1950 bis 1958 nicht nur den gesamtwirtschaftlichen Konsum, sondern in gleicher Weise auch das Einkommen. Deswegen erschien es weder ökonomisch noch statistisch sinnvoll, den auf Sozialprodukt und Konsum gleichzeitig wirkenden Bevölkerungseinfluß neben der Einkommensvariablen in der Konsumfunktion zu messen[233]. Vielmehr genügte es für die speziellen Verhältnisse des behandelten Beobachtungszeitraumes, die Bevölkerungseinwirkung durch Benutzung von Pro-Kopf-Daten auszuschalten (s. Funktionen (5) und (6) in Tab. 41 sowie die Funktionen (8) bis 9 (2a) in Tab.42).

Unter den Vergangenheitsvariablen, die entweder allein oder zusammen mit einer Gegenwartsvariablen in der Konsumfunktion zu schätzen waren, wurde eine sorgfältige Auswahl getroffen.

Eine Einfachkorrelation zwischen Konsum und Einkommen der Vorperiode mußte bei Benutzung größerer Periodenabstände abgelehnt werden. Gerechtfertigt erschien sie nur bei Benutzung sehr kurzer Datenintervalle, die eine enge Beziehung zwischen dem Verbrauch und seinem zeitlich nur wenig zurückliegenden Bestimmungsfaktor garantierten. Da Vierteljahresdaten zur Verfügung standen, konnte die These der direkt vom Einkommen der Vorperiode abhängigen Verbrauchsausgaben mit zufriedenstellendem Ergebnis verifiziert werden (s. Funktion (7) in Tab. 42).

Die Theorie vom Einfluß des Maximaleinkommens oder des Maximalkonsums war von vornherein zu verwerfen. Bei den ständig ansteigenden Zeitreihen von 1950 bis 1958 gab es keine Gipfelgrößen, welche die Einführung der Maximalvariablen in eine Nachkriegsfunktion erlaubt hätten. Vielmehr ist die Maximalvariable mit der unmittelbar vorhergehenden Variablen identisch.

Dagegen lag es nahe, das Einkommen oder den Konsum der Vorperiode neben dem Gegenwartseinkommen in die Konsumfunktion einzuschließen und somit zu messen, in welcher Weise die Konsumenten verzögert auf Einkommensänderungen reagieren. Ein Einfluß von Einkommen und Konsum der Vorperiode - also gewisser Lebens- und Gebrauchsgewohnheiten - war für den Beobachtungszeitraum in jedem Fall anzunehmen. Getestet werden mußte nicht nur dieser Einfluß, sondern darüber hinaus seine Einwirkungsdauer. Rein theoretisch konnte zunächst vermutet werden, daß die Konsumenten leichter

233. Im Gegensatz hierzu wäre die Bevölkerungsvariable z.B. in einer indischen Konsumfunktion unerläßlich. Dort hat das Bevölkerungswachstum einen maßgeblichen Einfluß auf die Entwicklung des Pro-Kopf-Verbrauchs.

einen niedrigeren Lebensstandard gegen einen höheren eintauschen als eine gewohnte Lebensweise bei fallendem Einkommen aufgeben. Es war also für Jahre schwankender und fallender Konsum- und Einkommensgrößen ein länger andauernder Einfluß der Lebens- und Konsumgewohnheiten zu erwarten als für Jahre der ständigen Aufwärtsbewegung aller wirtschaftlichen Größen. Zur Verifizierung dieser Annahmen wurde die These von der Nachwirkung der Konsumgewohnheiten nicht nur mit den stetig steigenden Nachkriegsdaten von 1950 bis 1958, sondern auch mit den stark fluktuierenden Vorkriegszeitreihen von 1925 bis 1934 getestet.

Es stellte sich dabei heraus, daß die Konsumgewohnheiten in der Zeit von 1925 bis 1934 noch nach einem Jahr einen maßgeblichen verbrauchsanregenden Einfluß hatten, während sie bei den Jahresanalysen der Zeit von 1950 bis 1958 kaum eine Rolle spielten, weil hier der Angleichungsprozeß an das jeweilige Einkommen wesentlich schneller verlief (s. die Funktionen 8 (1), 8 (2) und vor allem 9 (1) und 9 (2) in Tab. 42).

Lediglich bei Betrachtung kürzerer Zeitintervalle gewannen die Verbrauchsgewohnheiten nach 1950 an Bedeutung - und zwar umso mehr, je kürzer die Periodenabstände gewählt wurden. Bei der Verwendung von Halbjahresreihen zeigte sich der Konsum der Vorperiode bereits als ein wesentlicher verbrauchsbestimmender Faktor, bei der Korrelation mit Vierteljahresreihen ergab sich eine noch stärkere Nachwirkung (s. die Funktionen 9 (2a) und 9 (2b) in Tab. 42).

Damit wurde erstmals anhand von deutschen Daten verifiziert, was BROWN 1952 vermutete, als er den Einfluß des Vorperiodenkonsums mit Jahresdaten schätzte[234]: die spezielle Bedeutung der Konsumgewohnheiten bei Vierteljahresanalysen. Darüber hinausgehend konnte festgestellt werden, daß es nicht nur von der Länge der jeweils gewählten Beobachtungsintervalle, sondern auch von der allgemeinen wirtschaftlichen Situation abhängt, wie stark die Konsumgewohnheiten nachwirken. In der Zeit des wirtschaftlichen Aufschwungs von 1950 bis 1958 war eine geringere Nachwirkungsdauer als bei der wirtschaftlich weniger günstigen Lage von 1925 bis 1934 festzustellen.

---

234. S. BROWN, T.M., a.a.O., S.371.

Es zeigte sich, daß die Gegenwartseinkommen und Verbrauchsgewohnheiten einschließende Konsumfunktion gut geeignet war, den Konsum der beiden betrachteten Wirtschaftsperioden zu erklären[235].

Somit läßt sich also für den in dieser Arbeit betrachteten Zeitraum von 1950 bis 1958 annehmen, daß bei Verwendung von Einfachkorrelationen und von multiplen Korrelationen mit einer Verzögerungsvariablen kein wesentlicher Bestimmungsfaktor des Gesamtverbrauchs in der BRD übersehen wurde.

235. Das heißt jedoch nicht, daß eine solche Funktion immer verwendet werden kann. Sie dürfte z.B. dann nicht arbeiten, wenn eine lange andauernde Depression die Verbraucher zwingt, ihre Konsumpläne lediglich an ihrem gegenwärtigen Einkommen auszurichten.

A n h a n g

A) Tabellen: 1. Zahlentabellen mit Quellenangaben

T a b e l l e 28

Berechnung des verfügbaren Einkommens und des privaten Konsums für das Deutsche Reich von 1925 bis 1934 (in Millionen RM)

	I	II	III	IV	V		VI	VII	VIII	IX	X
Jahr	Abschreibungen	Unverteilte Gewinne	Indirekte u. direkte Steuern, Zölle	Summe I-III	Investitionen Gesamt	Investitionen Privat	Staatsausgaben	Übersch./Defizite der öff. Hand	Außenbeitrag	Verfügbares Einkommen (in Mrd.RM)	Privater Konsum (in Mrd.RM)
1925	5 751	741	11 087	17 579	7 393	5 130	14 465	+ 246	- 2 155	52.8	48.6
1926	6 019	522	11 483	18 024	2 226	176	17 201	- 20	1 196	55.7	52.8
1927	6 476	838	13 777	20 691	10 876	7 969	18 801	+ 1127	- 2 520	61.6	55.2
1928	6 756	700	14 143	21 599	9 643	6 683	20 801	- 276	- 814	66.5	58.1
1929	7 008	323	14 301	21 632	4 725	1 679	20 872	- 372	480	66.8	61.5
1930	6 967	- 50	14 115	21 032	- 642	-2 048	20 406	- 1336	2 096	61.4	58.5
1931	6 477	- 696	12 101	17 274	-5 185	-5 703	16 977	- 1262	3 228	51.7	51.7
1932	5 931	- 341	10 293	15 668	-3 465	-3 579	14 535	- 651	1 317	41.0	42.2
1933	5 926	- 35	10 691	16 582	- 207	- 748	14 669	- 520	979	41.8	43.1
1934	5 828	416	11 891	18 135	3 312	1 135	16 916	+ 429	91	47.4	44.8

Quellen: **Abschreibungen:** Statistische Jahrbücher des Deutschen Reiches, 1936, S.507; 1938, S.565;
Unverteilte Gewinne: WAGEMANN, Konjunkturstatistische Jahrbücher, 1933, S.80; 1936, S.95;
Körperschaftssteuer: WAGEMANN, Konjunkturstatistische Jahrbücher, 1933, S.180; 1936, S.166;
Indirekte und direkte Steuern, Zölle: Statistisches Jahrbuch des Deutschen Reiches, 1936, S.468; WAGEMANN, Konjunkturstatistisches Jahrbuch, 1936, S.166;
Investitionen: Statistische Jahrbücher des Deutschen Reichs 1936, S.567; 1938, S.565;
Staatsausgaben: WAGEMANN, Konjunkturstatistische Jahrbücher 1933, S.173; 1936, S.161; Statistische Jahrbücher des Deutschen Reichs, 1935, S.425; 1936, S.446/447;
Außenbeitrag: Statistische Jahrbücher des Deutschen Reichs 1931, S.535; 1935, S.489; 1936, S.504;
Überschüsse/Defizite der öffentlichen Hand: ZIMMERMANN, Heinz, Privates Sparen und Einkommensentwicklung in der Zwischenkriegszeit. In: Konjunkturberichte des Rheinisch. Westf. Instituts f. Wirtschaftsforschung, V.Jahrgang, N.F., 1. Heft, Essen 1954, S.48.

Tabelle 29

Sozialprodukt, verfügbares Einkommen, privater Konsum für das Deutsche Reich von 1925 bis 1934
(in jeweiligen Preisen)

Jahr	Nettosozialprodukt zu Faktorkosten (in Mrd.RM)	Nettosozialprodukt zu Marktpreisen (in Mrd.RM)	Bruttosozialprodukt (in Mrd.RM)	Verfügbares Einkommen (in Mrd.RM)	Privater Konsum (in Mrd.RM)
1925	57.4	64.8	70.4	52.8	48.6
1926	60.1	67.8	73.7	55.7	52.8
1927	67.3	75.9	82.3	61.6	55.2
1928	72.4	81.4	88.1	66.5	58.1
1929	72.3	81.4	88.4	66.8	61.5
1930	66.2	75.5	82.4	61.4	58.5
1931	53.8	62.6	69.0	51.7	51.7
1932	42.6	50.9	56.7	41.0	42.2
1933	44.0	52.6	58.4	41.8	43.1
1934	50.4	59.7	65.5	47.4	44.8

Quelle: Nettosozialprodukt zu Faktorkosten) RAABE, Karl-Heinz, a.a.O., S.63 ff.
Nettosozialprodukt zu Marktpreisen)
Bruttosozialprodukt)

Verfügbares Einkommen) siehe Tabelle 28.
Privater Konsum)

Tabelle 30

Sozialprodukt, verfügbares Einkommen, privater Konsum für das Deutsche Reich von 1925 bis 1934
(pro Kopf der Bevölkerung in jeweiligen Preisen in RM)

Jahr	Nettosozialprodukt zu Faktorkosten	Nettosozialprodukt zu Marktpreisen	Bruttosozialprodukt	Verfügbares Einkommen	Privater Konsum	Bevölkerung[1)] (in Mill.)
1925	920	1 083	1 128	846	778	62.4
1926	954	1 078	1 172	885	839	62.9
1927	1 065	1 201	1 302	975	874	63.2
1928	1 138	1 280	1 385	1 046	913	63.6
1929	1 131	1 274	1 383	1 045	963	63.9
1930	1 030	1 174	1 281	954	910	64.3
1931	833	969	1 068	801	800	64.6
1932	656	784	874	632	650	64.9
1933	675	807	896	641	662	65.2
1934	768	910	998	722	683	65.6

1. Quelle: Statistisches Jahrbuch 1937, S.11.

Tabelle 31

Sozialprodukt, verfügbares Einkommen, privater Konsum für das Deutsche Reich von 1925 bis 1934
(in Preisen von 1934)

Jahr	Nettosozialprodukt zu Faktorkosten (in Mrd.RM)	Nettosozialprodukt zu Marktpreisen (in Mrd.RM)	Bruttosozialprodukt (in Mrd.RM)	Index für Netto/Brutto-Sozialprodukt (1934 = 100)	Verfügbares Einkommen (in Mrd.RM)	Privater Konsum (in Mrd.RM)	Lebenshaltungskostenindex (1934 = 100)
1925	46.6	52.6	57.2	123.16	45.1	41.5	117.09
1926	48.1	54.2	59.0	125.00	47.5	45.0	117.33
1927	52.9	59.7	64.7	127.12	50.4	45.2	122.13
1928	55.5	62.4	67.6	130.39	53.1	46.4	125.28
1929	55.0	62.0	67.3	131.35	52.5	48.4	127.17
1930	53.3	60.8	66.4	124.16	50.2	47.8	122.29
1931	47.8	55.6	61.2	112.65	46.0	46.0	112.39
1932	42.6	50.9	56.7	100.04	41.2	42.4	99.58
1933	45.4	54.3	60.3	96.91	42.9	44.2	97.44
1934	50.4	59.7	65.5	100.00	47.4	44.8	100.00

Quellen: Lebenshaltungskostenindex: Stat. Jahrb. d. Dt.Reiches 1937, S.310. (1913/14 = 100, umgerechnet auf Basisjahr 1934)

Index für Netto/Bruttosozialprodukt: Gemischter Index aus Lebenshaltungskosten, Großhandelspreisen, landwirtschaftlichen Erzeugerpreisen, Teilreihen für Rohstoffpreise.
Vgl. RAABE, Karl-Heinz, a.a.O., S.64.

Tabelle 32

Sozialprodukt, verfügbares Einkommen, privater Konsum für das Deutsche Reich von 1925 bis 1934

(pro Kopf der Bevölkerung in Preisen von 1934 in RM)

Jahr	Nettosozialprodukt zu Faktorkosten	Index für Netto/Brutto Sozialprodukt (1934 = 100)	Nettosozialprodukt zu Marktpreisen	Bruttosozialprodukt	Verfügbares Einkommen	Privater Konsum	Lebenshaltungskosten index (1934=100)	Bevölkerung (in Mill.)
1925	747	123.16	879	916	723	664	117.09	62.4
1926	763	125.00	862	938	754	715	117.33	62.9
1927	838	127.12	944	1 024	798	716	122.13	63.2
1928	873	130.39	981	1 062	835	729	125.28	63.6
1929	861	131.35	970	1 053	822	757	127.17	63.9
1930	829	124.16	946	1 032	780	744	122.29	64.3
1931	739	112.65	860	948	713	711	112.39	64.6
1932	653	100.04	784	874	635	653	99.58	64.9
1933	697	96.91	833	925	658	680	97.44	65.2
1934	768	100.00	910	998	722	683	100.00	65.6

Tabelle 33

Jahreszahlen in Mrd.DM, unbereinigt. Ohne Saarland und Westberlin

Nr.	Jahr	Y^{BSP}	Y^{M}	Y^{F}	Y^{v}	C	Cst	Cpr	I	P_L	B
1	2	3	4	5	6	7	8	9	10	11	12
1	1950	97.2	87.1	74.5	64.2	76.2	14.4	61.8	22.2	100	46 907
2	1951	119.6	107.6	91.2	75.1	89.8	17.7	72.1	27.5	108	47 412
3	1952	134.2	120.9	101.4	83.8	100.2	21.1	79.1	30.6	110	47 727
4	1953	143.8	130.3	108.9	92.5	107.4	21.4	86.0	30.8	108	48 172
5	1954	153.9	139.9	117.0	100.9	114.7	22.4	92.3	33.9	108	48 709
6	1955	175.6	160.2	134.3	110.4	126.3	23.9	102.4	45.1	110	49 203
7	1956	193.4	175.8	147.9	122.9	139.9	25.4	114.5	46.9	113	49 800
8	1957+)	209.6	189.5	160.3	134.6	151.0	28.0	123.0	50.3	115	50 464
9	1958+)	222.3	200.1	168.3	143.6	160.0	30.0	130.0	53.4	119	51 127

+) vorläufige Werte

Quellenangaben: Sp.3,8,9,10 - Stat.Jb.1959, S.488; Sp.4,5 - Stat.Jb.1959, S.482; Sp.7 = Sp.8 + Sp.9 Sp.11 - Stat.Jb.1959, S.431. Sp.12 - errechnet in Abteilung VIII des Statistischen Bundesamtes. Sp.6 - zusammengestellt aus Zeitreihen für das Masseneinkommen (Nettolöhne und -gehälter, Pensionen, Sozialeinkommen öffentlicher Haushalte, Sozialeinkommen der Sozialversicherten, Bezüge aus freiwilligen sozialen Aufwendungen) und die Entnahmen (Differenzposten aus Nettoeinkommen der Selbständigen + Unternehmungen und den unverteilten Gewinnen, Steuerrückstellungen, Reserven), VWforsch 1957, H.3, S.284/85; 1958, H.4, S.355; 1959, H.3, S.302.

Tabelle 34

Jahreszahlen preisbereinigt, bevölkerungsbereinigt sowie preis- und bevölkerungsbereinigt

Spalten 3 und 4 in Mrd.DM, Spalten 5 bis 9 in DM. Ohne Saarland und Westberlin

Nr.	Jahr	$\frac{Y^v}{P_L}$	$\frac{C_{pr}}{P_L}$	$\frac{Y^v}{B}$	$\frac{C_{pr}}{B}$	$\frac{Y^v}{P_L/B}$	$\frac{C_{pr}}{P_L/B}$
1	2	3	4	5	6	7	8
1	1950	64.2	61.8	1.368,64	1.318,43	1.368,64	1.318,43
2	1951	69.5	66.8	1.583,96	1.520,85	1.466,63	1.408,20
3	1952	76.2	71.9	1.755,79	1.657,55	1.596,18	1.506,86
4	1953	85.6	79.7	1.920,19	1.786,65	1.777,95	1.654,31
5	1954	93.4	85.5	2.071,45	1.895,47	1.918,01	1.755.06
6	1955	100.4	93.0	2.243,77	2.079,95	2.039,79	1.890,86
7	1956	108.8	101.3	2.467.85	2.298,38	2.183,94	2.033,96
8	1957+)	117.0	107.0	2.667,20	2.437,34	2.319,30	2.119,43
9	1958+)	120.7	109.2	2.808,66	2.542,66	2.360,22	2.136,70

+) vorläufige Werte

Tabelle 35

Halbjahreszahlen in Mrd.DM, unbereinigt. Ohne Saarland und Westberlin

Nr.	Jahr	Y^{BSP}	Y^{v}	C	C_{pr}	Cst	I	P_L: 1950=100	B (in 1000)
1	2	3	4	5	6	7	8	9	10
1	1950 I	44.5	29.8	35.2	28.3	6.9	9.8	100	46 735
2	1950 II	52.7	34.4	41.0	33.5	7.5	12.3	100	47 083
3	1951 I	56.2	35.3	42.7	33.8	8.9	13.1	106	47 318
4	1951 II	63.4	39.8	47.1	38.3	8.8	14.4	110	47 509
5	1952 I	64.3	39.5	47.2	37.1	10.1	15.5	110	47 649
6	1952 II	69.9	44.3	53.0	42.0	11.0	15.1	109	47 808
7	1953 I	68.3	43.6	50.8	40.4	10.4	15.1	109	48 015
8	1953 II	75.5	48.9	56.6	45.6	11.0	15.7	107	48 332
9	1954 I	72.5	47.4	54.1	43.2	10.9	16.0	108	48 583
10	1954 II	81.5	53.5	60.6	49.1	11.5	17.9	109	48 836
11	1955 I	82.7	52.1	59.2	47.2	12.0	21.3	109	49 057
12	1955 II	92.9	58.3	67.0	55.1	11.9	23.8	111	49.350
13	1956 I	91.3	58.0	65.4	53.2	12.2	23.0	113	49 638
14	1956 II	102.1	64.9	74.5	61.2	13.3	23.9	113	49 960
15	1957 I +)	99.7	64.3	71.1	57.7	13.4	24.6	114	50 278
16	1957 II+)	109.9	70.3	79.9	65.3	14.6	25.7	117	50 651
17	1958 I +)	106.0	69.0	75.9	61.4	14.5	25.8	119	50 963
18	1958 II+)	116.3	74.6	84.1	68.6	15.5	27.6	119	51 296

+) vorläufige Werte

Quellenangaben: Den Sp. 3,5,6,7,8 wurden zugrunde gelegt Jahreszahlen aus dem Stat.Jb.1959, S.488, die entsprechend den seit 1952 in den Vierteljahresheften zur Wirtschaftsforschung laufend veröffentlichten Vierteljahresschätzungen von GRÜNIG in Vierteljahresposten aufgeteilt wurden. Die Addition der jeweils ersten und letzten beiden Vierteljahreswerte ergab dann die Halbjahresreihen. GRÜNIGs Vierteljahresschätzungen für Y^{BSP}, C, C_{pr}, C_{st} und I erschienen in folgenden Ausgaben: VWforsch 1952, S.30; 1953, S.48, S.358; 1954, S.326; 1955, S.332; 1958, S.147; 1959, S.169, S.303. Bei Sp.4 wurden die neuesten Jahreszahlen zu Y^{v} (Korrekturen von 1957 bis 1959) aufgrund der vierteljährlichen Daten für diese Größe aufgespalten und dann immer entsprechend zwei Vierteljahresposten aufaddiert. Ausgangspunkt der vierteljährlichen Daten für Y^{v} waren Vierteljahreszahlen für das Masseneinkommen und die Entnahmen (Definitionen s. Tab. 1) in VWforsch 1952, S.26; 1953, S.44, S.354; 1954, S.322; 1955, S.29, S.219; 1956, S.31; 1958, S.23. Für Sp. 9 wurden die Halbjahresdurchschnitte aufgrund von Monatsberechnungen des Statistischen Bundesamtes und für Sp.10 aufgrund der in Bd.198 der Statistik der Bundesrepublik (Die Bevölkerung der Bundesrepublik im Jahre 1956/57), S.11 veröffentlichten Monatszahlen von 1950 bis 1957 und der in WuSt 1959 publizierten Monatszahlen für 1958 und 1959 ermittelt.

T a b e l l e 58

Halbjahreszahlen preisbereinigt, bevölkerungsbereinigt sowie preis- und bevölkerungsbereinigt

Spalten 3 und 4 in Mrd.DM, Spalten 5 bis 9 in DM. Ohne Saarland und Westberlin

Nr.	Jahr	$\frac{Y^v}{P_L}$	$\frac{C_{pr}}{P_L}$	$\frac{Y^v}{B}$	$\frac{C_{pr}}{P_L/B}$	$\frac{Y^v}{P_L/B}$	$\frac{C_{pr}}{P_L/B}$ 1)
1	2	3	4	5	6	7	8
1	1950 I	29,8	28,3	637,6$\bar{4}$	605,54	637,64	605,54
2	1950 II	34,4	33,5	730,62	711,5$\bar{1}$	730,62	711,51
3	1951 I	33,3	31,9	746,0$\bar{2}$	714,3$\bar{2}$	703,75	674,16
4	1951 II	36,2	34,8	837,7$\bar{4}$	806,16	761,96	732,49
5	1952 I	35,9	33,7	828,9$\bar{8}$	778,61	753,43	707,26
6	1952 II	40,6	38,5	926,62	878,51	849,23	805,30
7	1953 I	40,0	37,1	908,0$\bar{5}$	841,40	833,07	772,6$\bar{8}$
8	1953 II	45,7	42,6	1.011,75	943,47	945,54	881,40
9	1954 I	43,9	40,0	975,6$\bar{5}$	889,2$\bar{0}$	903,6$\bar{1}$	823,33
10	1954 II	49,1	45,0	1.095,50	1.005,4$\bar{1}$	1.005,41	921,45
11	1955 I	47,8	43.3	1.062.0$\bar{3}$	962.1$\bar{5}$	974,3$\bar{8}$	882,6$\bar{5}$
12	1955 II	52,5	49.6	1.181,3$\bar{6}$	1.116,51	1.063,8$\bar{3}$	1.005,0$\bar{7}$
13	1956 I	51,3	47,1	1.168,4$\bar{6}$	1.071.7$\bar{6}$	1.033,48	948,8$\bar{7}$
14	1956 II	57,4	54,2	1.299,0$\bar{4}$	1.224,9$\bar{8}$	1.148,9$\bar{2}$	1.084,8$\bar{7}$
15	1957 I +)	56,4	50,6	1.278,8$\bar{9}$	1.147,6$\bar{2}$	1.121,76	1.006,40
16	1957 II+)	60,1	55,8	1.387,9$\bar{3}$	1.289,21	1.186,55	1.101,6$\bar{6}$
17	1958 I +)	58,0	51,6	1.353,92	1.204,8$\bar{0}$	1.138,05	1.012,5$\bar{0}$
18	1958 II+)	62,7	57,6	1.454,30	1.337,3$\bar{4}$	1.222,3$\bar{2}$	1.122,89

+) vorläufige Werte

1) P_L = Preisindex für Lebenshaltung; B = Bevölkerung

Tabelle 37

Halbjahreszahlen in Mrd.DM, saisonbereinigt[1]. Ohne Saarland und Westberlin

Nr.	Halbjahr	Y^{BSP}	Y^F	Y^v	C	C_{pr}	C_{st}	P_L 1950=100	B in 1000
1	2	3	4	5	6	7	8	9	10
1	1950 I	48,6	37,25	32,1	38,1	30,9	7,2	100	46 735
2	1950 II	54,45	41,4	34,85	41,85	33,65	8,2	100	47 083
3	1951 I	59,8	45,6	37,55	44,90	36,05	8,85	106	47 318
4	1951 II	63,85	48,05	39,65	47,15	37,7	9,45	110	47 509
5	1952 I	67,1	50,7	41,9	50,10	39,55	10,55	110	47 649
6	1952 II	69,1	52,45	43,95	51,9	41,2	10,7	109	47 808
7	1953 I	71,9	54,45	46,25	53,7	43,0	10,7	109	48 015
8	1953 II	74,0	56,25	48,15	55,35	44,4	10,95	107	48 332
9	1954 I	77,0	58,5	50,45	57,35	46,15	11,2	108	48 583
10	1954 II	82,1	62,7	52,8	59,90	48,15	11,75	109	48 836
11	1955 I	87,8	67,1	55,2	63,10	51,15	11,95	109	49 057
12	1955 II	92,1	70,35	58,15	66,20	54,15	12,05	111	49 350
13	1956 I	96,7	73,95	61,45	69,95	57,2	12,75	113	49 638
14	1956 II	100,9	77,3	64,6	72,80	59,45	13,35	113	49 960
15	1957 I +)	104,8	80,1	67,3	75,5	61,5	14,0	114	50 278
16	1957 II+)	107,95	82,25	69,65	77,90	63,35	14,55	117	50 651
17	1958 I +)	111,15	84,15	71,8	80,0	65,0	15,0	119	50 963
18	1958 II+)							119	51 296

+) vorläufige Werte

1) Die Reihen wurden folgendermaßen saisonbereinigt: $\frac{x_t + x_{t+1}}{2} = y_{t+\frac{1}{2}}$. Es ist also zu beachten, daß die so errechneten Werte nicht die Größen für das erste und zweite Halbjahr darstellen, sondern Zwischenwerte

T a b e l l e 38

Saisonbereinigte Halbjahreszahlen preisbereinigt, bevölkerungsbereinigt sowie preis- und bevölkerungsbereinigt. Spalten 3 und 4 in Mrd.DM, Spalten 5 bis 9 in DM. Ohne Saarland und Westberlin

Nr.	Jahr	$\frac{Y^v}{P_L}$	$\frac{C_{pr}}{P_L}$	$\frac{Y^v}{B}$	$\frac{C_{pr}}{B}$	$\frac{Y^v}{P_L/B}$ 1)	$\frac{C_{pr}}{P_L/B}$
1	2	3	4	5	6	7	8
1	1950 I	32,1	30,9	684,13	658,93	684,13	658,33
2	1950 II	33,9	32,7	738,32	712,92	717,19	692,84
3	1951 I	34,8	33,4	791,88	760,24	732,86	703,33
4	1951 II	36,1	34,3	833,36	792,39	757,70	719,88
5	1952 I	38,3	36,1	877,80	828,56	801,33	756,28
6	1952 II	40,3	37,8	917,34	859,96	841,15	788,99
7	1953 I	42,9	39,9	959,90	892,44	889,31	827,04
8	1953 II	44,8	41,3	993,70	916,34	924,58	852,37
9	1954 I	46,5	42,5	1035,58	947,31	954,51	872,39
10	1954 II	48,5	44,2	1078,77	983,78	989,90	902,05
11	1955 I	50,2	46,5	1121,70	1039,33	1019,11	943,86
12	1955 II	51.9	48,4	1174,91	1094,14	1048,66	976,97
13	1956 I	54,4	50,7	1233,75	1148,37	1091,20	1016,87
14	1956 II	56,9	52.4	1288,97	1186,30	1135,34	1045,64
15	1957 I +)	58,3	53.2	1333,41	1218,42	1154,16	1054,03
16	1957 II +)	59,1	53,7	1370,93	1247,01	1162,30	1057,08
17	1958 I +)	60,4	54,6	1404,11	1271,07	1180,19	1067,70

+) vorläufige Werte

1) P_L = Preisindex für Lebenshaltung; B = Bevölkerung

T a b e l l e 39

Vierteljahreszahlen in Mrd.DM, unbereinigt. Ohne Saarland und Westberlin

Nr.	Jahr	Y^v	C_{pr}	P_L	B (in 1000)
1	2	3	4	5	6
1	1950 I	14,6	13,8	101	46.684
2	1950 II	15,2	14,5	99	46.829
3	1950 III	16,2	15,6	100	47.034
4	1950 IV	18.2	17,9	100	47.192
5	1951 I	17,5	16,8	104	47.282
6	1951 II	17,8	17,0	107	47.383
7	1951 III	18,4	17,6	109	47.480
8	1951 IV	21,4	20,7	112	47.570
9	1952 I	19,5	18,0	111	47.628
10	1952 II	20,0	19,1	110	47.688
11	1952 III	20,8	19,4	109	47.778
12	1952 IV	23,5	22,6	110	47.870
13	1953 I	21,7	19,7	110	47.945
14	1953 II	21,9	20,7	108	48.125
15	1953 III	23,2	21,2	108	48.289
16	1953 IV	25,7	24,4	107	48.426
17	1954 I	23,4	20,9	107	48.542
18	1954 II	24,0	22,3	108	48.663
19	1954 III	25,5	22,7	108	48.797
20	1954 IV	28,0	26,4	110	48.919
21	1955 I	25,7	22,8	110	49.014
22	1955 II	26,4	24,4	109	49.135
23	1955 III	27,8	25,4	110	49.295
24	1955 IV	30,5	29,7	112	49.461
25	1956 I	28.8	26,0	112	49.591
26	1956 II	29,2	27,2	113	49.728
27	1956 III	30,4	28,0	113	49.910
28	1956 IV	34,5	33,2	114	50.068
29	1957 I +)	31,6	27,7	114	50.216
30	1957 II +)	32,7	30,0	114	50.395
31	1957 III +)	33,2	30,3	116	50.598
32	1957 IV +)	37,1	35,0	117	50.768
33	1958 I +)	34,5	30,0	119	50.908
34	1958 II +)	34,5	31,4	120	51.067
35	1958 III +)	35,1	31,5	118	51.239
36	1958 IV +)	39,5	37,1	119	51.412

+) vorläufige Werte

T a b e l l e 40

Vierteljahreszahlen in Mrd.DM, saisonbereinigt[1]. Ohne Saarland und Westberlin

Nr.	Vierteljahr	Y^v	C_{pr}
1	1951 I	17.9	17.5
2	1951 II	18.4	17.4
3	1951 III	18.7	18.0
4	1951 IV	19.7	18.6
5	1952 I	20.2	19.1
6	1952 II	20.8	19.6
7	1952 III	21.1	19.9
8	1952 IV	21.7	20.4
9	1953 I	22.4	20.9
10	1953 II	22.7	21.3
11	1953 III	23.6	21.7
12	1953 IV	23.8	21.9
13	1954 I	24.1	22.2
14	1954 II	24.9	22.9
15	1954 III	25.9	23.3
16	1954 IV	26.0	23.7
17	1955 I	26.4	24.2
18	1955 II	27.3	25.0
19	1955 III	28.1	26.0
20	1955 IV	28.6	26.8
21	1956 I	29.5	27.6
22	1956 II	30.2	28.0
23	1956 III	30.9	28.8
24	1956 IV	32.1	29.3
25	1957 I +)	32.3	29.7
26	1957 II +)	33.8	30.9
27	1957 III+)	33.6	31.1
28	1957 IV +)	34.6	31.6
29	1958 I +)		
30	1958 II +)		
31	1958 III+)		
32	1958 IV +)		

+) vorläufige Werte

1) Da die größer werdende Amplitude der vierteljährlichen Saisonschwankungen nicht die Anwendung einer Methode starren Systems erlaubte, wurden die Reihen nach WALD saisonbereinigt. Siehe hierzu auch Kapitel II, S.311, Anm.182.

Anhang

A) Tabellen: 2. Ergebnisse der Berechnungen

T

Berechnungsergeb

1	2	3	4	5
Nr. der Gleichung	Korrelierte Größen	Perioden-länge	n	Metho 1)
1	C, Y^{BSP}	Kalender-jahr	1951-1958	(1)
1*		Kalender-jahr	1951-1958	(2)
1a		Halbjahr	1951-1956	(1)
1a*		Halbjahr	1951-1956	(3)
2	C, Y^{F}	Kalender-jahr	1951-1958	(1)
2a		Halbjahr	1951-1956	(1)
2a*		Halbjahr	1951-1956	(3)
3	C_{pr}, Y^{V}	Kalender-jahr	1951-1958	(1)
3*		Kalender-jahr	1951-1958	(2)
3a		Halbjahr	1951-1956	(1)
3a*		Halbjahr	1951-1956	(3)

41

fachkorrelationen

6	7	8
·echnungsergebnisse	Korrelations- koeffizient r	Autokorre- lation r*
0.721 + 0.674 Y_t^{BSP} + u 0.626	0.9993	- 0.171
0.695 + 0.672 Y_t^{BSP} + u 0.649	0.9936	- 0.182
0.689 + 0.660 Y_t^{BSP} + u 0.632	0.9992	0.537
0.695 + 0.638 Y_t^{BSP} + u 0.580	0.9928	- 0.090
0.927 + 0.880 Y_t^{F} + u 0.832	0.9986	- 0.003
0.864 + 0.851 Y_t^{F} + u 0.837	0.9979	0.600
0.927 + 0.838 Y_t^{F} + u 0.749	0.9903	0.360
0.902 + 0.864 Y_t^{v} + u 0.826	0.990	0.163
0.885 + 0.853 Y_t^{v} + u 0.797	0.9504	0.281
0.912 + 0.871 Y_t^{v} + u 0.830	0.9977	0.693
1.027 + 0.936 Y_t^{v} + u 0.845	0.9918	0.401

3b		Vierteljahr	1951-1956	(1)
3b*		Vierteljahr	1951-1956	(3)
4	$\frac{C_{pr}}{P_L}, \frac{Y^v}{P_L}$	Kalenderjahr	1951-1958	(1)
4a		Halbjahr	1951-1956	(1)
4a*		Halbjahr	1951-1956	(3)
5	$\frac{C_{pr}}{B}, \frac{Y^v}{B}$	Kalenderjahr	1951-1958	(1)
5a		Halbjahr	1951-1956	(1)
5a*		Halbjahr	1951-1956	(3)
6	$\frac{C_{pr}}{P_L \cdot B}, \frac{Y^v}{P_L \cdot B}$	Kalenderjahr	1951-1958	(1)
6a		Halbjahr	1951-1956	(1)
6a*		Halbjahr	1951-1956	(3)
7	C_{pr}, Y^v_{t-1}	Vierteljahr	1951-1956	(1)
7*		Vierteljahr	1951-1956	(3)

1. Direkte Methode der kleinsten Quadrate = (1)
   Indirekte Methode der kleinsten Quadrate = (2)
   Umrechnung (autoregressive Transformation) = (3)

3 + $\overset{0.912}{\underset{0.854}{0.883}}\ Y^{v}_{t} + u$	0.9973	0.603
+ $\overset{0.924}{\underset{0.805}{0.864}}\ Y^{v}_{t} + u$	0.9886	0.026
+ $\overset{0.896}{\underset{0.812}{0.854}}\ (\frac{Y^{v}}{P_L})_t + u$	0.9987	0.166
+ $\overset{0.908}{\underset{0.814}{0.861}}\ (\frac{Y^{v}}{P_L})_t + u$	0.9972	0.691
4+ $\overset{1.024}{\underset{0.826}{0.925}}\ (\frac{Y^{v}}{P_L})_t + u$	0.9902	0.445
5+ $\overset{0.963}{\underset{0.749}{0.856}}\ (\frac{Y^{v}}{B})_t + u$	0.9987	0.166
0+ $\overset{0.907}{\underset{0.815}{0.861}}\ (\frac{Y^{v}}{B})_t + u$	0.9927	0.782
8+ $\overset{1.101}{\underset{0.837}{0.969}}\ (\frac{Y^{v}}{B})_t + u$	0.9841	0.382
4+ $\overset{0.894}{\underset{0.792}{0.843}}\ (\frac{Y^{v}}{P_L \cdot B})_t + u$	0.9982	0.154
7+ $\overset{0.903}{\underset{0.797}{0.850}}\ (\frac{Y^{v}}{P_L \cdot B})_t + u$	0.9963	0.704
9+ $\overset{1.053}{\underset{0.821}{0.937}}\ (\frac{Y^{v}}{P_L \cdot B})_t + u$	0.9868	0.464
+ $\overset{0.937}{\underset{0.857}{0.895}}\ Y^{v}_{t-1} + u$	0.9954	0.550
+ $\overset{0.952}{\underset{0.799}{0.876}}\ Y^{v}_{t-1} + u$	0.9840	- 0.018

T a b e l l e 42

Berechnungsergebnisse der Mehrfachkorrelationen

Nr. der Funktion	Korrelierte Größen	Perioden-länge	n	Methode 1)	Berechnungsergebnisse	Korrelations-koeffizient R	Autokor-relation r*
8(1)	$(\frac{C_{pr}}{P_L\cdot B})_t, (\frac{Y^v}{P_L\cdot B})_t, (\frac{Y^v}{P_L\cdot B})_{t-1}$	Kalender-jahr	1926-1934	(1)	$(\frac{C_{pr}}{P_L\cdot B})_t = 362.02 + \overset{0.531}{\underset{0.031}{0.281}}(\frac{Y^v}{P_L\cdot B})_t + \overset{0.444}{\underset{-0.074}{0.185}}(\frac{Y^v}{P_L\cdot B})_{t-1} + u$	0.9257	-0.299
8(2)		Kalender-jahr	1951-1958	(1)	$(\frac{C_{pr}}{P_L\cdot B})_t = 147.68 + \overset{1.411}{\underset{0.437}{0.924}}(\frac{Y^v}{P_L\cdot B})_t \overset{+0.429}{\underset{-0.585}{-0.079}}(\frac{Y^v}{P_L\cdot B})_{t-1} + u$	0.9982	0.179
9(1)	$(\frac{C_{pr}}{P_L\cdot B})_t, (\frac{Y^v}{P_L\cdot B})_t, (\frac{C_{pr}}{P_L\cdot B})_{t-1}$	Kalender-jahr	1926-1934	(1)	$(\frac{C_{pr}}{P_L\cdot B})_t = 294.68 + \overset{0.810}{\underset{-0.056}{0.377}}(\frac{Y^v}{P_L\cdot B})_t + \overset{0.407}{\underset{-0.030}{0.189}}(\frac{C_{pr}}{P_L\cdot B})_{t-1} + u$	0.9048	0.256
9(2)		Kalender-jahr	1951-1958	(1)	$(\frac{C_{pr}}{P_L\cdot B})_t = 161.75 + \overset{1.379}{\underset{0.403}{0.891}}(\frac{Y^v}{P_L\cdot B})_t \overset{+0.496}{\underset{-0.604}{-0.054}}(\frac{C_{pr}}{P_L\cdot B})_{t-1} + u$	0.9982	0.180
9(2a)		Halbjahr	1951-1956	(1)	$(\frac{C_{pr}}{P_L\cdot B})_t = 31.34 + \overset{0.933}{\underset{-0.139}{0.397}}(\frac{Y^v}{P_L\cdot B})_t + \overset{0.995}{\underset{0.119}{0.557}}(\frac{C_{pr}}{P_L\cdot B})_{t-1} + u$	0.9977	0.279
9(2b)	$C_{pr_t}, Y^v_t, C_{pr_{t-1}}$	Viertel-jahr	1951-1956	(1)	$C_{pr_t} = 0.2901 + \overset{0.597}{\underset{-0.037}{0.280}} Y^v_t + \overset{0.976}{\underset{0.428}{0.702}} C_{pr_{t-1}} + u$	0.9987	0.310
9(2b)*		Viertel-jahr	1951-1956	(3)	$C_{pr_t} = 0.45 + \overset{0.698}{\underset{-0.146}{0.276}} Y^v_t + \overset{1.067}{\underset{0.323}{0.695}} C_{pr_{t-1}} + u$	0.9975	0.136

Direkte Methode der kleinsten Quadrate = (1)

Umrechnung (autoregressive Transformation) = (3)

A n h a n g

B) Literaturübersicht

Literaturverzeichnis

[1] ABRAHAM, William I. — The Comparability of National Income Statistics of English Speaking Countries, RevEcStat 30 (1948), S.207-214

[2] ACKLEY, Gardner — The Wealth-Saving Relationship, JPolEc 59 (1951), S.154-161

[3] ANDERSON, Oskar — Die Korrelationsrechnung in der Konjunkturforschung, Ein Beitrag zur Analyse von Zeitreihen, Veröffentl. d. Frankf. Gesellschaft f. Konjunkturforschung, H.4, Bonn 1929

[4] ders. — Problem der statistischen Methodenlehre, Würzburg 1954

[5] ANDERSON, T.W. — Vortrag über die "method of reduced forms" auf dem Treffen des Math.Statist. Instituts in Ithaca, 1946

[6] ders. — Estimation of the Parameters of a Single Equation by the Limited Information Maximum Likelihood Method, Cowles Commission Monograph 10, London, New York 1950, S.311-325

[7] ANDERSON, T.W. und Herman RUBIN — Estimation of the Parameters of a Single Stochastic Difference Equation in a Complete System, Annals of Mathematical Statistics 20 (1949), S.46-63

[8] BASSIE, V.L. — Consumer'Expenditures in War and Transition, RevEcStat 28 (1946), S.117-130

[9] BENNION, E.G. — The Consumption Function: Cyclically Variable? RevEcStat 28 (1946), S.219-224

[10] BENTZEL, R. und B. HANSEN — On Recursiveness and Interdependency in Economic Models, Review of Economic Studies 22 (1954/55)

[11] dies. — On Recursiveness and Interdependency in Economic Models, Vortrag im Rahmen der 16.Tagung der Ökonometrischen Gesellschaft in Upsala 1954. Protocoll Econometrica 23 (1955),S.200-202

[12] BENTZEL, R. und H. WOLD — On Statistical Demand Analysis from Viewpoint of Simultaneous Equations, Skandinavisk Aktuarietidskrift 29 (1946), S.95 ff.

[13] BÖSSMANN, Eva — Probleme einer dynamischen Theorie der Konsumfunktion, Bln 1957

[14] BRONFENBRENNER, M., Taro YAMANE, C.H. LEE — A Study on Redistribution and Consumption, RevEcStat 37 (1955), S.149-159

[15] BROWN, T.M. — Habit Persistence and Lags in Consumer Behaviour, Econometrica 20 (1952), S.355-371

[16] CHANG, Ching-Gwan und Ta-Chung LIU — Monthly Estimates of Certain National Product Components 1946-1949, RevEcStat 33 (1951), S.219-227

[17] CHERNOFF, Herman und Nathan DIVINSKY — The Computation of Maximum Likelihood Estimates of Linear Structural Equations, Cowles Comission Monograph 14, New York, London 1953, S.236-302

[18] CHRIST, Carl F. — Aggregate Econometric Models, AER 46 (1956), S.385

[19] CLARK, Colin — A System of Equations Explaining the United States Trade Cycle 1921 to 1941, Econometrica 17 (1949), S.93-124

[20] COCHRANE, D. und H.G. ORCUTT — Application of Least-Squares Regression to Relationships Containing Autocorrelated Error Terms, Journal of the American Statistical Association 44 (1949), S.32 ff.

[21] COHEN, Morris — Liquid Assets and the Consumption Function, RevEcStat 36 (1954), S.202-211

[22] ders. — Postwar Consumption Functions, RevEcStat 34 (1952), S.18-33

[23] DAVIS, Tom.E. — The Consumption Function as a Tool for Prediction, RevEcStat 34 (1952), S.270-277

[24] Deutsches Institut für Wirtschaftsforschung, Berlin, Wochenberichte, Vierteljahreshefte zur Wirtschaftsforschung

[25] DUESENBERRY, James S. — Income - Consumption Relations and their Implications, in: Income, Employment and Public Policy, Essays in Honor of Alvin H. Hansen, New York 1948, S.54-81

[26] ders. — Income, Saving and the Theory of Consumer Behaviour, Cambridge 1952

[27] EZEKIEL, Mordckai — Statistical Investigations of Saving, Consumption and Investment, AER 32 (1942), S.22-49

[28] FERBER, Robert — A Study of Aggregate Consumption Functions, National Bureau of Economic Research, Technical Paper 8, New York 1953

[29] ders. — The Accuracy of Aggregate Saving Functions in the Postwar Years, RevEcStat 37 (1955), S.134-148

[30] FISHER, Gene H. — A simple Econometric Model for the United States 1947-1950, RevEcStat 39 (1957), S.46-48

[31] FOOTE, R.J. und Karl A. FOX — Analytical Tools for Measuring Demand. US Department of Agriculture, Agriculture Handbook No.64, Washington 1954

[32] FOX, Karl A. — Econometric Models of the United States, JPolEc 64 (1956), S.128-142

[33] FRIEDMANN, Milton — A Theory of the Consumption Function, National Bureau of Economic Research, (New York) Princeton 1957

[34] FRIEDMANN, Milton und Gary S. BECKER — A Statistical Illusion in Judging Keynesian Models, JPolEc 65 (1957), S.64-75

[35] dies. — Reply to Kuh and Johnston, RevEcStat 40 (1958), S.298

[36] FRISCH, R. — Statistical Confluence Analysis by Means of Complete Regressions System, Universitetes Økonomiske Institutt, Publikasjon Nr. 5, Oslo 1934

[37] GEHRIG, Gerhard — Bestimmungsfaktoren des Konsums in der Bundesrepublik, München 1958

[38] GILBOY, E.W. — Income-Expenditure Relations, RevEcStat 22 (1940), S.115-121

[39] GIRSHIK, M.A. und Trygve HAAVELMO — Statistical Analysis of the Demand for Food, Econometrica 15 (1947), S.79-110

[40] HAAVELMO, Trygve — Methods of Measuring the Marginal Propensity to Consume, Journal of the American Statistical Association, Bd.42 (1947), S.105

[41] ders. — Methods of Measuring the Marginal Propensity to Consume, Cowles Commission Monograph 14, New York, London 1953, S.75-91

[42] ders. — Remark's on Frisch's Confluence Analysis and its Use in Econometrics, Cowles Commission Monograph 10, New York,London 1950, S.258-265

[43] HAAVELMO, Trygve — Remarks on Frisch's Confluence Analysis, Memorandum fra Universitetes Sozialøkonomiske Institutt, Febr. 1951 (ausgearbeitet nach einem Seminar an der Harvard Universität 1941)

[44] ders. — The Prohability Approach in Econometrics, Econometrica 12 (1944), S.118 ff.

[45] ders. — The Statistical Applications of a System of Simultaneous Equations, Econometrica 11 (1943), S.1-12

[46] HAGEN, Everett E. — The Consumption Function, A Review Article, RevEcStat 37 (1955), S.48-54

[47] HAMBURGER, William — The Relation of Consumption to Wealth and the Wage Rate, Econometrica 23 (1955), S.1-17

[48] HANSEN, Alvin H. — A Guide to Keynes, New York, Toronto, London 1953

[49] HART, B.I. und J.v.NEUMANN — Tabulation of the Probabilities for the Ratio of the Mean Square Successive Difference to the Variance, Annals of Mathematical Statistics 13 (1942), S.207-214

[50] HICKS, J.R. — A Contribution to the Theory of the Trade Cycle, Oxford 1950

[51] HILDRETH, C. und F.G. JARRET — A Statistical Study of Livestock Production and Marketing, CCMon 15, New York, London 1955

[52] HUBBARD, J. — The Marginal and the Average Propensity to Consume, Quarterly Journal of Economics 68 (1954), S.83-96

[53] JOHNSTON, J. — A Statistical Illusion in Judging Keynesian Models, Comment, RevEcStat 40 (1958), S.296-298

[54] KALECKI, M. — A Macrodynamic Theory of Business Cycles, Econometrica 3 (1935), S.327-344

[55] ders. — Theory of Economic Dynamics, London 1954

[56] KATONA, G., R. LIKERT, L.H. BEAN, I. FRIEND, Dorothy S. BRADY, E.G. BENNION — Five Views on the Consumption Function, RevEcStat 18 (1946), S.197-225

[57] KEYNES, J.M. — Allgemeine Theorie der Beschäftigung, des Zinses und des Geldes, London 1935, Bln 1952, S.77-96

[58] ders. — Besprechung der Tinbergen-Abhandlung: A Method and its Application to Investment Activity, Genf 1939, The Economic Journal 49 (1939), S.558-568

[59] ders. — Kommentar zur Antwort Tinbergens auf die Keynes'sche Besprechung der Tinbergen-Abhandlung für den Völkerbund 1939, The Economic Journal 50 (1940),S.154-156

[60] KLEIN, Lawrence R. — Economic Fluctuations in the United States, 1921-1941, Cowles Commission Monograph 11, New-York -London 1950

[61] ders. — Statistical Estmation of Economic Relations from Survey Data, in: Contributions of Survey Methods to Economics, New York 1954

[62] ders. — The Use of Econometric Models as a Guide to Economic Policy, Econometrica 15 (1947), S.111-151

[63] KLEIN, L.R. und A.S. GOLDBERGER — An Econometric Model of the United States 1929-1952, Amsterdam 1955

[64] KOFFSKY, Nathan — An Additional View on the Consumption Function, RevEcStat 30 (1948), S.55-56

[65] KOOPMANS, Tjalling C. — Linear Regression Analysis of Economic Time Series, Haarlem 1937

[66] KOOPMANS, T.C., H. RUBIN und R.B. LEIPNICK — Measuring the Equations Systems of Dynamic Economics, Cowles Commission Monograph 10, New York, London 1950,S.53-237

[67] KOOPMANS, Tjalling C. und Wm. C. HOOD — The Estimation of Simultaneous Linear Economic Relationships, Cowles Commission Monograph 14, London, New York 1953, S.112-199

[68] KUH, Edwin — A Note on Prediction from Keynesian Models, RevEcStat 40 (1958), S.294-95

[69] LENSCHOW, Gerhard — Volkseinkommen, Schichtung und Verbrauch, Zeitschrift für die gesamte Staatswissenschaft 106 (1950), S.644-660

[70] LIU, Ta-Chung und Ching-Gwan CHANG — US Consumption and Investment Propensities, Prewar and Postwar, AER 40 (1950), S.565-582

[71] LIVINGTON, Morris S. — Forecasting Postwar Demand II, Econometrica 13 (1945), S.15-25

[72] LUBELL, Harold — Effects of Redistribution of Income on Consumers'Expenditures AER 37 (1947), S.157-170

[73] MACK, Ruth — The Direction of Change in Income and the Consumption Function, RevEcStat 30 (1948), S.239-258

[74] MALINVAUD, M. — Le modèle prévisionnel de Colin Clark et l'analyse de la conjoncture américaine, Etudes et Conjoncture 9 (1954),S.780-787

[75] MANEVAL, Hellmut — Die Konsumfunktion, Diplomarbeit, Heidelberg 1954

[76] MELVILLE, L.G. — Consumption, Income and Wealth, RevEcStat 36 (1954), S.220-225

[77] MENGES, Günther — Ein ökonometrisches Modell der Bundesrepublik Deutschland, Ifo-Studien 5 (1959), S.1-23

[78] METZLER, Lloyd A. — Three Lags in the Circular Flow of Income, in: Income, Employment and Public Policy, Essays in Honor of Alvin H.Hansen, New York 1948, S.11-32

[79] MODIGLIANI, Franco — Fluctuations in the Saving-Income Ratio: A Problem in Economic Forecasting, in: Studies in Income and Wealth, New York 1949

[80] MOSAK, Jacob L. — Forecasting Postwar Demand III, Econometirca 13 (1945), S.25-53

[81] ORCUTT, G.H. und A.D. ROY — A Bibliography of the Consumption Function, Cambridge 1949

[82] PARADISO, L.J. — National Budgets for Full Employment, National Planning Association, 1945

[83] POLAK, J.J. — Fluctuations in the United States Consumption, 1919-1932, RevEcStat 21 (1939),S.1-12

[84] PREST, A.R. — Some Experiments in Demand Analysis, RevEcStat 31 (1949), S.33

[85] ROWE, D.A. und R. STONE — Aggregate Consumption and Investment Functions for the Household Sector Considered in the Light of British Experience, Reprint Series No.117, Cambridge 1956

[86] SAMUELSON, P.A. — Interactions between the Multiplier Analysis and the Principle of Acceleration, RevEcStat 21 (1939), S.75-78

[87] SAMUELSON, Paul A. Statistical Analysis of the Consumption Function, Appendix in: A.H.Hansen, Fiscal Policy and Business Cycles, New York 1941, S.250-260

[88] SCHMUCKER, Helga Zur methodischen Entwicklung der empirischen Nachfrageanalyse in den letzten zwanzig Jahren, Weltwirtschaftliches Archiv 80 (1958), S.1-89

[89] SEILER, Gerhard Ökonometrische Konjunkturmodelle, Stuttgart 1959

[90] SMITHIES, A. Forecasting Postwar Demand I, Econometrica 13 (1945), S.1-14

[91] STAEHLE, H. Short Period Variations in the Distribution of Income, RevEcStat 19 (1937), S.136

[92] Statistisches Bundesamt,Wiesbaden, Wirtschaft und Statistik, verschiedene Jahrgänge und Statistisches Jahrbuch, verschiedene Jahrgänge

[93] STÖWE, Heinz Ökonometrie und makroökonomische Theorie, Ökonomische Studien, H.3, Stuttgart 1959

[94] STONE, Richard National Income in the U.K. and the U.S.A., Review of Economic Studies 10 (1942-1943), S.1-27

[95] ders. The Analysis of Market Demand, Journal of the Royal Statistical Society 108 (1945), P.III-IV, S.286 ff.

[96] ders. The Analysis of Market Demand, An Outline of Methods and Results, Review of the International Statistical Institute 16 (1948), S.1 ff.

[97] STONE, Richard und W.M. The Measurement of Consumer's Expenditure and Behaviour in the United Kingdom 1920-1938, Cambridge 1954

[98] dies. The Marginal Propensity to Consume and the Multiplier, Review of Economic Studies 6 (1938), S.1-24

[99] TINBERGEN, Jan Does Consumption lag behind Incomes? RevEsStat 24 (1942), S.1-8

[100] ders. Einführung in die Ökonometrie, Wien-Stuttgart, 1952

[101] ders. Über die Sekundärwirkungen zusätzlicher Investitionen, Volkswirtschaftliches Archiv 45 (1937), S.39-57

102] TINBERGEN, Jan — Vérification statistique des théories des cycles économiques. I: Une méthode et son application au mouvement des investiments. II: Les cycles économiques aux Etats-Unis d'Amerique de 1919 à 1932. Genève 1939

103] TINTNER, Gerhard — The Variate Difference Method, Cowles Commission Monograph 5, Bloomington 1940

104] ders. — Econometrics, New York, London 1952

105] ders. — Handbuch der Ökonometrie, Bln 1960

106] WAFFENSCHMIDT, W.G. und Forschungsgruppe — Deutsche volkswirtschaftliche Gesamtrechnung und ihre Lenkungsmodelle 1949-1959, Stuttgart 1959

107] WALD, A. — Berechnung und Ausschaltung von Saisonschwankungen, Wien 1936

108] WALD, A. und J. WOLFOWITZ — An Exact Test for Randomness in the Non-parametric Case Based on Serial Correlation, Annals of Mathematical Statistics 14 (1943), S.378 ff.

109] WOLD, H. — Causality and Econometrics, Econometrica 22 (1954), S.162-177

110] ders. — Statistical Estimation of Economic Relationships, Econometrica 17 (Suppl.1949), S.1-21

111] ders. — The Possibilites and Limitations of Recursive Systems, Vortrag im Rahmen der 16.Tagung der Ökonemtrischen Gesellschaft in Upsala 1954. Protokoll Econometrica 23 (1955), S.202

112] WOLD, H. und L. JUREEN — Demand Analysis, A Study in Econmetrics, New York, Stockholm 1952

113] WOYTINSKY, W.S. — Relationship between Consumer Expenditures, Savings and Disposable Income, RevEcStat 28 (1946), S.1-12

114] ders. — Two More Contributions on the Consumption Function, RevEcStat 30 (1948),S.45-55

115] ders. — What Was Wrong in Forecasting of Postwar Depression, JPolEc 55 (1947),S.142-151

116] ZELLNER, Arnold — Consumption and the Consumption Function in the U.S. 1948-1949, Recession, RevEcStat 39 (1957), S.303-311

117] ZIMMERMANN, H. — Privates Sparen und Einkommensentwicklung in der Zwischenkriegszeit, Konjunkturberichte d.Rhein.-Westf.Instituts f.Wirtschaftsforschg., Essen, V.Jg., N.F., H.1,1954,S.45-51

FORSCHUNGSBERICHTE DES LANDES NORDRHEIN-WESTFALEN

Herausgegeben
im Auftrage des Ministerpräsidenten Dr. Franz Meyers
von Staatssekretär Professor Dr. h. c., Dr. E. h. Leo Brandt

WIRTSCHAFTSWISSENSCHAFTEN

HEFT 124
Prof. Dr. R. Seyffert, Köln
Wege und Kosten der Distribution der Hausratwaren im Lande Nordrhein-Westfalen
1955, 74 Seiten, 25 Tabellen, DM 9,—

HEFT 217
Rationalisierungskuratorium der deutschen Wirtschaft (RKW), Frankfurt/Main
Typenvielzahl bei Haushaltgeräten und Möglichkeiten einer Beschränkung
1956, 328 Seiten, 2 Abb., 181 Tabellen, DM 49,50

HEFT 222*
Dr. L. Köllner, Münster und Dipl.-Volkswirt M. Kaiser, Bochum
Die internationale Wettbewerbsfähigkeit der westdeutschen Wollindustrie
1956, 214 Seiten, 5 Abb., DM 39,50

HEFT 288
Dr. K. Brücker-Steinkuhl, Düsseldorf
Anwendung mathematisch-statischer Verfahren in der Industrie
1956, 103 Seiten, 27 Abb., 14 Tabellen, DM 24,20

HEFT 323
Prof. Dr. R. Seyffert, Köln
Wege und Kosten der Distribution der Textilien, Schuh- und Lederwaren
1956, 98 Seiten, 37 Tabellen, 1 Falttafel, DM 12,—

HEFT 353
Forschungsinstitut für Rationalisierung. Abt. Dokumentation, Aachen
Schlagwortregister zur Rationalisierung
1957, 376 Seiten, DM 56,—

HEFT 364
Prof. Dr. Th. Beste, Köln
Die Mehrkosten bei der Herstellung ungängiger Erzeugnisse im Vergleich zur Herstellung vereinheitlichter Erzeugnisse
1957, 352 Seiten, DM 50,—

HEFT 365
Prof. Dr. G. Ipsen, Dr. W. Christaller, Dr. W. Köttmann und Dr. R. Mackensen, Sozialforschungsstelle an der Universität Münster zu Dortmund
Standort und Wohnort
1957, Textband: 350 Seiten, 28 Karten, 73 Tab. Anlageband: 15 Karten, 21 Tab., DM 99,—

HEFT 437
Dr. I. Meyer, Köln
Geldwertbewußtsein und Münzpolitik. — Das sogenannte Gresham'sche Gesetz im Lichte der ökonomischen Verhaltensforschung
1957, 80 Seiten, DM 20,30

HEFT 451
Prof. Dr. G. Schmölders, Köln
Rationalisierung und Steuersystem
1957, 78 Seiten, DM 17,15

HEFT 469
Dr. sc. agr. F. Riemann und Dipl.-Volksw. R. Hengstenberg, Göttingen
Zur Industrialisierung kleinbäuerlicher Räume
1957, 130 Seiten, 5 Karten, 23 Tabellen, DM 27,—

HEFT 477
Sozialforschungsstelle an der Universität Münster zu Dortmund
Beiträge zur Soziologie der Gemeinden. Teil I:
Dr. K. Utermann, Dortmund
Freizeitprobleme bei der männlichen Jugend einer Zechengemeinde
1957, 56 Seiten, DM 12,75

HEFT 563
Sozialforschungsstelle an der Universität Münster zu Dortmund
Beiträge zur Soziologie der Gemeinde im Ruhrgebiet. Teil II:
Dr. D. v. Oppen, Dortmund
Familien in ihrer Umwelt
1958, 104 Seiten, DM 26,10

HEFT 564
Sozialforschungsstelle an der Universität Münster zu Dortmund
Beiträge zur Soziologie der Gemeinde im Ruhrgebiet. Teil III
Dr. H. Croon, Dortmund
Die gesellschaftlichen Auswirkungen des Gemeindewahlrechts in den Gemeinden und Kreisen des Rheinlandes und Westfalens im 19. Jahrhundert
1960, 87 Seiten, DM 22,20

HEFT 565
Sozialforschungsstelle an der Universität Münster zu Dortmund
Beiträge zur Soziologie der Gemeinde im Ruhrgebiet. Teil IV
Dr. K. Hahn
Die kommunale Neuordnung des Ruhrgebietes dargestellt am Beispiel Dortmunds
für die Veröffentlichung bearbeitet von *Dr. R. Mackensen*
1958, 154 Seiten, 14 Karten, DM 42,80

HEFT 566
Dr. H. Klages, Dortmund
Der Nachbarschaftsgedanke und die nachbarliche Wirklichkeit in der Großstadt
1958, 256 Seiten, 26 Tabellen, 1 Faltkarte, DM 47,—

HEFT 572
Dipl.-Kfm. Dipl.-Volksw. Dr. J.-B. Felten, Köln
Wert und Bewertung ganzer Unternehmungen unter besonderer Berücksichtigung der Energiewirtschaft
1958, 144 Seiten, DM 33,60

HEFT 591
Dr. Schairer, Köln
Aufgabe, Struktur und Entwicklung der Stiftungen
1958, 50 Seiten, DM 16,40

HEFT 592
Verein zur Förderung des Forschungsinstituts für Rationalisierung an der Rhein.-Westf. Technischen Hochschule Aachen
Das Forschungsinstitut für Rationalisierung an der Rhein.-Westf. Technischen Hochschule Aachen
1959, 74 Seiten, 33 Abb., DM 20,—

HEFT 601
W. Barbo und E. Stiller Köln
Die Lage des Technisch-Wissenschaftlichen Nachwuchses und der Technisch-Wissenschaftlichen Hochschulen in der Bundesrepublik
1958, 32 Seiten, DM 8,80

HEFT 602
H. v. Stebut, Köln
Die Hochschulen in der Aufwärtsentwicklung Westdeutschlands
1958, 38 Seiten DM 10,20

HEFT 604
Dipl.-Ing. H. Gröttrup, Aachen
Studienanalyse halbautomatischer Dokumentationsselektoren
1958, 112 Seiten, 50 Abb., 12 Tabellen, DM 28,50

HEFT 607
Dr. H. Schlachter, Münster
Die Wettbewerbslage der westdeutschen Juteindustrie
1958, 136 Seiten, 35 Tabellen, DM 32,—

HEFT 624
Finanzwissenschaftliches Forschungsinstitut an der Universität Köln
Progression und Regression
1958, 70 Seiten, 4 Abb., 3 Tabellen, DM 17,40

HEFT 636
Prof. Dr.-Ing. J. Mathieu und Dr. phil. S. Barlen, Aachen
Richtwerte für Zeitaufwand und Kosten von Dokumentationsarbeiten
1958, 54 Seiten, DM 16,20

HEFT 641
Prof. Dr.-Ing. J. Mathieu und Dr. phil. M. Gnielinski, Aachen
Die industrielle Produktivität in neuer Sicht
1958, 132 Seiten, 16 Abb., 31 Tabellen, DM 31,70

HEFT 650
Dr. phil. nat. H. A. Elsner, Aachen
Aufbau einer Fachdokumentation aus vorhandenen Referatdiensten
1958, 36 Seiten, 1 Abb., 2 Tabellen, DM 12,10

HEFT 658
Dipl.-Kfm. Dr. Grupe, Köln
Public Relations in der öffentlichen Energieversorgung
1958, 48 Seiten, DM 12,25

HEFT 677
Dr. sc. agr. F. Riemann, Dipl.-Volksw. R. Hengstenberg und Dipl.-Ldw. G. Bunge, Göttingen
Der ländliche Raum als Standort industrieller Fertigung
1959, 196 Seiten, und viele Tabellen, DM 46,40

HEFT 678
Dipl.-Volksw. Dr. O. Blume, Dipl.-Volksw. J. Heidermann und Dipl.-Hdl. Dr. E. Kuhlmeyer, Köln
Wirtschaftsorganisatorische Wege zum gemeinsamen Eigentum und zur gemeinsamen Verantwortung der Arbeitnehmer I. und II. Teil
1959, 404 Seiten, DM 60,—

HEFT 715
Dr. E. Wedekind, Krefeld
Die Auftragsplanung und Arbeitsplanung in gewerblichen Wäschereien
1959, 116 Seiten, 25 Abb., DM 29,50

HEFT 721
F. E. Nord, Köln
Der Stifterverband für die Deutsche Wissenschaft und die Begabtenförderung an den wissenschaftlichen Hochschulen
1959, 30 Seiten, DM 8,40

HEFT 729
Forschungsinstitut für Internationale Technische Zusammenarbeit (F.I.Z.) an der Rheinisch-Westfälischen Technischen Hochschule, Aachen
Wirtschaftliche, technische und soziale Probleme im neuen Indien. Vorträge zur Eröffnung der Deutsch-Indischen Ausstellung in Aachen am 14. November 1958
1959, 96 Seiten, 28 Abb., DM 24,70

HEFT 751
Prof. Dr. Dr. h. c. R. Seyffert, Köln
Wege und Kosten der Distribution von Konsumwaren des Pflege- und Heilbedarfs, Arbeits- und Betriebsmittelbedarfs, Bildungs- und Unterhaltungsbedarfs, Schmuck- und Zierbedarfs, Wohnbedarfs
1959, 102 Seiten, 29 Tabellen, DM 14,—

HEFT 758
Prof A. P. Sanchez-Concha, Ph. D., LL. D., Aachen
Über den Begriff der industriellen Arbeit
1959, 16 Seiten, DM 5,40

HEFT 766
Dr.-Ing. W. Grosse, Bonn
Internationale Organisationen der Naturwissenschaft und Technik und ihre Zusammenarbeit. Teil I
1956, 20 Seiten, 6 Abb., 5 Tabellen, DM 6,50

HEFT 767
Dr.-Ing. W. Grosse, Bonn
Internationale Organisationen der Naturwissenschaft und Technik und ihre Zusammenarbeit Teil II *1961, 76 Seiten, 2 Tabellen, DM 18,50*

HEFT 769
Dr. Ph. Schmidt-Schlegel, Aachen
Deutsch-Bolivianische technische Zusammenarbeit. Die Gutachten der 1956/57 nach Bolivien entsandten deutschen Sachverständigen und ihre Auswertung
1959, 266 Seiten, 32 Abb., zahlr. Tab., DM 55,—

HEFT 776
Dr. O. Neuloh und Dr. H. Wiedemann, Dortmund
Arbeiter und technischer Fortschritt. Untersuchungen in der nordrhein-westfälischen Metallindustrie über die Anforderungselemente technischer Neuerungen und die Reaktion der Arbeiter
1960, 282 Seiten, 11 Abb., 52 Tabellen, DM 52,—

HEFT 778
Dr. phil. M. Gnielinski, Aachen
Zur Einführung der Statistischen Qualitätskontrolle in Mittel- und Kleinbetrieben, Vorschläge und Hilfsmittel
1959, 36 Seiten, DM 10,—

HEFT 793
Dipl.-Ing. W. Rohmert, Dortmund
Statische Belastung bei gewerblicher Arbeit, Teil II
Dr. G. Jansen, Dortmund
Grundsätzliche Bemerkungen über die experimentelle Lärmforschung
1959, 76 Seiten, DM 22,40

HEFT 795
Rüdiger von Tresckow, Aachen
Versuch einer Darstellung des Strukturwandels und des Konjunkturverlaufs in der Weltmaschinenausfuhr in die Entwicklungsländer
1959, 68 Seiten, 20 Abb., mehr. Tab., DM 17,60

HEFT 805
H. Seligo, Aachen
Der zweite Portugiesische Sechsjahresplan
1959, 150 Seiten, 20 Tab. DM 37,80

HEFT 813
Dipl.-Landwirt C. T. Hinrichs, Aachen
Landwirtschaft und Tierzucht in Bolivien
1959, 104 Seiten, 13 Abb., DM 26,70

HEFT 819
Dipl.-Volksw. Dr. H. H. Kaup, Münster
Einkommen und Textilverbrauch
1960, 92 Seiten, DM 23,20

HEFT 827
Dr.-Ing. E. Sattler, Düsseldorf
Disposition mit Arbeitsvorbereitung und Vertriebsvorbereitung in der einstufigen (Verkaufs-) Streichgarnspinnerei
1960, 60 Seiten, DM 15,90

HEFT 828
Verband der deutschen Tuch- und Kleiderindustrie e. V., Köln, in Zusammenarbeit mit dem Ausschuß für wirtschaftliche Fertigung e. V., Düsseldorf
Disposition mit Arbeits- und Vertriebsvorbereitung in der Tuch- und Kleiderstoffindustrie
1960, 67 Seiten, 8 Anlagen, DM 17,90

HEFT 838
Dipl.-Landw. C. Th. Hinrichs, Aachen
Die Landwirtschaft und Viehzucht Tunesiens
1960, 69 Seiten, 4 Abb., 1 Karte, DM 21,10

HEFT 874
Dr. E. Wedekind und Textil-Ing. H. Koterbeck, Krefeld
Untersuchungen über rationelle Arbeitsweisen bei Preß- und Bügelvorgängen in Chemisch-Reinigungsbetrieben
1960, 102 Seiten, 17 Abb., zahlr. Tabellen, DM 26,50

HEFT 877
Prof. Dr. G. Schmölders, Köln
Steuern und Staatsausgaben in der öffentlichen Meinung der Bundesrepublik
1960, 80 Seiten, zahlr. Tabellen, DM 20,20

HEFT 878
Prof. Dr. G. Schmölders und Dr. H. Boehme, Köln
Geldwertbewußtsein und Sparerverhalten
1960, 120 Seiten, zahlr. Tabellen, DM 27,70

HEFT 886
Dipl.-Kfm. Dr. H. Evers, Bad Godesberg
Probleme der Regionalplanung in den Entwicklungsländern. Teil I
1960, 112 Seiten, DM 28,—

HEFT 907
Prof. Dr. Dr. Hans Bayer, Sozialakademie Dortmund
Das Unternehmen als Wirtschaftsstabilisator. — I. Das Großunternehmen
1960, 154 Seiten, mehrere Anhänge, DM 45,30

HEFT 909
Dipl.-Volksw. Dr. Alfred Plitzko, Institut für Wirtschaftswissenschaften der Technischen Hochschule, Aachen
Bemerkungen zu den Wettbewerbsbedingungen zwischen Kohle und Erdöl
1960, 76 Seiten, 2 Abb., 36 Tabellen, DM 20,60

HEFT 911
Dr. Hannedore Kahmann und Renate Papke, Forschungsstelle für allgemeine und textile Marktwirtschaft an der Universität Münster (Westf.)
Langfristige Strukturwandlungen und Anpassungsprozesse der britischen Baumwollindustrie unter dem Einfluß der Industrialisierung in Indien und anderen asiatischen Ländern
1960, 120 Seiten, 38 Tabellen, DM 31,20

HEFT 936
Chang Tsungtung, Forschungsinstitut für Internationale Technische Zusammenarbeit, Aachen
Die Entwicklung der festlandchinesischen Landwirtschaft aus der Sicht der chinesischen Regierung

HEFT 942
Dr. Gerhard Scherhorn, Forschungsstelle für Empirische Sozialökonomik, Köln-Lindenthal
Methodologische Grundlagen der sozialökonomischen Verhaltensforschung
1961, 186 Seiten, DM 47,40

HEFT 946
Priv.-Doz. Dr. rer. pol. Klaus v. Wysocki, Münster (Westf.)
Öffentliche Finanzierungshilfen
1961, 298 Seiten, 2 Abb., DM 58,—

HEFT 959
Dr. Herbert Gülicher, Institut für industriewirtschaftliche Forschung der Universität Münster (Westf.)
Ein einfaches ökonometrisches Dezisionsmodell zur Beurteilung der quantitativen Auswirkungen einiger wirtschaftspolitischer Maßnahmen für die Bundesrepublik Deutschland
1961, 176 Seiten, 17 Anh., 15 Abb., 30 Tabellen, DM 45,40

HEFT 980
Dipl.-Volksw. Jürgen Kraft, Agrarsoziale Gesellschaft e. V., Göttingen
Die erforderliche Grundausrüstung ländlicher Räume
1961, 228 Seiten, 156 Tab., DM 49,50

Ein Gesamtverzeichnis der Forschungsberichte, die folgende Gebiete umfassen, kann vom Verlag angefordert werden:
Acetylen / Schweißtechnik - Arbeitswissenschaft - Bau / Steine / Erden - Bergbau - Biologie - Chemie - Eisenverarbeitende Industrie - Elektrotechnik / Optik - Fahrzeugbau / Gasmotoren - Farbe / Papier / Photographie - Fertigung - Funktechnik / Astronomie - Gaswirtschaft - Hüttenwesen / Werkstoffkunde - Kunststoffe - Luftfahrt / Flugwissenschaften - Maschinenbau - Medizin / Pharmakologie / NE-Metalle - Physik - Schall / Ultraschall - Schiffahrt - Textiltechnik / Faserforschung / Wäschereiforschung - Turbinen - Verkehr - Wirtschaftswissenschaft.

GPSR Compliance

The European Union's (EU) General Product Safety Regulation (GPSR) is a set of rules that requires consumer products to be safe and our obligations to ensure this.

If you have any concerns about our products, you can contact us on ProductSafety@springernature.com

In case Publisher is established outside the EU, the EU authorized representative is:

Springer Nature Customer Service Center GmbH
Europaplatz 3
69115 Heidelberg, Germany

Batch number: 10809932

Printed by Printforce, the Netherlands